THE CHINA
RACE

中華博弈

決擇世界秩序的全球競爭

Global Competition
for Alternative World Orders

〔美〕王飛凌———— 著

蔡丹婷———— 譯　〔美〕王飛凌、劉驥———— 譯校

為了
弋文、仲倫、安川、安元
以及各處各地的孩子們

目次

圖表

中文版序言

本書的英文原版（*The China Race: Global Competition for Alternative World Orders*）於 2024 年 2 月由美國紐約州立大學出版社（SUNY Press）出版發行。非常高興的是，本書的繁體中文版能迅速與讀者朋友見面。

本書中文版力圖保持英文原著的全貌。為了便利讀者的理解和核實，行文中附帶了有些術語和專有名詞的英文原文。我們在譯校時還做了一些細微的文字句式改動和調整，試圖增加一點中文版的流暢和可讀性。為了照顧不同的中文讀者，本書採用橫排版格式，在此特請習慣閱讀直排版繁體字書籍的讀者朋友們見諒。為減少紙張使用，本書的百餘頁「引用文獻與資料」以電子文件形式，存於雲端，請讀者視需要掃描書末的 QR Code 自行下載。

非常感激蔡丹婷女士極為出色的翻譯。八旗文化的邱建智先生和李銳俊女士及整個團隊的努力，使得本書成為可能，在此衷心致謝。

本書是我的「中國三部曲」（The China Trilogy，2017-2024 年）的第三卷，是我三十多年來觀察、理解與分析中國與世界的一個小結。與此前的兩卷略有不同，本書在匯集、構建和傳播知識的實證陳述基礎上，意在提供一些關於世界秩序、國際關係和政治制度的規範性（normative）分析框架、政策性構想方案與前瞻性願景評議。希望本書

能為中文讀者解讀歷史與現實，評估各種選項與可能，掌握自己的命運和前途，與各國人民一道去共建共享更好未來而做一點小小的貢獻。

王飛凌

美國亞特蘭大市

2024 年夏秋之際

英文版銘謝

　　本書是我的「中國三部曲」（The China Trilogy，2017-2024 年）的第三卷。其前傳《中華秩序》和《中國紀錄》已經由美國紐約州立大學出版社於 2017 年和 2023 年分別出版。

　　在過去的近二十年裡，為了這個頗不謙遜的三部曲項目，我得到了許多人無法估量的恩助，他們的名字實在是舉不勝舉。本書主要寫作於新冠疫情（COVID-19）期間（2020-2023 年），但是線上和線下，我一直從我在喬治亞理工大學的同事們和學生們那裡獲得各種鼓勵和幫助。以下的其他機構（按英文字母順序）多年來友善地接待了我與本項目有關的訪學：歐洲大學學院、新加坡國立大學、國立中山大學（台）、國立台灣大學、巴黎高等政治學院、成均館大學、東海大學（台）、美國空軍學院、澳門大學、東京大學和延世大學。美國傅爾布萊特委員會、喬治亞理工基金會、日立基金會和密涅瓦基金會慷慨地資助過我有關的研究。涅爾家族基金資助了本書的編輯。我曾在下列場合介紹過本書的部分內容並得到過寶貴的批評意見（除了前述各機構外，依英文字母排序）：台灣中央研究院、美國政治學協會、奧本大學、美國戰略與國際研究中心、美國對外關係委員會、哈德遜研究所、國際研究協會、美國特種兵聯合大學、高麗大學、路德維希—馬克西米利安大學、國立政治大學、國立中興大學、國立清華大學（台）、北京大學、普林斯頓大學、首爾國立大學、戰略性多層次評估以及其他美國政府項目、中山大學（廣州）、美國空軍戰爭學院、美國軍事學院（西點軍校）、美國國家戰爭學院、馬來西亞理工大學、丹佛大學、印度尼西亞大學、倫敦

大學、馬來亞大學、賓夕法尼亞大學、田納西大學、維多利亞大學和威靈頓維多利亞大學。我對大家衷心感謝、一一致敬。

紐約州立大學出版社的馬克・瑞里拉（Michael Rinella）博士及其團隊使得本書和整套「中國三部曲」成為可能。非常感謝兩位匿名審稿人的鼓勵、指正、啟發和建議。還有凱瑟琳・湯普森（Katherine Thompson）女士，尤其是保羅・戈茨曼（Paul Goldsman）博士細緻地編輯了本書的文字；許壘（Anthony Xu）協助整理了引用的書目資料。毋庸贅言，我個人對本書中任何可能存在的缺點負全責。金兒天音（Amane Kaneko）設計了本書（英文版）的封面。

我的家人和親友們一直是我最大的關愛和支持之源泉，繁忙的內人尤其付出了許多辛勞。為此我是極為幸運，言辭完全無法表達我的深深感激。本書特題贈給我的以及各處各地的孩子們：他們給了我那自認的責任感去不敢懈怠地完成這個三部曲項目。如果這幾本書，和我其他的文字一道，能讓他們以後在為「老頭子」的各種落伍可笑言行而嬉樂不止之餘，還覺得為父的學而思且略有心得，則余意足矣。孩子們，你們永遠都是我最大的成就與驕傲：做好自我、盡最大努力、快樂順利、夢想高遠。

王飛凌
2023 年冬

引言

在本書的兩本前傳《中華秩序：中原、世界帝國與中國力量的本質》（2017年）及《中國紀錄：評估中華人民共和國》（2023年）中，筆者試圖探討中國的政治傳統和世界觀，並評估中國共產黨領導下的中華人民共和國七十多年的紀錄。[1] 作為「中國三部曲」中的第三卷，本書試圖回答有關中共暨中華人民共和國實力崛起的重要性以及如何應對等問題，並在此過程中考察人類文明的不同替代方向和組織最優化。本書傳達的簡要訊息是，人類正面臨一個重大抉擇，在相互競爭的塑造國際間及各國內部政治組織的不同世界秩序中擇一而從。本書提出的政策參考可能會挑戰一些主流觀念，並令許多既得利益者不快。筆者並非不知本書貌似不夠謙遜，也預料可能會受到反駁與漠視。確實，關於洪濤將至的不祥預感以及避開禍患所需採取的艱鉅努力，人們通常都不願聽信、置之不理，直到船隻在錯誤的意圖和無數關鍵時刻小決定的共同推動下，陷入深淵、回天乏術。[2] 一個無法逆轉的轉折點，往往得隔著一段時空的距離，才能讓人清晰看見。一如既往，事後的反事實分析和回顧時的嘆服與欽佩，確實只會是些美味的禁果，而且常常是為時已晚、於事無補。[3]

更具體地說，本書關注的是當前正在展開的關於人類文明方向的一個決定性抉擇：人類是否會繼續發展西發里亞（Westphalian）體系以及

其當前型態，所謂自由國際秩序（liberal international order, LIO），即主權國家之間分權分立的國際關係世界政體；還是受到世界政治統一的誘惑，最後不可避免地導致世界帝國，猶如那曾經集權統治歐亞大陸東部的整個已知世界許多世紀的中華秩序（China Order）？關於如何安排和治理世界的諸多提議和爭論，既不新鮮也不罕見。在政治上統一整個已知世界既是一種頗為「天然」的行為，也是一種古老而「普世」的理想。[4] 人類歷史見證了在許多「世界」建立世界帝國計畫的成功與失敗，包括美索不達米亞——波斯世界、地中海——歐洲世界、印度世界、中華世界、蒙古世界和中美洲世界。自美索不達米亞的蘇美城邦以來，許多國際關係體系都存在過，但這些體系彼此之間基本上是互相孤立的，它們最後大多數都是被一個「世界」帝國的皇權所終結。[5] 事實上，這些帝國受到地理和技術的限制，只涵蓋了各自文明的整個已知世界；它們還從未真正地成為統一全人類的政體。然而，當前擁抱世界政治統一的選擇，實實在在是全球性的，而且可能是不可逆轉的，因此具有前所未有的緊迫性和無與倫比的重要性。這裡有著關鍵性抉擇常有的風險，因為有各種訊息的「模糊雲霧」、無窮無盡的不確定性和非理性、人天生的「務求精確」而帶來的遲疑不決、以及對「道德確定性」的路徑依賴。[6] 此外還存在著一種不尋常的風險：這項抉擇具有空前的整體性規模，而且很可能將是無法改變、無法回頭的。

中華博弈

關於世界秩序的重大抉擇，現在以一場史詩級的較量形式鮮明地呈現出來。崛起的中共暨中華人民共和國，與美國領導下的西方所塑造的現有世界秩序（所謂自由國際秩序）之間，展開了以中美競爭為核心的「中華博弈」。[7] 這場全球競爭中互相衝突的兩方，代表了作為人類組織主要單元的民族和國家之間的兩種對立秩序、不相容的人民權利和價

值規範、不同的政府治理方式、不同的國家與社會及國家與市場之間的關係、不同的社會經濟發展模式，以及截然不同的人與自然關係。因此，中華博弈攸關全人類的命運，因為這些不同的世界政治秩序，最終會導致全人類的安全、安寧、正義、創新和效率截然不同的優化程度，因此關乎人類文明的塑造或重塑、方向或改向。

本書聚焦於全球化時代人類文明的政治組織，面臨在競爭領導者的帶領下的不同的、可替代的世界秩序。人類長期以來一直是以思考如何優化其「歷史動力學」（historical dynamics），來探討有關世界秩序的問題，因此人類文明的發展並不是完全偶然、自發的。[8]事實上，基於國家主權平等的西發里亞世界秩序，本身可能既不是「天然的」，也不是必然的。[9]在 2019 年和 2020 年，對外關係委員會（Council on Foreign Relations）召集的美國和國際知名專家小組，確認了當前世界秩序及其領導的又一次深刻轉變（也許是決定性的「重整秩序」）的可能性及傾向，並對相關的不確定性和可能性進行了嚴肅而深奧的推測。[10]2021 年，一群西方國際關係學者聯合發表了一組文章，試圖指出現有世界秩序面臨的多重、嚴峻，在某些情況下曾被忽視的挑戰，包括中國實力的崛起，而這可能會「以前所未有的方式，從內部及外部」改變現行的自由國際秩序。[11]一些中國分析人士在 2021 年公開主張，「一場以世界秩序全球治理為中心的偉大競爭（和）偉大變革」即將來臨，其程度是「百年未見」或「四百年來第一次」；一位負責「公共外交」的中共高級官員在 2022 年公開宣稱，中華人民共和國「堅定地決心在所有領域與美國和西方國家競爭，（並且）必須贏得這場競爭。」[12]毫不奇怪，這些宏大的言論往往還是文雅禮貌地含糊其辭。

然而，本書打算不謙遜地直言不諱，敘述世界是如何正面臨可替代不同世界秩序之間一個重大而現實的抉擇，又將如何前行。其中一條道路是繼續維持西發里亞式世界秩序，即主權國家之間的國際關係體系，讓人類繼續進行比較和競爭，也包括為實現擁有更多可能性的未來而爭

鬥，從而為人類實現整體最大的優化。另一條道路則是在政治上將全球統一為一個政權，類似於中華秩序式世界帝國：人們隨波逐流，享樂主義菁英過度擁抱及時行樂（carpe diem），並因制度倒退而頹廢，使人類文明陷入次優化甚至災難的境地，不可逆轉地重演那不遠的過去。

如何利用舊智慧和新技術，安穩經歷西發里亞世界秩序下的全球化潮流，以維護（或破壞）人民主權和自由民主法治，看來將是所有國家面臨的一項關鍵挑戰。[13]更具體地說，美國十八個政府情報機構在 2021 年 3 月聯合預測，「中國與美國領導的西方聯盟之間」的博弈和對抗將更加激烈，具有「反映其核心利益和意識型態的關於不同國際體系和治理願景的競爭。」[14]太平洋彼岸的中共暨中華人民共和國領導人習近平於一個月後宣稱，對於「人類向何處去？」這一緊迫問題，「做出明智選擇」是當務之急。[15]五個月後他在聯合國進一步宣布，並於 2023 年 3 月向外國的政黨領袖們再次重申，「世界又一次站在歷史的十字路口。」[16]能人想的都很類似，即使觀點正好相反。

這一抉擇的核心是，誰是當前國際社會的領袖，這將決定世界的秩序和領導方向——這也是以美國為首的西方國家，與挑戰者中共統治下的中華人民共和國之間進行「中華博弈」的最終大獎。[17]中共的所謂竊盜統治（kleptocracy）遠不只是一個國家如何治理和行為的問題，它代表了一種可行的政治治理模式；這種模式顯然對人民不利，但卻對少數野心勃勃的人極具吸引力，而且它愈來愈強勢，進而「威脅全球安全」和福祉。[18]美國總統拜登在 2021 年秋宣稱，「貪腐加劇不平等，吸走國家資源，跨越國界蔓延，帶給人類痛苦。這無異於二十一世紀的國家安全威脅。」[19]2021 年 12 月，美國分析人士發出警告，全球競賽已進入「最危險的十年」，如果他們想「避免出現他們無法承受的結果」，美國人必須以「一切手段」最大程度地對抗中國，因為「沒有時間可以浪費了」。[20]

幾乎就像是為了解釋所謂的「結果」，2022 年秋和 2023 年春，中

國學者直白地再次宣稱，即將發生不可避免的「國際治理」的「百年變革」，從西發里亞體系轉為單一的「全球治理」，「一個地球村（……）人類命運共同體」，並重新確定「誰治理」和「誰被治理」。[21]

事實上，自1949年中華人民共和國的成立之時起，中華博弈就已經展開了。但卻很大程度上被美國忽視、假定或希冀其不存在，直到中共暨中華人民共和國最近在世界舞台上嶄露頭角。無人能保證中華博弈的結果，而且這場競賽變得愈來愈艱難、昂貴。鑑於人口規模和潛力，其眾多特殊之處以及悠久的歷史，中國確實可能成為一個可行、替代，甚至更好的世界領導者，正如英國哲學家伯特蘭・羅素（Bertrand Russell）一個世紀前所預想的。[22] 這種對可能性的事實陳述（現在被許多人認為是可行甚至不可避免），只會令我們更有必要慎重考慮人類在選擇世界領導和秩序時所面臨的規範可取性、政策偏好和有意識的行動，正如本書所主張的。只要正確看待、及時應對，就很有可能成功管理「中華博弈」，依包括中國人民在內的所有人的最大利益，積極塑造未來。

透過一項針對中共暨中華人民共和國國力崛起的綜合策略，我稱之為「遏轉」（Contaformation）——堅決遏制和明智交往去轉型和整合中國，人類有絕佳的機會，使中華人民共和國要麼無力要麼無意、乃至既無力也無意去改變西發里亞世界秩序，避免文明倒退去接受政治治理與世界秩序之次優化替代方案。而此後，一個全面參與、運作良好的新中華博弈是一項宏大的全球競賽，其本身是自然的，對人類文明的健康和進步至關重要。[23]

用相當完善的博弈論的理論語言來說，[24] 對於中共政權和美國／西方領導地位（以及西發里亞世界秩序本身）而言，中華博弈（以及中美競爭）看起來近似一場零和賽局（zero-sum game）。也就是它在本質上是不對稱、不合作和連續的。但其實它包含了一些非零和賽局（non-zero-sum game），對包括中國人民在內的世界而言，它甚至可以成為一

場合作式正和博弈（positive-sum game）的新中華博弈。如果管理得當，這場全球競爭可以像其他國家之間的競爭博弈一樣有益。因此，對中華博弈的最優管理，意味著堅持不懈並從激烈的競爭中獲益，同時安全地維護西發里亞世界秩序；盡可能避免中美戰爭，將兩國對抗之間的「固有的系統性和全球性戰爭」保持在「低強度」水平，而不是「高強度衝突」或全面戰爭；[25] 以及將中國轉變為一個沒有中共統治模式和追求的大國。

章節安排

本書的第一部分，即第一章，是對中華博弈的整體介紹，這是一場關於世界權力、影響力和領導地位的史詩級競賽，最終將決定人類文明的命運。這場競爭的目標是維護還是取代冷戰後版本的西發里亞體系，也就是目前由美國及其西方盟國領導的自由國際秩序。急切地發起挑戰的是在中共領導下為政權生存而奮鬥的中華人民共和國的崛起力量。中共暨中華人民共和國占據著中國和中國人民，從世界上人口最多（2024年以前）的國家兼第二大經濟體中攫取海量資源，利用許多形形色色的盟友進行世界政治重組，挑戰民主法治，推動政治全球化；其最低目的是為求獨裁政治在世上的安穩，其最高利益則是要打造一個世界共產主義或中華秩序旗號下的世界帝國。在這場生存博弈中，除了兩個對立政治體制的存續之外，還攸關包括中國人民在內的全人類福祉。

為了分析中華博弈並思考加以適當管理的理由和方法，有必要引入一些假設、原則和參數，來支持對競爭者的規範性評估。正如我在本書的兩部前傳中試圖證明的，中共暨中華人民共和國是一個可行且強大的國家，但它只是一個西方作為領導者治理世界的一個次優化且不可取的替代者；而它所代表的中華秩序式世界帝國政治集權更是當前西發里亞世界秩序的一個次等替代方案。我將進一步討論全球主義和國家利益、

正義和共同利益、國際關係中的權力轉移，以及為什麼美國仍然是西發里亞世界秩序最不可能的破壞者和強有力的最終捍衛者。經過對偏好、知識論和勝利意義的考量，我提出對包括中國人民在內的全世界來說，優化管理中華博弈並取得決定性勝利的可取性、必要性和可行性。

本書的第二部分，即第二章和第三章，討論了中共暨中華人民共和國在國際上的舉動以及北京海外行動的影響。其中心論點關乎中國挑戰所帶來的緊迫性和風險。在一個偏好平等人權和全球主義至上的時代，對世界上最大（2023 年後第二大）人口的嚴格和剝削性控制，為中共實現其全球追求提供了強大的手段。漢學在多元化的西方（尤其是美國）令人遺憾的困頓處境，再加上中共有力並有效地建立其全球「統一戰線」，這些都大大提高了北京的勝算。因此，在與美國競爭重塑世界政治、為全人類重建類似中華秩序世界帝國的全球博弈中，這個不擇手段的威權政權常常顯得強大有力，甚至無往而不勝。

儘管中共暨中華人民共和國在維持權力方面取得驚人的成功，並在尋求全球野心上變得愈來愈有力，但人們發現它本質上是次優化、脆弱，在國內外都存在深層的缺陷和弱點。這些缺陷可以被中華博弈中的對手有效且廉價地利用。

北京的外交政策在很大程度上與其國內政策一樣，成本高效益低、不可取且次優化。中共暨中華人民共和國利用中國人民的生命和資源付出了天文數字的代價，並經歷了許多失敗，除保障了統治菁英的權力並使之致富外，在外交上幾乎沒為中國人民或中華民族做出什麼貢獻。中共政權的追求與中國國家利益之間的差距和衝突愈來愈明顯，使得黨國透過武力和欺騙進行治理的成本變得愈加高昂。由於效率低下、貪腐猖獗，北京嚴重依賴西方的善意、天真和麻痺；使中國人民的生活水平低迷，權利和自由受到侵犯，並面臨民眾抵制和人口結構不利等日益嚴重的問題——所有這些都是西方透過重新定位、協調一致、明智努力可以打擊利用的關鍵目標，從而延遲、限制和改變中共暨中華人民共和國。

第四章是本書的第三部分，也是最後一部分，描述和闡述了管理中華博弈的有效且高效策略的可行性和可取性，即所謂的「遏轉」，遏制和交往引向中國的轉型和整合。

在簡短回顧中華博弈的性質和中共暨中華人民共和國作為一個系統性挑戰者後，我討論了一個堅定遏制和明智參與的戰略方針框架，使包括中國人民在內的世界從全球競爭中受益，避免秦以後中華世界的歷史悲劇重演。這項策略有三個層次重輕分明的目標：

（一）阻止中共的政體模式成為國際社會新領導者並阻止政治集權化替代世界秩序；
（二）盡可能避免中美之間發生直接戰爭；
（三）在社會政治與價值觀念上改造中共暨中華人民共和國，使中國全面融入國際社會。

我以為，這種對中華博弈的全面管理，搭配合理的目標和精心調整的方法，將使西方和世界，包括中國人民，能夠切實可行、可負擔地從中華博弈中受益，並以最低成本和可承受的附帶損害取得勝利。透過促進和鼓勵中華人民共和國的社會政治轉型，但主要留給中國人民來完成之，中華博弈最終可能會以驚人的和平、有益和迅速的方式結束。

結語部分是對本書和整個「中國三部曲」的一個簡要總結，並對中國和世界的未來情景提出幾項推測。

「引用文獻與資料」與注釋，列出了本書引用的著作和資訊來源。

中華博弈

第一章

中華博弈：全球競爭與世界秩序的規範性分析

本章開始我對中華人民共和國國力崛起的影響和因應措施進行探討。重點在於世界如何以及為何、能夠而且應該回應中國共產黨（中共）統治下的中華人民共和國。我將概述「中華博弈」，即中共暨中華人民共和國與美國領導的西方之間的全面競爭，以中美全球競爭為中心，事關世界和人類文明的未來。[1]

如同前述，中華人民共和國正在強力復興並推動一種可行、甚至有吸引力的替代方案，想取代當前世界秩序即所謂的自由國際秩序；而自由國際秩序是人類文明數個世紀以來的定海神針，即西發里亞式世界秩序的一個變體型態。而這必然會挑戰現有世界秩序的當前領導者——美國。在本書中，西發里亞式世界秩序在概念上被定義為一個人類建構的政治體系，其核心原則是主權國家之間地位平等、分權分立，以及延伸而來的民族自決和互不干涉等關鍵規範。[2]自由國際秩序為西發里亞體系增添了一些重要的「自由價值」，例如民主法治、集體安全、人類自由平等和普世人權，以及「商品和資本的自由流動」。[3]

在簡要介紹中共暨中華人民共和國（中共黨國）的性質和紀錄之後，我試圖在本章中回答兩組問題。

一、對人類來說，掌控全天下建立世界帝國的中華秩序，或者說世界政

治統一，是否比西發里亞式國際關係體系更可取？作為修改版的秦漢威權主義政體，中華人民共和國是否一種可行的、甚至更可取的政治治理和社會經濟發展模式，因此是一個與美國同等甚至更理想的世界領導者？

我試圖考量如何評估崛起的中國據稱向世界呈現的關鍵替代方案：

◎ 以「儒家天下模式」取代民族國家；

◎ 以威權依法治理（autocratic rule by law）的「儒家混合政權」，透過賢才政治（meritocracy）「表達」人民的意志並取代民主法治（democratic rule of law）；

◎ 以儒家等級倫理取代個人權利和自由；

◎ 並以「中國特色社會主義」（實際上是「威權國家資本主義」或「黨派資本主義」或「政黨資本主義」）來取代「資本主義世界秩序」。[4]

二、世界以及中國人民，應如何應對中共黨國的崛起？我們應如何解讀該黨國的意圖和行動？北京試圖重定世界中心並重整世界秩序的努力到底是可行的，還是只是虛張聲勢，只是為了合理化其政權的生存和汲取而已？為了管理中華博弈，世界和中國人民有哪些可行和可取的選擇？在全面熱戰和中共勝利這兩個極端結局之間，中華博弈有哪些機會、益處、成本、界限、前景、捷徑和陷阱？

為了提出參與、管理並贏得中華博弈的理由和方法，本章旨在建構一個原則性的規範性評估（normative assessment）框架，並處理有關全球主義、正義和共同利益、國際關係中的權力轉移等議題，以及為什麼中華人民共和國已成為西發里亞世界秩序的強大挑戰者，而美國仍然是該秩序最不可能的破壞者和最有能力的保護者。

本書將以此概念框架貫穿，來分析和評估中共暨中華人民共和國在國際舞台上的紀錄和行動。該黨國作為世界領導者的西方的一個次優化、不可取但可行的替代者；而北京作為世界領導者勢將推行的中華秩序（可以有其他各種響亮的名稱）式世界政治集權，則是西發里亞世界秩序的一個劣等但誘人的替代方案。本章將進一步考慮偏好、知識論和冷戰歷史等議題，為本書後面詳細討論「遏轉」策略，以堅定的遏止與明智的交往相結合並引向中國的轉型和整合來奠定基礎，以期優化管理中華博弈，造福世界和中國人民。

不尋常的博弈

強權之間的國際博弈，就像一般國家之間的較量或競賽一樣，在分權分立的世界政治秩序下是常見的，也是完全可預期的。正如我稍後將詳細闡述的，這種比較和競爭，其實是主權國家間，那事實上（de facto）或更好的、法定的（de jure）政治權力分散世界秩序、或國際政治無政府狀態（IPA international political anarchy）的一大關鍵屬性，從根本上豐富了人類文明，並使之進步。當然，國際競爭，特別是所謂的強權競爭，有時可能會以單一權力集中和系統性征服而告終，建立集中統一的世界治理，造成結構性轉型或遊戲規則改變，消滅世界政治分權分立的實踐和意識型態。這是眾多人類文明曾經的經歷，例如美索不達米亞、中華世界和中美洲文明。自十七世紀以來，西發里亞體系將歐洲的國際政治無政府狀態，法典化為主權民族國家共存的世界秩序，並不斷發展至擴及全球。然而，基於多種原因，以生存為最基本動機，以推翻西發里亞體系為遠大野心，耗費無數能量並造成巨大衝擊的強權競爭仍在持續。的確，一輪又一輪的強權競爭，驅動塑造了西發里亞世界秩序的演變，透過國家的興衰循環和領導階層的「權力轉移」，決定了國際社會的領導地位、主角、主導規範和主要成就。[5]迄今為止，動態且

持續的強權競爭以及隨後的權力轉移，成功地保存了西發里亞世界秩序的基礎。一些主要（通常是「崛起的」）挑戰者，確實有信心和力量嘗試改變整個體系，然而他們毫無例外都失敗、凋零，自願或非自願地被束縛，或轉變為安於體系內的一員。

中共暨中華人民共和國與以美國為首的西方國家之間的中華博弈，看似是一場相當尋常的強權競爭，因為它同樣涉及權力和領導地位，並產生刺激競爭、創新實驗、集中投資等預期利益，但同時也產生緊張局勢和代價高昂的對抗，其溢出效應和深刻教訓同樣會衝擊其他國家。

然而，中華博弈在許多深刻層面來說並不尋常，主要是因為崛起的競爭者——中華人民共和國，因其根深柢固的集權政治與世界統一的願景，注定要尋求系統性地改變世界；其力度和影響，用北京自己的語言來說，屬「百年來首次」（自第一次世界大戰以來）或「四百年未見」（自《西發里亞和約》以來）。[6]

中華博弈罕見但有力地匯集了兩個競爭對手之間根本性的，在制度上、社會政治上和意識型態上的各種不相容，以競爭雙方那前所未有的規模、多面性和影響力，構成了對世界領導地位和世界秩序的一個系統性的、可行的大抉擇；其賭注得失極其高昂。這代表了一個獨一無二的決斷與走向的歷史關口，一個關乎整個人類文明的命運和未來的轉折點。[7]中華博弈不僅攸關誰會及如何贏得這場國際競賽，也不僅僅是另一場決定相對實力和利益的強權競爭；中華博弈事關國際競爭本身，將決定政治分權分立和各國主權平等的西發里亞世界秩序是否存續。

事實上，自從 1949 年中共建立中華人民共和國以來，中華博弈就一直是公開的祕密；過去七十年來幾度被西方國家隱藏、貶低、忽視、正常化，假設或希冀其不存在。[8]正如我在本書後續將分析的，西方漢學的特殊狀態似乎對這些偽裝和忽視負有部分且重大的責任。就像蔓延的地下大火、冰川流動或地殼板塊漂移一樣，中華博弈持續不懈地按其自然軌道發展，不管有沒有被人看見，一路上日益粉碎人們的一廂情願

和既得利益。

正如中華人民共和國的資深學者王緝思所指出，自 1979 年北京和華盛頓建立全面外交關係以來，使許多人富起來並感到滿意的廣泛跨太平洋交流，也許能在「一種默契下繼續：只要美國不試圖公開破壞中國的內部秩序，那麼，中國也不會故意削弱美國領導的國際秩序。」[9] 然而，如果沒有對抗蘇聯的戰略利益重疊，1978-1989 年和 1998-2010 年代中美「我活你也活、各過各的」（live and let live）的關係，本質上也是短暫且有條件的，如果還不是純幻覺的話。[10] 中華人民共和國領導人和分析人士現在重新推崇毛澤東的「鬥爭哲學和藝術」，並公開主張「通過贏得持續的鬥爭來對付美國」。[11] 如今，忽視這場中華博弈已不再可行，主要是因為中共自 2007 年選擇習近平為繼承人以來，已經改變了其戰略算計，恢復並積極擴展其固有的「使命」，即追求政權安全。2008 年北京奧運會壯觀的「開幕慶典」，無疑開始標誌著黨國力量和信心的崛起，反觀當時西方正遭受經濟大衰退和長期反恐戰爭的打擊，後者有如一場嚴重且持續的過敏反應。一年後，即 2010 年 1 月，北京的中共喉舌《人民日報》創辦的《中國經濟週刊》，直言不諱地發表了一期特刊，暢談中國在「重新設計全球新秩序」和推動「世界轉型」中的角色。[12] 中共拒絕與美國領導的世界秩序同步，拒絕適應八〇年代以來中國因社會經濟的變化而改變的政治、價值觀和政策，因此不可避免地要求崛起的中華人民共和國系統地、有條不紊地挑戰和取代美國的領導地位和西方價值觀；這只因中共對權力和控制貪得無厭的追求，以及力求確保政權的生存。正如我在《中國紀錄》中所呈現的，習近平領導下的中華人民共和國「新時代」，實際上是在仿效並尋求超越毛澤東；自 2012 年以來，它強烈地重新激發了中華博弈的回歸。[13] 美國和西方在 2010-2020 年才後知後覺地醒悟，以新的認識面對中華博弈：崛起的中國力量，在中共政權既沒有被削弱也沒有被改變的情況下，是當代全球系統挑戰和生存威脅。[14]

檢視不尋常中華博弈的第一步，是澄清中共暨中華人民共和國作為秦漢威權主義政體的組織和意識型態本質，並討論北京固有的價值觀與世界觀及其對中華秩序世界帝國政治的既定追求。秦漢政權的結構基因（DNA）決定了中共暨中華人民共和國的面貌，可以說它展現了一個ACGT的「核苷酸組合」：「威權主義、消費主義、全球野心和技術」，再搭配其「混合的意識型態—馬克思—列寧主義、傳統思想、歷史類比與經濟成功」。[15] 就本質而言，威權—極權主義政治制度定義了中共暨中華人民共和國的特徵、能力和行為模式。[16] 中共暨中華人民共和國始終在根本上不適宜其生存的國際環境中為政權而鬥爭，如果沒有其所體現的秦漢政體之固有中華秩序的既定命運，那麼無論是中華民族還是中國人民，看來都沒有理由和決心去推翻冷戰後的西發里亞世界秩序。[17]

　　為了維持其相當「前現代」的專制制度，中共試圖強力「復興」秦漢政體和中華秩序的意識型態。還用許多舶來的「現代」思想和措辭包裝自己：從在其母國早已破產的史達林—馬克思主義，到似乎正在占領後冷戰世界、膨脹而狂熱的全球化主義，再到復活的納粹式獨裁者崇拜觀念，這似乎激發了許多中國人去想像「一個橫跨整個歐亞大陸，以中國為中心的更大版圖（*Großraum*），或者也許是一個中華帝國（*Sino-Reich*）。」[18] 中共黨國對其政權安全進行了大量投資，作為控制一個大國的富裕獨裁政權，它在國際博弈中享有相當大的優勢，其盟友中有許多受過西方教育的代理人和辯護士。[19] 它招募了一群來自各方、形形色色的夥伴，打算將政治全球主義推進為其想像的世界治理，並最終建立一個世界帝國。中華博弈因此非比尋常，意義重大，不僅關係到中共政治體制的生存和西方的福祉，而且關係到全人類的命運。

秦漢政體與中華秩序

　　在本書的兩本前傳《中華秩序》與《中國紀錄》中，我試圖記錄並

評估復辟了中華秦漢政體的中共暨中華人民共和國。秦漢指的是兩千年前連續的兩個世界帝國，此一政體在中華世界裡經歷不斷改良並反覆上演。這是一種以中國法家為基礎，披著儒家思想外衣的帝國政治體系，追求的是世界性的政治集權或世界帝國。它是一種前現代（前啟蒙運動）的威權主義甚至極權主義政體，一種類似放牧方式統治人民的中央集權治理，不擇手段地使用暴力和詭計來為專制政權（往往只為了單一領導人）謀取利益。[20] 然而，自 1949 年以來，這種修改版秦漢政體的獨特之處在於，中共黨國離統治整個已知世界的目標還很遙遠，而且仍然無法控制或抵禦許多強大且更先進的國家，即使是想假裝統領天下也沒法裝成。因此，中華人民共和國與當今世界秩序的深刻不相容和激烈衝突，必然使這個秦漢政體，這個以法家為基礎、披著偽共產主義、偽儒家思想的專制黨國，[21] 陷入永久且不斷增長的敵意和偏執之中，因為必須與那些從根本上畏懼、敵對但又無法控制或戰勝的許多國家共存。

在二戰後的世界，特別是冷戰後的世界中，中共黨國的政治合法性嚴重不足，而且不斷減弱，且顯得格外過時與極不合群。它依靠暴力和詭計，以及某種程度的民粹主義綏靖政策，集中統治一個幅員遼闊且正在轉型的國家。這種治理模式可能會帶來所謂的「中共最優化」，讓該政權能繼續掌權，累積財富，並展示威權主義和專制資本主義或專制政黨資本主義（partocracy capitalism）的功效。儘管犯下眾多錯誤和失敗，但在過去的四十年裡，中華人民共和國確實透過選擇性且戰略性地暫時接受西方領導的西發里亞體系，從而保存了自身並致富。然而，對中國人民來說，該黨國製造了可怕的中國悲劇和持久的中國次優化，使社會不滿長期存在並不斷擴大，從而威脅到政權生存。中共因此從一開始就殘酷地陷入了無止境且激烈的生死鬥爭之中，對外反對現有的主權國家世界秩序，對內反對不斷受到外界影響而進步、諸多方面自十九世紀以來日益西化的中國社會。

無可避免地，就像其他地方、其他時代的所有帝國體系一樣，中華

人民共和國的專制政權注定要透過組織治理或影響整個已知世界（或至少如此裝腔作勢）來尋求生存和安全。只要一有機會，該黨國就會為威權主義甚至極權主義的單一世界秩序而奮鬥，就像中國皇帝在許多世紀以來組織和統治整個已知的中華世界一樣。增加物質力量、擴大集權控制是中共的最終手段與目標。這樣的重定世界政治中心和重整世界秩序以走向世界帝國的野心，在不同的時期對不同的受眾有不同的鼓吹：恢復或復興中華帝國的天下秩序，建設世界社會主義和共產主義天堂的偉大革命，或者引人注目的各種全球化努力，藉此迎合各種理想主義者。然而，一個奉行中華秩序（或其他標籤）的世界國家，恐怕只會成為一個威權主義甚至極權主義的世界帝國，而這類政體的社會經濟和文化表現在歷史上毫不理想，而且對人民來說往往就是災難。[22] 儘管如此，世界政治集權化仍然吸引了世界各地的野心家躍躍欲試，其中許多不見得是獨裁者、中國人或共產黨人。複雜激進而又自由的假象、人文主義和理想主義的外表，以及全球主義的粉飾，都增加了中華人民共和國的吸引力。[23] 例如，其舶來的列寧—史達林主義版本的馬克思主義，就是主張在社會主義和共產主義的「科學世界觀」下最終實現世界政治統一，以實現人間烏托邦天堂。[24]

自 1949 年以來，中共黨國為其永遠執政的首要目標而一直壓迫著中國人民。在中華民族國家（其實是一個多民族帝國的殘餘）尷尬而痛苦的偽裝下，中華人民共和國被命定或被詛咒，無論何時何地，只要一有機會，就要不擇手段地依中共的想像去影響、重定世界中心和重整世界秩序。正如我在《中國紀錄》的結尾所寫：

> 不受監督也少有約束，表現不佳且頗不可取的中共政權，控制利用了五分之一極具生產力的人類，長成了一個次優化的巨人，一個在世界舞台上爭奪權力和影響力的可怕的競爭者，成為一個可行甚至誘人的當前世界領袖的替代者。（……）中共暨中華人民共和

國黨國，代表了一個替代性政治制度，次優化但強而有力，不可取但可行，荒謬卻真實，對全世界都有許多實在而深刻的影響。

更具體地說，在中華人民共和國，根深柢固的「天下一統」或世界統一的古老觀念現在已積極復興，經過重新包裝，大幅美化為比起「十七至十九世紀的現代（世界）體系」更好的選擇。據說它提供了一個「文化帝國」，一個所謂「共托邦」（所有人的單一共同國家）的「明智民主」，以「儒家改進或儒家最優——即每個人的帕雷托改善（Pareto Improvement）」，在全世界等級階層齊一之下，「將我們從全球混亂中拯救出來」。[25]如中共高級官員潘岳在 2020 年所寫的，如此這般人類終能解決「以自由為先的西方／希臘文明」與「以秩序為先的東方／中國文明」之間的「三千年之爭」。[26]有些人認為，這種「中華世界秩序願景」與「馬克思主義主張」相距不遠，即設想一個統一的、世界性或普遍的社會主義世界秩序，及其自然的改進即共產主義。[27]在一位美國評論人士看來，北京「想要同化」世界，而「中國人已經從西方獲得了摧毀（西方）的技術手段」。[28]復興中華秩序這一宏偉目標的最新官方版本，是於 2012 年獲習近平個人認可的「構建人類命運共同體」的「中國夢」；之後他一再重申這一願景。[29]2021 年中，中共喉舌《人民日報》在頭版發表了兩份「宣言」，宣稱黨的社會主義和共產主義「內在 DNA」「沒有讓中國失望」，而中共暨中華人民共和國「沒有讓社會主義失望（並且將會）為促進世界社會主義做出更多努力。」[30]用俄羅斯聯邦共產黨的長期主席久加諾夫（Gennady Zyuganov）的話來說（中共在 2021 年為慶祝建黨一百週年而自豪地刊出了這段話），中共暨中華人民共和國「在世界共產主義運動的黑暗時刻，不僅堅持住了，而且還撿起了蘇聯共產黨兄弟掉落的旗幟，成為邁向共產主義的領導者。」[31]一年後，2022 年，《人民日報》的另一份頭版「宣言」，繼續自稱中共是「指引人類社會未來的領導者」。[32]

分析框架

　　儘管會產生重大影響的極其不可能事件（即所謂黑天鵝）有明顯的隨機性，但我們所生活的世界既不是偶然自發的，也不是一成不變的，而是經常被源自某些信念的選擇和行動所塑造，特別是在確定世界秩序和歷史走向的關鍵時刻。[33] 確實，許多人為造就的世界帝國，或「整個已知世界」、地球上各別區域或地區的「全球帝國」，不論是否可取，它們的興衰都成為了不同人類文明的歷史特徵。[34] 過去五個世紀以來，人類文明經歷了革命性的進步，國際競爭導致了多輪強權的權力和領導地位更替，其明顯的興衰週期，總體而言改善了各國的國內和國際上的人類政體。到目前為止，孕育和驅使國際競爭的西發里亞體系仍然基本完好無損。因此，觀察者很容易想當然地認為強權競爭總是同一套博弈，類似於定期的體育競賽或商業週期。例如，金融大亨瑞・達利歐（Ray Dalio，橋水基金聯合董事長）最近根據金融實力變化，描繪了五百年來的帝國興衰「大週期」，並預測當前的世界秩序「最近類似 1930-1945 年的世界秩序」，將讓位給「中華帝國的崛起」。[35] 對其他人來說，中華博弈更多的是「中國對民主：一個最偉大的競賽」，或者是全球的「中國對自由的挑戰」佐以「帝國主義」議程。[36] 中國學者任劍濤分析認為，中國的崛起似乎代表著另一種「怨恨性的國力崛起」，不同於「適應性崛起」，就像二戰前的德國和日本以及蘇聯那樣，是為了報仇雪恥、謀取權力，建設理想社會；因此，一個充滿怨恨的崛起大國「肯定會（全力）破壞和推翻現有的國際秩序」。[37]

　　本書認為，中華博弈當然包括但亦深刻地超越了兩種相互競爭的政治意識型態和兩套社會政治價值觀之間的競爭，這兩種意識型態和價值觀被廣泛地稱為共產主義獨裁和資本主義民主，都是近現代歐洲歷史的產物。中華博弈不僅是過去五個世紀同一世界政治中簡單的、週期性的權力重新分配或新霸主的出現，[38] 如果要說它是不知從何而來的黑

天鵝，不如說它是一頭衝刺的灰犀牛，是被人們一直忽視的「明顯危險」。[39] 在2020-2021年「香港陷落」之前，北京的「征服香港戰略計畫」被長期忽視、掩飾或無視，就是例證之一。[40] 中華博弈關乎人類文明系統性重組和重新導向的可能，因此遠遠不止是推翻西方的國際社會領導者地位，更是關乎主權國家共同體轉向非西發里亞、等級制政治集權化的系統性轉變。一個世界政治集權，驅逐並取代分權分立的西發里亞體系後，正如本書之後將分析的，必然是一個威權主義和極權主義的世界帝國，就像曾經統治歐亞大陸東部中華世界的中華秩序一樣。用一位中共分析人士兼宣傳新星的話來說，中國正在四個領域與美國競爭：

模式——「誰將成為各國發展的典範」；

合作——「誰能團結更多國家來解決世界問題」；

紅利——「誰能為世界帶來更多利益」；

視野——「誰將帶領人類走向更高文明」。[41]

中華博弈以不同的社會政治規範和意識型態，在人類歷史的關鍵時刻提出了重大抉擇。

接受一個新的、看似可行的、集中統一世界的中華秩序（不管是不是以這個名稱出現），可能並沒有那麼困難或不自然；畢竟許多世界帝國在過去曾經存在了很長的時間，幾乎在所有人類文明已知世界都出現過。無論是最優還是次優，作為一種歷史趨勢，多元民主下富裕而重享樂的社會，可能很難抵擋中華秩序的到來，更不用說阻止了。冒著觸怒近五分一人類的假定領導人的風險可能並不明智，因為這很可能會導致大規模殺傷力武器時代的公開衝突，甚至世界大戰。而且，中國人民完全有權利追求「華人夢」（Chinese Dream）裡更美好的生活，這一概念模仿了著名的「美國夢」（American Dream），可能與中共重定世界中心和重整世界秩序的中國夢（China Dream）頗有些重疊。[42] 更進一步來看，

那些主張替代西發里亞體系的人，可以洋洋灑灑且經常正確地列出當前世界秩序的許多缺點和問題，甚至不道德的方面。此外，至少在理論上，引入一個平等但不同的競爭對手，可能有助於遏制美國那可能的（有些人認為是不可避免的）濫用權力，並將來自美國的那些頻繁、龐大和不請自來的影響最小化。畢竟，華盛頓有時可能會被某些利益團體或狹隘的理論所挾持，將世界帶往錯誤方向。即使承認中國沒有實現民主化這一事實，「自由全球主義者」（liberal globalist）可能仍然希望崛起的中國，將迫使美國在現有世界秩序中進入「向上競爭」，而不是向下競爭，透過控制得當的同儕競賽，為全世界帶來「績效全面提升」。[43] 有些人甚至設想，中華博弈有機會帶來「全球正義和民主社會主義」。[44]

事實上，許多人已經開始歡呼這種可能性，為這種必然性辯護，並對中國作為新世界領袖的到來兩面下注。對某些人來說，他們欣見權力迅速移交給中國領導人，因為他們會在許多方面為了改革和改善世界而競爭。[45] 可以肯定的是，就像一個尚未成為壟斷巨頭的新興企業或尚未成為世界帝國的崛起國家一樣，過去三十年中國在世界經濟中的表現，一直令人印象深刻且相當具有競爭力，遞交出一份亮眼（雖然實際上很是平庸）的成長紀錄，正如我在《中國紀錄》中所嘗試記錄的。[46] 此類論點在中國出版物中比比皆是。英語中類似的著名觀點包括大膽但短暫的「中美國」（Chimerica）主張——中國和美國共生對世界實行共同領導。[47] 為此採取行動的一個具體例子，是美國私募投資公司黑石集團（Blackstone Group）的老闆蘇世民（Stephen Schwarzman）與中國之間建立的廣泛且利潤頗豐的業務關係，其中包括中國銀行在2007-2014年，在黑石低谷時期提供了三十億美元關鍵「救星」貸款，以及黑石在2016年提供雄厚資金，在北京清華大學開設蘇世民學院（Schwarzman College），「打造二十一世紀的全球領導人才」[48]。不意外地，黑石繼續為中華人民共和國喝采並提供「幫助」。不過，黑石在2021年斥資三十億美元收購 SOHO 中國（由政治上不受青睞的億萬富翁、開發商

潘石屹和張欣所擁有）的鉅額投資案，由於北京方面的阻撓，仍以失敗告終。[49]

然而，理論和歷史都無可否認地表明，壟斷一旦建立，就會導致系統性的、持久的停滯和次優化，正如中華秩序在中華世界的紀錄中所充分展示的。[50] 從經驗來看，壟斷或世界帝國起初令人興奮的崛起的真正長期成本通常昂貴得可怕，且往往隱晦、被視若無睹或有效掩飾，直到為時已晚。實際上，對於中國崛起的世界領導力的美好前景和一廂情願的想法，可以透過以下兩種方式所揭露的中華博弈的真實本質，來有效地予以反擊。

首先，正如我在本書的前傳《中華秩序》和《中國紀錄》中所試圖完成的，對中共暨中華人民共和國的周詳調查，毫無疑問地證實了其政治治理和社會經濟發展的紀錄，是次優化的且常常是災難性的。因此，這表明了若以一個無庸置疑的低劣（但仍然可行且有能力）的中華人民共和國，取代質和量上都更可取（但仍然不完美且有弱點）的美國來領導世界，對全人類來說將是一個十分可怕的悲劇。

其次，正如我將在本章中試圖闡明的，人們對西發里亞式民族國家世界秩序的規範性偏好，明顯高於對中華秩序式、集權世界專制制度的規範性偏好。目前，美國可以繼續成為確保西發里亞體系延續最重要的（儘管不一定是最後的）盾牌，只要它仍然是由其國內因素所塑造定型的、該世界體系堅定與穩定的支持者。中華人民共和國要贏得「中華博弈」並非必然，更非大家的偏好。只要及時調整、齊心協力、適當改進，美國和西方仍然可以低成本且有效地，甚至和平地參與、管理「中華博弈」，並在其中獲勝，從而為全世界，包括中國人民在內，贏得他們的最佳利益。

三項假定

我對中華博弈的規範性分析是基於一個三重假定。這些假定也為本書其餘部分的分析提供了觀念前提。

假定之一

比起所有其他可行的替代方案，西發里亞體系已被證明是一個更少不可取性（less undesirable）的世界秩序。這些替代方案包括單一世界政府這種簡單而令人陶醉的理想，無論是像中華秩序這樣的世界帝國還是印加帝國；納粹或共產主義世界運動之暴政；日本「八紘一宇」夢想導致的「超國家主義」[51]或「封建的」甚至是自由的「世界民主」政府，都是為了所謂共同利益而要一統整個世界。[52]正如歷史學家沃爾特·謝德爾（Walter Scheidel）等人在 2019 年所指出的，正是因為「逃離羅馬」和其後世界帝國建設的持續失敗，歐洲人才在歷史上一路猛進，「統治」並改變了整個世界。當然，西發里亞體系仍然存在許多缺陷和問題，例如政治學家蘇珊·斯特蘭奇（Susan Strange）在九〇年代所指出的，它在管理世界金融市場方面存在所謂「西發里亞失敗」（Westfailure）。[53]

長期以來，人們崇高而理想地認為，政治生活中存在著一種可識別、甚至是可衡量的「共同利益」（common good），從亞里斯多德和聖托馬斯·阿奎那（Saint Thomas Aquinas）的「共同利益」（*to koinei sympheron* 與 *bonum commune*）、洛克（John Locke）的「人民的公共利益」（public good of the people）、盧梭（Jean-Jacques Rousseau）的「共同利益」（*le bien commun*），到當代哲學家哈伯馬斯（Jürgen Habermas）的「現代性解放潛力」（the emancipatory potential of modernity）共同利益以及聯合國提倡的「永續發展」跨國規範。[54]非西方社會也有此類理想，從儒家思想到伊斯蘭教教義皆是。[55]自印度皇帝阿育王護持佛法（*Dharma*

Edicts）以來，印度教徒和佛教徒也一直有著一個「沒有戰爭和征服」的一統世界的理想。[56]

對此，我的看法是，所有這些偉大、鼓舞人心的關於所有人共同利益的理想，都是有效且有價值的；但想要藉由政治去追求和實現共同利益，主要應該透過社會和國家的努力，以民族和國家作為人類群體的主要單位，透過不斷的國內組織結構的現代化和政策規範調整來實現。[57]民族和國家的範圍之外，對所有人「共同利益」的追求，應該與人類文明其他關鍵（甚至更重大）的價值追求取得平衡，並且永遠不該用於證明世界政府的合理性，除非其他具有比較性和競爭力的地球外人類文明不僅存在，而且還與這個獨特的地球人類文明有了往來互動。試圖透過組成和執行一個世界政府來實現所有人的共同利益，並理所當然地，用單一的集中力量進行統治，最終將為即使不是所有人，也是大多數人帶來最少的好處和最大的壞處，畢竟理論和歷史已給予充分教訓。如同生物多樣性，人類政體和社會文化的多樣性以分散、分立的方式共存和競爭，禁受選擇和淘汰，這對於人類文明和人類物種的健康、進化和延續來說，顯然是更為優化的。[58]我們需要國家治理的「多樣性制度」，特別是基於比較和競爭的全球國際秩序，來策劃、編纂、組織、更新、加強和改善社會政治，以及文化的多樣性和複雜性。[59]一些經濟學家已經認定，不同社會群體之間基於國際競爭背景下相互衝突的偏好，且往往打著民族主義的旗號而不斷重複的競爭，仍是現代民主政治制度崛起的核心要素；[60]而民主法治則成為一個「不自然的」，但更少不可取性的國家政治體制。

分立分權的世界政體在各個「世界」中事實存在了數千年，但作為一種法典化和合法化的國際秩序，它直到十七世紀才被創建，到二次大戰結束（甚至直至冷戰結束）後才成為全球化的規範秩序。與一般刻板的印象相反，即使是未成文的、事實上的（因此效率較低的）西發里亞體系，如美索不達米亞的蘇美城邦群、中華世界的戰國時期，以及經典

的希臘羅馬時期和中世紀的地中海——歐洲世界，在多樣性、活力、創新和繁榮方面，特別是在「理性文化」的發展方面，實際上比世界帝國時期都表現得更好。[61] 為了降低交易成本，促進政治治理和經濟創新，要實現人類組織的最優化，複雜而持續的動態競爭遠遠優於任何單一集權。[62] 更可取的是一個具有多樣性制度且法典化、法律上的國際關係體系，例如歐亞大陸東部的澶淵體系、歐亞大陸西部的《西發里亞和約》以及全球化時代的聯合國。然而，西發里亞世界政治秩序，比部落國家、專制國家或世界帝國其實有些更不自然。當然，就功能而言，這是人類創新和繁榮的必要但非充分條件，往往也受到其他條件和因素的引發或阻礙，包括純粹的好運或不幸。而且由於其固有的不斷創新與競爭，以及經濟、人口、技術和生態的不斷變化，導致力量不斷重新分配或新典範、新舉措的出現，西發里亞世界秩序在結構上是活潑而不穩定的，而且往往顯得搖搖欲墜。此外，就其政治合法性和文化內化而言，法理化版本的西發里亞體系存在的歷史相對仍很短。

西發里亞體系一直是一個充滿活力的體系，也始終承受著來自內外與日俱增的龐大壓力，迫使它變化、爆炸或腐朽。幸運的是，由於一些增強、實驗和擴展該體系的關鍵步驟，如《烏得勒支和約》（Peace of Utrecht，1713 年）、維也納會議（Congress of Vienna，1815 年）、國際聯盟（League of Nations，1920-1946 年）、《凱洛格—布里安條約》（Kellogg-Briand Pact，1928 年）和聯合國（1945 年以來），西發里亞體系得以倖存並演變成當前的形式，即所謂的自由國際秩序[63] 已經存在了數十年，具有相當大的合法性，但可能如一些學者所斷言的，仍然定義模糊且「注定會失敗」。[64] 對某些人來說，自由國際秩序是一種「基於規則的秩序」，與所謂「現實政治」（realpolitik）形成鮮明對比。[65] 自九〇年代冷戰結束以來，它進一步擴展成為所謂的第二代自由國際秩序，其特點是「後民族自由主義」（post-national liberalism），試圖以「國際機構日益自由化的干預性」來獲取「超越民族國家的大量權威」，例

如所謂「人道主義干預」。[66] 我認為，自由國際秩序實際上依賴主要由美國及其盟國制定和執行的一系列規則，並以二戰以來美國及其盟國特定的、似乎更可取的規範和理想為基礎。然而，它仍然只是西發里亞體系下國際關係和國際互動的一個版本，受到強權競爭下現實政治的動態塑造、重塑、挑戰甚至破壞。對某些人來說，自由國際秩序可能接近全球治理，但幸好它還沒有取代西發里亞世界秩序。正如許多開創性著作中概述過的，西發里亞世界秩序只有透過極富遠見的領導，艱難且常常是沒有名聲與榮耀的外交，幾代人的共同努力，沉重的成本和犧牲，以及一些好運或特殊的「變異」，才能成功地出現和延續下來。[67]

假定之二

與西發里亞體系下過去和未來可能的其他領導大國相比，內部超級多元化、政治上具有良好分權制衡的美國，在結構、意識型態和法律上，都是迄今為止最不可能推翻西發里亞世界秩序的一個大國。然而，美國內部經過長期考驗的社會政治原則和制約，既不是靜態的，也不是鐵定不變的，而是會受到持續不斷的各種壓力和張力的影響，要求其改變、糾正或休養維護；這些可能導致演變和改進，但也可能導致美國國力的功能失調、衰落甚至消亡。[68] 與許多其他強權一樣，美國也有一些菁英和政客不喜歡或無視西發里亞世界秩序，因為這種秩序的確常常是不方便、令人不悅且不順從。

以美國為首的西發里亞世界秩序變體，即自由國際秩序自然也會表現出國際政治無政府狀態的世界體系中，與任何強權政治有關的廣泛不平等、任意性和非理性。但這也許是西發里亞體系自 1648 年法典化以來唯一的一次迭代，其主導力量不太會（幾乎不可能）將其轉變為對立面，即世界帝國。1898 年美西戰爭後，美國「自願」停止了領土和行政擴張。「昭昭天命」（Manifest Destiny）的民族主義思想在美國始終

揮之不去；但這理念早已從帝國主義的擴張和征服，轉變為主權國家之間的霸權領導和利益驅動的競爭夥伴關係，以秩序和規則來公平競爭（fair play）。[69]美國與其附屬國家的關係，如古巴、菲律賓、韓國、南越、台灣，以及最近的伊拉克和阿富汗，充分表明了美國對西發里亞基本原則的遵守，因而在這些地方經歷了大量的挫折和「失敗」。這與蘇聯對其陣營中的附屬國家所做的事情，以及莫斯科直到蘇聯集團解體之前在東歐和蒙古等地的「成功」控制，形成鮮明對照。

英美政治譜系中的世界觀可能有一些特殊之處。像是封建主義和聯邦制的強大傳統和實踐、許多自治社群和團體的競爭性共存，以及社會政治權力的分層分權等特徵，看來有助於緩解人類政體中所謂的「寡頭鐵律」（iron law of oligarchy）。[70]也許是在重申一個領導人應該如何行事，前英國首相強生（Boris Johnson）在其 2022 年 7 月被迫下台的辭職演講中承認，「在政治上，沒有人是不可或缺的，高明的達爾文式體系將產生另一位領導人。」[71]從外部看，大英帝國曾經擴張至全球（所謂「日不落帝國」），但其行為卻不像一個世界帝國，最多只是一個「帝國項目」或「未完成的帝國」。[72]在 2016-2020 年間，英國決定退出歐盟以捍衛其主權，反對政治區域化和全球化，正如自八〇年代末以來一些最有影響力的領導人所主張的。[73]2021 年，美國和英國在《新大西洋憲章》（New Atlantic Charter）中，以當代語言重申維護西發里亞世界秩序、價值和規範的承諾，如同兩國八十年前在 1941 年《大西洋憲章》（Atlantic Charter）中所曾申明的。[74]

與過去事實或法律上的西發里亞體系中的其他頂級強權不同，美國是該體系中一個非常不情願的領導者，直到第二次世界大戰才被迫承擔這一角色。此後美國曾有兩次，有能力也有機會將世界變成美利堅世界帝國——一次是二戰結束時，一次是冷戰結束——但美國卻選擇了維護西發里亞體系，使其運作合法化。無論是出於高尚還是自私，美國始終警惕地珍惜自己和其他國家的主權，將其置於即使不是全部、也是許多

其他國際追求之上。例如，由於對國家主權的擔憂，美國很容易放棄或遠離其最初設想、設計和資助的許多有價值的國際和全球治理項目。

華盛頓執意不肯參與 1920 年的國際聯盟、1982 年的《聯合國海洋法公約》（UNCLOS）、1992 年的《生物多樣性公約》（Convention on Biological Diversity）和 1998 年的國際刑事法院（International Criminal Court）。美國也始終對全球氣候控制體系非常警惕，退出了 1997 年的《京都議定書》（Kyoto Protocol），又退出了 2016 年的《巴黎協定》（Paris Agreement）兩年，在 2021 年才重新加入。身為聯合國的主要創始國，美國在二十一世紀曾多次退出或威脅退出聯合國的主要機構和項目，如聯合國教科文組織（UNESCO）、聯合國人權委員會（UNHRC）和世界衛生組織（WHO）。[75] 到 2023 年末本書定稿時，一些美國政客秉持二十多年來的傳統，持續向美國國會提出立法徹底退出聯合國，從而「恢復美國主權」。[76]

許多人，包括一些美國人，或批評或讚揚美國已經是一個事實上的「世界帝國」，經常尋租並享受特權，如帝國霸權般享有豁免權，並表現出明顯自私自利的世界觀。[77] 這樣的描述也許並不完全錯誤，但在很大程度上是對事實和歷史的選擇性解讀，且往往用於闡明特定政策偏好或歷史敘事的黨派性甚至諷刺式類比，通常是誇大一個多元化和實驗性社會中某些離經叛道的極端觀點和衝動。將美國描繪成一個世界帝國，也常是為了別有目的之政策爭論和蓄意扭曲，更不用說公然宣傳以推進其他隱藏的議程。[78] 其他司空見慣和簡化的做法，包括將同等地位國家的自願或「推選」出的領導，與世界政府相提並論，將臨時國際巡警等公共服務產品的提供等同於世界治理，或將錨定世界金融體系與全球性壓榨汲取混為一談。作為事實上的世界貨幣美元的發行國，美國確實可能享有大量且看似不公平的價值轉移，以及其他明顯的好處。[79] 但將其等同於世界帝國的稅收或剝削，是嚴重地誤讀和誤判了美國外交關係的本質，並掩蓋了美國為維護和改進自由國際秩序和西發里亞體系所做的

犧牲和貢獻。儘管美國給人的印象是注重民族主義和自身利益，但數十年來，美國也為即使不是全部、也是大多數主權國家提供了獲得重大安全和繁榮的機會，甚至包括像中華人民共和國這樣挑戰體系的國家。

1961 年，當被問及作為美國總統在二戰期間和戰後最自豪的成就時，杜魯門（Harry Truman）回答說：「我們徹底擊敗了敵人，然後將他們帶回國際社會中。我想只有美國才會這麼做。」四十多年後，季辛吉（Henry Kissinger）補充道，「杜魯門的所有繼任者都遵循了這一敘事的某種版本。」[80] 到了 1963 年，美國的實力和地位在世界上已是首屈一指，甘迺迪總統（John F. Kennedy）宣稱美國的目標是「讓多元化在世界更加安全」[81]。美國的這種「獨特論」（exceptionalism）似乎植根於美國內部的移民社會政治結構和意識型態取向，即偉大的「美國實驗」（American experiment），其根源可以追溯到希臘羅馬文明和啟蒙運動後的猶太基督教傳統。[82] 這種結構和方向的一個關鍵特殊性，可以簡潔地概括為「最廣泛意義上的『人民』，已經成為一個被服務而不是被使用的實體。」[83] 誠然，美國的外交政策受到國內對其世界身分及其面臨的危險等動態看法的影響，因此可能會發生變化和徹底改動。[84] 迄今為止，結構深刻且長期內化的多元化、聯邦制和基於民主法治體系中的分權制衡，似乎確保了美國人民對國內外的任何集權與單一政治權威的厭惡和警惕。

美國及其盟國領導下的自由國際秩序，絕非對所有人都是最好的國際秩序，更不是完美的國際秩序。對某些人（例如中共領導人）來說，自由國際秩序及其母本即西發里亞體系，可能是非常不可取甚至有害的，而美國的世界領導地位仍然是改變這一體系的最大障礙。因此，作為對抗中共野心的堡壘，為了西發里亞體系的生存和運作，美國／西方的領導地位在結構上、意識型態上，甚至法律上都是最可靠的選擇。保障西發里亞體系安全的關鍵，似乎在於其主導國家的內部組成和外交政策取向，而不是簡單的物質實力。事實上，美國領導的二戰後版本的西

發里亞體系，為人類提供了現代歷史上最長的穩定時期。它保留了主權國家體系的秩序原則（ordering principle），並維持了最大和最強國家之間最長的、沒有直接戰爭的紀錄。自 1945 年以來的八十多年裡，唯一主要的直接戰爭，是 1950-1953 年的中美戰爭。當時北京派出軍隊卻意味深長地偽裝成「志願軍」，到韓國對抗美國領導的聯合國軍。[85] 從長遠來看，西發里亞體系自十七世紀法典化以來，只經歷過一次（且備受讚譽的）「長期和平」，即 1815 年維也納會議後的一個世紀。[86] 但那個時期的西發里亞體系並不是真正的全球體系，除了無數的殖民和非殖民戰爭之外，仍然經歷了至少十七場當時列強之間的直接戰爭。[87]

理想情況下，這種已經非常有益的「自由國際主義」可以也應該進一步「改革」和加強。[88] 為了維護自由國際秩序和西發里亞世界秩序的活力和永續性，在有需要時縮減規模，甚至更替領導層，都是完全正當的。其他具有不同地理位置、意識型態和種族身分的國家，包括一個成功改革和重新定位的中國，有可能從美國手中接管世界領導地位，並確保西發里亞體系的生存和運作，或不論其自由價值觀的多少，只要這些國家有類似或更優越的內部組織和裝備，皆能同等或更好地維護西發里亞體系的關鍵原則。但是，除了仍然不太可能的「歐洲合眾國」（United States of Europe），[89] 目前還看不到任何這樣的國家。

儘管自其崛起以來，無數關於美國一定會衰落和消亡的預測（常常還是暢銷書）始終甚囂塵上，但美國在自由國際秩序裡的領導地位仍然持續存在且不斷擴大。[90] 事實上，自五〇年代以來的數十年內，預測美國國力衰落、下降、崩潰，甚至民主隨其國力一併消失的可怕警告，似乎一直是許多具有不同理念的美國重量級人士共同關心的問題。[91] 美國內政中劇烈且備受分析的波動和兩極分化，以最近的 2008 年、2016 年，尤其是 2020-2021 年的選舉週期為例，明白展現了這個世界上最古老的民主法治國家的一些慣性缺陷和無窮盡的考驗，但也證明了其堅實的多元化、創新活力、卓越韌性和可更新性。[92] 當然，對美國在世界領導地

位的不滿和威脅是明顯且日益增長，並導致了長達數十年的不同方位的緊張局勢；[93] 主要的挑戰目前就是中共暨中華人民共和國的刻意運作。但這些挑戰者中沒有一個看來能保障西發里亞世界秩序，更不用說使之進步或升級了。

本書認為，當前由西方／美國領導的世界秩序，能夠且應該在中華博弈中占上風，從而抵禦來自中華人民共和國等非自由世界大國的嚴峻挑戰，和國內的極端民粹主義、不可行的部落主義以及無所節制的全球主義的潛在威脅。即使有民族主義傾向，美國也可能「仍然是世界上唯一的超級強權」，並至少會部分延續自由國際秩序，因為自由主義理想與「美國的重大國家利益」緊密相連。[94] 美國是目前唯一的一個「有能力」的國家，擁有維持現有世界秩序所需的資源。[95] 此外，根據經濟學家們在 2020 年代的報告，美國「在未來五十年或更長時間內仍將比中國富裕」，而且還在「大步前進」，在社會經濟表現和技術創新方面領先所有國家。[96] 據報導，在八個代表性國家（巴西、埃及、德國、印度、日本、墨西哥、奈及利亞和波蘭）中，絕大多數人（65%–98%）偏好美國作為世界領導力量而不是中國。[97]

假定之三

中共統治下崛起的中國力量，是目前最有能力影響和重塑西發里亞體系的勢力。現在它是唯一的競爭者，對美國／西方的世界領導地位，提供了一種可行且誘人的替代方案，雖然是次優化的、不可取的。[98] 在為求政權生存而重整世界秩序的驅力之下，中共暨中華人民共和國也奉行列寧─史達林主義版本的馬克思主義，呼籲統一的世界社會主義和共產主義。這裡必須重申的是，現在驅使中華人民共和國挑戰西方主導的世界秩序的，是其秦漢政體的威權主義和極權主義基因，而不是中國作為一個國家的國力崛起的必然，也不是中國人民的什麼宏願。中共黨國

因其政治基因而不可避免地、始終如一地考量、抉擇並決意去重定世界中心、重整世界秩序，建設一個類似中華秩序的新世界帝國。

　　將中國視為影響和重定世界秩序的替代領導者並不新鮮，對這種可能性及其影響的深刻不確定感亦然。一個世紀前，帶著對蘇聯的失望並訪問中國長達數月後，有社會主義傾向的英國貴族哲學家伯特蘭‧羅素概述了他所看到的中國，包括它的許多問題，例如所謂的「中國人的主要缺陷：貪婪、怯懦和冷酷，（以及事實上）除了極少數受過外國教育的之外，所有中國人都貪汙腐敗。」儘管如此，隨著關鍵的改革和發展，羅素相信「中國憑藉其資源和人口，有能力成為繼美國之後世界上最強大的國家，並在這個最急迫的時刻為人類帶來全新的希望。」然而，他也擔心中國有缺陷的傳統（文化規範和觀念價值）與「進步」的力量（高效的經濟和好戰的軍力）不幸地結合在一起，從而「走上帝國主義的道路」。[99] 正如甘迺迪總統和麥克阿瑟將軍（Douglas MacArthur）在七十年前所分別預見的，中華人民共和國的創立可以被認為是一個影響持續幾個世紀的人類「悲劇」。[100] 自那時以來，北京始終不斷抵制、削弱和試圖取代美國的地位，企圖重定世界中心、領導世界和重整世界秩序，這些「初心與使命」都在二十一世紀以更為自信的方式表現了出來。用美國國家安全委員會中國事務主任入職前的話來說，中共一直有個「長期博弈」、階段性、機會主義擴張性的「取代戰略」，來指導北京的對美政策。[101]

　　也許令人欣慰的是，西方領導的世界秩序似乎在全球範圍內享有「認同分布」（distribution of identity），這也許能削弱北京透過其意識型態的普及而成為新世界霸主的機率。[102] 但從根本上來說，世界政治主要是由純粹的武力塑造的，可以透過強力篡奪，並有效湮滅更受歡迎的理想。儘管無疑是次優且不可取，中共仍嚴格控制著世界上最多的人口（截至 2024 年之前）和第二大經濟體，並從中超額汲取，獲得龐大的權力和資源。[103] 中共黨國威權政體熟練的不擇手段，也使其在國際

競爭和征服的遊戲中具有看來自相矛盾的最優性，特別是面對受規則規範的約束，以及眾多內外制約的多元化民主國家。正如亞當斯（John Adams）在 1798 年所寫的：「我們的憲法只為有道德和宗教信仰的人民制定。對於任何其他政府來說，這都是完全不足的。」[104] 已掌握西方技術，但卻沒有西方制度和規範的框架和約束的中共黨國，透過其集中且聚焦的努力，有能力獲得「實施有組織暴力的優勢」，而這正是政治學家杭廷頓（Samuel Huntington）所認為的近幾個世紀以來「西方贏得世界的關鍵」。[105] 正如群體心理和群眾運動的研究所表明，頑強的「少數」，往往可以有效地對多數產生重大影響。[106] 在中共控制的中華人民共和國的集中努力下，人類中的少數群體，完全可以壓倒西方和整個世界。

據一些親中分析家所說，世界經濟、文化和社會的日益全球化，將放大中共暨中華人民共和國以「有遠見的政策舉措（……和）全球治理機制」，使中華秩序式世界治理取代美國領導自由國際秩序成為可能。[107] 具有「普世」價值觀的全球主義在自由國際秩序下誕生並蓬勃發展，為西發里亞體系的根本性變革提供了愈加有說服力的理由，通常打著追求「共同利益」或新的「利益相關者資本主義」的誘人旗號。[108] 這些訴求有時看似愈發無可爭議：尋求和平、普世人人平等的權利，減少貧困、流行病、環境惡化和恐怖主義等理想。人工智慧（AI）等強大新技術「最糟糕的用法」，可能使中共黨國能夠更有效地統治並擴大其權力：「公民神經活動的每一個信號都被輸入到政府數據庫中」，「透過預知演算法（precog algorithms）即時辨識異議者（甚至使之喪失能力）」，從而達成極權社會控制。[109] 一個打著全球主義幌子的世界帝國，可能僅僅需要最低限度的實際戰鬥便可出現，令許多人大驚失色：因為我們天真地以為現代大規模殺傷力武器，特別是核武器的恐怖，已經使帝國建設變得徒勞和過時。

因此，一股堅定而自私的政治力量，利用表面良善的藉口，再加上

所有其他人的作為和不作為，很可能為全世界鋪就通往地獄（或天堂，取決於個人立場）的道路，如同兩千年前，秦朝統一了歐亞大陸東部的整個已知世界。這種情況可能也與七十多年前中國大陸發生的情況類似，中共在中國內戰中「意外」獲勝，導致中國災難性的大躍退。就像市場經濟體系不可避免地會產生壟斷，從而自內部毀滅自己一樣，西發里亞體系中也蘊藏著頑強而持久的自我滅亡種子。諷刺的是，自由國際秩序版本的西發里亞體系，因人人平等的主導理念和國際不平等的令人沮喪的現實，提供了前所未有的沃土和極為有利的生態環境，足以使這些種子發芽並改變整個體系。迄今為止，中共代表了唯一有決心也有能力不擇手段地激發、劫持和利用變革力量，系統性地取代西發里亞世界秩序的競爭對手，而這一過程或許比任何人能想像到的更容易且更快。正如本書其餘部分對北京的意圖和行動的進一步分析所試圖證實的，中共暨中華人民共和國看上去已經是「一個具有革命目標的崛起力量，構成了重大威脅，必須受到遏制或對抗，即使冒著強權與其新興對手之間爆發戰爭的風險。」[110]

中華博弈與冷戰之比較

理念很重要，尤其是那些能夠強力推動一致行動的理念。世界帝國的理念有各種各樣的名稱——世界國家、全球國家、普世國家——其理由甚至更多，一直都可能是最令人興奮、最受讚譽和最有力的政治理念之一，驅動人類歷史上無數強權、雄心勃勃的領袖以及抱持理想主義或自私想法的個人。[111] 分立分權世界政體的捍衛者被視為所謂「正面人物」，不見得是因為他們本質上是好人（或具有更民主或更好的政治治理），而是因為他們確保並實行持續的國際比較與競爭，從而最大限度地提高所有人都成為好人（或具有更民主或更好的政治治理）的機會。其實，世界帝國的建設者常常被尊崇為英雄豪傑，甚至是富有魅力的

「救世主」或「解放者」，但他們必然會撲滅國際比較和競爭的火焰，從而最大限度地減少所有人獲得良好和更好政治治理的機會。[112] 事實上，世界帝國的建設者往往更專注、更有動力、更大膽、更狡猾、更有能力手段，但在治理人民方面卻較差，甚至常常是名副其實的「壞人」。然而，與好萊塢電影不同的是，好人並不總是能獲勝，更不用說自動獲勝了。正如一句格言所說，「好人難出頭」；在人類歷史上，比較可取的政體和世界秩序，如民主法治和民族國家國際體系，確實比專制和世界帝國要少見得多，也脆弱得多。也許正是因為好人經常在現實世界中失敗，好萊塢才會不停製作出有著大團圓美好結局的故事來吸引和取悅大眾。[113]

人們可以很容易從概念上拿中華博弈與冷戰做一個比較。冷戰是西方和東方（即蘇聯領導的共產主義集團，其中大部分時間裡包括中華人民共和國）之間史詩般的、包羅萬象但基本上是和平的競爭，沒有發生直接或全面的戰爭，最終以西方的勝利而告終。這兩場競賽之間的確有許多相似之處，對於汲取有用的教訓來說很重要，因為有些人認為今天的中華人民共和國「正在成為蘇聯」[114]。中華博弈還可以被視為未結束的冷戰，是一個復甦或強化了的關於不同世界秩序與不同人類文明在價值觀和理念上的全球競爭，或者是要在極權主義及其對立面之間做抉擇。[115]2022 年 11 月，在印尼峇里島舉行了第十七屆二十國集團峰會，在會上重申其「全球發展倡議」和「全球安全倡議」後，中國領導人習近平再次被他的宣傳機器認證為「引領世界發展」，稱其提出「中國方案」，將所謂「中國式現代化」變為「人類現代化的新選擇」，從而「為各國指明了正確的（替代）方向」。[116] 如同冷戰，中華博弈可以被恰當地視為中共與其對手，即「志同道合」的西方民主國家及其他地區包括「長期經受苦難的中國人民」之間，為「國家安全、長期利益和價值觀三位一體」而進行的「價值觀戰爭」。[117]

世界似乎再次因政治、意識型態和經濟利益的分歧，「分裂為自由

和非自由領域」，分別由中國／俄羅斯和西方領導。[118] 確實，兩個截然不同的陣營已然出現，正如 2020 年 10 月 6 日兩大國家集團在聯合國對峙，所展現的新「兩極格局」：以德國為首的三十九個國家發表了《關於新疆人權狀況和香港近期局勢的聯合聲明》；中華人民共和國則「代表二十六個國家批評美國和其他西方國家侵犯人權」。[119] 同樣地，日本第二十七次提交的《裁減核武決議》，於 2020 年 12 月 7 日在聯合國大會上獲得通過，共有一百五十票贊成，包括美國在內，另外三十五票棄權，僅四票反對，分別為中國、北韓、俄羅斯和敘利亞。[120] 2021 年 3 月 12 日，或許是為了回應歐盟和由澳洲、印度、日本和美國組成的升級版四方安全對話（Quad），中國與古巴、伊朗、北韓、俄羅斯和委內瑞拉以及其他十六個國家，組成「聯合國憲章之友小組」。[121] 幾天後，美國、英國和加拿大正式攜手歐盟，因北京的新疆政策對其實施制裁，這是自 1989 年以來首次此類集體行動。[122] 一週後，北京與伊朗簽署了一項為期二十五年、價值四千億美元的協議，直接對抗西方。[123] 一名中國政治流亡者、八九天安門運動的學生領袖之一，在 2021 年寫道，「一個新的軸心國正在中國、俄羅斯、伊朗和北韓之間形成」及其「可能的盟友，如緬甸、委內瑞拉、古巴和巴基斯坦。」[124] 遭美國制裁的 TRICK（土耳其、俄羅斯、伊朗、中國和北韓）國家之間的夥伴關係，在 2020 年代也出現在歐亞大陸。[125]

中國的主要分析人士以及英美的分析家都已經認為，「兩個緊密的陣營」（或集團或聯盟），即美國（與包括南韓在內的西方國家）對陣中國（與俄羅斯、北韓、伊朗，也許還包括緬甸和塔利班統治下的阿富汗），再加上「廣闊」而複雜的「中間中立區」，包含「南半球」的大多數國家，已經成為世界政治的「短期格局和長期趨勢」。[126] 正如法國分析家所指出的，在行動上，北京的全球「影響力行動」似乎已「俄羅斯化」，因為中共複製了（並加以增強和改進）莫斯科的許多冷戰技巧。[127] 例如，北京在非洲的行動，似乎與冷戰期間莫斯科的做法如出

一轍。[128] 正如我之後將詳細闡述的，中共看來也一直在忠實地複製蘇聯對美國的劇本：莫斯科在冷戰前和冷戰期間，在美國卓有成效地招募和利用了許多特工、同情者和「有用的白痴」，有些甚至在美國政府內身居高位，包括哈里‧德克斯特‧懷特（Harry Dexter White）等深具影響力的人物。懷特是美國官員，也是布列敦森林體系（Bretton Woods system）的主要設計者之一。[129] 自 2022 年初以來，中華人民共和國一直公開宣布俄羅斯是其「上不封頂的夥伴」，成為世界上唯一支持俄羅斯入侵烏克蘭的大國；並於一年後，即 2023 年 3 月，重申中俄「全面夥伴關係」處於「歷史最高水平」。[130]

「冷戰」一詞，一般認為是由大西洋兩岸的喬治‧歐威爾（George Orwell）於 1945 年，以及沃爾特‧李普曼（Walter Lippmann）和伯納德‧巴魯克（Bernard Baruch）於 1947 年所提出，恰當地描述了四〇年代末到九〇年代初的世界政治。[131] 冷戰的結局，無論多麼令人讚許且事後看來是可預期的，但其實充滿變數。我們可以從這段歷史中汲取許多有用的教訓，用以協助中華博弈的概念化以及管理。[132]

此時特別值得回顧的是肯楠（George F. Kennan，1904-2005 年），這位二十世紀的美國傑出思想家，在四〇年代末深入分析了蘇聯的行為根源，為那以圍堵遏制為主的戰略奠定了基礎，使西方雖然歷經艱難但最終還是贏得了冷戰。[133] 我有幸在九〇年代初見過肯楠，並於多年後在麥克奈爾堡（美國國防大學）短暫地坐過他以前的辦公桌。肯楠的才華和洞察力至今仍在影響著關於世界政治的所有嚴肅討論。中華人民共和國與蘇聯有許多共同的符號和口號，是一個同樣強大但從根本上脆弱且不可取的社會政治體系，在意識型態和價值規範上積極反對西方，擁有一個龐大且資源豐富，但缺乏創新且低效的經濟。莫斯科和北京都以「結合共產主義和傳統民族主義，並尋求建立一個以其為中心的全球社會主義秩序之集權主義」綜合體，來挑戰「自由世界」。[134] 就像肯楠幾十年前對莫斯科的精采分析一樣，今天的北京也深陷困局，長期缺乏

安全感，「對理性邏輯無動於衷，對武力邏輯卻高度敏感」，而且同樣令人畏懼、伺機而動、「桀驁不馴且不講理」，但同樣是一個「不需訴諸任何通常的軍事衝突」就可加以管理的挑戰；如果處理得當，將是「我們的外交曾經面臨過的最偉大的任務，也可能是它未來所必須面對的最偉大任務。」[135] 同樣地，用美國國務卿安東尼・布林肯（Antony Blinken）的話來說，美國這次應不遺餘力地「應對二十一世紀最大的地緣政治考驗」。[136] 就像蘇聯一樣，中共可能也同樣無法「埋葬西方」。[137]

採取全面而耐心的圍堵遏制戰略，而不是代價高昂的反攻（rollback）戰略，這樣的智慧至今仍然鼓舞人心。[138] 在 1992 年，肯楠以非凡的謙遜加上對美國軍工聯合體深思熟慮的懷疑，將和平結束冷戰歸功於蘇聯內部問題和機制所造成的「不可避免且迫在眉睫」的政權變革趨勢，而不是經常與他的名字聯繫在一起的外部努力和戰略。肯楠可能擔心暫時勝利的喜悅，會危險地降低對中共持續挑戰的警惕，因此警告說「沒有人，包括國家、政黨和人，『贏得』冷戰。」[139] 肯楠確實對中國「腐敗」的政治文化和「傲慢」的世界觀有敏銳的洞察力，因此在五〇和六〇年代建議，不理會但「不要忽視」中華人民共和國。[140] 據他的主要傳記作者所說，肯楠「一生」都強烈反對尼克森（Richard Nixon）訪華和整個「接觸」政策；若他還在，很可能會這樣評論現在來自中華人民共和國的挑戰：「我早就告訴過你了。」[141] 事後看來，他對蘇聯帝國的預測和期望見到的結果，幸好很快就變成現實，否則蘇聯可能輕易地苟延殘喘若干世紀，如同中華世界帝國和拜占庭帝國曾經的命運。這一成果理所當然地是出於為贏得冷戰而有意識地多方面堅持不懈的努力，從全面禁運到軍備競賽；而在韓國和越南這些地方的代理人戰爭，也並不總是容易、愉快或廉價的。[142]

與肯楠審視的莫斯科相比，今天的北京是一個更加不擇手段、具有非凡壓榨汲取能力的專制政權。[143] 中共不僅僅是一個扭曲的歐洲激進

主義僵化意識型態的信徒。在國內，北京面臨的民族間爆炸性對抗相對較少，儘管它顯然仍在打造所謂「中華民族」之帝國傳統與要求「各（五十六個）民族平等共存」的史達林主義遺產之間掙扎。[144] 中共黨國對西方的深度不安全感和內在的對抗性，主要是由其秦漢政體的本質和中華秩序天下觀念的傳統所決定，而不是由外部入侵或經肯楠分析的「俄羅斯體驗」所決定。或許是吸取了蘇聯解體的教訓，過去三十年裡中共愈發回歸到傳統的秦漢帝國控制手段，透過強制同化單一的「中華民族共同體」，使史達林主義的多民族在共產主義統一旗幟下共存的假象更加空洞。北京在西藏、新疆和內蒙古等地，針對語言、文化、宗教的根除和同化計畫因此變本加厲，其代價是在國際上被貼上「種族滅絕」和「反人類罪」的標籤。[145] 然而，這種基於蘇聯「教訓」的可怕行為，確實可能在某種程度上預防了能夠瓦解中華人民共和國的族群之爭的強大力量。

在全球化資本主義崛起的時代，中共已經遠遠超越了史達林主義的經濟孤立，並有效地進行了選擇性接觸，以利用、汙染和腐蝕西方的力量基礎──本質上是耗盡並毒化對手的源泉。[146] 不同於冷戰，北京與華盛頓之間的多層次「3D 象棋」賽局，[147] 長期享受了西方的忽略、無視、自欺欺人。舉例來說，不同於冷戰期間，重大的商業利益和企業關係，往往促使美國的資本主義重量級人物因為其寶貴的跨太平洋「相互依賴」，而歷久不衰地「信任」中共。[148] 擁有更大的經濟規模和龐大的國際貿易，加上以威權主義者、孤立主義者和資本家為右翼，以自由主義者、全球主義者和社會主義共產主義者為左翼，而組成的一個世界怪異聯盟的同情和支持，中華人民共和國比蘇聯更有機會擊敗西方並最終統治和重組世界，甚至不需依靠武力。

因此，這次僅是限制中共來維持現狀的守勢，看來是既不可行也不充分。正如一些人所說，在西方與中國的競爭中，圍堵遏制可能已經變得「不可行」。[149] 與中國保持距離和脫鉤，也許在戰略上是明智

的,在戰術上是有效的,但對西方民主國家來說,可能會帶來經濟痛苦和政治代價。在沒有珍珠港式襲擊的情況下,西方民主國家裡各種利益集團和分歧意見自然而然地會分散了注意力和從中作梗。同樣必要的是以最小的成本去遏制中共,最理想的是透過促進其統治漸進但不可避免的終結來實現。尤其重要的是,透過協調一致的全面戰略,讓美國及其盟國採取攻勢,以便更有效也更高效地迎來這一希望是注定的結局。這需要一種更全面的策略,我將其稱為「遏轉」(堅定遏制並與明智交往相結合,以實現轉型和整合接納)。這是一項多方面的努力,透過對抗、限制、重塑和改造中共,明智地從中華博弈中受益,並最終為西方和包括中國人民在內的世界贏得勝利。正如長期的中國通柯慶生(Tom Christensen)所觀察到的,「美國應該領導一個由志同道合的國家組成的全球聯盟,在國外削弱中國,並在中國內部促進根本性的政治變革。」[150]

遏轉的概念,比已經使用了二十多年的「圍觸」(congagement,圍堵和接觸)更廣泛也更尖銳。[151] 遏轉是一種堅定而有意識的策略,而不是一種模糊而權宜的對沖政策。中華博弈是中共與以美國為首的西方之間的全球競爭,這意味著嚴峻的挑戰和不可取,可能會導致現有世界秩序與和平的滅亡。然而,作為強權之間的全球競爭和博弈,它也有其積極和有益的一面,對西發里亞世界秩序和人類文明來說既是自然的,而且往往是健康的。美國及其盟友必須竭盡全力遏制中共的力量和野心,阻止其主導並重整世界秩序,透過實力、效率、創新,進行持續而全面的圍堵遏制和全面競爭。隨著時間的推移,管理良好的全球競爭所產生的益處,將決定性地有利於西方,足以充分補償那些必要的成本和短暫的痛苦。以美國為首的西方國家應積極、明智地投身於「中華博弈」,機智而廣泛地參賽求勝;與中國人民合作,理直氣壯地協助中華人民共和國的制度和意識型態轉型。[152] 中美競爭經常被坊間輕易地認為是一個「零和」遊戲,因此不可接受。[153] 對於中共政權(也對於西方領導的

世界秩序）來說，中華博弈確實足以決定其生存延續，接近零和。但中美競爭本質上早已是不可避免，也完全可以是非零和；中華博弈勢將促進中國的社會政治轉型，導致中國更全面、更平和、更深入地融入國際社會，從而決定性地形成更多的正和競爭（positive-sum competition），即一個理想的新中華博弈。圍堵遏制和接觸交往都只是實現堅定、合理目標的主要手段。我將在本書後續詳細闡述遏轉思維。

西方與中華人民共和國長達四十年的接觸，或者更準確地說，與中共主導的選擇性脫鉤式不平衡和不完整的「經濟接觸」，已經在中國產生了廣泛而深刻但尚不平衡、不充分的變化。[154] 它使許多人受益匪淺，但未能改變中華人民共和國的行為和世界觀，同時又使北京這個體系挑戰者更加富裕而強大。正如尼克森於 1967 年所提出的，西方必須以「引發中國變革」為目標，[155] 以堅定的原則和嚴厲的力量，挫敗中共資源豐厚的「高科技極權主義」；同時有意識地維護西發里亞世界秩序的基礎，透過接觸交往將中美競爭的利益最大化。[156] 事後看來，尼克森及其團隊很快就無視了他的明智建議，放棄了與北京接觸的必要條件，即引發中共政治轉型，開啟了美國政府的「傳統」做法，即急於尋求北京在應對越南和莫斯科時提供不可或缺的幫助，而忽略了讓中國轉型之大目標。[157]

憑藉有力的遏制以改造中共的原則性戰略，加上已經建立的廣泛聯繫和接觸，西方領導人可以最大限度地減少甚至避免與中國疏遠和部分脫鉤的政治代價，同時讓深感不安全的中共政權更充分地承受其自我保全的代價。以美國為首的西方，應按照西方的要求和條件，與中國進行全面的接軌或選擇性的接軌—脫鉤，而不是允許中共在中華博弈中繼續由其選擇的接軌—脫鉤模式，而無需嘗試不必要的完全脫鉤或不接觸。屆時，中國人民，包括許多中國菁英，將面臨嚴峻的抉擇，是選擇全面的中西關係（經濟和社會政治和意識型態既競爭又合作的接軌），這已被充分證明對大部分中國人都非常有利；還是選擇中共對中國外交政策

的永久自私壟斷，其特點是為了一黨專政而與西方保持敵對，以及造成黨國的自我孤立或選擇性與世界脫鉤。[158] 例如，在感受到經濟全球化的社會政治灼熱後，中共確實拉開了與世界的距離：北京在 2020 年代公開推動中國進入所謂「雙循環」，這是一種「適應新冷戰」以「持續與美國進行地緣政治競爭」的經濟戰略；中共也禁止在中國的外國或國際學校招收中國公民，結束了這項長達二十年、深受中國菁英歡迎的做法。[159]

與冷戰相比，遏轉中共是一場不同的博弈，可能範圍更廣、難度更大；有很多參與方而且博弈的標靶會不停移動，但也有新的路徑和許多捷徑。在概述了中美對抗和美蘇對抗之間的許多異同後，一位深思熟慮的分析家得出的結論是，「真正的冷戰是孤立與接觸、威懾與合作的混合體」，因此美國「必須威懾、遏制北京，也要與之接觸和合作。」[160]中華博弈與冷戰同樣重要，但更具挑戰性，它也仍然同樣是可管理的、有益的、可以和平方式取勝的。

選擇的後果

在很大程度上，未來掌握在我們手中。[161] 規範性關注（normative concern）和偏好在人類歷史上具有決定性作用。面對眾多不同選擇、人類能力明顯侷限和資源永恆稀缺時，人類歷史上的領導者無論是否經過深思熟慮，都集結了眾人之力去設計、建立或解構了各自的文明。不斷全球一體化的人類正處在復興中華秩序或延續西發里亞體系的一大關鍵抉擇時刻，經過仔細論證的規範性偏好至關重要。現實裡，像中華秩序這樣的世界帝國在歷史上已顯示了其重複出現的韌性，而西發里亞體系則因其結構性質和動態特性，傾向於變化和突變，其固有的風險是遭到一個新建構的世界帝國取代而自我毀滅。要為世界和中國人民管理好中華博弈，最好是以和平的方式，有效地約束和改變中共政權，以維護當

前的世界秩序；這不是要摧毀中國這個主權國家，也不是要貶低中國人民及其文化傳統，更不是要消除中美之間的競爭甚至對抗。在戰略上，中共的最低目標是透過重定國際關係中心，使其威權主義—極權主義政權在世界上能安然存在，即成為「有中國特色的霸權」；[162]而其最高目標是重訂人類政治秩序，建構標誌上世界共產主義或中華秩序之類標籤的單一世界帝國。這兩個目標都不符合當前的世界秩序，是明顯次優化的替代方案。因此，對中共統治下崛起的中國力量（及其崛起的影響）的有效圍堵遏制應該只是最佳管理中華博弈的最低要求，最高目標則應是促成中共的政治轉型和中國能和平融入西發里亞世界秩序。

正如我在《中華秩序》和《中國紀錄》中試圖表明的，作為修改版秦漢政體的中共毋庸置疑是一個次優化的巨人，有著遭到掩蓋但確鑿而持續的悲劇和次優化紀錄。中華人民共和國的歷史上，充滿了和平時期罕見的龐大生命損失，對中國環境和古蹟的嚴重破壞，治理低劣導致社會政治安寧和正義程度均低落而且代價高昂，次優化的社會經濟發展，文化遭到大規模破壞，人民智性發展和道德修養受到阻礙。中華人民共和國一直以來的低劣表現，對中國人民來說是災難性的；類似中華秩序的世界秩序，同樣會是從根本上令整個人類受害、失望。2020 至 2023年全球新型冠狀病毒大流行，即由嚴重急性呼吸道症候群冠狀病毒 2 型（SARS-CoV-2）引起的新型冠狀病毒（COVID-19），被一些人尖刻地稱為「中國病毒」甚至「中共病毒」，似乎生動地說明了這一點。[163]正如中華秩序下的中華世界曾多次發生過的慘痛經歷一樣，有著眾多濫權紀錄的中共在一個廣泛全球化的世界裡具有愈來愈大的影響力，使整個已知世界的人類生命蒙受重大損害。

從歷史紀錄、結構分析和規範評估來看，美國、西方和包括中國人民在內的全世界，必須及時在中華博弈中取得勝利。過去，所謂「東西方大分野」（East-West Divergence）以及由此產生的人類文明的兩種紀錄，主要是由兩種不同的「世界」政治進程決定的。[164]今天，中華博

弈不僅會決定一個地區的未來，也將決定整個人類文明的未來。從維護以及希冀改善當前世界秩序的角度來看，中華博弈的勝利可以在概念上被定義為在兩個層次上對三個選擇做出正確的決定。

最高層次上的選擇一

必須不惜一切代價避免世界政治統一和中華秩序（或世界共產主義或任何其他名稱）旗號下的政治集權。這意味著，要麼必須遏制、圍堵、超越、削弱和壓制正在崛起的中國力量，要麼必須改造和取代中共暨中華人民共和國，或者兩者並行，這個目標極為值得，但也是恰如其分的非常艱鉅。[165]

一個協調一致、仔細的戰略，結合推動與引導，以及有針對性和有選擇性的對等往來、針鋒相對，將會是有效且令人驚喜地和平，[166] 並且將有意識地引發和促進中華人民共和國的內部變革。明智地反思並創造，但適當地暫停西發里亞體系的一些關鍵原則（例如主權平等和不干涉內政）將是必要的。世界不該容許北京輕鬆地躲在他們粉飾為合理、可容忍和可忽視的逐漸小步侵略背後。在與中共黨國競爭的同時，在慕尼黑會議和珍珠港事件這兩個極端之間，可以有許多作為去限制和改造中華人民共和國。北京也許精通欺騙賄賂之道，但它的力量可以被安全甚至和平地遏制住和消耗掉。不斷持續的遏制和接觸行為交替，將只標誌中華博弈的暫歇，而不是結束。要求看到「中國回到 2013 年之前的道路，即習近平之前的戰略現狀」[167] 的策略是謹慎可取的，但還遠遠不足以在中華博弈中取得勝利。應該持續、堅定地澄清中共秦漢政權之真面目，損其名、祛其魅，去其合法性，使之貧弱，從而以利於其內部轉型，減少並最終消除這種劣質政體統治全人類的機會。此外，占人類近五分之一的中國人民的生計、權利和潛力，在道義上證明了共同努力去改變和改善中國政治制度的合理性。與人類文明方向改變的機會風險

相比，與這些努力相關的必要成本是極其可負擔的。遏制和改造中華人民共和國的代價，正是維護西發里亞和平，特別是當前版本的自由國際秩序所必須付出的成本。這是一項對人類，特別是對中國人民來說非常有效益的長期投資。

最優化管理中華博弈的關鍵考量是，世界範圍內永遠不應該出現政治統一，國際合作也永遠不應該帶有這樣的企圖，或朝這個方向發展。換句話說，西方必須遏制全面政治全球化的熱情並壓制這樣的誘惑，即使是以贏得中華博弈的名義。以美國為主導的國際政治無政府即各國分權分立的狀態，顯然比由中國來領導全世界更理想。這不僅因為美國代表了一種經過驗證的、相對優越的、較少不可取性的政治治理，而且還因為作為世界領導者，美國破壞西發里亞世界秩序的可能性非常之小。與漢人的中華世界帝國相比，美國（或任何其他國家）統治的「世界國家」可能看起來不那麼帝國主義，但仍然同樣不可取且災難性；也許兩者之間只有一些微小的差異。正如流亡美國的中國知識分子高爾泰在 2021 年所說的，「一個擁有人工智慧和基因工程的世界政府，將人類鎖在沒有自由的既定命運中，將比（人類的）滅絕威脅更可怕。」[168] 管理中華博弈的底線，意味著維護那不完美但珍貴（且不穩定）的世界政治權力分散和競爭。無論是中華人民共和國、美國或其他任何人都不應在政治上統一地球。唯一的例外或許會是，若存在可行且有意義的行星間甚至星系之間的比較和競爭，有效地替代了地球上的國際比較和競爭，如當人類在其他行星上建立了獨立和競爭的社會，或者當競爭性的外星人開始與地球互動時，[169] 在這種情況下，所謂的「以人群為中心」（anthropocentric）的國家主權概念，尤其是其效用，可能確實需要重新考慮。[170] 正如 1946 年肯楠在其著名的「長電報」（Long Telegram）中總結的，「畢竟，在應對蘇聯共產主義（請唸做中共世界帝國）這個問題時可能遇到的最大危險是，我們讓自己變得像那些正在對付的人一樣。」[171]

選擇二

　　一個不再是秦漢式獨裁、轉變後的中國，即使不一定是完備的西式自由民主國家，也應該作為國際社會的一個重要成員而受到歡迎。只要北京在法律上、意識型態上和制度上，放棄其重定世界中心、重整世界秩序的野心，並受到可靠的約束，或者兩者兼而有之，那麼它就應該被接受為一個內部獨特、具有實驗性、次優化但強有力的競爭對手。中華博弈本身，特別是那些不改變世界秩序的中西競賽甚至對抗，實際將有助於全人類的整體創新、效率和進步。迄今為止，自由民主法治可能是最不壞的人類政體，但要消除所有不自由或不民主的政治和政策上的試錯和實驗並不明智，因為其中許多實驗至少可以提供寶貴的教訓，有助於對照和鞏固人類文明中更好的選擇。一個不同的、有競爭力的中國，在西發里亞體系下保持和平（甚至偶爾不和平），會有助於維持和強化世界範圍的比較和競爭以推動人類文明。

　　實現這一目標的前提和關鍵基準是，中國人民在一個多元化思想和開放資訊的可行市場中，對自己的歷史進行徹底、深思熟慮的再檢視。居住在中國的近五分之一人類，顯然有權像許多其他偉大的民族一樣，在一個或多個國家的統治下生活、競爭、進步、尋求自由和幸福，只要他們不再被中共獨裁政權洗腦、劫持和利用，不再試圖復興中華秩序，並以其非自由的威權主義形象重定世界秩序。一旦獲得了知情權和自由，中國人民，無論是漢族或非漢族，都完全有能力做到良好治理和自我改善。相比在秦漢政權和中華秩序下，他們將能對人類文明做出更深遠、更廣泛的貢獻。要透過中華人民共和國的社會政治轉型來取得中華博弈的最大勝利，可能需要轉變甚至結束所謂「中南海帝國」，即中共的一黨專制。事實上，正如一些中國人所說，「中國人現在生活得更好，是因為毛澤東走了；如果沒有中共的奴隸制，他們會生活得更好。」[172]如同一位香港哲學家所說，透過「有序地向民主過渡」，可以確保中國

的和平與繁榮。[173] 這樣的選擇意味著中華博弈有利於世界和中國人民的結束，但它處於次要層次，而且在很大程度上只能由中國人民自己來選定。我將在本書稍後部分再次討論這個選擇。

選擇三

在中華博弈中，美國及其盟國應盡可能避免與中國發生高強度的「全面」戰爭。然而，與遏制、改造和整合接納中國這些高度值得的目標相比，如何進行中華博弈的方法選擇是次一級層次上的價值考量，必須從屬於維護由美國和西方領導的西發里亞世界秩序這一不可談判的最高目標。

這裡需要對世界秩序與世界和平之間的關係做一些進一步的思考。實現永久和平、人人平等幸福的願望，是一種理想，一個崇高而古老的意圖；它不斷促發各種偉大的主張和努力，力圖透過國家行動、國際競爭與合作來改善人類文明。《神曲》（*Divine Comedy*）的作者但丁（Dante）就曾主張建立單一的世界帝國來統治整個地球，以實現永久的和平與幸福，甚至不受教皇領導的精神世界帝國的影響。[174] 從那時開始，出現了一長串有影響力的人物，推動在超國家和世界範圍的政治統一下實現永久和平的理想。其中包括一些智識巨人和有影響力的政治家，如德·聖皮埃爾（de Saint-Pierre）、盧梭、康德（Immanuel Kant）、邊沁（Jeremy Bentham）、詹姆斯·彌爾（James Mill）、伍德羅·威爾遜（Woodrow Wilson）、威爾斯（H.G. Wells）、克拉倫斯·斯特雷特（Clarence Streit）、愛因斯坦（Albert Einstein），以及聯合國附屬的跨國努力如永久和平計畫（UN-affiliated Perpetual Peace Project，自2008年起）。許多深具影響力的意識型態，從斯多葛主義（Stoicism）、天主教、伊斯蘭教、儒家思想、共產主義到法西斯主義，也都相信或鼓吹一個集中、統一的人類政體將會帶來更多的和平與幸福。[175]

其中，康德提出過由「自由國家聯盟」或憲政共和國的合法聯盟組成全球政府，以法治（rule of law）作為世界政體的終極形式，提供永久和平，從而最大限度地實現人民的自由和權利。基於康德對純粹理性、實踐理性與判斷力的無與倫比的卓越分析，這一理想也許仍然是關於世界政治統一最有力也最具說服力的推理。然而，即使用康德的語言，世界政府的論點也更偏向理想主義而不是科學結論。康德形而上地詳盡論證了人在認識和推理整體和終極真知方面都是受限的，因此也指明了自由，包括個人道德和各國法律規範的主權和獨立，是無上的價值。[176]

偉大的邏輯學家兼數學家庫爾特・哥德爾（Kurt Gödel）早在三〇年代就證明了未知／不可知領域的存在，即使在抽象科學中也無法始終如一地提供和證明所有真理。二十世紀政治哲學家卡爾・波普爾（Karl Popper），也費了許多力氣駁斥歷史目的論（teleological historicism）的謬誤，並論證了人類文明中不確定性的中心地位和選擇的重要性——透過無休止且自由的實驗和證偽來實現變化和改進。心理學家史蒂文・平克（Steven Pinker）在 2020 年代提出，自由、不斷、無邊界的探索、推理和競爭，是增加人類天生有限的知識和理性的關鍵。[177]一個透過競爭和試錯建構來促成開放、持續探索及實驗的系統，遠遠優於任何在某一特定時期看似最好且最具說服力的定理或理念系統。關於民族國家之上應設立分權、分立和競爭性人類政體的主張和推論，也許能被視為解決霍布斯式「循環推理」（circular reasoning）的補救措施：即如何在需要主權政治權威的「利雅坦」（the Leviathan）與最小化且最優化該權力的必要性之間取得平衡，以確保除了秩序和安全之外，其他多樣且不斷變化的人權和需求也得到保障。[178]

一些國際關係建構主義（Constructivism）學者認為，「理想情況下」，「世界國家」及其「全球暴力壟斷」是不可避免的，是從國家體系向國家社會、世界社會、集體安全、最後是世界國家演變的理想結果；在這種觀點中，西發里亞體系被認為在本質上是「專制的」、不民主的、

具破壞性的。[179] 然而，本書認為，世界政府或世界國家，即使有最深思熟慮的契約安排（事實上或法律上的盧梭式「社會契約」），最佳地執行「民意」，並最大限度地實現團體法治與自我約束下的個人自由，[180] 仍然不如以比較和競爭乃至對抗為特徵的分立分權政體；後者方能確保人類「對外部世界的理解」能夠動態擴展、不斷改進。因此，就理性、善良、自由與和平等價值的最大化而言，世界政治統一必然地比世界政治分權更次優也更不可取。為求秩序與和平而進行的政治統一和公共權力集中化，其最有意義和最有效的層級，還是在於主權國家內部；理想情況是透過國家與人民之間嚴格執行的「社會契約」來實現。超越此層級，世界政治與公權力的統一幾乎不會提供（如果有的話）任何額外的秩序與和平，但必然會帶來沉重的成本，損害其他關鍵價值如效率和創新。為了最大限度地減少戰爭，即群體和國際競爭間確實沉重但偶爾的代價，一個世界政府很難比不斷改善的國家政治和國際互動做得更多更好，但卻得冒結構性堵塞甚至熄滅推動人類文明之引擎的巨大風險。

誠然，國家等級式壟斷使用武力或暴力是人類政體的固有部分，是提供人類必需的秩序和安全的代價或成本。這裡確實會包含武斷不公、排斥歧視甚至專制暴政的痕跡或現象，特別是在國際不平等方面。保障所有權利的民主法治，一直努力從國家內部減輕這項成本。但是，從歷史上看，這種國家政權的成本減輕，是由國際競爭的外部力量透過比較和移民，有時甚至是透過戰爭、殖民和吞併，來關鍵性地促進和維持的。民主作為人類政治權威中「最不邪惡的」一種形式，在單一的人類群體中很難發展，更不用說良好運作了。

人們觀察到，隨著時間的推移，「寡頭政治鐵律」與「威權偏好」將不可避免地使包括自由民主在內的政治組織走向威權獨裁。[181] 人類和其他生物一樣，往往會為了權力和控制而走向威權主義和極權主義，並對所有人「作惡」；即使是在運作良好的民主國家，一旦出現不受控制的權威、深重的不確定性、嚴重的（雖然常常只是假定的）危險和真

實的（或故意營造但令人相信的）恐懼時，亦存在這樣的威權主義乃至極權主義傾向。[182] 如果沒有同儕壓力的刺激和制衡，一個在實踐中壟斷了武力的單一政治權威，更有可能「自然而然」、甚至不可避免地走向威權主義和極權主義暴政，而不是維護一個親密無間的家庭／氏族／部落、一個享樂主義的「普世城市」（cosmic-city）、一個封建制兄弟會或者一個健康運作的民主制度。畢竟，正如一位中國歷史學家和一位歐洲心理學家都看到的，專制暴政本質上是不可取且災難性的，只是「一個非常低級的社會政治組織」，但它簡單而自然，只需要一些動物本能、「乏味遲鈍的行政和技術官僚」的能力就能運作和持續。[183] 因此，與一些理想主義思想家非歷史的天真幻想相反，一個沒有同儕的世界國家或世界聯邦，即使一開始還擁有強大的民主制度，也會輕易且自然而然、幾乎是肯定地蛻變成一個非民主的世界帝國。威權主義絕不是右翼保守派的專利，「自由派」或各種「左翼激進分子」和社會主義者，同樣完全有可能走向暴政和獨裁權力，攻擊自由主義，並迎來某種「宣信國家」（confessional state）；[184] 正如弗里德里希‧海耶克（Fredrich Hayek）的名言，強制性「集體主義社會組織」的「農奴制」（serfdom），在法西斯主義和共產主義下都是一樣的，都是「起初是民主社會主義的極權主義終結」。[185]

從經驗來看，正如我在本書及其兩本前傳中試圖表明的，世界和平的宏願無法透過世界政府來實現，世界政府注定會造成永久的停滯、無休止的內捲和頻繁的災難，以及往往比國家之間的戰爭更可怕的「世界內戰」暴力衝突。中華秩序（以及其他真實且極具鴻圖世界帝國）的歷史已充分告知了這一點。[186] 把希望寄託在世界政府統治者的內在品格上，即使是一群有能力、有道德、自制、理智的立憲共和國組成的主權聯邦的領導人，無異於認為一個開明獨裁者在政治上優於混亂的民主制度，一兩個商業天才在經濟中更勝於競爭性市場，幾個超級明星學者就強過競爭性學術界裡無數成員不受侷限的研究。

成功機率

中華博弈與其他有意義的比賽一樣，不可能了無痛苦，也不可能毫無代價。在此應當重新審視和考慮自由國際秩序下的一些後冷戰規範和理想主義價值。自由國際秩序已經歷了相當蛻變，帶來一種所謂後民族主義（postnationalism），造成對許多民族國家的過度干預並由此產生了激烈的「抗爭」[187]，損害了西發里亞原則。對自由國際秩序中「顛覆真理的認識論挑戰」，需要有更多的了解和補救措施；由於團體思維及價值觀和人文市場萎縮而造成的媒體壟斷，導致了自由國際秩序的「盲點」和影響全球的錯誤政策。[188] 為了世界而優化管理中華博弈，有時可能需要一些「逐底競爭」（race-to-the-bottom）的針鋒相對行為，這是西發里亞世界秩序的常態，對贏得任何超高賭注的嚴肅博弈來說都是必要的。例如，澳洲在 2021 年應對中共對大學校園的影響時，似乎就借鑑了中共的做法予以反制。[189] 當前的世界秩序無可否認需要不斷調整和改進，還有許多空間可以加強國際合作以改善雙邊和多邊的和平、安全、公平、透明度以及環境永續。但任何理想主義價值，都不應壓過有意義的國際（和國內）比較、選擇和競爭，因為這些一直是人類文明的主要引擎。即使是以推崇全球價值為名義的暫時性世界政治聯合，也應該受到警惕關注並積極防範；因為這些值得稱許的良善立意，可能會變得令人沉醉，誘人地鋪就通往世界帝國的災難道路。

因此，對於包括中國人民在內的世界來說，中華博弈最首要的就是維護美國和西方主導的西發里亞世界秩序的抉擇。中國的轉型、跨太平洋和平，以及許多其他崇高理想和偉大價值，都是非常值得珍惜的目標，但必須在清晰的主次結構中被視為次要賽道、手段或捷徑。中華博弈是一場激烈而全面的競賽，包括軍備競賽、經濟競賽、對抗、結盟、重組聯盟等等。也會存在武裝衝突的風險。和平對人類來說具有至高價值，但人類文明是透過無數值得的戰鬥或所謂的「正義戰爭」才取得進

步的。[190] 投資、建設和探險等有意義的人類努力，都有必要的成本、風險和犧牲，至關重要的中華博弈也絕不例外。

　　上述所考慮的選擇，經過相對完善的立論後具有明確的可取性，也很有可能會在中華博弈中真正達成。強大的中華人民共和國國家力量對一小群中共獨裁者來說，可能其表現最優化，使北京能不擇手段地贏得某些戰鬥和冒險。然而，正如我在《中國紀錄》中試圖論證並在本書後面將繼續討論的，對於中華民族和中國人民來說，中共黨國本質上是一個次優化政體。它有著嚴重甚至致命的缺陷，主要是其統治缺乏認受性，這就是為什麼北京在維穩的支出遠多於國防。中共的「民命」（Mandate of the People）是一個大騙局，其實很容易被戳破。中國經濟雖然規模龐大，但基本上是次優的，而且存在無法自我修復的結構性低效和系統性缺乏創新。中華人民共和國在地緣政治上也處於不利地位，因為所謂的島鏈（island chains）正對著它在西太平洋上唯一的海岸線，狹窄且受外國控制的馬六甲海峽扼住了它的關鍵航道，它在長達二萬一千公里的邊界（其中一些仍存在爭議）上與十四個國家接壤，包括四個核武國家和幾個美國的安全盟友。[191] 即使投撒了大量的金錢誘因，北京沒有能力向本土以外地區在軍事上輸出硬實力，更沒有能力向海外輸出軟實力。[192] 中國在關鍵技術、不可或缺的零部件、原材料、特別是食品和燃料，以及硬通貨收入方面，都嚴重依賴國際市場。所有這些問題，使得推動中華人民共和國成為一個專注於國內政權安全，而不是向外推進領土擴張的「受限制的超級大國」，變得簡單易行（至少在理論上如此）。[193] 因此，透過制服和改造中共，使之無力或無意乃至既無力也無意去挑戰西發里亞世界秩序，從而在中華博弈中獲勝，可能最後會是比預期的更容易、更和平、也更快。

　　中共在國內為維護政權安全的迫切性已是走火入魔，花費昂貴甚至因之自傷自殘，為此被迫在海外採取雄心勃勃的行動。中國在中華博弈的目的遠不止於西發里亞體系內常見的民族主義競爭，如解決與同儕的

爭端、追求相對權力、追求虛榮和財富、爭奪領土和財產，或者宣揚特定的意識型態或信仰；北京的野心具有獨特的總體性和全球性，不擇手段，昂貴而耗竭一切。這是一場為維護過時的威權而進行的無休止搏鬥，非生即死、全有或全無，類似於一場全面的內戰：除非全世界都落入一個統治者手中，或者中共獨裁政權不復存在，否則這場戰爭不會結束。中國的國家力量和民族利益，實際上只是中共的載具、外殼、工具和偽裝，而不是目的，儘管中共最近大力投資宣傳漢華沙文主義（Han-Chinese chauvinism），加倍製造出對民族主義廣泛且不斷增長的索求。[194] 數十年來，北京一直致力尋求世界領導權，並將之改造成一個依其秦漢政體為基礎、帶有列寧—史達林主義共產標籤的威權主義帝國。中共威權在國內外力圖控制甚至消滅主張民主法治的各種對手，為其獲得最終安全的幻象而苦苦奮鬥。中共數十年來以各種辭藻和借喻明確宣示過的這些「初心」和「最終」全球使命，與中國真正的國家利益其實相去甚遠；那些有利於中共的，往往牴觸或犧牲人民的利益。中國國家利益與統治者政治利益之間的顯著脫節，正是可令該政權迅速而和平地消弭的一大關鍵。而西方在中華博弈中如能取得勝利，實際上符合中國人民和中華民族的根本利益。

在中共內部，許多政治菁英顯然早已對黨要統領世界的「初心」幻滅，並轉向徹底的物欲主義、玩世不恭的實用主義和自私自利的兩面派。他們，尤其是那些比較開明的人，似乎滿足於不受干擾地壓迫剝削十四億人民。[195] 正如我試圖在《中國紀錄》中提及的，包括許多高級幹部在內的中共官員，現正透過腐敗和短期行為大肆斂財，急於在中共這艘大船沉沒之前將家人和財富帶到國外，主要是西方國家。不同於日本和韓國等「真正」的發展型國家（developmental state），中共暨中華人民共和國的「發展型國家」同時還是一個「貪婪的政權」和一個「偽發展政權」。[196] 這樣的政體系統性地促成並特別鼓勵統治菁英普遍腐敗，掠奪國家。這種杇壞可能會加速中共政權的終結，但對國外基本上

無害，除了對其他國家的道德產生一些腐蝕影響外。

然而，那寥寥可數的中共高層統治者，不能像他們那些欺下瞞上的親信那樣行事；一旦政權如同以前的秦漢政權那樣垮台，他們有可能會（慘烈地）失去一切，大概不會有什麼好下場。因此，北京的獨裁領導人基本上面臨三個艱難的選項：

（1）奴役共產黨，脅迫人民進行一場看似永恆的鬥爭，不惜一切代價征服西方（特別是美國）。

（2）追求與外界隔絕，假裝中華人民共和國是一個自給自足的人間天堂，從而最大限度地減少外國影響並遏制背信棄義的叛逃；但這必須冒著技術停滯、經濟失敗和民眾不滿的風險。

（3）改變中共政治體制、價值觀與世界觀，從根本上平息其建立世界帝國的衝動。

一旦揚棄秦漢政體，以如同精密手術或基因治療的手段，控制或消除中國政治基因中的威權主義之後，中國人民，包括他們的領導人，將會享受真正的安全和繁榮；中國可以與其他國家既競爭又和平共存，而且在接受西發里亞體系的規則和規範後，有很大的機會在該體系中繁榮發展。它甚至可能成為世界上一個仁慈的新領導者，並成為外國移民和仿效者的一個新聖地。[197] 可悲的是，北京迄今為止仍堅決拒絕並粉碎任何試圖走向上述第三種選項的舉動，反而完全選擇了前兩種選項的某種組合，與美國爭奪世界的控制權。因此，中共挑戰當前的世界和平，危及人類文明的未來，同時也犧牲且危害了包括菁英在內的中國人民。

規範性評估之原則

至此，我們需要進一步討論關於具競爭性的不同政治制度和世界秩序的偏好問題，並設立一些用於對中華博弈進行規範性評估的原則。關於政體的規範性偏好，已有很多言論著述。最廣為人知的理想政體特徵

之一,是法國大革命期間出現的一種表述:自由、平等、博愛(liberté、
égalité、fraternité),有趣的是,這還被其他國家採納為國家箴言,例如
海地。[198] 約翰・羅爾斯(John Rawls)的《正義論》是一部頗具影響力
的著作,它沿著這些思路探討了政治的可取性問題。[199] 羅爾斯及其支持
者在二十世紀中葉發展了一種具有明確政策目標的「自由平等主義」,
在全球化時代主導了自由主義的話語敘事。[200] 另一位理論家則認為,
植根於亞里斯多德、霍布斯(Thomas Hobbes)、洛克、康德和約翰・
彌爾(John Stuart Mill)的「自由主義的基本前提」是「全人類的自由
和平等」。[201] 一些政治哲學家主張基於普世人權原則的全球「國際分
配正義」,[202] 其他人則傾向於同意平等在正義和公平中的核心地位,
但強調其宗教和政治基礎。[203] 福格爾(Robert Fogle)等經濟學家認為「平
等主義信條是美國政治文化的核心」,分析說「現代平等主義倫理將
條件平等置於機會平等之上」,並倡導未來的「精神(或……)非物質
平等」。[204] 一些保守派歷史學家認為,「對平等、正義和公平的崇高追
求」正在「侵蝕我們的自由」,因為某些「預定的歷史弧線彎向(……)
烏托邦使命。」[205] 哲學家諾齊克(Robert Nozick)透過對政治哲學和倫
理學的全面分析,對分配正義提出了強而有力的反駁,轉而主張「正義
權利論」(entitlement theory of justice)、最小化的國家以及由人們自由
選擇其意願生活的社會和政體。[206] 考古學家已經證明了人類歷史上不
平等現象的普遍性。[207] 心理學家凱瑟琳・哈登(Kathryn Harden)憑藉
遺傳學的見解,驚世駭俗但令人信服地肯定了社會政治行為在影響人類
多樣性、不平等和唯才是用方面的侷限性。[208]

　　人類的欲望和效用函數其實是多面向且動態的,對不同的價值和目
標有不同的計算和重點。在人類欲望的貪得無厭與資源的恆常稀缺之
間,對各種價值的追求常不相容且相互衝突。透過比較和競爭來建構推
理而確定的選擇自由,被認為是一種關鍵價值,能夠實現並強化其他
有價值的人類追求,包括正義和平等。政治哲學家以撒・柏林(Isaiah

Berlin）列舉了寶貴的人類價值，從自由、幸福、「物質安全、健康、知識」以及「平等、正義、互信」到公共秩序。但是，「自由就是自由，不是平等、公平、正義、文化，也不是人類良知得安的幸福。」自由和平等並不總是那麼相容或密不可分，這與馬克思主義「愚蠢且烏托邦的」信念相反。[209] 儘管康德堅持「道德法則」的普世性，但他的「美德學說」和對理性的強調，似乎將個人自由、美德或「性格的內在傾向」置於中心地位。[210] 所謂「保守主義」的經典思想家，如大衛‧休謨（David Hume）、埃德蒙‧伯克（Edmund Burke）和約瑟夫‧德‧邁斯特（Joseph de Maistre），也很早就提出人類知識和行為固有的非理性和不完美，因此需要避免基於特定時間、特定推理而成的「完美」設計，一種普世權利或單一權威那輕率而誘人的陷阱，無論那推理看起來多麼有說服力、多麼有必要。[211]

關於個人、家庭和群體之間的多樣且多重價值、獨特的稟賦和認識力、眼前利益與長期利益的優化、「可接受的多元文化主義的定義」以及共存價值的等級秩序，[212] 本書在此不多做不必要的冗長討論，僅提出兩個簡單的原則，作為對一個國家的總體組織尤其是政治制度進行規範性分析的基礎。[213] 另外我還會提出用於評估國家政治相對於世界政治的第三項原則。這些原則應該能夠為我們提供一個比較堅實和合理的基礎，用來評估和應對中華博弈中的中共崛起實力。

原則一：有效性與公平性

儘管對於人類政體的組織和運作並不是必需的，但公平或正義，包括所有人的自由和平等，顯然是可取且受偏好的，因為它使人們（特別是弱勢群體）受惠和滿意，能最大限度地發揮人類的潛力，並確保以低成本高效益的方式來建構和行使公權力。然而，自由和平等並不是天然相容的價值——它們之間經常發生衝突並且其存在也不是有保障的。在

整個人類歷史中，不公正和不公平的政權一直不斷出現和存在。政治最重要的價值在於能夠有效地建構和行使公權力，以滿足人類的許多需求和欲望。一個特定的政治體系（國家的制度安排及其公權力的執行）能否有效地提供其關鍵效用？是否穩定兼容即使不是全部、也是大多數社會階層和個人同時仍能有效運作？作為任一民族的公權力機構，國家的首要和核心作用是為人民提供秩序和安全，並規範人際和群體之間的互動。[214] 在這裡，兼容性（inclusiveness）被假定為是比平等更好的衡量公平或正義的標準，因為它透過即使不是全部、也是大多數人民的參與，以低價且持久的方式提供政治合法性，有助於穩定和增強一個政體。

在任何規模較大的人類群體中，公平或正義是政治中基本但主觀且往往是有條件的價值，對於民眾觀點舉足輕重的非獨裁政體來說尤其重要。然而，如何衡量和實施這項價值並不簡單。1776 年，劃時代的《獨立宣言》（Declaration of Independence）雄辯地指出：「我們認為這些真理是不言而喻的，即人人生而平等，造物主賦予人們某些不可剝奪的權利，其中包括生命、自由和追求幸福。」1789 年，美國獨立戰爭勝利後，美國開國元勳們制定了美國憲法，旨在「組成一個更加完善的聯邦，建立正義，確保國內安寧，提供共同國防，促進大眾福利，確保我們自己和子孫後代的自由福祉。」同年，法國大革命中的國民議會批准了《人權宣言》（Declaration of the Rights of Man），其中第一條規定：「人生而享有自由和平等的權利。社會差別只能建立在公共利益的基礎上。」儘管這些極具遠見且崇高的理想影響重大，但挑戰仍然存在，因為除了不那麼模糊的生命權之外，將公平或正義定義為所有人的自由和平等，本質上很困難。什麼是公平，什麼是幸福，我們又該如何理解社會的「公共利益」？也許這些永恆的問題本質上並沒有完美答案，因為人類天生就有各自不同的個體稟賦和性情，因此也有其多面的、相互競爭的觀念和欲望，這些觀念和欲望往往是前後不一致且常相互排斥。

對一個人來說最公平、公正、合理的，往往對另一個人或社群和社

會的集體利益來說並非如此，反之亦然。有無數作者都曾試圖定義正義和公平，從宗教領袖到哲學家以及介於兩者之間的各種人都有。在實際中，主要是由公權力，即國家，透過調整平衡自由和平等，以及許多其他相互競爭的需求和願望，來決定和確保正義。政治決定取決於國家的組織和運作方式。但即使是所知的最少缺陷的政治制度，即具備人民主權和普選權的民主法治，到目前為止也只能大致應付這些問題，而且往往不能令人滿意，更不用說完美解決了。[215] 人們鍾愛支持機會平等的制度和流行的社會理想，如權力和獎勵分配中的唯才是用，其實對許多人來說可能既是「錯誤的」又是「糟糕的」。[216] 良好的法律、明智仁慈的領導者以及有能力的實施者都很重要。然而，就像民主法治本身一樣，人類政體透過自由與平等之間的最佳平衡而實現的最大正義或公平，最好還是透過內外不斷的、動態的比較和競爭來實現、調整和保障；這些比較和競爭同時也是達成效率和創新的引擎，推動著人類文明。

正如正義理論所嘗試的，調和自由與平等這兩個相互競爭甚至不相容的價值，往往會導致強調更容易衡量的分配正義（或條件平等），並用之作為社會契約的基礎來錨定一個更受偏愛的人類政體。[217] 因此，在實際中，公平和正義常被定義為社會經濟平等的最大化，即收入和財富分配日益平等，人人享有平等的社會地位和政治權利。作為衡量社會政治秩序公平性的標準，人人平等這一看似不言而喻的價值，在包括中華文明在內的幾乎所有人類社會中，都有著悠久、深刻和古老的根源；孔子的一句名言就說明了這一點：「不患寡而患不均。」[218] 透過平等追求正義，確實是一個有力且可行的理念，它建立和改善了許多國家和文明，但也摧毀了許多國家和文明。現代技術語言將這種道德信條總結為「最大最小原則」，即注重那些促進「社會中最弱勢成員的最大利益」的社會經濟政策。[219]

無數知識分子都將人人平等的理念視為理所當然。充滿同情心、常常十分激情且令人贊同的對不平等的批判，用公權力和政治權力去超越

公平或比例平等原則以促進或加強平等的熱切建議，一直鼓舞和激勵著人們，但也激怒了人們，並導致無數人因叛亂、革命和其他社會政治鬥爭而遭致屠殺。馬克思和他那些訴諸行動的追隨者們，在一個多世紀以來留下了一個清晰的紀錄，展現了透過暴力政治和中央計畫來實現社會經濟平等理想的努力，只會導致災難和更大的不平等。[220] 儘管如此，許多人仍然主張透過政治手段來實現平等，儘管並非全部都主張用暴力手段。約瑟夫‧熊彼得（Joseph Schumpeter）等人在四〇年代，對造成不平等的資本主義的「創造性破壞」就表示了嚴重疑慮。[221] 最近的此類努力的典範，是由法國經濟史學家托瑪‧皮凱提（Thomas Piketty）撰寫的七百頁厚全球暢銷書《二十一世紀資本論》（*Capital in the Twenty-First Century*），及其一千一百頁厚的續作《平等簡史》（*Une brève histoire de l'egalité*，台灣譯作《平等的反思》）。[222]

我們不需要完整討論皮凱提關於當今世界的不平等狀況及其影響的報告，以及如何解釋和評估人類政體在不平等中的作用。同樣地，我們也不必對皮凱提透過國家定期重新分配「有條件」產權的「參與性社會主義」（participatory socialism）處方的實用性和明智與否進行徹底分析。但我們必須正視世界各地，特別是那些身處優渥、享有自由特權的人，對分配性社會經濟平等的高漲熱情，因為這強烈反映了那股一直都在躍躍欲試的國家社會主義和政治全球化或全球主義之強大意識型態力量。2021 年 8 月，美國右翼媒體福斯新聞報導稱，美國 59% 的民主黨登記選民「支持社會主義」，而一年前這一比例為 40%。[223] 2021 年 6 月，七大工業國達成了徵收最低 15% 全球企業稅的「歷史性」協議。數日內，包括中國在內的一百三十個國家（占世界 GDP 的 98%）至少都口頭同意了此一協議。[224] 然而，根據本書的分析，這樣的大動作應該要不斷地檢視和驗證，並且經常進行調整。根據其將來的具體實施方式，這種關於全球最低企業稅的「共識」，可能只是代表了一個財稅政策的多邊協調，以修改過時的國家與市場關係——在資本高度流動的數位時

代，可以說早就該這樣做了；它也許會有助於整平競爭氛圍，從而使中國等國家大量補貼的那些公司不得不減少其不公平的競爭；它或許也有助於「結束逐底競爭。」[225]，但它也可能是全球經濟治理的又一個理想但適得其反的嘗試，可能會帶來被濫用、不可取甚至災難性的後果。

值得注意的是，根據經驗觀察，全球主義菁英和匱乏大眾之間存在著一個差異：前者傾向於擔心世界範圍內的不平等，後者則傾向於渴望在當地還過得去的生活。有意或無意地混淆或模糊國家／共同體內部的平等和全球平等，在一些知名學者的論述中是意味深長地普遍。也許是人類天生的道德觀就重視平等，以獲得一種與生俱來的愉悅和安全感；也許是那極具說服力的功利主義假設，即不平等會滋生惡行和可怕的政治混亂，或者也許只是一種內化了的對人類政體和人類文明的單一維度價值觀。在這個意義上，皮凱提的「社會聯邦主義」、「跨國民主」、「負責全球公共產品（氣候、研究等）和全球財政正義」，基於「參與式民主」或「民主、生態和多元文化社會主義」，可以說是平等民主社會主義之世界政府這種傳統理想的新共鳴，並且是同樣的輕率。[226] 依照這種推理思路，一個具體目標似乎就是自稱「民主社會主義者」的美國政治家伯尼‧桑德斯（Bernie Sanders）所主張的：全球最低稅收和「全球最低工資」；在「不安全的世界」中實現「普世均一基本收入」，以挽救各地日益衰落的民主。[227] 無需接受或反駁用平等來定義的正義與公平哲學，本書將正義與公平主要視為一個單元（國家）的成員之間，以國家公權力的有效性和制度的兼容性來衡量的公正（equity）。跨國平等主義的普世平等（equalizanda）必然地要求建立某種世界政府，也許在政治哲學中很有吸引力，但是無法實現，不必要也不可取。

原則二：效率與創新

除了比例正義和分配正義之外，特定政治體制（國家及其公權力執

行的制度安排）的評估標準，是以有否優化群體、人際的比較和競爭包括對抗，去動態地產生最大的創新和效率、最小化的總交易成本、及時的調整和適應，以及不斷考察和測試，以改進和替代方案。當然，總成本計算必須包括兼容性的價值，因為任何組織（社區、民族、國家）都不可避免地會以不同的總成本區別對待乃至排斥一些成員。[228] 這項原則可以被視為選擇、競爭、創新的個人和心智自由。正如九十年前愛因斯坦在逃離納粹德國時所作的簡潔聲明：

> 沒有這種自由，就沒有莎士比亞、歌德、牛頓、法拉第、巴斯德和李斯特。人民將沒有舒適的住房，沒有鐵路，沒有無線電，沒有流行病防護，沒有平價書籍，沒有文化，完全沒有藝術享受。不會有機器來將人們從生產生活必需品所需的艱苦勞動中解放出來。大多數人都會過著沉悶的奴隸生活，就像在亞洲古老的專制統治下一樣。只有自由的人才能創造新的發明和智慧作品，讓我們現代人生活變得有價值。[229]

在許多方面，優化和最大化效率和創新，對於人類文明的健全和進步更為重要，因為這為任何有效的社會政治組織、比例正義和分配正義以及人類生命本身的生存和福祉，提供了不斷擴大的基礎。如果生命權是衡量人類政體和人類文明的首要標準，那麼在規範上，自由與平等這兩個偉大價值之間就不可避免地存在著衝突，甚至是取捨。誠然，民族／國家和文化／文明長期以來都在為平等與多樣性／自由之間的動態且永無休止的平衡而掙扎不已。[230] 為了人類的整體利益，保障選擇、競爭、試驗的關鍵性自由（或曰政治安全），以及由此產生的效率和創新，比強調不落下任何人的人人平等的崇高理想更重要，儘管不應該而且事實上也不會完全將之取代。[231]

不可或缺的競爭和創新自由，是由自由政治權力提供和保障的；這

種權力允許甚至鼓勵多樣性，理論上可以是一個開明的獨裁政體或民主法治，從歷史上看，後者表現出壓倒性的更好機會和更高穩定性。[232]然而，這種政體在民眾支持方面代價高昂，尤其是在大眾民主國家；因為正義很容易被令人信服地定義為平等，而競爭必然會有輸有贏，從而造成不平等，即使只是暫時的。當然，嚴重的經濟不平等，尤其是與社會政治上的排斥歧視共存時，對於競爭、創新和效率來說，既非必要，也不是不可避免的。正如我在《中國紀錄》中試圖表明的，不同國家（例如中國與美國）的高度經濟不平等的同一症狀，可能有截然不同的原因和後果。在二十一世紀，一個組織良好、治理良好的社會，具有高效率、充滿活力的創新、富裕的經濟和有效的分配安全網，可以最大限度地減少不平等，甚至消除絕對貧困。[233]但源自社會經濟相對不平等或相對貧窮的不公平和不公正的主觀感受，可能和十八、十九世紀出現在資本主義國家，或當今較不發達國家中的階級敵意一樣嚴重，甚至可能更加強烈。[234]在大眾民主中，對平等的追求往往取代甚至泯滅自由，尤其還有情緒化的選舉政治和大眾媒體在一旁煽風點火、誇大其辭。在這種情況下，偏好平等勝過自由，往往會以過度福利國家、平等主義再分配、激進的身分認同政治和極端違反基於適者生存的進化論原則等形式出現。[235]一個先進、高效和創新的經濟，將因此而「均等化」，但卻會與整個國家的整體生活水準和生活品質一起，走向停滯與衰落。

原則三：國家最優化 vs. 世界最優化

評估一個政治制度可以看一國的有效性、公平、效率和創新，正如我在本書的前傳《中華秩序》和《中國紀錄》中試圖對中國所做的；也可以從全球範圍來探討這種評估，以考慮整個人類文明的命運和未來，就如本書所討論的中華博弈。對於一個國家來說的最優化，對全人類來說可能並非如此，就像對某個人、某個群體或部落來說是最佳的，對國

家來說可能不是好事一樣。在人類群體的三種理想形式——全球主義、民族主義和部落主義中，[236] 我認為，在啟蒙運動和工業化之後，部落主義是不當的，也是不可行的，而全球主義是不可取的，也是不必要的；在一個國家主權平等的體系中實行民主法治的民族主義，看來是最不次優的人類主要組織方式，而這三類群體可以同時都具有其一定的地位和作用。

　　人類個體作為生物體（及其部落／民族／種族／國籍和文化／意識型態／生活方式等個體身分），經歷著「自然篩選」；因為所謂的「自私的基因」，似乎具有與生俱來的為了生存與擴張而競爭的道義感和價值觀。此外人類還有「群體篩選」，它決定了生物社會群體（家庭、社會和主權國家的政體以及世界秩序本身）的演變。群體篩選需要不同的德行和正道來實現個人和次級群體之間的利他性合作和無私的不平等，以便在「有害突變累積」會次優化甚至破壞整個群體（並毀滅其中的個體基因）之前，管理和消除那些有害的基因突變和行為偏差。[237] 這兩種篩選都可以是「正向」（保留和複製更適合的突變／變異）和「負向」（減少和消除不適合的突變／變異）。在兩種篩選之間，一種能產生「穩定」且「均衡」的總體篩選的動態平衡關係，看來對人類物種和人類文明的進化與繁榮的最優化是至關重要。個體和群體篩選的不平衡或失能，只會導致物種滅絕。[238] 螞蟻在一億三千萬年的時間裡在世界各地的成功，也許充分地證明了這一點。然而，不同於組織螞蟻的「分散式過程」（distributed processes）或「分散式算法」之生化機制，人類更依賴其結構化制度（法律和治理）及其內化：不同文化和意識型態下的勞動分工和經交流而定的行為規範。[239]

　　有效性和公平性等規範性價值，主要在作為人類群體「主權」單元的民族／國家層面上進行定義和評估。世上所有人的平等，尤其是分配平等，以及抽象的、單一的世界經濟在理論上的效率最大化，應該被視為次級考慮。實際上人們不可避免的利益和價值衝突，最好以有序的國

家和國家下群體內的妥協、再分配或鎮壓而告終，並以改革、革命或移民出境作為實現調整的安全閥。社群和國家級社會可以也應該透過不斷演進的「社會契約」，以公平兼容的方式優化所有成員的集體和個人價值和利益，組織人們在群體中的分工，使每個人都能得到分配正義並盡義務。[240] 除此之外，各國人民之間不可避免的利益和價值衝突，應該得到維護和管理，以維持不斷的國際比較和競爭；而一些國家的興衰（和重組）則主要是緩解這些衝突的結果。當然，正如中華世界和其他「世界」的帝國歷史所證明的，國際競爭最終可能以世界政治統一而告終；然而，正如我在本章中所假設的，高於國家的統一治理既不可取，還會損害人類文明的最大利益和關鍵價值。

　　顯然，全世界所有人類的基本權利都應得到平等對待，世界經濟應最大限度地提高其整體效率和創新（以及收入和技術的傳播）；然而，本書提出，為了整個人類文明乃至每個人的總體和動態利益，主權國家之間基於並不斷產生國際不平等和差異的制度化比較、選擇和競爭，比每個人或每個人類群體，無差別同時實現社會經濟平等以及最高效率的崇高理想要重要的多。就地方社區或一個國家範圍而言，優先考慮並最大化被定義為平等的正義，特別是法律之前人人平等的機會和地位，既是一個必要的理想，也是一個可行的功能；因為在一國之中，日常政治生活是在一個共同主權下運作並為其服務的。然而，與國內環境不同的是，國家之間的障礙、差異和「公正的不平等」，是人類文明為了整體進步和繁榮而必須付出的必要且回報豐厚的代價。[241] 人類個體具有多維多面、多層次的身分，其中某些方面比其他方面更重要。國家歸屬或公民身分作為分立分權世界政治中的關鍵性群體身分，使國際不平等在道德和政治上，成為維持人類文明所必需的競爭和創新的成本最低的方式。一個雄心勃勃的個人可以為了改善其生活而發聲（大聲疾呼並參與行動）、反抗，或退出（移民出群出國）；一個富裕的社群或社會可以為了平等供養其最弱勢或最不「適應」的成員，依其自身能力限制進行

各種試驗和調整；一個競爭的國家可能會仿效其他國家，為求穩定和生存而多方面改進，包括改革、革命、結盟和重組。透過這些方式，分立分權的世界政體在制度上、意識型態上和動態上，確保了個人、社群和國家三個層面上的公平與自由兩項價值，從而以最小的成本在總體上優化人類文明。

這種對世界政治進行規範性評估的原則假定，較不糟糕或最不糟糕的國家政治存續的最終保證者和促進力量，是主權國家之間制度化的比較、選擇和競爭。世界政治與國家政治本質上是不同的，對一個國家來說的政治最優化，可能對世界是災難性的。人類政治治理的主要作用與角色已經（或應該已經）由一個功能正常的國家提供了，儘管可能成效不一。國家政治已經滿足了大多數（如果不是全部）的人類政治需求，主要是秩序、和平與安全。[242] 那麼，規範性問題就是，哪種類型的世界政治秩序，更有利於首要由各民族／國家政府提供的有效、兼容、高效和適應性治理的最大化。確實，在不平衡的全球化時代，「民主資本主義」國家在面對「獨裁資本主義」國家時，其命運是不確定的；在這個時代，資本比其他經濟要素（主要是人力）具有更大的流動性。[243] 西方的「自由／民主資本主義」，對於中華人民共和國之類所代表的、「國家主導的政治或威權資本主義」的威脅與挑戰，若想提高對之抵禦的機會，適當且有意識的選擇和行動勢在必行。[244] 西發里亞世界秩序仍然是確保自由或民主資本主義未來的關鍵性結構，其動態國際不平等的代價是高度可容忍，而且可以透過國際競爭、適應、再分配轉移和國際移民來有效緩解。

國家是政治權力的壟斷者，而世界政府將是最糟糕的一種壟斷，即使是以提供普世和最大利益的名義。政治壟斷傾向追求並沉迷於自身權力的最大化，擁有更多的掌控權，除非它們在結構上受到限制，並必須與同儕不斷為了權威、能力、資源甚至生存而競爭。透過外交、貿易、移民以及時而會有的衝突和戰爭進行的外部比較、選擇和競爭，是國家

內部競爭和改進的必要機制，因為它們推動國家朝向自由主義政治，有利於維持效率、創新和兼容，從而實現國家的福祉、穩定、競爭力和實力。一個運作良好的非自由政體可能會成功地獲得一時的爆發力量，靠詭計和運氣來壓倒其競爭對手。但是，隨著時間的推移，正如我在《中國紀錄》中對中國次優化的考察所表明的，獨裁政權會必然地趨向低效和停滯，從而競爭力下降，永遠不安全。一國人民在有能力的情況下，應該而且也確實試圖實現人人最大限度平等的方案，即使以犧牲一些自由和效率為代價；或者嘗試實現最大效率，即使以犧牲一些平等和自由為代價；或努力在這些關鍵價值之間取得一種最優化平衡。這種國家性的追求，自動且不斷地受到西發里亞世界秩序下比較性和競爭性國際關係的檢驗和考驗。要麼是該國人民及時調整，或有幸享受不斷的快速發展，透過自由與平等的動態平衡來確保或恢復正義的最優化；要麼這個國家會衰落、失敗和消逝，導致其人民受苦、死亡、叛亂或帶著資本和技術移民外流以尋求更好的政體。若世界政治統一，只有一個世界帝國，甚至是一個世界民主聯盟（到目前為止還只是理論上可行），基本上全人類就只剩下一個封閉體系，缺乏同儕政體的制衡和競爭機制，無處可移民、試驗和創新；來自系統外的刺激、資源和資訊也將幾近於零。在單一的全球公共權威下，即使在自由與平等之間達到了最佳的初始平衡，受人口、知識和欲望的能量動力驅動的熵值，最終會使一切都變得更糟。

值得讚賞的社群和國家目標，如透過人人最大限度的平等實現正義和公平，若在全世界範圍內統一施行，將導致不可逆轉的不公正和無盡的災難。經濟效率和創新及其傳播也是如此。以侵蝕西發里亞體系下主權國家之間的區分和競爭為代價，來優先考慮抽象的全球平等或世界效率，最後勢將毀掉所有人的效率和創新的終極引擎。雖然不平等對於一個社群或國家來說，在社會、經濟和政治上都是非常次優的，但國際不平等則沒有那麼不可取，因為它是推動競爭的引擎，是攸關全人類長遠

福祉和文明活力的關鍵力量。這是一種必要的、動態的低代價（由於國際政治的高度競爭性），類似於所謂的「必要之惡」，但比在國家層級更容易得到容忍。[245] 事實上，一個國家內部有分寸的不平等，並不是政治體制最關心的問題；除了因那些聳人聽聞的新聞鏡頭而引起人們心理上的不適外，國際不平等不是一個令人擔憂的問題。要去衡量（更不用說實現）全球社會經濟平等，是不切實際且不符合成本效益的。以革命和移民作為安全閥，相對的國內平等足以維持正義和公平。國際不平等仍然是形成有意義的比較和競爭，從而不斷為人類文明提供動力的主要機制，基本上（如果不是完全）不會產生那種因國家和社群內部不平等，而可能對政治合法性和治理有效性造成的不良後果。

關於全球化

近幾十年來備受讚譽的全球化進程提供了一個很好的規範性評估案例。[246] 經濟全球化對於追求效率和繁榮，也許是自然且可取的，並且在美國領導的自由國際秩序提供的全球和平與穩定的背景下獲得了宏大的推動。全球經濟整合和勞動分工的協同作用，使資本和貨物更自由、更快地流動而降低交易成本，以及對全球性生產規模和專業化都帶來了龐大的好處：更多的商品以更低的價格提供給更多人，資本家（尤其是資金和技術所有者們）更容易獲得更高的利潤，新技術更廣泛、更快地傳播，許多以前開發程度較低國家的經濟獲得了明顯成長。[247] 同時，經濟全球化也很自然地逃避甚至擺脫了民族國家，特別是所謂的「軟國」或弱國的主權控制和監管，畢竟這些國家很容易受到利益集團和政治腐敗的影響甚至「劫持」。[248] 因此，全球化中的世界經濟具有驚人的不平衡性和不完整性：一個一體化整合的資本市場，但是沒有一個國際勞動力市場或一套共同的國際勞動和環境標準。於是至少兩個主要的外部負效應（externality）出現了：由於資本技術與勞動力兩者的流動性和標準

之巨大差異而導致的不平等加劇，以及非自由政權和短視資本家之間錢權勾結的不正當交易甚至非法騙局。[249] 例如，已開發國家工作機會（而非勞動力）的大規模外移，極大地加劇了西方內部就分配正義、身分認同政治和本土主義而展開的政治鬥爭，導致社會文化和經濟深刻的兩極化和損害，帶來了嚴重的政治代價。[250]

一種無緩衝、零和式、一致性階級衝突的「全球化」焦慮，在已開發國家和發展中國家都在強烈上升；因無法管理西發里亞體系下經濟全球化所造成的非理性和失衡，一個「西方失敗」的形象變得愈來愈晦暗。[251] 一個人數極少但明顯同化的全球菁英階層已經出現，形成一個強大、事實上也合法的跨國聯盟，削弱幾乎所有國家非菁英民眾的地位和權力。人民、團體和國家都繃緊神經，決定必須做些什麼來應對並「更好地」管理廣泛的全球化，從而為許多傳統和非傳統的國際衝突提供了沃土：從恢復大國強權政治以求權力轉移，加劇了的追求國家相對利益的搏鬥，到國際恐怖主義和激進極端主義發起的不對稱鬥爭。

與本輪全球化（自四〇年代以來）有許多相同之處的 1870 年代至1914 年的所謂「第一次全球化」的悲慘結局，[252] 也許說明了全球經濟大整合的成就與不足。與太多人一廂情願的想法相反，國家之間大規模的經濟交流和相互依賴，並不能確保世界和平，更不用說要保障一個在規範上更可取或更好的世界秩序了。經濟全球化滋養並激發了政治全球化的觀念、衝動和幻想，為類似於世界範圍內戰的爭奪權力和控制的全球搏鬥，提供了難以抗拒的藉口和前所未有的手段，導致了前所未有的死亡和破壞。許多人，例如崛起的威廉二世德意志（Wilhelm Germany）（以及後來的納粹德國和日本軍國主義），希望透過老式的戰爭和征服方法，實現其「正當的」全球社會政治之統一。其他人，如列寧主義（以及後來的史達林主義和毛主義），則訴諸大規模的暴力革命，以「科學」和理想的世界社會主義和共產主義體系，取代全球化資本主義會「不可避免」導致可恨的帝國主義。[253] 還有一些人，特別是

在兩次世界大戰之間,追求最終失敗的理想主義試驗,例如國際聯盟和戰爭非法化宣言。[254]

受經濟全球化後果的推動,或許謹記二十世紀上半葉那慘烈的歷史,許多有良知的當代全球菁英可以理解地以全球主義、全球治理和全球分配正義的形式,努力推進社會政治的全球化,以求應對一長串被放大的「全球」問題,如環境惡化、難民、流行病、恐怖主義、逃稅、貧窮和不平等。近年來出現的有影響力且有理有據的想法,例如「全球稅收公平」和普世/全球「多層級基本收入」,似乎都證明並要求集中和統一的世界治理和再分配。[255] 到目前為止,西方主導的全球菁英大多拒絕透過武力實現世界政治統一這種過時觀念,但仍在鼓舞、激勵甚至要求政治全球化或世界政府。但正如我試圖說明的,這樣的靈丹妙藥比它想治療的疾病更糟,只會從根本上降低全球經濟效率和創新,並破壞良治善政和世界和平。不受控制的經濟全球化加劇了各國逐底競爭的壓力,助長了裙帶資本主義和國際竊盜統治(international kleptocracy)的興起,造成的社會政治和經濟後果,將抵銷甚至消減其總體益處,國際比較和競爭的動力遭到扭曲甚至脫軌。當然,還會有十分傳統的想要建立世界帝國的人,最主要的就是崛起的中共;因此,中華博弈關乎並將決定我們如何應對經濟全球化:是在西方主導的西發里亞世界秩序下管理和調節經濟全球化,還是試圖將其「融入」一個中華秩序式的世界政治統一。

經濟全球化的不良外部效應,可以而且也應該由各國政府透過單邊、雙邊和多邊行動,進行有效調控和管理;遏制單一維度、肆無忌憚地追求世界經濟效率的幻想,「自然而然」就能確保不會出現全面的政治全球化。例如,除了在中華博弈的背景下不斷加強脫鈎、去風險和供應鏈回流之外,歐盟還單方面發起反壟斷行動,遏制線上壟斷,其結果目前看來是好壞參半,但前景光明。[256] 關於這一發展,有些人開始擔心並渲染全球化的網際網路即將迎來所謂「沿國界的分裂」和「自戕戰

爭」。[257] 然而，在各國和跨國反壟斷政策的保障下，在制度和營運上分散的網際網路從根本上有利於人類，會在總體上帶來更多的創新和效率。包含兩黨的對外關係委員會在 2022 年的一份報告中宣稱：「全球網際網路的時代已經結束，美國必須面對碎片化的網際網路。」[258] 據說「美國和中國的科技業已經有相對程度的『分野』」，然而，這大概是不可避免也是可取的。[259] 當然，此類國家的網路管理政策與中國和北韓等地的國家審查制度本質不同，後者往往打著抵制「外國」壟斷的幌子，但實際上只是資訊控制和蒙昧主義。事實上，世上流行的關於「全球化崩潰」的哀嘆看起來是既言之過早也不著邊際。[260]

對偏好和標準的進一步思考

當然，除了以上討論的三個原則和關於全球化的簡短說明之外，關於國家或地方政治體系之各個可取、可貴，重要層面的清單還可以更長。除了提供秩序、安全、組織和監管的基本職能以及有效性、兼容性、效率和創新之核心價值外，當然還可以增加更多的期望值來比較和更全面地評估一個政府。國家紀錄的重要內容包括社會安寧、經濟繁榮和分配正義、公民平等和最大限度的權利和自由、人民的預期壽命和生活水平、防災救災、文物和環境的保護、公共項目和服務等等。然而，國家的許多價值目標，往往是前述基本職能和核心價值的結果和延伸。我試圖在本書的前傳中，根據這些標準來評估中華人民共和國作為一個替代政治體系的紀錄。此外，對於某些個人和群體來說，還有無窮無盡、物質上和心理上的各種具體、臨時和狹隘的利益和奢侈要求都會成為評估一個政體的重要因素。

那麼國際和平呢？人們可能會想，這種偏好是否應該成為對國家和世界政治進行規範性評估的一個關鍵。和平或和平狀態，即沒有戰爭和其他暴力衝突，特別是主權國家之間的衝突，是人類政治所高度珍惜的

價值。但我認為，和平是對世界政治進行規範性評估的基本標準之一，但不是唯一的基本標準。與國際比較和對抗競爭的關鍵價值相比，不惜一切代價的和平對於人類文明來說顯然價值較低；在國際對抗與競爭中，戰爭經常是決定性的、通常也是有效的；但實際上非常罕見，只是國家使用的一種手段而且通常大多是最後的手段。戰爭發生的原因複雜，經常是臨時的，有時還是為了國際、國家和地方層級的一些正義理由。[261] 實際上國際戰爭（除了征服世界、改變世界體系的戰爭之外）和「內戰」之間存在著質的區別，因為後者幾乎總是更具破壞性和致命性，甚至更常見。事實上，國際戰爭，尤其是在有效的西發里亞體系下各國為備戰而做的努力，已被證明在許多領域推動了激烈的競爭和創新，最終使人類更加安全和富裕。[262]「立法禁止」國際戰爭的目標，理所當然地仍然只是一個可敬的理想而已。[263]

　　民族國家分立分權而並列的西發里亞秩序和世界帝國的中華秩序，都可以是和平的，也可以是多戰的。世界政府（以傳統世界帝國的形式，或作為「自由國家的世界聯盟」，後者迄今為止仍然只是一種理論上的理想主義可能）常一廂情願但可以理解也可敬佩地想像和推定為能減少國際戰爭的「允許」效應，從而增加和平的機會，甚至可能達成「永久和平」。[264] 然而，正如我在《中華秩序》中對許多中華世界帝國所做的研究所表明，單一政府統治下的世界絕非更加和平；相反地，它往往更容易發生戰爭和暴力，存在許多極具破壞性和極其致命的「世界」性內戰和暴力，與西發里亞式世界秩序下的國際戰爭形成鮮明對比。十九世紀中國發生的一場失敗的叛亂造成的死亡人數，據報導就相當於十九世紀和二十世紀全世界所有國際戰爭的死亡人數總和。光是二十世紀，在中國，死於內戰和人為饑荒的人，就比死於所有對外戰爭的人還要多。[265] 因此，在評估世界政治秩序時，戰爭的存在與否意義不大；而戰爭的傾向性（無論是內戰還是外戰）當然是評估一個國家政治體系的一大關鍵和核心價值，因為國家的主要任務就是提供秩序和安

全。因此有所謂民主和平（democracy peace）、自由貿易和平（free-trade peace）、開放交換和平（open-exchange peace）的理論。[266] 從實際經驗來看，民主法治看來比其他形式的政治治理都更和平，無論是在國內還是國外。[267]

與人們對政治體系的偏好相關的另一個概念問題是技術，尤其是革命性技術及其對人類組織和治理的影響。許多新技術和潛在技術，被廣泛吹捧為將改變人類文明的支柱和基礎，無數的預測（許多成為暢銷書）要麼讚譽，要麼警告這些新技術的後果。例如，由於全球即時通訊和當日交通的可能（相比之下，「傳統」世界之大小，以最快的旅行方式至少需要兩個月），新的世界觀和世界政治可能已經出現。網際網路，特別是暗網（Dark Net）和區塊鏈技術，被廣泛認為已經透過政治全球化而使人類政體完全、不可逆轉地分散和民主化。

然而，本書堅持這樣的觀念：所有的技術及其使用從根本上來說都是人類政治、經濟制度、規範以及人性和能力的產物。在任何社會中，決定技術的創造、傳播和應用之多少有無的關鍵性因素，是其政治制度。從全球的系統性和整體性來看，西發里亞體系始終是最有利於技術革命和傳播的世界秩序，遠遠超過其替代體系。科技本身尚未成為塑造人類文明的制度和運作基礎的獨立變量。大家熱議的 ICT（資訊與通訊科技）對中國政治的影響力，頂多只能說是好壞參半。快速發展的 ICT，包括人工智慧，不是像人們預期那樣削弱了，似乎反而擴大和增強了中共對人民及其思想的專制控制。[268] 目前，可能只有兩項科學技術突破可以從根本上重塑人類文明：一是熱核發電，這也許能大致終結物資稀缺法則，從而改寫人類經濟；另一是生物和基因工程的全面實現，讓我們可以重新打造人類的基本需求、欲望、智力和體力。[269] 然而，儘管屢有令人興奮的突破，如利佛摩國家實驗室（Lawrence Livermore National Laboratory）於 2022 年在核聚變技術方面取得的成果，但這兩種技術在短期內仍難以實用（也可能永遠不會實用）。[270] 舉例來說，

現有的規範、制度和法律，已經開始嚴格限制甚至禁止人類生物和基因工程技術的發展。就連渴望創新的中共也不得不阻止並監禁從美國學成歸國的一名「流氓科學家」，因其對三名人類嬰兒肆意進行了基因編輯。[271]

鑑於我已經概述了的觀點，本書主張一個規範性論點，即西發里亞體系是超越個別國家的世界政治秩序首選，就像開放的市場體系是經濟制度的首選，以及對於一個國家的國內政治制度來說，民主法治是首選一樣。主權國家共存的功能體系、國際政治無政府狀態或分權分立的世界政體，從根本上有效地認可和促進了持續而深刻的國際比較和競爭，類似於開放市場中企業之間的持續競爭，沒有任何單一企業壟斷整個市場。透過貿易、外交（包括結盟）、移民、交流，有時甚至是衝突和戰爭，乃至吞併和消滅一個國家（但勿與種族滅絕混為一談），國際體系中的主權單位必須充分參與彼此之間持續不斷且攸關命運的比較、選擇與競爭。此類競爭中常見的某個國家或企業實體的「死亡」，並不意味著人民、國家地位（國家主權）或資本的消滅，而是大多涉及轉移和重組。同儕之間這種結構性和持續的國際比較和競爭，最終確保並促進了各單位的內部競爭和改進，並減輕和最大限度地減少民族國家權力的固有成本和非理性，或必要之惡，因為其本質上是壟斷、依恃暴力、壓榨、抗拒變化的。因此，一個穩定、法典化的國際比較和競爭的世界秩序，可以在外部確保和優化主權國家，同時促進和推動國家內部政治體系的創建、延續和完善，朝向實現民主法治等較不壞的政體。分立分權的世界政體對於國內和國際市場經濟也至關重要，因為它從根本上限制了社會政治力量扭曲經濟造成的壟斷與停滯。

兩種分立分權世界秩序中的任一都會運作良好：法典化的國際關係秩序，由於其透明度、更高的合法性、更穩定因而更為可取，就像自1648年以來一直存在的西發里亞體系，和十一至十四世紀歐亞大陸東部中華世界的澶淵體系；或是事實上的國際關係秩序，如四世紀至十七

世紀地中海—歐洲世界和先秦中華世界長期存在的「世界」政治。如同在經濟中最好的企業一旦成為壟斷，必然會陷入低效率和停滯一樣，最好的政府，即使是一個充滿活力與輝煌的民主國家，一旦成為整個已知世界唯一的政府，也將不可避免地陷入中華秩序式世界帝國那種低劣和災難性的治理。[272]

誠然，開放市場、民主法治和西發里亞體系，這三種人類制度都不是完美的或「自然的」。它們往往在不同地點和不同時間，因不同目的而存在和發揮作用，其程度、有效性和結果的差異很大。依某些方法來衡量和在某些議題上，與其他替代選擇相比，它們表現更差的情況並不少見。[273] 它們也都不斷地處於顛覆性壓力和熵動力學之下，因此完全是可破壞和可逆轉的。[274] 例如，一位美國評論員在 2020 年說道，自由民主「是艱難、反直覺和複雜的，需要大多數人都達不到的自制、理性和寬容程度。」[275] 但開放市場、民主法治和西發里亞體系，分別對人類經濟活動、社會政治生活和世界秩序的壞處最小；只要保留政治上有利的框架和機制，動態促進新的想法和行動，它們的持續改進總是既可取也可行。[276]

認識論問題

專制統治者的一大主要特徵，特別是在中國的秦漢政體中，包括嚴格的資訊控制、不斷對人民進行洗腦、不可避免的雙重言論和廣泛的虛偽。中共尤其擅長對資訊的壟斷和壓制、對虛假資訊和欺騙伎倆的運用，以及以分而治之為目的的所謂「統一戰線」騙局和賄賂收買。中共的宣傳和審查機器，對其崛起和維持權力，以及奪取「國際敘事話語權」發揮了重要作用，其規模和效果在人類歷史上可能都是首屈一指。[277] 該黨國顯然十分精於挪用思想、口號和旗幟，以及為追求權力和控制而在國內外製造各種難辨真偽的虛假資訊。[278] 正如本書的兩本前傳（以

及許多其他作者）試圖闡述的假新聞、山寨商品、半真半假、涉及竄改統計數據和視覺效果的數字遊戲、捏造事實，甚至徹頭徹尾的謊言，在中國都是司空見慣。[279] 欺騙性言論和誤導性表態，以及對獨立報導和自由思考的嚴厲懲罰，包括監禁甚至死刑，在那裡同樣屢見不鮮。

有鑑於此，除了北京的公開表態和口號之外，我們可以合理地質疑，崛起的中國力量到底為世界帶來了什麼。也許中共其實並不是在追求什麼世界霸權或統治？這個極其自私、本質上缺乏安全感、常常背信棄義的統治集團，也許只是想透過其搖擺不定但始終宏大的世界大計畫，來控制和操縱中國人民，以證明其權力和榨取的正當性。所有獨裁者和想獨裁的人，本質上都是自戀和極端自私的，他們將自己的國家甚至世界視為私有財產，可隨個人和家庭的追求、放縱和幻想而隨意支配，包括透過肉體的不朽或家族權力和財富的永存來獲得永生。大多數（如果不是全部）中華帝國的秦漢統治者，在這方面都是明顯的範例。自詡為「人民公僕」的中共統治者更是如此，儘管他們的過分行為往往由於巧妙的宣傳和廣泛的隱瞞而被忽視。他們一切行為的目的只是為了國家和世界可以提供的最優質的奢侈生活（所謂「特供」），例如，不遺餘力地試圖將他們的壽命延長到一百五十歲。[280]

正如威權和極權政治的邏輯所預測的，獨裁者本質上需要一個偉大的事業或宏偉的願景，來營造一個永久的戰爭氛圍。這可能是一場針對令人憎恨的內部敵人（如納粹德國的猶太人，或史達林主義蘇聯集團和毛主義中國的「階級敵人」）的鬥爭，也可能是針對某個強大的外部敵人（從不公正而又惱人的鄰居，到「亡我之心不死的西方帝國主義」），或者為爭取更多的「生存空間」，或者一個更純淨的人間天堂（神權王國或共產主義天堂）而戰。[281] 中共關於建構「人類命運共同體」、「站在世界舞台中心」、「引領人類」、「建立更加美好公正的世界秩序」的豪言壯語，也許只是些空話和口號，用來掩蓋他們奪權掌權和貪婪自利的真實意圖？[282] 中共領導人在充分意識到自己的缺陷，並放肆沉迷

於現有世界秩序所提供的果實的情況下，是否可能只是用這些空洞的言辭（以及炫耀性的行動），來奴役和壓榨自己的人民？中共把中國的資金撒到世界各地，特別是非洲等地，也許只是無意中幫助了低度開發國家的經濟發展？對中共替代性世界願景的擔憂是否被誇大了？誠然，即使在一個功能正常的民主國家，過度承諾、浮誇口號、不切實際的想法、捏造和利用各種恐懼和敵意以及荒謬的言論，在競選活動白熱化時也很常見。

只要還不能完全獲取中共領導層的內部會議紀錄和檔案，不能對中華人民共和國的那些神祕兮兮的領導人進行真正的採訪，就永遠不能聲稱百分之百了解中共統治者的真實想法，更不用說揭示並說服世界，一個日益強大、手段多多的中共黨國到底有些什麼真實的意圖和計畫。同樣地，直到 1939 年夏天之前，世界上很少有人完全相信納粹德國的意圖；直到 1945 年之後，世界才知道納粹德國究竟會做些什麼、能做到什麼地步。因此，我們可能永遠不會確知中共究竟打算和有能力對世界做些什麼、做到什麼地步；直到將來某一天，人們以某種方式能進行一個法醫驗屍式的覆盤研究。而且，如果中共最終在中華博弈中獲勝，就永遠不會有事後覆盤，就像在中國（包括許多非中華人民共和國華人社區裡），至今仍然沒有一個良好的歷史敘事，明斷許多世紀以來秦漢政體對於中華世界的真正意義一樣：在帝制中國和今天的中華人民共和國，流傳的歷史紀錄和民間傳說都是常被竄改捏造過的，極為失真。[283]

幸好，借助今天擁有的新技術和社會聯繫，將被口號和扭曲所破壞的簡單真理和確鑿事實拼湊起來並不難。正如我在本書及其前傳中試圖記錄的，中共暨中華人民共和國的本質、紀錄和活動，在質性和量性上都是確定和可評估的。對所有可用資訊進行多方面考量才是關鍵。透過仔細的識別和驗證、比較評估以及基於知情直覺的邏輯演繹，我們可以穩定而自信地構建一個全面且細緻入微的觀察，以接近真相。中共領導階層顯然不只是口頭上要按照自己的形象重組世界；自第一天起，它就

一直在竭盡全力地強力推進這項任務，將其視為其歷史使命和其政權持久生存的必要條件。同樣重要的是，如果我們能夠分析事實及其行動模式，中共在特定時間的「真實」意圖是什麼並不那麼重要。有句老話說，如果某物像鴨子一樣動作、發聲、進食和排泄，我們就可以放心地稱它為鴨子（除了一些生物工程或機器人奇蹟）。經過一代代的學術研究和報導，我們已經有足夠的證據能確定中共的世界觀和行動計畫。事實上，似乎有些自相矛盾的是，極力神祕的中共對於它想要和追求的東西，其實一直是相當一貫和坦誠的，只要人們能夠看穿那些戰術煙幕，控制一廂情願的衝動，並簡單地「相信共產黨就是共產黨」。[284] 確實，中共一直公開將「共產主義」（其定義為一個統一的全球現象）作為其最終目標；這可以追溯到 1921 年中共成立之初黨章的開篇。[285]

自九○年代以來，中共高舉「救國」大旗，要實現「中華民族／中華文明偉大復興」，卻從未具體指出要復興中國歷史的哪一段。一份比較明確的清單似乎包括秦漢、隋唐等偉大的漢族世界帝國，甚至是中華世界的非漢族世界帝國元朝和清朝。[286] 在 2021 年，中國知名國際關係學者閻學通明確斷言，中共的偉大復興意味著唐初時代以中國為中心的世界秩序的回歸，當時的皇帝擁有天帝即天可汗或全天下皇帝的稱號。[287] 根據我在本書及其兩部前傳中試圖呈現的研究發現，我對確定中共暨中華人民共和國如何在國內治理，以及在國外和世界範圍內如何行動有相當的信心。至於這些行動的最終目的是要振興過去的中華世界帝國，還是要創造一個「新的」共產主義天堂，這個問題在很大程度上看來只是個無關緊要的語義瑣事。即使中華人民共和國實際上是「一個衰落的大國」、「正處於中國崛起的末期」，它對國際秩序和世界和平依然構成真實但不同的威脅，其驅動因素是為政權生存而進行的絕望鬥爭，而不是出於自信要接管世界；[288] 本書中關於中華博弈的分析仍然成立。對北京來說，其政權的生存和稱霸世界以重定世界中心、重整世界秩序，只是同一條連續線上的兩個節點。

最後，事情一旦運轉起來，就會產生自己的動力趨向。言辭並不完全等同於政策或行動，更不是既成事實，但可以引發真正的行動、反應及其後果。謊言和幻想會漸漸滋養、催生和煽動更多的謊言和幻想。經過無休止、蓄意的重複和回響後，氣勢洶洶的虛張聲勢會影響甚至扭曲人們，包括鼓吹者自己。舉例來說，納粹德國可能並非從一開始就想徹底地從肉體上消滅猶太人，但很快，自願執行希特勒旨意的屬從們發現，大屠殺在他們事業追求的整個過程中是「必要的」。在缺少有意義的辯論和異議的情況下，不斷地、一致地談論宏偉計畫，無論其意圖如何具有欺騙性和誇張性，都會影響和改變鼓吹者的思想和行動，特別是當鼓吹者周圍都是些試圖透過更多的雙重言論、選擇性或偽造的訊息、自大妄想和無恥的阿諛奉承來取悅上司的人時。[289] 例如，一名中共高級幹部在 2020 年的一篇「頭條」文章中聲稱，習近平的「人類命運共同體」理念「得到了世界各國人民的一致呼應、支持和接受」，因此習近平完全有資格、也完全準備好成為人類迫切需要的新世界領導人，以便更好地「治理全球」；幾天後，另一名高級宣傳官員代表中共撰寫文章，證明習近平思想是更新和改進了的「二十一世紀的馬克思主義」和領導全人類的「中國方案」。[290] 法治的民主國家裡也可能有政客散播恐懼和仇恨、空談和宏大口號來漁利，但反對黨、媒體、政體內的各種制衡以及公眾本身，會限制、駁斥、消滅和定期更換過分胡說的領導人。[291] 相比之下，一個威權或極權政權必須盲目地、不幸地追隨那位不受約束制衡的「自由」、「偉大」的領導人直到最終；而領導人最後也很容易成為一個悲劇的犧牲品，拖著其政權和人民一起，為他那宏偉但妄想的計畫、項目和混亂陪葬。

2021 年 7 月 1 日，中共總書記、中華人民共和國國家主席習近平，在北京天安門城樓發表講話，重申了黨的標準路線：他和同志們正在為世界和平，進行偉大而永恆的鬥爭，而「（我們）中華民族的血液中沒有侵略他人、稱王稱霸的基因。」在這份被官方稱為「重要講話」的演

講中，習近平多次敦促中國和世界各地的九千五百萬黨員和十四億中國人民，最大限度地發揮中華人民共和國在從技術到統戰事業等各個領域的優勢，「復興」中國至過去一個未指明的年代，但肯定是在 1840 年之前；要將軍隊建設成「世界一流」，並「不斷構建人類命運共同體」，為「百年未遇的偉大變革」做準備，並「推動歷史的車輪向著光明的目標前進」。在 2022 年 10 月和 2023 年 3 月，在讓自己成為像毛澤東一樣無任期限制的統治者後，習近平重複了同樣的宏偉目標，並添加了一些標語：「發展中國式民主」、「中國式現代化」與為全世界「創造人類文明新模式」。[292] 人們也許很容易就把這些當成毛澤東式的空洞而唬人的言論，所謂「放空砲」，[293] 當成自我膨脹和為政權服務的宣傳，充滿傲慢和妄想，不合邏輯也不可信，以及對科學和事實的無知。同樣明確但至關重要的是，人們還要看到這些謊言也是該黨國採取重大行動的具體計畫和特定呼籲，並以應有的嚴肅態度對待其中蘊含的中華博弈之超高風險。

第二章

中華人民共和國外交政策：從世界共產主義到命運共同體

自十九世紀中葉以來，對外關係對於中國的身分認同、穩定，對其國力及政治、經濟和社會文化發展，始終至關重要。中國共產黨領導下的中華人民共和國（中共黨國）的創建、生存、名稱、旗幟、意識型態和政策工具，都要歸功於外國。如今，「北京的官方意識型態（馬克思列寧主義）、政治合法性的關鍵支柱（民族主義言論和國家主導的經濟發展計畫）以及主要技術供應均來自外部。」[1]在毛澤東的大躍進和他誇口要建立新中華世界秩序的全球革命失敗後，中共在外交上轉而收斂低調，在七〇至八〇年代高度戲劇性地轉換陣營，跡近有條件的投降。這個西方和美國的主要對手，因此被敵對方——美國領導的西發里亞自由國際秩序體系拯救、接受並因而致富。然而，中共黨國仍然與自由國際秩序的領導者們從根本上不相容，並且拒絕順應外界和中國社會快速轉變的步伐而改變自己。秦漢政體（以及各種威權極權政體）注定要追求按其面貌構建的世界帝國，以確保其政權安全之最優化。從意識型態上看，中共暨中華人民共和國的內在邏輯是基於披著儒家外衣的法家思想，實際上與列寧史達林式馬克思主義——共產主義的教條非常吻合，認為自己注定會成為一種世界現象，無視和廢棄國際分立與國家利益。有趣的是，秦漢政體和列寧政權有著十分相同的前現代政治價值觀和世界觀，因此中華秩序和世界共產主義的世界秩序頗為類似，也是同

樣的不可取。[2]

在世界舞台上，中共黨國受雙重觀念的力量所控制：一是其秦漢政體固有的傳統和理念，旨在為整個已知世界建立一個單一的帝國，即「天下」；另一是舶來的馬克思列寧主義意識型態之「科學」和「現代」的推論，旨在建立一個世界共產主義。在中華秩序使命和共產主義的指導下，中共出於自身對政治安全和生存的內在需要，一直為了重定世界中心、重整世界秩序的政治利益而驅使；因此，中共外交主要並不是為國家服務。[3]中共實際上對外一直在為其政權的生存和權力進行激烈的鬥爭，其目標首先是隨時隨地抵制、削弱和取代美國的領導地位，最終是要推翻西發里亞體系。[4]中國七十多年來外交政策的這個決定性特徵，經歷了一個從公開敵對甚至熱戰，到故意隱瞞哄騙和低調躲藏，再到恢復自信和強勢好戰的過程。在過去的十年裡，中共似乎重拾其全球策略，完全重啟它曾失敗過的想要影響、領導、重定世界中心、重整世界秩序的事業。無論人們喜歡與否，對北京來說，與西方和美國之間史詩般的中華博弈始終存在，將決定中共暨中華人民共和國的命運和未來。如今，這場博弈也日益影響整個人類文明的命運，帶來事關國際領袖和世界秩序方向的重大抉擇。

透過對中共外交政策的考查和對其海外表現紀錄的評估，本章旨在分析北京國際行為的性質、模式、優勢、弱點、成就、失敗和影響，其研究結果將可望有助於闡明為何以及如何參與中華博弈。

動機與路徑

中共暨中華人民共和國取代美國、重定世界中心與重整世界秩序的宏大戰略背後的動機和理由，並不是由於中華民族與美國暨西方或中國人民與美國暨西方人民之間有什麼根本性的利益衝突，也不是因為西發里亞體系（特別是二戰後及冷戰後的國際秩序）妨礙或違背了中華民族

和中國人民的利益；相反，正如我在本書的兩本前傳中所論證的，中國自十九世紀中葉以來在西發里亞體系下的時期，其實是整個中國歷史上最好的三個時代之一。西方（特別是美國）為中華民族的進步、人民的生活改善，有意無意地提供了無比重大的全面好處。多虧了在二十世紀兩次世界大戰中緊隨戰勝方的明智決定，[5] 中國在 1945 年贏得了高度的國際安全和國際威望。作為聯合國的五巨頭之一，中國已勢將實現其現代化並增強自身實力，成為世界的一個領導者。

但風雲劇變，中共黨國取代了組織結構類似，但明顯較少專制的國民黨治下的中華民國。一個復辟的多秦而少漢的秦漢政權，一個鐵桿專制甚至極權主義政權，為中國的政治、社會和經濟發展帶來了大倒退和漫長悲劇的大彎路。中國的外交政策在中共基於其政權生存和權力的考量下，出現了逆轉和調整。[6] 北京深知中共暨中華人民共和國代表著對現行世界規範的反叛，從一開始就充滿了深重的不安全感，並與中國的恩人反目成仇。中華人民共和國倒退回到秦漢帝國政體的傳統世界觀，以偽共產主義的措辭包裝，只在按其形象塑造的世界帝國下才會感到安全和滿足，無論這個世界政府是何名目。作為向世界挑戰的一股政治力量，對中共來說，中華民族和中國人民只不過是其追求安全、權力和放縱之最大化的徵用工具和可以盡情耗費的資產。

過去七十多年來，中華人民共和國在封鎖國門以自我隔離於世界，和與外界接觸以挑戰和改變現今世界秩序及規範之間搖擺不已。這兩種策略都是為了政權的生存，並且主要取決於領導人對平衡國際力量的算計。從毛澤東到鄧小平（包括江澤民和胡錦濤）和習近平，中共最高領導人在特定時刻不同的能力和需求，導致了這兩種策略不同的比重和使用；這些不同有時看上去是很具戲劇性的「新穎」，適用諸多豐富多彩的標籤，如所謂「革命國家」、「發展外交」或「修正主義的利益相關者」。[7] 但中共黨國的核心利益和主要追求始終是非常如一，這一點我將在本章後面詳細闡述。對居住在中國的近五分之一的人類進行最大程

度的控制和榨取，始終是黨國的首要目標。《中國紀錄》一書中所描述的中共獨裁統治之最優化，亦展現於其外交政策中，在不計代價保障政權方面克服種種險阻，取得了相當大的成功。然而，這種中共最優化，不可避免地也導致了在外交方面的中國次優化，就像在國內政治治理和社會經濟發展方面的表現一樣。[8] 其低劣的社會經濟表現必然地削弱北京，並迫使其尋求外國認可和資源，尤其是技術。[9] 被中共視為「外面的細菌和蒼蠅」的西方的政治影響力，隨著國際互動而來。驚恐萬分的中共，於是對內竭盡全力控制、隔絕，對外則加倍努力擴大影響力和改變國際環境。北京在自我隔離、自給自足和與向外部列強乞取資源之間左右為難，並伴隨著深重的恐懼感。中共對世界，特別是對西方的態度，因而充滿了苦樂參半、又愛又恨的情緒。毫不意外，最終的解決方案存在於其威權主義政體的基因中：要去影響和重定整個已知世界的秩序，以消除任何有意義的比較、競爭和對其政權的挑戰，同時得以對全球進行控制和榨取。正如一些觀察家所說，「對中共來說，生存和統治是一體兩面。」[10]

為了在美國主導的自由國際秩序這個不相容和不適宜的環境中生存和繁榮，中共使用脅迫和詭計，將政黨與中國和中國人民等同起來，其過程類似於使用一張巨大的人肉盾牌。「西方（或美帝國主義，或外國人，或任何未指明的『境外勢力』）亡我（我們中國人或我們中國）之心不死」，一直是中華人民共和國最一貫的宣傳主題之一。[11] 反映出其對政權生存的深切憂慮，北京巧妙地煽起中華民族面臨各種外部威脅的幻影，一個完全不符合二戰後世界格局的驚天騙局，只為合理化並確保其對中國人民的控制和榨取，然而中國人民其實才是中共不安全感的真正根源。[12] 在中華人民共和國之外，北京慣常蓄意表現出來的偏執言行，經常被視為一些極度荒唐的怪招。然而，對許多人來說，這種看法可能有意無意地合理化了一種力圖容忍和安撫中共的對華政策，就像應該善意地對待一個有需求、敏感、自尊而脆弱的少年孩童。正如一位中國學

者所觀察到的，中共的不安全感和反美主義情結一直是「幾代中國人的噩夢」，驅使中國的外交政策以巨大的代價與世界對抗，對中國人民有弊無利。[13]

同樣地，為了正當化榨取、要求各種犧牲、捍衛和充盈其獨裁政權，中共一直在採用一種粗糙的政治現實主義（realism），將西發里亞體系視為一場叢林般的權力和生存鬥爭。「落後就要挨打」（或落後／貧窮／弱小就要挨打／受人欺負／任人宰割），這句口號很可能是史達林在 1931 年出於基本相同的目的而率先提出的；七十多年來，它一直是中華人民共和國一貫的宣傳路線。這句話有時會以其他變形出現，如所謂「弱國無外交」。這種權力拜物教和強權即正義的世界觀，植根於中國的專制政治和世界帝國主義傳統，與官方對中國現代歷史扭曲的敘述強力地揉為一體，這些正是本書的前傳《中華秩序》和《中國紀錄》所試圖揭示的。[14] 習近平就如此向他的高級幹部們強調這一點：在這世界上，「落後就要挨打，貧窮就要挨餓，失語就要挨罵。」[15] 用這樣的社會達爾文主義合理化不間斷的生死權力鬥爭和暴力統治，中共自 2018 年以來，就在其最高官員們的「憲法宣誓」中，將「國家富強」一詞奉為至上，超越其他所有價值和目標。[16]

在二十一世紀，中國外交政策表現出又一輪大波動，但目標始終不變。首先，當政權感到虛弱不足時，中共被迫撤退和躲藏，非常成功地扮演了配合西方將中華人民共和國自動納入當前世界秩序的一廂情願角色，並激起了國際資本家無比的貪婪欲望。在收穫滿滿且因此致富後，中共很快就在全球經濟大蕭條時期（2007-2009 年）不出所料地轉換路線，因為它開始察覺到有機會可滿足其始終燃燒不熄的渴望，也就是削弱和取代美國，按其形象來重定世界中心並重整世界秩序。到了這個時候，西方的許多「細菌和蒼蠅」都伴隨著急需的資金和技術而來，看起來也相當程度地西化了中國社會，並賦予中國人民相當的能力。中國民眾的賦權與賦能，極大地拉高了中共黨國的不安全感，因為它一直沒有

足夠的政治合法性。對北京來說，其與西方／美國之間逐漸升溫的中華博弈，重點並不是促進國家利益或「區域安全」；而是在於透過奪取美國目前享有的世界權力和領導力，重塑「全球治理」規範，從而保障該黨國的存在和安全。[17]如某些學者所預想的，中國將成為未來的世界「樞紐」，用以驗證「中華秩序為世界秩序的全息縮影」。[18]只要中共仍然是秦漢專制政體，這樣的世界觀就勢將是中國外交政策背後的一貫動機。[19]2021年，一些駐中國的記者就得出結論，中美之間的全面分歧和對抗已變得「不可逆轉」。[20]

中共看來是一直在努力透過走兩條路徑，以實現其中華秩序的夢想，確保其政權的終極安全：接管和取代。首先，中共打算奪取並接管現有的國際秩序，即當前由西方／美國領導的自由國際秩序，透過武力、詭計或聯盟來成為新的世界領導者，取代美國和西方；正如印度前任駐華大使所說的，北京打算奪取當前世界秩序的領導地位，而且不論當前的秩序是什麼。[21]在這條路徑上，正如哈爾・布蘭德斯（Hal Brands）和傑克・蘇利文（Jake Sullivan）在2020年所指認分析的，兩條同時可用的軌道代表了中共「通往全球統治的兩條道路」。中共可以採取傳統的擴張和權力投射，透過軍事和金融手段，從西太平洋出發影響世界其他地區；也可以採取新的全球主義方法，從政治、經濟和外交上控制多邊國際機構及世界議程，擴大影響力。[22]

就第一條軌道而言，毛澤東和中共甚至在「解放」整個中國大陸之前，就於1947年計劃去「解放」韓國、越南以及整個東亞。1949年11月，幾乎是在中華人民共和國一成立之後，毛澤東副手劉少奇就公開告訴來訪的亞洲和大洋洲的賓客，毛主義暴力革命將作為「解放和革命的普世之路」輸送到全世界。這項擴張計畫於1950年重擬，中華人民共和國被重新定位為在史達林領導的世界共產主義下的「東亞革命中心」。[23]中共黨國此類的對外舉事基本失敗，但設法存活到了冷戰結束，而且仍在繼續其傳統的擴張方法，大力投資擴充軍備及其在東海和

南海、中亞和東南亞以及其他地區的軍事基地，以打造「世界一流的人民解放軍，成為東亞的主要軍事力量。」[24] 近期一項循此軌道的計畫就是所謂「一帶一路」，把中國的鄰國及其他較遙遠的地方緊密聯繫在一起。一些中國分析人士直言，一帶一路的「本質」就是「建立一個以中國為中心的全球貿易投資網絡」。[25] 正如美國分析師所見，這「對美國在經濟、政治、氣候變遷、安全和全球健康利益等方面，構成了重大挑戰。」[26] 據報導，非洲已成為中共「輸出其政治經濟治理概念且前景可期的測試基地」。[27]

就第一條途徑接管世界領導權的第二條軌道而言，中共試圖控制盡可能多的國際組織，以發起全球宣傳攻勢，充分利用其作為聯合國安理會常任理事國的地位、豐厚的硬通貨儲備以及西方社會的開放自由。北京通常直接透過人員部署「戰略性地利用其資源來制定國際多邊議程」。2020 年，中國外交官成為國際民航組織、國際電信聯盟、糧食及農業組織、聯合國工業發展組織這四個聯合國機構的最高行政長官，這意味著中國成為聯合國成員之中，擔任機構最高職位數量最多的國家。直到不久之前，它還領導著世界衛生組織和國際刑警組織，並積極尋求（但未能）領導世界智慧財產權組織。擔任跨政府組織高級管理人員的中共幹部們公開宣稱，他們在任職期間將「毫無疑問地捍衛」和推進北京的利益。[28] 例如，在 2020 年，按照兩名部長級中共官員（一名中國統計局局長和一名當時擔任聯合國副祕書長的中國外交部副部長）一年前簽署的協議，聯合國將其「全球大數據中心」開設了在中國。[29] 法國人在 2021 年秋觀察到：「北京打算在聯合國逐步地將權力從西方轉移到東方。」[30]

中共實現其全球雄心的第二條路徑是取代，要創造和發展另一套世界秩序，逐步有條不紊地遮蔽、推翻和取代自由國際秩序及其母體西發里亞體系。中華人民共和國一直在向海外大肆撒錢，向任何可能對其感興趣的政體，輸出其專制治理方式和黨國資本主義（partocracy-capitalist）

經濟發展模式，特別是在非洲和其他南方（發展中）國家。[31] 北京已將運用人工智慧等新技術監視和控制社會的嚴厲做法，輸出到衣索比亞、馬來西亞、蒙古、巴基斯坦、斯里蘭卡、委內瑞拉和辛巴威等地；[32] 還投入了無數資源來推動其貨幣（人民幣）的國際化，以作為美元、歐元和日圓等國際硬通貨的競爭對手。[33] 北京支持並領導了各種跨國網絡的形成，包括「一帶一路」和中非論壇，並已承諾提供近兆美元資金，來資助和控制替代性國際金融機構，如亞洲基礎設施投資銀行（AIIB）、金磚銀行（BRICS）和「一帶一路」基金。[34] 儘管特徵性地繼續避免結盟糾纏（因為中共繼承了秦漢世界帝國的心態，從根本上不信任並排斥與作為平等夥伴的其他國家簽訂的法律契約），但自 2001 年以來，北京資助並擴大了上海合作組織（SCO，上合組織）作為一個準聯盟網絡，「亞洲合作的主要平台，反對美國組織的陣營。」[35] 在 2020 年代，習近平為「不斷壯大」的上合組織打上了「團結世界一切進步力量，共同前進，成為世界和平的建設者、全球發展的貢獻者、國際秩序的維護者」的「上海精神」，特別是「防止外部勢力煽動的顏色革命」。[36] 似乎為了展現非凡的（如果不是有意的）幽默感，擁有世界上最嚴格的網路審查制度的中華人民共和國，在 2022 年組織了一次世界網際網路大會，以「共同建設網路空間中的命運共同體」。[37] 2023 年，北京為了藐視位於海牙的常設仲裁法院（成立於 1899 年，目前擁有逾一百二十國成員），乾脆與其他九個「友好國家」一同成立了位於香港的新國際調解院。[38]

　　四位具有中國血統的漢學家表示，中華人民共和國正在致力於其版本的「制度修正主義」（institutional revisionism），旨在「和平轉變國際秩序」以對抗美國；這可能具有「硬」「軟」不一的風格與不太典型的「權力過渡」。[39] 正如本書後續將進一步探討的，中共出於求存的一貫動機，一直在推行一個全方位戰略，千方百計地同時推進接管和取代方略；這正是它打著「構建人類命運共同體」的新大旗，呈現給世界的

全面「中國方案」。[40]

核心利益：世界革命或共同命運

　　自從 1949 年成立的第一天起，中華人民共和國就一直與美國以及西方民主法治主導的國際秩序格格不入。在為保障政權生存和安全而重建中華秩序的天下使命之帶動下，毛澤東始終如一、不擇手段地追求他的夢想，即「統一世界」，主持「世界人民大團結」，透過全球戰爭的「持續革命」對抗任何攔路者（主要是美國和西方國家，但也包括他的前老闆兼資助者蘇聯），以「創造新世界」。[41] 中國人的生命和財富，以及包括條約聯盟在內的國際道義原則，對中共來說毫不重要，因為它一心只渴望永遠掌權。在韓戰（1950-1953 年）結束後，毛澤東在國際社會中被排斥孤立，所以他主要奉行的是革命和取代的戰略，而不是奪取和接管的方針。[42] 毛澤東透過從農村發起的暴力鬥爭奪得了中國，於是他夢想著重施故技，想盡一切辦法發動全球游擊戰爭，「用農村（貧困國家）包圍和占領城市（先進國家）」。[43] 這個夢想從未熄滅，在今天的北京依然充分顯現；一位中國分析人士在 2020 年公開幻想，今天的全球「農村」非洲，將允許北京為其全球野心建立「另一個海外的中國」。[44]

　　中共在國內發起種種令人匪夷所思、鬧劇般的蠢行，浪費了無數的資源，犧牲掉無數人的生命，比如在各地挖掘防空洞的全國運動，以及把軍工聯合體搬到偏遠地區以動員兼軍事化全國民眾的三線計畫，只為對幻想中的外國侵略者進行人民戰爭之「殲滅戰」。[45] 由於中共的能力微薄和毛澤東自己的驚人無能與管理不善，中共在大多數方面都慘遭失敗，並面臨著被兩個超級核武大國徹底毀滅的可能。毛澤東被迫使出帝國的老伎倆，比如以夷制夷。毛後的中共仍然假裝是在領導著一場世界革命，但改變了以前的立場，與它的主要敵人美國結成準聯盟，以減輕

來自同樣狡詐和不道德的前同志蘇聯的致命威脅。冷戰時期戲劇性的有條件投降和徹底倒戈，延續了中共的壽命，直到今日仍為北京帶來財富和合法性的龐大回報。[46]

　　然而，中共黨國在政治體制上基本無損，熬過了冷戰後世界秩序下的種種誘惑和壓力而保持不變。正如我之前所論證的，這個新秦漢政治體系繼續存在，舉著毛澤東思想的旗幟，現在又舉起習近平思想的旗幟，其本質上是同一個黨國政治（partocracy）。[47] 因此，中國的外交政策也表現出可預期的一致性：維護中共政權高於一切。中國外交政策的核心目標現在被描述為「國家安全」（state security），巧妙地偽裝成西發里亞體系下相當普遍的「國家安全」（national security），故意利用中文的「國家」一詞既指政權（state）、又指國家（country），還指民族（nation）的模糊語意，把三個概念混為一談。在觀念上，北京「發明」或牽強附會地堅稱中共是中國的守護者，中國是一個古老的「具有數千年歷史的（漢）中華（民族）國家」的「中央政權」，而不是曾經幾個世紀之久的「滿洲帝國的一個被征服的省份」，[48] 又強力使之成為似乎不可動搖的民族／國家信條。也許看起來還算正常合理，中共的「總體國家安全觀」中，最首要的就是其一黨專制的生存和安全，即所謂的「政治安全」。[49] 中華人民共和國與其說是一個「中國公司」，不如說是「中共公司」。[50] 2023 年 2 月，當時的中華人民共和國外交部長，在發起「全球安全倡議」以提供「打破各國間諸多安全困境的中國方案」的同時，擴大了北京將中國國家安全與中共政權安全劃上等號的說法，頗為不吉利地聲稱「如果中國不安全，世界就不可能安全。」[51] 許多中國公民和外國人因涉嫌危害國家安全罪被監禁和處決。事實上，這些人幾乎都只是（不論多麼微乎其微）危及了中共的權力和穩定而已。中共利用國家安全來控制和壓制政治反對派和異議分子的最新例子，就是它在香港特別行政區實施詭異的《國家安全法》，公然違反了香港的法律和國際條約義務。[52]

後毛澤東時代的中共，以含糊其詞的典型雙語（double-talk），試圖將國家／政權安全的核心利益定義為不容任何談判、不能妥協。然而，官方宣稱的核心利益卻肆無忌憚地變來變去，掩蓋其主要且完全自私的目標──中共在中國及其他地區的永恆和全面統治。中國的所謂「核心利益」清單十分彈性，涵蓋了龐大且不斷變化的項目，從台灣、西藏、新疆到釣魚島、南海人工島（自 2014 年起）和中亞。[53] 但核心利益中的核心始終穩定明確。2009 年，中華人民共和國最高外交官戴秉國對東道主、美國國務卿希拉蕊（Hillary Clinton）表示，中國有三個「核心利益」，依次為：保障國家政治制度和國家安全、維護國家主權和領土完整、社會經濟永續穩定發展。[54] 2011 年，中國國務院發布的白皮書將「我國憲法確定的政治制度和社會大局穩定」列為核心利益。[55] 中國的知名國際關係學者王緝思先後在 2015 年和 2021 年直白地說：「只有美國尊重而不是挑戰中國的基本政治制度和共產黨的統治，才能夠說服中國也尊重而不是挑戰美國在世界的領導地位，」而「（中共的）『中國特色社會主義』和（美國領導的）『自由國際秩序』似乎愈來愈不相容。」[56] 2020 年，另一位中國高級分析人士沈丁立主張先發制人地「首先使用」武力，包括核武器，以應對任何對這些核心利益「迫在眉睫」的威脅。[57] 同樣在 2020 年，中國最高外交官楊潔篪公開重申，北京的「總體國家安全觀」是：「捍衛中國共產黨的領導和（……）維護國家政權安全和制度安全。」正如一位中國知識分子在 2023 年所解釋的，「中國的核心利益就只是其核心（領導人）的利益。」[58]

2021 年 3 月，在阿拉斯加州安克拉治舉行的中美高層會談中，中方團隊直言「絕不能容忍中國共產黨的執政地位和制度安全受到任何損害，這是（中國外交政策）不可觸碰的紅線。」[59] 數月後，即 2021 年 7 月和 2022 年裡兩次，中華人民共和國外交部長重申，中共在中國無可爭議的領導地位，是北京在「至關重要」的美中關係「三個底線」中的第一個也是最重要的一個。若進一步檢視，第二條和第三條「底線」，

即中國的經濟發展模式及其在香港、新疆和台灣等地的「內部事務」，似乎也全都是為了黨國統治。[60]2021 年 9 月，中國政府一個主要外交政策智庫中國現代國際關係研究院（CICIR）的資深分析人士，澄清了中共「總體國家安全」（由習近平創造的詞語）概念的舊有一致性和新添的彈性：「政治安全（或）政權安全是國家安全的基礎」，「國家利益延伸到哪裡，國家安全的邊界就延伸到哪裡，（我們的）國家安全工作就延伸到哪裡」。[61]

因此，從毛澤東到習近平，中共外交政策的總體路徑方針始終一致，「為了安全、繁榮和權力」，但時不時地為了掩蓋和分散注意力而耍花招，特別是在 1989 年至 2008 年的二十年期間。[62]官方的標準說詞總是描述其衷心追求所謂「和平共處五項原則」（*Pancha Shila*），由印度和中華人民共和國於 1954 年首次共同提出。[63]從那時起，中華人民共和國和印度是一直共存，但並不和平。冷戰之後，北京不得不放棄其原來透過莫斯科或北京領導的世界共產主義革命來解放人類的藉口，因為共產革命事業看來是完全破產了。隨著北京像西方一樣透過貿易和投資，從與較貧窮國家的互動中獲利，其為了第三世界而對抗西方的口號也變得愈來愈空洞。為爭取他國支持而採取的所謂反霸權姿態也已消散，因為北京本身的國際行為愈來愈像一個霸權。[64]撇開那些冠冕堂皇的言論，北京始終抱持的目標就是滿足其政權的政治需要。「中國外交的主要驅動力」始終是「支持中國共產黨並使其繼續執政」。[65]

「世界人民大團結」的口號仍掛在天安門城牆上，但此一不可避免的使命已經被多次重新包裝和重新表述，從尋求多極化的「更加公平公正的世界新秩序」，到中國主導的全球化和多邊主義，再到「新大國外交」，最後到習近平思想的主要成分：「中國方案」，透過建構「（由中共領導的）人類命運共同體」解決全球治理問題。[66]命運共同體、有機和諧之類概念並不新鮮，在二十世紀尤其具有影響力。例如，納粹德國使用過「Volksgemeinschaft」（人民共同體）的概念，去論證和推廣

其極權主義政權的民族主義、種族主義和帝國主義事業。[67]中共掛在嘴邊的「人類命運共同體」，靈感可能是來自中國古代天下大同的理想。[68]據報導，這個中文短語是由一位沒沒無聞的華裔圭亞那作家創造的，出現在 2006 年曇花一現的大同黨或「世界統一聯盟」成立宣言中，該黨目標是「在 2030 年前實現世界和平統一」。[69]中共《人民日報》可能不知道這句話在西半球的背景，於 2007 年首次刊登「人類命運共同體」一詞，倡導亞太「區域一體化」。2011 年，中華人民共和國總理溫家寶訪問日本時，使用了「命運共同體」一詞；北京 2011 年 9 月發布的《中國和平發展白皮書》再次重複此詞。[70]

習近平在 2012 年接掌中國共產黨後，正式將「人類命運共同體」作為他對世界秩序的宏偉、首要、理想化的創新。[71]習近平在 2017 年的新年賀詞中宣稱，「中國人民的願望是世界大同、天下一家」。這句話很快就被寫入了 2017 年的中國共產黨章程和 2018 年的中華人民共和國憲法。四年後，他將同樣的訊息提煉為「大道共通，天下一家」。[72]急於討好的中國外交官們，在 2017 年設法將這句話安插進幾個聯合國機構的決議案中，然後慶賀這是習近平思想在世界舞台上的偉大勝利。[73]中國外交部長王毅直白地寫道，北京尋求的是一個「新的全球治理體系」，以取代當前「美國主導」的世界秩序，進行全球性的「將深刻影響人類和地球未來的競爭和較量」。[74]偽裝成學者的中共高級宣傳官員金燦榮隨後公開宣稱，共同命運指的就是「中國的迅速復興」，「首先是與美國並肩，再來是超越美國」，在一代人的時間內建立和領導「一個截然不同的（世界）秩序」，「成為真正的頭號」世界領導人，並「將美國（和其他所有人）置於我們的管理之下。」[75]2021 年 4 月，習近平在一次公開演講中用典型的中共白話，再次正式表達了這一願望，聲稱黨「為中國人民謀幸福，為中華民族謀復興，為世界謀大同（……），積極推動構建新型國際關係」，奮鬥了整整一個世紀。[76]官方的人類命運共同體包含一套「全人類共同價值」，這些價值優於且「與所謂的（源

自西方的)『普世價值』有著根本的區別。」[77]然後一名諂媚的中國網路評論人解釋道,命運共同體的計畫「包含了共產主義、社會主義和中國大同思想」,它順應了人類的本性,「占據了人類道德的制高點」,「是中國為全人類所做的第一個宏偉設計」,這將使「中國在頂層奪取世界話語權」,追求其「革命性的外交政策」,並領導「中國版的全球化」。[78]

全方位努力與外事無小事

　　儘管自詡並宣傳自己已經是世界的領導者,但中共充分認識到對外關係的重要性,始終高度重視其外交政策。秦漢式集權專制政權的本質,從結構上決定了中共最高統治者對中國外交的隱祕而微觀具體的管控。中國外交政策的一大特點是嚴格的資訊控制和持續的形象管理。由於全面壓制公開、有意義的言論和分歧,北京能假裝得到中國人民的一致支持和具備全國共識,在與外國人打交道時因而享有戰術優勢。中共不擇手段、不受監控地集中使用看似無限的資源,從而在外交中能做出重大、敏捷、細緻和迷人的反應,而這些反應往往被誤認為靈活和實用主義,不熟悉中共政治文化的外國談判代表尤其容易被誤導。北京在其外交方法、聯盟方向,尤其是言論方面令人眼花撩亂的不一致和難以捉摸,常常被誤解為老練和智慧。

　　基於毛主義的階級分析和統一戰線策略,中華人民共和國將與其交往的外國人(從個人到國家)分類為戰友、新或老朋友/兄弟(包括中立但充滿希望、中立但無望這兩種)、敵人,並依此區別對待。這種分類可能會在一瞬間改變甚至完全逆轉,完全取決於北京的一時需求,或是否有人「傷害了中國人民的感情」。[79]與國內政治一樣,中共的對外行為也極少有制度、法律或道德的約束,只要是為了實現其長期掌權這一主要和一貫的目標,怎麼做都行。中共是一個天生的叛逆者,似乎也

一直是全方位地造反；只要一有機會，就隨時隨地尋求對當前世界秩序進行革命性的改變，按照自己的形象重塑。正如喬治・歐威爾在中華人民共和國剛成立時關於同類政黨所寫的，「該黨的兩個目標是征服整個地球和徹底消滅獨立思想的可能性」。[80]

周恩來（1898-1976 年）是中華人民共和國長期的外交政策沙皇，以及毛澤東手下的最高管理者兼執行者；他制定了高度集中的外交政策微觀管理的原則和機制，正如他反覆重申的一句話所概括的：「外事／外交無小事」。[81] 如同典型的秦漢統治者一樣，毛澤東及其繼任者「完全壟斷」了中華人民共和國的外交政策。他們利用與外國政要的會面，象徵性地增強他們在國內的政治合法性和權力。有關恢復中國世界地位的象徵，例如最初由中華民國在四〇年代中期，為中國贏得的聯合國安理會常任理事國席位，可能已經成為毛主義中共暨中華人民共和國外交的唯一賣點，[82] 畢竟除此之外，愈來愈多人知道它幾乎是徹底失敗了。除了這些象徵性的成就之外，毛澤東及其繼任者還經常依靠外國人禮貌性的讚揚，以證明北京在世界上的重要性和受歡迎程度，但這主要是對國內聽眾說的，合法性受到挑戰的中共統治者始終渴望獲得國際認可。大規模且不透明的對外援助和賄賂，加上奢華且經常高規格的招待，例如主辦和支付超豪華的國際會議和訪問費用，再加上在聯合國安理會等機構中的外交權力，這些都是其獲得國際認可的重要途徑。近年來，隨著北京感到富有並轉而在海外採取更加自信的行動，這種利用中國人民的錢來滿足統治者的虛榮心和合法性的現象激增，著名的例子包括 2008 年北京奧運會、[83]2010 年上海世博會、2022 年北京冬奧會，以及在 2010 年代舉辦中非論壇、亞太經合組織和 G20 高峰會等多場「主場外交」盛事；除了用於國內控制和宣傳的龐大且耗資鉅額的「防火長城」之外，中華人民共和國還在國外大力推行其「審查制度／模式走向全球」。[84]

毛澤東和他的繼任者一直在進行著同樣的全球戰爭般的鬥爭，以爭

取世界的認可和領導權，只是直白的程度不同。北京全方位、大大小小的行動，在所謂「舉國體制」的支持下，以一種看似協調、穩定的方式向各個方向推進——綽號為「切香腸」。中共從蘇聯學到的舉國體制的一個例子就是北京在國際體育比賽中耗費鉅資去贏取驚人數量的獎牌。[85] 這種不擇手段、不計成本的全面動員和集中資源，確實可以有效支持其海外事業；但極端的壓榨、無休止的剝削，以及隨之而來的生命和金錢的浪費也是常見的結果。例如，有些人估計，中國運動員在 2010 年代的奧運會上，為榮耀黨國和取悅民族主義群眾而贏得的每一枚金牌，給中國納稅人帶來的賬單為六億人民幣（九千三百萬美元），或者「相當於九個貧困縣的年收入總額」，更不用說無數中國年輕人的生活，在訓練那些獲獎機器人的過程中被扭曲和毀掉了。[86]

北京為實現其在海外的宏大野心，成本和生命都不算什麼。對由此帶來的直接後果包括「大躍進」導致的大饑荒、無止境的政治清洗、經濟災難和整個「中國悲劇」，以及持久的「中國次優化」。[87] 北京也抓緊每個機會直接輸出其暴力革命模式到幾乎所有東南亞、南亞周邊國家，以及遙遠的非洲、拉丁美洲地區。「1964 年至 1985 年間，中國花費了一點七億到二點二億美元，訓練約兩萬名來自至少十九個非洲國家的戰士。」[88] 許多中國公民實際上參加了東南亞的革命叛亂和游擊戰，並在其中喪生。[89] 如同在中國國內，中共也不在意其他國家的人民生命。毛澤東曾臭名昭著地談到要在全球核戰中犧牲三分之一到二分之一的人類（當時人數為二十九億），以「徹底消滅資本主義並獲得永久和平」。[90] 中共煽動和支持的叛亂和動亂，如地獄般的柬埔寨「紅色高棉」和殘酷的秘魯「光輝道路」，都進行了慘無人道的大屠殺，造成了巨大的破壞。[91] 如今，北京顯得自信甚至傲慢，透過「發脾氣外交」，即所謂的「戰狼外交」，採取「一系列侵略、欺凌、偏執和怪異的伎倆，試圖取得主導和施加壓力」，這對中國人民和他國人民來說是同樣地代價高昂。[92]

黨有黨享的外交政策

與其國內政治和社會經濟紀錄相似且密切相關，北京的外交政策紀錄亦呈現出一個獨特的特徵：中共最優化和中國次優化的雙重性。如同其國內政策，中華人民共和國的外交政策主要是為中國共產黨的統治者服務，而且做得相當不錯，但並不是從毛澤東到習近平的官方座右銘所呼籲的「為人民服務」。迄今為止，中共黨國成功地保住了執政權，並在面對各種各樣內部阻力和外部競爭的情況下，維持了其專制黨政。撇開中國悲劇和中國次優化的國內龐大代價不談，中共政權享有的國際安全，是以中華民族國家、中國人民和全世界的利益持續蒙受巨大損失為代價的。中共的外交政策尚未實現其接管全球或重定世界中心、重整世界秩序的目標，但七十多年來，它的外交政策已經相當令人滿意地服務、致富和強化了中共統治者。中華秩序世界帝國的重建，無論打著什麼名號或幌子，都在穩步推進；但中國的國家利益和人民的福祉，卻得不到什麼外交保護和服務。以為民（for the people）與否來衡量其政治治理模式，與其他國家相比，中共已經證明了自己的低劣和代價高昂，無論是在國際舞台上還是在國內，而且還往往會帶來災難性的後果。

對中共的統治集團來說，北京的外交政策已經實現了幾個值得注意的目標，特別是其政權合法性在全世界的正常化和認可。歸功於用來收買和懲罰的無數資源，許多機巧的操縱策略，以及眾多有意無意的外國「有用的白痴」們的幫助，這些人往往「虛榮、自戀、極易受到奉承且貪婪」[93]，中共如今終於被基本接受為一個正常的民族國家。北京在數十個國家使用千百名「外國專家」，以增強其政權在國內的合法性並進行海外宣傳。[94]「中華人民共和國國家主席」（Chairman of the PRC）之裝飾性頭銜經常被誤譯為「President of China」（中國總統）；中共被認為等同於中國這個民族和國家，而中共本身也常常被合法化為在幾十年前由「中國人民選擇的執政黨」。當北京堅持代表其統治下的近五

分之一人類發言、採取行動和提出要求時——考慮到人人平等的世界規範，這是一個令人印象深刻且強有力的立場；但現在很少有人問中共是如何能有此榮幸，七十年不變地代表這麼多的人民。

誓言要為黨的領導人和世界共產主義的最終勝利而犧牲一切的中共幹部，現在幾乎在國際社會的各個角落都被視為同行領袖、商業夥伴、受人尊敬的同事、平等的外交官，甚至是值得信賴的朋友。如今，北京的特工和代理人在西方媒體、新聞界和會議廳中經常受到同等甚至更多的關注，其中一些黨的領導和幹部，現在正在領導和影響聯合國內外的各個國際組織。[95] 中國共產黨原本是西方的死敵，自詡要「埋葬」西方，現在西方卻以有形無形的方式，賦予中共意義深遠的正常化和合法化；無論是其戲劇性的不相稱還是其後果之重大，這一詭異現象都實在令人震驚。[96] 誠然，在過去的三十年裡，中共菁英們在外表上看起來都相當西化了，完全沉溺於西方的生活方式，擁有全世界金錢能買到的最好的商品和服務。這些人之中有許多都是虛偽的共產主義兩面派——受過西方教育，精通全球主義行話，他們的家人往往已經移民到西方。但根據黨的領導人和理論家的說法，他們所宣稱的「初心和使命」，仍然是列寧史達林毛主義的夢想，即取代和征服西方，特別是美國。[97]

過去三十年來，中共外交政策的一項重大而具體的成功，在於其得以深入、廣泛且往往是開放、不受阻礙地，接觸到西方社會、資本、市場、技術和決策者。中國同樣從開放的國際貿易和金融體系中獲得了重大好處，北京相當容易且高回報地操縱和欺騙了這些體系。在所謂的「避稅天堂」，即監管不力的離岸資本市場中，中國不透明地獲得了大量外國資本。在截至 2023 年的二十年裡，「在這些市場裡從籌集微不足道的資本，到占全球股票發行量的一半以上，約占全球已發行公司債的五分之一。」[98] 中國一邊不滿和抵制美國在世界各地，特別是在其周邊地區的存在，一邊享受著在美國維護的開放國際航線上搭便車的利益。這種開放但主要是單向的接觸，對於中國經濟和國家實力的崛起至

關重要。進口和盜版的西方技術以及大量外匯收入，又回過頭來在外交和軍事上促進和增強了中國的外交政策。當然，這並不是美國和西方第一次在科技、資本和市場上，對其堅定的挑戰者提供關鍵性援助。在二〇至三〇年代，美國曾經提供了蘇聯工業化所需的幾乎所有技術。[99]

中華人民共和國與幾乎每個國家（其中西方占據了最大額分）的對外經濟交流皆呈爆炸性增長，如我在《中國紀錄》中所報告的，中國勞工和環境為此付出了龐大代價，除了大量獲得外國認可、技術和硬通貨之外，還以另外兩種獨特而重要的方式，在政治上使中共政權受益。首先，也是最關鍵的一點，中國的外貿企業和外資為許多中國人提供了體面的就業機會，因為燒錢的國企根本不創造新的就業機會，而能創造就業機會的本土民營企業，卻總是受到政治打壓和經濟剝削。中國官方報告的結論是，2019 年外貿就業人數超過一點八億（占中國總就業人數的 23.4%，亦等同於非農就業總人數的 41%）；外資企業創造就業的效率，是全國平均水準的五倍，以較高薪資直接雇用了超過四千五百萬名勞工，間接雇用了至少一億人（分別占非農就業總人數的 10% 和 23%）。[100] 在一個長期經歷失業和就業不足的次優化經濟中，對外的經濟交流，對於需要向人民提供足夠的體面工作或「飯碗」，以證明其統治合理性並需要平息不滿情緒的中共黨國來說，其政治意義再誇大也不為過。

其次，大規模且快速增長的資本外流（無論是合法的外國投資還是非法的資本外逃）以及相關的對外移民，特別是透過教育、工作和投資進行的合法移民，在過去四十年中令人玩味地提供了中共黨國急需的政治安全閥，儘管可能完全是不經意。聰明人、冒險者、受過教育者和有錢人（那些既願意也有能力提出政治要求的人），現在有一個現成的、有利的機會：如果他們願意的話可以離開，從而大大減輕黨國政權因無止境的國內不滿和異議而承受的壓力。自八〇年代初以來，出國尋求更好的生活，而不是將精力集中在改變中國國內政治上，一直是雄心勃

勃、有能力的中國年輕人的一個可行選擇。據保守估計，在 2019 年之前的三十年間，有超過一千一百萬中國公民永久移居海外。[101] 這些移民者之中的許多人（如果不是大多數），如果仍留在國內壓制政權的厚重高壓鍋中，將是中共的一些強有力的「麻煩製造者」。從與故國人民的貿易和其他交易中獲利的誘惑，加上外國居留權或公民身分的特權和保護，進一步消減了許多有能力的海外中國人挑戰中共的動機和理由。

過去的中華秩序在已知世界範圍內建立後，一個秦漢政體常常得依靠肉體消滅、監禁或內部流放來控制不滿（直到它因叛亂而被推翻為止）。與過去不同的是，今天的中華人民共和國政府可以利用自願或非自願流亡國外，來擺脫政治對手和批評者。事實上，自 1989 年以來，北京有意地流放了許多公民，經常打所謂「人權牌」或人質牌，以釋放和驅逐政治異見人士來安撫西方批評者。[102] 與晚清和中華民國時期不同，當時的海外華人，尤其是政治異議人士及流亡者，對中國政治產生了很大的影響；而今天的海外華人往往沒有意願或能力，對祖國的政治產生重大影響。外國支持的政治組織和行動，包括軍事暴動，塑造了二十世紀上半葉的中國政治並導致了中共的崛起，如今這類組織和行動根本不存在。中共領導層「吸取了歷史教訓」，始終嚴格限制任何外國資助的中國社會政治活動，以「防止另一個中共的誕生」。[103] 這就是為什麼中共一直非常敵視那些與外國有聯繫的 NGOs（非政府組織）和宗教團體，即使這些組織實際上對中國人民非常有益。

今天的西方對中華人民共和國平等主權的尊重，遠勝於當年蘇俄、日本等帝國主義列強對中華民國平等主權的尊重。如今，自由鬥士和恐怖分子之間經常難以區分的麻煩問題已基本上不再是個問題，因為西方經常將所有暴力抗議都明確定義為恐怖主義，[104] 中國流亡者針對中共的非暴力行動無效且受到藐視。北京廣泛、任意，甚至非人道地剝奪海外公民和華僑回鄉的權利，加之對資訊和中外交流的嚴格審查和精巧操縱，使得中共加強了對中國人民的控制，即使是在一個許多中國人實際

上在國外生活和旅行的全球化時代。北京的廣泛滲透與極力破壞已經使許多（如果不是大多數）流亡異見團體陷入癱瘓。以上這些，加上基於戶口的空間隔離，有助於解釋一個所謂的「謎」，即為什麼中國的菁英和中產階級，包括其中許多生活在國外的人，似乎對中國的政治民主化不感興趣，或至少不會認真地為之奮鬥。

人民付出的代價

中共的外交政策讓中國人民付出的代價，與其國內政策的代價是一樣的沉重可怕。正如我在本書前傳中所報告的，數以千萬計的中國人喪生在 1946-1950 年的中國內戰、1959-1963 年的大饑荒（在許多地方是 1958-1965 年）、1966-1977 年的文化大革命，從 1940 年代到 2020 年無數的政治運動、清洗和「嚴打」之中，以及過去幾十年管理不善或人為的諸多災難和流行病之中。無論是在國外還是在境內，中共黨國似乎常常認為中國人命如草芥、可有可無。事實上，國內大量生命和資源的損失，例如大饑荒期間，很大程度上與北京的海外需求和事業有關，甚至直接由其推動。政治上最優的中國外交政策對中共統治者相當有利，但對中國人民來說卻是極為昂貴且致命。

短短幾十年內，中華人民共和國在海外的戰爭死亡人數，就遠遠超過了美國兩個多世紀以來的戰爭死亡人數總和。大量中國人喪生在 1950-1953 年的韓戰、1962 年的中印邊境戰爭、1969 年與蘇聯的邊界衝突、六〇和七〇年代的越南戰爭、1979 年入侵越南及隨後長達十年的邊境戰鬥，直至 2020 年與印度軍隊發生的致命的邊境衝突；但中華人民共和國政府從未全面、更不用說可核實地公布中國士兵傷亡的數據。北京長期以來隱瞞、忽略和無視戰爭傷亡的歷史已經有許多翔實紀錄。在習近平所謂的「以人民為中心的新治理」的「強國／大國外交」下，中華人民共和國仍然一貫地隱瞞中國人死於外國人手中的事實。例如，

2020 年 6 月 15 日夜間，中印邊境衝突據報導致四十多名中國士兵死亡，而印方死亡人數是其兩倍，之後，北京只提供了一些翻譯錯誤的外國報告，提供給國人作為資訊來源，假裝沒有中國人傷亡。而印度則是公布了所有死者的詳細數目和身分。[105] 八個月後，只有在解放軍的一篇慶祝「新時代英雄主義」的報導文學中，才提到了在衝突中喪生的四名中國士兵。[106]

1965-1966 年，印尼的海外華人（許多人擁有中國公民身分）因一些所謂北京支持的政治陰謀而有數千人遭到屠殺，隨後又在 1998 年只因種族和民族仇恨而再次遭到大屠殺，中華人民共和國政府提出了抗議，但幾乎沒有採取任何行動去統計或幫助受害者，更不用說調查和干預以懲罰肇事者了。[107] 這比幾個世紀前的中國皇帝只稍好一點點，當時的中國皇帝不但沒有接受懺悔和賠償，反而讚揚和獎勵西班牙總督 1603 年在菲律賓殺害數千名華人，因為那些華人是膽敢逃離明帝國的「叛逆者」。[108] 血腥程度稍低一些的例子還包括七〇年代坦贊鐵路（坦尚尼亞至尚比亞鐵路）建設期間的死亡；2000 年，三十六名中國人在前往英國途中死於一輛密封卡車內（每人向走私者支付了三萬美元）；2012 年在加納、2016 年在北韓、2020 年在尚比亞等「友好」國家，數十名中國礦工、漁民和商人被警察殺害。每一則這樣的事件中，國人同胞的死亡在中華人民共和國幾乎總是被掩蓋起來，通常被禁止提及和討論，更不用說進行紀念了。無論是否崛起，中華人民共和國似乎就像在國內一樣明顯地漠視海外中國人的生命。

中共外交政策為中國人民帶來的經濟成本始終是保密的。迄今為止，政府從未公布過去七十年來北京在海外花費的數據，而中華人民共和國外交預算的粗略數字是非常不可靠也毫無用處。各種學術著作和軼事報導只能大致拼湊出中共在沒有得到中國人民同意和監督的情況下，為其政治目的而在海外大肆揮霍中國人民錢財的概況。為了其獲得外部合法性的政治需要，甚至只是為了得到虛假外國政黨（有時只是外國情

報機構的外圍）的象徵性支持，中共黨國在世界各地，尤其是西方國家，祕密地大撒來之不易的硬通貨，即使中國人民當時嚴重缺乏硬通貨去從國外購買藥品和食品等基本必需品。為了實現其領導全球革命、反對和取代西方（和蘇聯）的雄心，北京向各種各樣與西方不和的國家、團體和個人提供了大量援助，其中顯然包括 2020 年代的阿富汗塔利班。[109] 大量外援甚至可能被用來營救一名在海外因犯法而有麻煩的中共高層領導的家人。[110]

　　據報導，在截至 2009 年的六十年裡，中共向全世界一百一十多個國家提供了約三百六十六億美元援助，即使國內遭受貧困和饑荒，並且還大量接受西方大規模官方援助（光是 1979 年至 2003 年就超過一千零七十億美元）的時期也是如此。[111] 在過去十年中，原本的對外金援噴灑已經膨脹成洪流，成為自覺富有的中共所進行的所謂大國外交的一部分。中華人民共和國的對外援助從 2000 年的低點開始呈現爆炸性成長，自 2009 年以來幾乎每年都大幅超越美國；過去二十年的外援累計總額現在估計高於美國，儘管中國的 GDP（特別是人均 GDP）仍然比美國低得多。[112] 從 2009 年開始的大約十年時間裡，光是兩家國有銀行（中國國家開發銀行和中國進出口銀行）向發展中國家提供的貸款，就比世界銀行還要多。[113] 習近平「一帶一路」倡議成為滾雪球，已分配了高達一兆美元（以今天的美元計算，幾乎是馬歇爾計畫的十倍），為那些不斷增加且常常備受質疑的項目提供資金，例如要在巴基斯坦北部部落地區修建油氣管道和高速運輸系統。[114]

　　截至目前為止，中共慷慨金援的主要受益者，是俄羅斯和其他一些臭名昭著的國際棄兒，如北韓、伊朗、委內瑞拉和辛巴威，除了或許有些原油或礦產外，這些國家主要以反美主義而聞名。中共似乎一直奉行「敵人的敵人就是朋友」的現實政治信條，很少考慮中國的真正國家利益，更不用說法律和道德原則了。[115] 美國從阿富汗撤軍後，其對手塔利班政權看來已經成為北京最新的受惠者。[116] 許多資金接受國，如利

比亞和委內瑞拉，向來是違約大戶，一旦地方統治者垮台或更迭後，鉅額中國資金貸款就打了水漂。北京慷慨資助的許多「朋友」，例如阿爾巴尼亞，其實是反覆無常且極不可靠，有時甚至採取反北京的立場。在這方面，中國似乎正在重蹈前蘇聯的覆轍：前蘇聯曾無情地從俄羅斯人民手中榨取資源，實施其成本效益極低的全球援助計畫去在政治上反對西方。[117]

　　事實上，北京援助的許多（如果不是大多數）受益國的生活水準和人均國內生產總值，都比中國高得多。貧困甚至挨餓的中國人民，常常毫不知曉地被迫將財富轉移給中共認為對其維持執政目標暫時有用的人。據一位中國學者所說，北京每年光是向北韓提供的援助就高達六十億美元。[118]習近平在 2018 年的一次宣布中，就向非洲國家提供了超過六百億美元，其中大部分是免費援助或無息貸款。[119]北京在教育資助上尤其大方，支出超過所有西歐國家的總和，賄賂幾乎每一個願意到中國學習的非洲和亞洲學生，以使其大學的「國際化」獲得更高排名。[120]為了聲望和宣傳，也可能是為了間諜活動和招募人員，甚至可能是為了官員幹部攜家帶口移民的願望，北京自 2004 年以來在美國資助了一百二十多所孔子學院（到 2022 年夏減少到十四所）以及五百多間孔子課堂。[121]相較之下，類似的美國文化中心在中國設立的數量為零，北京曾允許設立的也只有過四所。在部分城市，如紐約和亞特蘭大，曾一度一地就設立了三所孔子學院，爭奪為數不多的有興趣學習中華人民共和國版本的中國語言和文化的學生。到了 2020 年，全球孔子學院數量超過四百八十所（低於 2018 年的五百四十所），這可能是中共急不可耐、咄咄逼人，不惜一切代價模仿和競爭所謂西方軟實力或社會文化影響力的證據。實際上，孔子學院使得中共得以在海外進行一定程度的宣傳，並讓有人脈和被選中的少數人藉以移民，而其高昂成本最終還是由中國人民買單。像孔子學院這樣的計畫，美國人類學家馬歇爾‧薩林斯（Marshall Sahlins）稱之為「學術病毒軟體」[122]，其實並不便宜。

中國通常為美國的每所孔子學院提供十五萬美元的啟動資金，以及十萬到二十萬美元的年度運營成本，其中有些更高。[123] 對於每名在孔子學院上一門中文課的美國學生，北京每年要支付八千美元的鉅額費用（通常不向學生收取學費，或者一個學期的課程只象徵性地收取五十至八十美元的費用）。這與中國國內（小學至高中）每名學生每年得到的資助形成鮮明對比：官方報告中每名學生的國家資助額僅為三百九十一至五百一十美元（或按不同的方法計算為一千四百七十八至二千零九十二美元）。[124]

本世紀以來，中華人民共和國對俄羅斯的鉅額經濟援助和大力支持，似乎是出於中共領導層的政治利益，大大犧牲了中國的國家利益。透過涉及補貼貿易、資金注入和援助的不透明交易，俄羅斯獲得的中國資金遠多於任何其他國家，包括巴基斯坦和北韓。[125]

2022 年 2 月 4 日，中共在習近平—普丁聯合公報中，重申與莫斯科「上不封頂、無上限、無限制的戰略合作」，宣稱兩國「將共同完善全球治理」，隨後向莫斯科提供了大量新資金。[126] 然而，普丁很快就因對烏克蘭的入侵而使中華人民共和國陷入尷尬境地。[127] 無論是否被莫斯科欺騙，北京都必須做出抉擇，要麼按照承諾無條件支持普丁，冒著得罪西方和大多數國家特別是烏克蘭的風險；要麼放棄對莫斯科的全面新承諾，讓中國的國際聲譽和信譽大打折扣，並冒犯克里姆林宮；或者繼續笨拙地騎牆不下，兩邊不是人。很快地，北京就作勢大力支持莫斯科：2022 年 5 月，俄羅斯成為中國最大的原油供應國，供應量比前一年增長 55%，價格為每桶一百二十六美元，比市場價格高出約 10%（布倫特和 OPEC 價格）。[128] 幾個月後，中共領導層的第三號人物栗戰書公開在海參崴告訴俄羅斯東道主，北京「支持並理解」莫斯科在烏克蘭「保護其核心利益」的行動，並一直在「策應」克里姆林宮。[129] 中國的財政和中國的國家利益，以及居住在烏克蘭的中國人民，都受到北京與挑戰現行世界秩序的獨裁政權同志情誼的不利影響。[130] 俄烏戰

爭發生後，隨著西方開始歷史性地團結起來，進行政策重新評估和重新定位，中共與莫斯科的勾結給中國帶來多方面的損失。[131]

　　中共花中國人民的錢來獲取海外合法性和影響力，除了明顯不合成本效益並展現其自私之外，中國的鉅額資金外流，以各種對外援助和「大外宣」計畫（自 2009 年起）的形式支出，顯然已成為許多黨國官員貪汙外逃的流行而隱祕的方式，例如，透過昂貴且可疑的中介機構聘請外國名人進行宣傳。[132] 以高昂代價在國外打造負責任「大國」形象，卻伴隨著鉅額、不透明的支出，這很顯然是言行不符。[133] 與國內普遍存在的腐敗現象非常相似的是，負責中華人民共和國不透明的海外預算的中共幹部，經常由貪婪的「白手套」代理人和中間人（通常是些官員信賴的海外華人或外國人）協助，暗中與受益國的關鍵領導人勾結，特別是在那些既不存在法治也不存在新聞自由的地方，他們往往只是讓自己、家人和親信大撈一筆，然後就移居國外。[134] 關於對外援助和投資企業的假項目和假發票、中國官員與資金接受者之間的鉅額回扣和交換條件，以及非法資金轉移和洗錢等，都已經有極豐富的案例報導。由此造成的中國公共資金的大規模「消失」，很容易被歸咎於無法管控的外國接受者。正如一位中國博客指出的，北京的對外援助往往是中共黨國幹部「偷取」人民錢財的瘋狂搶食行為，他們再付點錢給一些「乞丐國家」的官員來「當替罪羔羊」。[135]

　　正如《中國紀錄》所報告的，與國內已經很不受監控、不負責任的財政政策相比，不透明地撥出用於外國援助和國際大外宣機器（例如孔子學院）的鉅額資金的管理，似乎更加腐敗，讓這些公共資金更容易被盜取；因為與「外交政策」相關的任何事情，都更要遵循中央集權和保密的嚴格傳統，例如，明目張膽的內部承包行為，使孔子學院總部的網站成為「史上最昂貴的網站」。[136] 北京還斥鉅資且不透明地在推特（Twitter／X）等被中國禁止的社交媒體平台上進行宣傳和散布假訊息。[137] 相關幹部的普遍腐敗，導致了中國境內大量既得利益集團莫名

其妙地推動更多的海外花費,號稱是為了政權在海外的影響力、資訊和其他利益。這種支出「必須」規模愈大、愈隱蔽、愈見不得光,對這些為數可觀的中共菁英群體來說就愈有利。這個自利集團的運作方式與「維穩」幹部和計劃生育官員等更大的利益集團類似,他們往往會誇大其詞,並推動為其工作提供更多資金,以便透過猖獗的尋租活動盜取公共資金,讓自己和親信中飽私囊。[138]

因為中華人民共和國外交政策機構內部的腐敗,自然使得真正的海外影響力之購買變得罕有成功且極為昂貴。中共在海外活動的一大成功案例,可能是其對自 2017 年起擔任世衛組織總幹事的譚德塞(Tedros Adhanom)的影響力;他在 2020 年公然為北京辯護,以犧牲對新冠疫情的管理和世衛組織的信譽為代價。身為一名曾經的左翼革命者和後來的衣索匹亞政治家,譚德塞被指控從北京獲得數千萬美元,以及對他多年事業發展的支持。[139]然而,在 2021-2023 年,當他改變態度,呼籲中國在追蹤病毒起源和報告疾病在中國的傳播方面要更加開放時,他很快就在中國社交媒體上被指責為「叛徒」、「美國傀儡」和「反華」。[140]

除了監控不力的「免費」援助外,中國資金的接受者還不時要求債務減免,通常是在中共幹部的友好幫助和批准下進行的,因為他們很可能從這些借貸和勾銷中獲得了豐厚的個人利益。其中一回合是在 2020 年 6 月,當時北京宣布免除或減少七十七個未指名的「發展中國家」所積欠的鉅額債務,其中許多在非洲。[141]這或許是為了阻止一些非洲國家要求與新冠肺炎相關的天價賠償(僅部分尼日利亞人就要求賠償二千億美元)。[142]還有一些例子,受援方可能乾脆事後聲明,不透明的中國貸款是非法或不道德的,因此不會償還,例如肯尼亞在 2020 年對奈洛比一蒙巴沙鐵路(Nairobi-Mombasa)這項耗資四十三億美元的明星項目就試圖這麼做。中國為該項目提供了 90% 的資金,而該項目已於三年前完成。[143]2020 年代,尋求勾銷欠款的救濟國家名單持續增加,2022 年新增尚比亞等國家。[144]2023 年初,新任中華人民共和國外交部長秦

剛訪問了幾個非洲國家，據報導「一路上勾銷了一筆又一筆債務」。[145]

就這樣，仍然貧窮（或更貧窮）的中國人，被迫和被欺騙，無名且不情願地，不斷將他們急需改善自己國內生活的鉅額財富，轉移到大規模的、祕密運行的國際慈善項目上，為北京購買政治認可和影響力，讓中共幹部及其外國友人致富，同時也是建設了一些可能會造福受援國人民的工程項目。直到 2018 年，北京才成立了中國國際發展合作署，以提供有限的透明度。[146] 近年來，相當數量的私人資本合法和非法地從中國流向許多國家。但是，正如稍後我將分析的，北京就像在國內一樣，壓制外國經濟中往往更為活躍、利潤更好的非國家行為者。

在許多觀察家看來，中國對非洲等地的大規模援助和投資，看起來像是蓄意的「債務陷阱」誘餌——要麼是為了自私和邪惡的利益，要麼是徹底的殖民主義——因為這些項目往往是匆促之下祕密制定的，幾乎未做可行性研究，又缺乏適當的管理和監督，因此對中國來說幾乎沒有任何財務回報可期。[147] 其他人則傾向於認為，北京在非洲和其他地方的大舉支出，似乎是良性且「雙贏的」，並不是真正的為了獲取不動產或殖民而設的陷阱。這兩種說法都不算全錯；然而，它們在評估中國投資時，往往都忽略了推動中國外交政策的真正因素。[148] 鑑於本書中對北京在海外大做慈善的背後動機分析，這些債務陷阱應該不會讓許多接受者陷入困境，因為它們最後帶來的很可能是一筆勾銷，而不是中國的入侵或占領，結局還算皆大歡喜：中共領導人得到他們想要的來自對方腐敗官員的象徵性政治支持，一些承包商和工人得到報酬，而當地民眾至少能獲得一些堪用的基礎設施和經濟增長（儘管這些中國建造的高速公路中有些屬於「起自無名之處，通往不知何處」且品質不穩定）。[149] 許多「一帶一路」大型項目，例如厄瓜多耗資二十七億美元的科卡科多辛克萊大壩（Coca Codo Sinclair dam），在完工後不久就開始「支離破碎了」。[150] 許多（如果不是大多數）在非洲工作的中國人，也似乎都過著苦日子，有著就像在國內一樣的各種「希冀和困境」。[151] 唯一「受困」

債務陷阱的輸家是無權無聲的中國人民，他們只能被迫買單（類似於中國本身過度投資高鐵等非理性國家項目所發生的情況）。更糟的是，在承擔高昂成本的同時，很少有中華人民共和國公民能夠享受到他們在國外支付了過高費用的項目。

對中華民族國家的影響

自 1949 年以來的中國外交政策，迄今為止有效地在海外為維護中共政權並使其合法化提供了良好的服務。這可以說是中華人民共和國國家利益的一個重要部分，特別是根據國際政治現實主義觀察家的說法，因為儘管中共的合法性可疑、執政又不可取，但它確實一直在統治著中國。然而，正如本書所顯示的，這一維護政治利益的成就給中國人民造成了驚人的生命和財產損失，也不利於中華民族國家（Chinese-nation），經常損害或危及中國國家利益中其他關鍵的、可以說是更基本的部分，例如領土完整、信譽、尊嚴、國家自由和權力、公民的安全和權利，以及民族經濟利益。[152] 尤其中共為了黨國的自保和致富，一再地、不可挽回地損害中國的國家信譽和信用。例如：為了透過加入世貿組織（WTO）來確保其繞過美國審查、進入美國市場的至關重要的機會，北京做出了經濟和政治改革的宏大承諾，但它根本就不打算兌現；為了壓制政治批評者，它無視國際義務，扼殺香港，壓制有關大流行病的資訊；為了占領有爭議的南海並將其軍事化，它違背了對歷屆美國總統的承諾。為了自己的黨派利益，中共揮霍浪費了世界對中華人民共和國的信任，給中華民族國家製造了一個危險的困境。[153]

中共以其追求中華秩序世界帝國的固有政治邏輯，以及馬克思列寧主義世界革命的共產主義意識型態理論，是一個全球反叛者，披著中華民族國家這一令其不適、痛苦但是必要的偽裝。這種結構性和規範性的特徵，決定並解釋了中華人民共和國的外交政策，必然給國家和人民帶

來不良服務或損害，兩者都經常被剝削利用並被視為可耗資財，儘管中共經常極力聲稱自己是中國唯一的民族主義者和愛國者。有意挑戰和重塑現有世界秩序，必然會讓中華人民共和國的外交政策變得無端地困難且代價高昂。因此，除了現實主義的以政權為中心之國家利益的狹義理解之外，中華人民共和國的外交政策在服務和促進中國人民海外利益方面的紀錄，一直是次優化和災難性的，這與其國內的整體「中國次優化」非常一致（如本書前傳《中國紀錄》中所分析）。無論是在國內或國外，所謂的「人民共和國」那到處可見的「為人民服務」的中共口號，差不多是一樣的虛偽。[154]

中國共產黨一貫的軌跡紀錄，就是全力且往往只是追求黨的權力利益或其意識型態使命（例如遵循莫斯科的命令，為世界共產主義革命而犧牲中國）。中共成立不過幾年，勢力還未崛起時，在 1929 年滿洲的中蘇戰爭期間，中共（及其武裝叛亂政權「中華蘇維埃共和國」）就公開充當莫斯科的代理，捍衛並協助蘇聯，損害中國的真正國家利益。1950 年，中華人民共和國成立幾個月後就陷入了朝鮮戰爭，導致中國成為所有參戰和有關各方中「唯一的徹底失敗者」。[155] 中共一直深深厭惡和反對美國這個國家，然而自十九世紀末以來，美國為中國提供了無比宏大的利益和命運攸關的幫助，並且至少自四〇年代以來，它對待中國人民的態度也許是所有國家中最不惡劣的，甚至實際上幫助和資助了中華人民共和國國家力量的崛起。與此同時，中共一再奉承甚至崇拜蘇聯／俄羅斯，將其視為自己的導師、夥伴和「無極限」的「天然盟友」，儘管莫斯科實際上在過去兩百年從中國奪取的土地和財富遠多於任何外國列強，並在上個世紀對中國造成了血腥大破壞，至今還頻頻歧視和虐待華人。[156] 也許這是因為，在後史達林時代的莫斯科和後毛澤東時代的北京，在類似的列寧主義政治體系之下，共產主義獨裁者的思考和行動都很相似。[157] 中國外交政策這一故意的錯誤導向，呈現了中共與其統治下的中國／中國人民之間徹底的離異關係，往往是直接的矛

盾對立。中華人民共和國的國家與社會或統治者與人民的關係，令人不安地類似於一個精明有力的綁架者與被操縱殘害的人質之間的關係。

中華人民共和國於 1971 年進入聯合國，接手中華民國二戰後五大戰勝國之一的地位。五十多年後，中國仍然處於分裂中，中華民國繼續統治台灣。中國的國際地位今天只比原來的五大國之一好不了多少，既不是七大工業國（或八大工業國）的成員，也不是包括三個東亞國家（日本、新加坡和韓國）在內的已開發國家俱樂部 OECD（經濟合作暨發展組織）的成員。除了自我誇大的宣傳泡沫之外，大規模的貿易和海外支出，加上繁忙而奢侈的國際峰會和訪問，仍未給中國帶來多少在其鄰國和一些外國利益集團之外的全球領導力、影響力或軟實力。[158]

儘管可能存在一些偏見，一英美研究團隊在 2015 年將中華人民共和國列為三十大「全球軟實力領導者」名單中的墊底，落後於土耳其和墨西哥；到了 2019 年，北京在該三十個國家中排名第二十七位，落後於希臘和巴西，僅高於匈牙利、土耳其和俄羅斯，而德國和美國分別排名第三和第五位。[159] 一項比較研究發現，儘管中文是世界上母語人數最多的語言，但在全球重要語言中僅排名第二十七位，在翻譯成其他語言的原創作品來源中排名第十四位，落後於許多較少人使用的語言如日語、波蘭語、捷克語和挪威語。據一位中國 IT 專家的說法，在用於訓練現象級的人工智慧模型 ChatGPT 的一百多兆個參數或數據中，「只有不到 1% 源於中文。」[160]

民調顯示，許多（如果不是大多數）國家對中國的負面看法愈來愈多；即使在起源於中國的新冠疫情之前，情況也是如此。2019 年，皮尤研究中心（Pew Research Center）調查的三十四個國家中，對北京持負面看法的人數多於持正面看法的人數，尤其是在西歐、東亞和東南亞，有超過一半的人口對中國持負面看法。2020 年底，澳洲（81%）、加拿大（73%）、義大利（62%）、日本（86%）和韓國（75%）等國中不喜歡中國的人數比例都創下史上最高紀錄。在美國，73% 的美國

人對北京持負面看法，這是七〇年代以來最糟糕的印象，而五年前這一比例為 55%。在十四個已開發國家中，平均 73% 的人對中國持負面看法。截至本書英文版付印的 2023 年底，對中國極為不利的看法繼續「在全世界範圍內廣泛傳播」。[161] 像是歷史的戲劇性諷刺，毛派菲律賓共產黨進行了世界上為時最長的共產主義叛亂，據報導，它命令其游擊隊在 2020 年以中國企業為目標，以捍衛菲律賓的國家利益。[162] 據報導，2022 年北京冬奧開幕式的電視收視率是史上最低的一屆，比 2018 年韓國平昌冬奧低 55%，比 2014 年俄羅斯索契冬奧低 64%。[163]

經過六十多年積極而昂貴的外交，在其二十個鄰國中，中國擁有的仍然只是五〇年代以來的兩個名義上的友好鄰國：北韓，其唯一的條約盟友，以及巴基斯坦，其所謂的「患難鐵哥們」。兩者都讓北京付出了巨大的代價，也引發了各種複雜的問題與麻煩；兩者都沒有為中國公民提供太多福利，例如免簽證入境。尤其是據報導，平壤還將北京視為其「最大」的外部威脅。[164] 一位資深中華人民共和國歷史學家斷言，北京「長期以來耗費如此多的鮮血和大量國家資源，但仍然沒有得到一個親中國的（平壤）政府」，因為金氏王朝只是精明地利用了北京要領導世界共產主義運動的荒唐野心。[165] 儘管如此，中共似乎仍堅定地將平壤視為其「與美國戰略競爭」的一項「戰略資產」。[166] 二十多年來，中華人民共和國是世界上唯一與四個擁核國直接毗鄰的國家，對其國家安全和行動自由都產生了負面影響，更不用說核戰或核事故可能產生的後果。幾十年來，中華人民共和國也許只有一位外國元首是其永久的朋友，即柬埔寨國王諾羅敦·西哈努克（Norodom Sihanouk），他更像是北京放縱過度的一個寵物。[167] 在今日的中國，可以看到無數外國建築甚至整座外國城鎮的複製品，又以「白宮的複製品最多」[168]，但除了兩個多世紀前流行過的「中國風」建築和一些遊樂園中的中國元素外，很少有外國建造中國標誌性建築的複製品（更不用說複製中華人民共和國設計的地標建築了）。

中華人民共和國的外交政策未能服務和拓展中華民族國家這一事實充分顯示在今天的國家總領土之上，雖然更加緊密和徹底地統一而治，但實際上比 1945 年的中華民國版圖還要小，即使把台灣算進去也是如此。北京自詡英勇地守護著「祖先留給我們的每一寸土地」[169]，實際上它一直屈服於鄰國的一系列領土要求，首先是 1950 年在《中蘇同盟條約》的祕密附件中，再次確認中華民國勉強接受的外蒙古獨立。[170] 中外學者的結論是，為了政權的生存和安全，中共暨中華人民共和國一直習慣性地自願放棄中國領土。[171] 中華人民共和國所做的領土讓步，就像對緬甸所做的，似乎都是為了服務中共的一時性的政治利益。[172] 1962 年贏得中印邊境戰爭後，北京在「給印度人一個教訓」後，下令中國軍隊撤軍，將有爭議的土地歸還給印度，以示「天朝善意」，希望以後能得到更多回報──這種愚蠢的表演只適合古代中華世界帝國的統治。即使如此，北京仍堅稱有爭議的土地實際上屬於中國，從而使世界上兩個人口最多的國家之間的領土問題長期存在。[173] 毛澤東始終關注能影響和控制南亞的機會，後來他（1967 年）親口將所有有爭議的土地許諾給印度共產黨人，敦促他們以暴力推翻新德里政府。[174] 研究冷戰外交的中國學者沈志華發現，中共的政治和國內需求總是以世界革命語言包裝著，驅使中華人民共和國做出領土讓步，以換取政治和政策支持，「幾乎無一例外」。到最後，中國將數千平方公里的土地（在某些情況下高達 100% 的爭議領土）贈送給幾乎所有鄰國，包括阿富汗、緬甸、蒙古、尼泊爾、北韓、巴基斯坦、蘇聯／俄羅斯和越南。然而，即使以中共當時的權宜目標來衡量，這些中國土地的割讓，本質上都只有一些「適得其反」的效果。[175]

　　在大中華地區，無論是在冷戰孤立時期還是之後，香港和澳門都對中共暨中華人民共和國至關重要，能讓北京獲取外國技術、資本、市場和奢侈品。這兩地分別於 1997 年和 1999 年透過與英國和葡萄牙的非殖民化特別協議交回給中華人民共和國。這兩個特別行政區原本應享有

五十年的內部事務自治權。雖然北京透過兼併和滲透，基本上平定並控制了澳門這個賭城小鎮；但香港民眾對北京干預的不滿和抵制，幾乎在政權移交後立即開始顯著增長。「香港與內地漸行漸遠」，甚至產生了暴力對抗。[176]2019 年，在中華人民共和國實行所謂特殊和寬鬆統治以及大量經濟優惠二十二年後，不到一半的香港居民和「幾乎所有香港三十歲以下的人都不再認為自己是中國人」。[177]2010 年代發生的一系列事件，從北京祕密綁架圖書出版商和商業大亨，到嚴厲鎮壓民眾示威和要求，使這個中國最發達的城市、大中華區及更多地區的金融中心急遽衰落、一蹶不振。[178]2020 年 7 月 1 日，中共可能已經受夠了香港造成的不便和不受控制，對香港實施了《國家安全法》，破壞了與英國的法律條約，視香港《基本法》為無物。[179]中共用幾十年來統治中國大陸的基本方式，悍然介入統治香港。北京因此實質上結束了香港的特殊地位，並迫使西方對其香港政策進行重大改變，這項政策變化產生了深遠的影響。[180]有關香港的條約協議在其計畫期限還不到一半的情況下，就以粗暴、令人悲傷的方式結束。這不僅表明了北京無節制和急躁的野心，因香港追求自由而惱怒時連一層薄皮都繃不住，同時這也是一次重大的外交政策失敗。一連串事件的轉變對香港造成嚴重打擊，社會政治的多樣性和活力消逝，並使中國的國家利益，特別是其國際信譽遭受巨大損失。[181]

中國內戰失敗後撤退到台灣的中華民國，保持了事實上的獨立，在政治民主、社會經濟成就和國際地位方面的表現也遠勝中華人民共和國。在美國的威懾下，北京於 1979 年暫停以武力「解放台灣」，此後一直對台灣大施恩惠和撒錢，試圖拉攏台灣和平統一，而多方滲透與武力恫嚇也始終隱隱不去。然而，鄧小平對台灣的「一國兩制」建議收效甚微，加上這項設計最近在香港的明顯失敗，也使這一取巧的兩岸關係權宜之計注定無果。傾向獨立的民進黨領導人蔡英文一再拒絕「一個中國」概念，在北京強烈反對、高壓恐嚇和暗中破壞之下，仍於 2020 年

贏得總統連任。[182] 她的副手，同黨同理念的賴清德還贏得了 2024 年的總統大選。為了自私的政治利益，中共拒絕接受台灣作為另一個華人國家，或可能的中華聯邦／邦聯裡的政治同儕，而後者可能對中華民族國家來說是最優的安排，但肯定會破壞中共黨國的秦漢式政治體系。隨著對台政策明顯且代價高昂的失敗，中共也不可能「咽下苦果」，看著其政治對手和反對者安然無恙，所以其辭令轉為強硬並準備軍事入侵，於是可能為整個中華民族帶來嚴重和不確定的災難性後果。[183]

無論如何，台灣人民顯然已經脫離了中國大陸。從 1992 年到 2015 年，自認是「中國人」的台灣人迅速減少（從 25.5% 降到 2.4%，比「不知道」自己是什麼人的人還少），而自認是「台灣人」的人卻大幅上升，從 17.4% 躍升到 67%，甚至一度高達 83%。這種心態到了 2020 年代仍在持續。[184] 台北堅稱自 1912 年以來就一直是一個獨立國家，一旦中華人民共和國的致命武力威脅減少到可接受的程度，台北無疑將宣布在法律上與中國大陸完全分離。[185] 2022 年 8 月，在美國眾議院議長裴洛西（Nancy Pelosi）不顧北京的強烈抗議和恐嚇而訪問台灣後，為了發洩憤怒並挽回顏面，北京向台灣周邊國際水域發射彈道導彈，使中國與世界更加「脫鉤」，將七大工業國要求其保持冷靜的呼籲當成「廢紙」，並取消與美國在氣候、戰區互信、非法移民遣返以及犯罪和毒品管制方面僅存的少量合作和談判。[186] 幾個月後，2023 年 4 月，美國眾議院議長凱文・麥卡錫（Kevin McCarthy）在加州會見了訪美的台灣總統蔡英文，再次無視北京的憤怒抗議和威脅。[187] 中共害怕但又無法鏟除其政治對手，於是看來是因台灣的存在而深陷困擾，而它卻讓中華民族國家為此付出沉重的、無休無止的代價。

中國外交政策在服務漢民族的國家利益方面的紀錄乏善可陳，但也許有一個例外。自五〇年代初以來，中共利用武力和詭計，征服和殖民了前清朝——中華民國周邊附屬區域的廣大非漢族地區：新疆，特別是西藏，以及更容易控制的內蒙古和雲南等邊境地區。為此，中共在

1958-1959 年對基本上是和平主義、手無寸鐵的藏人，發動了一場戰爭，或者說是「單方面屠殺」和破壞。隨後數十年裡對藏人、蒙古人和各穆斯林民族進行了系統的鎮壓和清洗。維吾爾人的處境尤其嚴峻，據報導，自 2010 年代以來，有超過一百萬維吾爾人被關押在新疆的大型再教育營中。[188] 殺戮、監禁、強迫流放和移民，對古物、文化和環境的破壞，醞釀民族文化之間的深仇大恨這些暫且不談，中共確實將那些人口稀少、幅員遼闊、資源豐富、占中華人民共和國總領土近六分之一到三分之一的土地，置於漢族政府的直接和集中控制之下，這在歷史上還是第一次。付出了鮮血、資源和良心上的巨大代價，漢民族主義者可能很有理由認為中共黨國透過占領和控制這些土地，擴大了他們的「生存空間」和機會。[189] 確實，除了在亞洲腹地（特別是青藏高原）獲得關鍵的地緣戰略位置之外，中華人民共和國還已經從這些地區攫取了大量財富，特別是石油、天然氣和礦產等自然資源。以新疆為例，其擁有中國 41% 的煤炭、22% 的石油和 28% 的天然氣儲量。[190]

中共在這些原中華世界周邊地區的征服和控制政策的真正整體成本效益，即使僅論財政上的花費，在這個原材料市場全球化的時代，到目前為止仍然是高度機密，但很可能實際上並不好，因為北京必須投入鉅額資金來安撫當地人民並收買當地菁英，以建立和連結各地區。例如，北京在西藏和新疆「維穩」或治安方面的人均支出，分別是全國平均水平的四倍和三倍。[191] 再加上幾乎沒有任何經濟回報的超大型項目，包括通往拉薩的世界最高海拔鐵路，其建設成本為每公里一千六百萬美元再加上數字保密的各種不斷的維護和運營費用，以及位於新疆圍繞中國最大沙漠（也是世界第二大流動沙漠）塔克拉瑪干、幾乎毫無經濟效益的「世界第一條環繞沙漠的鐵路」。[192]

服務與損害

在實務上，中華人民共和國的外交政策表現出與國內政策相同的虛偽、人格分裂、偏執甚至精神分裂的顯著特徵。無數中華人民共和國的統治菁英公開或祕密地將他們的家人和個人財富送到西方（特別是美國），也就是他們在正式場合始終怨恨、憎惡、抹黑和攻擊的那些國家。中國人民辛勤勞動賺取的大量硬通貨公共資金（幾乎全部來自西方），被不透明地用於培養與衣索比亞、伊朗、朝鮮、巴基斯坦、俄羅斯、委內瑞拉和辛巴威之類國家的，飽受官方盛讚甚至奉承的「友誼」，民眾就連偶爾在網上對此表達反對意見也往往被嚴格禁止。極有意思的是，幾乎沒有任何中國菁英移民到這些「友邦」去。那些「中國之友」的統治者看來深知中共的虛偽，所以也做些類似的行為。除了口頭讚揚中共統治者，以及在北京處境不利的地方，如聯合國人權委員會，象徵性表態支持之外，中華人民共和國及其公民在這些國家並沒有享受到什麼特權或尊重。例如，據報導，北京透過石油和天然氣的可疑交易，花費了數千億美元來補貼財政困難的克里姆林宮，並不斷犧牲在俄羅斯中國公民的權益，以避免冒犯反華、仇外的俄羅斯領導人。這一切都是為了與普丁的表面同志情誼和俄羅斯軍事技術。然而，作為這種所謂「天然且無限」聯盟的一個實際考驗卻是，俄羅斯向新德里出售的軍事技術始終比向北京出售的更為先進。2020 年 6 月中印邊境衝突後，俄羅斯還是迅速支援印度、提供了更多武器。[193]

與中國外交政策為中國共產黨提供相當有效的服務有關，中華人民共和國的統治菁英及其家人和親信，現在已經獲得了相當大的國際尊重、流動性，以及與任何國家的富人和權貴不相上下的世界特權。然而，擺脫不受歡迎甚至令人畏懼的中華人民共和國公民身分這個不利因素，似乎是中華人民共和國菁英獲得更好新生活的關鍵，因為他們之中的許多人已經直接移民並持有外國（絕大多數是西方）公民身分或居留權。

如同《中國紀錄》所報告的，中國的富人和名人大幅出走。2014年，北京一家報紙宣稱，由於中共國內政策造成「深深的不安全感」，「愈富有、愈傾向於移民」。[194] 有些人選擇了較簡單的方式，購買多明尼加、格瑞那達、聖基茨和尼維斯以及甘比亞等國家的廉價護照，以便簡單甚至免簽證前往西方國家，或者能有機會抽簽得到美國綠卡。另一些人則透過獲得香港和澳門旅行證件的後門，獲得「世界公民」的權利和好處，因為西方破例地視這些地區的中國公民為同等。儘管有數百萬人之多，但移居海外從而提升自己地位的中國菁英僅占中國人民的極少數。而且他們在世界上的新身分和新地位，常常受到西方移民政策變化的影響。例如，如果西方完全結束對前英國殖民地香港的特殊待遇，許多擁有香港居住權的中華人民共和國公民可能不得不在2020年代後再次尋找其他的出逃途徑。[195]

對於無法擺脫中華人民共和國公民身分的普通中國人來說，北京的外交政策大體而言只為他們在國外帶來了糟糕的服務，或者沒有服務，甚至是徹底的損害。幾十年來，中共黨國成功地在世界各地製造並維持了對中國人民的不信任、敵意甚至仇恨。前面所說的不擇手段、不正當的「黨優先」、「唯黨外交」，讓中國人民在世界上損失了難以估量的信譽和善意。北京輸出其半生不熟的共產主義革命和暴力，為中華人民共和國招來了一個從不悔悟的國際不法分子和顛覆分子的名聲。中共依靠武力引起的恐懼、陰謀、賄賂、審查和宣傳來進行統治，這讓其他國家的許多（如果不是大多數）菁英都感到厭惡，尤其是西方的菁英。長期缺乏言論、出版、集會、境內遷徙自由、缺乏法治，腐敗猖獗，不見改善的生活水平低下，環境汙染嚴重，這些都使中華人民共和國在世人眼裡很不可取；中國人很難令世界各地的普通民眾羨慕——中國發生大規模對外移民的同時只有幾近於無的少量外國移民來華，就充分說明了這一點。[196] 很少（如果有的話）非中華人民共和國菁英會想成為中共黨國的臣民，這一點在我從1990年代到2020年在三十多個國家進行的無

數採訪和觀察中很容易看出。誠然，北京在海外仍然擁有大量支持者，充當被中共政權奉為上賓被哄騙，通常高報酬的代理或幫手，同時享受身為非中華人民共和國公民所提供的權利和自由的保障，對許多人來說可能具有令人上癮的誘惑力，看似合情合理且回報豐厚，其中甚至包括一些厭惡獨裁者、富有同情心的外國人道主義者和理想主義者。一個富有的超級獨裁政權，對世界各地那些野心勃勃、尋求冒險，渴求權力財富和有企圖心的人，有著真實而深刻的吸引力。

　　儘管有大肆宣揚的、在優越的幻想國度中原（Centralia）裡的理想化生活形象，但今天的中華民族和中國人民仍然普遍被他國視為二流社會和「二流外國人」，尤其是在那些受到中共大力資助的所謂「中國之友」國家中。[197] 在中共統治的頭三十年裡，中國在世界上的國家地位急遽下降；雖然過去四十年有所上升，但僅略高於國民黨暨中華民國統治時期所取得的地位。在 2015 年和 2019 年，北京舉行了兩次「完美」的大閱兵，分別慶祝二戰結束七十週年和中華人民共和國建國七十週年。除了南北韓互換外，受邀與習近平一起觀看踢正步遊行的領導人和貴賓所代表的國家，幾乎就是原封不動六十年前毛澤東的少數珍貴國際嘉賓，沒有其他西方國家或主要開發中國家的領導人現身天安門。2020年 7 月，在對香港實施《國家安全法》，實質上撕毀對香港自治的條約義務時，北京動員了五十二個國家在聯合國表達支持。這些都是開發中國家或「不自由」國家，多年來由於意識型態相似或經濟利益而象徵性地站在中共這一邊。[198] 一位分析人士在 2020 年總結道：「賬本一目了然，習近平政權沒有任何具有全球經濟影響力或信譽的盟友。」[199] 2008 年，包括美國總統在內的七十多位國家元首或政府首腦出席了北京奧運開幕式；到 2022 年，由於幾乎所有西方國家都宣布對其外交抵制，出席名單減少為二十國。[200] 好一個中國軟實力的崛起。

　　有一個明顯無疑的事實，透露出中國外交政策在為海外人民服務方面的重大失敗，即中華人民共和國護照在世界各地是多麼的不受歡迎。

自 1949 年以來，中華人民共和國護照始終是世界上最不受歡迎的護照之一。2014 年，中國公民只在九個國家享有短期旅遊免簽入境特權，可隨核准的旅遊團前往；個人免簽證可以前往的就只剩三個小國（模里西斯、塞席爾和沒有自己入境港口的聖馬利諾），再加上韓國的濟州島。[201] 2020-2021 年，中華人民共和國普通護照在二十三個國家（包括濟州島、塞班島、特克斯和開科斯群島等旅遊島嶼）享有免簽或落地簽待遇，算上有限制性要求的話總計有四十九國，包括授予政府（公務用）和外交護照的簽證特權，中華人民共和國在一百零九個國家中排名第七十位（或在二百個國家中排名第一百四十三位），有七十四國授予其部分簽證特權——在世界護照人氣大賽中落後於台灣（一百四十六國），與賴索托（七十五國）和馬拉威（七十三國）比肩。據中華人民共和國外交部表示，到 2023 年，對中華人民共和國普通護照提供免簽或落地簽待遇的國家實際上減少到十三國（見表 2.1）。[202]

　　中國作為聯合國安理會五大常任理事國之一，也是少數「合法」擁核大國和活躍的太空探索國之一，世界上最大的出口國，第二大經濟體，擁有世界上規模最大的軍事力量（軍事預算為第二大），還有得天獨厚的自然資源，眾多勤勞的人口以及悠久、豐富、多彩的文化遺產，與之相比，中國公民在世界上所受到的歡迎令人震驚和奇怪地不成比例。與台灣相比尤其尷尬，截至 2021 年，只有十四個國家正式在外交上承認台灣，但台灣護照的受歡迎程度是中華人民共和國的兩倍。中國公民（除了少數富有和有權勢的菁英之外）在全球範圍內不受歡迎，原因可能是多方面的，但並非難以理解。中共的官方說辭除了掩蓋這種不協調之外，總是指責那些不斷變化的「想要亡我的外部勢力」。中國外交資源的使用不當、管理不善且常常適得其反，似乎是關鍵原因，而中共暨中華人民共和國政體整體的中國次優化才是問題的根源。正如《中國紀錄》所報告的，中共統治對中國人民行為的社會政治和身心影響，如腐敗猖獗、缺乏道德準則和誠實信譽，以及大規模的詐欺活動和山寨

表 2.1　免簽證待遇（部分國家，2020-2024 年）

排名	國家	免簽證國家數
1	日本	191
2	新加坡	190
3	德國	189
	韓國	189
6	法國	186
7	英國	187
	美國	187
9	加拿大	193
11	波蘭	181
16	智利	174
19	巴西	170
	香港	170
24	以色列	160
33	台灣	146
34	澳門	144
51	俄羅斯	118
56	南非	101
69	賴索托	75
70	中國（中華人民共和國）	74
71	馬拉威	73
76	菲律賓	67
79	古巴	64
83	盧安達	60
85	印度	58
89	越南	54
93	寮國	50
94	海地	49
96	緬甸	47
103	北韓	39
108	伊拉克	28
109	阿富汗	26

資料來源：*The Henley Passport Index 2020-Q2*（henleyglobal.com；2021 年 6 月 4 日發布）。
截至 2024 年，這一排名保持穩定。

產品，似乎也是一個直接原因。因此，各國對中華人民共和國治理及其外交政策的判決，似乎是響亮而明確的。

中共嚴格、一絲不苟控制資訊和形象的悠久傳統是基於「內外有別」原則——在黨國政權內部和中華人民共和國內部的言行，與在公開場合及國外截然不同。[203] 這種「僅供國內消費」vs.「外國人專用」的慣用伎倆，反映了過去中華秩序下儒法主義帝國統治者的兩面逢迎和欺瞞。[204] 例如，在 2019-2020 年的短短幾週內，一位中國學者孟維瞻先是在美國一家主要期刊上發表了一篇英文文章，聲稱只要多一點友好和回報，美國就完全可以帶領中國走向民主和自由化。這位學者轉頭就在中國社交媒體上用中文發文，嘲笑那些夢想著中國民主化的「美國自由派白痴」，並建議充分利用他們來維護黨國。[205] 目前為止，這樣的詭計可能對黨國來說很好用，可以對中國人民進行洗腦和控制，並安撫和招募那些有影響力但往往自以為是或天真幼稚的外國人。然而，在網路和大量國際旅行的時代，北京內外言行之間愈來愈多的落差和矛盾顯而易見，使中國人民在國內外的信任和信譽遭受巨大損害。

就具體案例而言，中共暨中華人民共和國在為海外公民提供服務方面的無能和失敗確實是讓人一目了然。除了一個觀光地點（韓國濟州島）外，2024 年之前，中國的鄰國（甚至包括二十多年前「回歸」中國的香港和澳門）大多都不允許中國公民免簽證自由訪問。在亞洲，只有不到十個國家為中國公民提供免簽證或者落地旅遊簽證的便利：其中印尼從 2015 年 6 月起（限定入境地點），新加坡從 2024 年 2 月起，開始允許中國公民免簽證訪問三十天，馬來西亞也實行了三十天免簽證待遇，但只限 2024 年一年之內有效。長期受中國海量資助的鄰國北韓和巴基斯坦均不給中國公民免簽證之便利。在歐洲，只有五個東歐國家允許中國遊客免簽證訪問。在拉丁美洲，連北京的反美朋友古巴和委內瑞拉也拒絕給予中國免簽證待遇。在非洲，儘管中國在當地的存在感爆增（中國現在是非洲最大的貿易夥伴和第二大投資者），並且有大量且

往往「不附加任何條件」的援助和未公開的現金支付，但中國公民明顯慣常遭受比其他國籍要差得多的對待。例如，自八〇年代以來，辛巴威一直是中國援助的主要接受國，有時高達哈拉雷行政預算的四分之一左右；據稱，北京還私下給該國許多（如果不是大多數）高級官員和軍官津貼。儘管當時的獨裁者羅伯特・穆加貝（Robert Mugabe）在非洲和北京都曾熱情高呼「習近平，我的兄弟，非洲的朋友」，[206] 居住在辛巴威的中國公民在接受採訪時，卻苦不堪言地向筆者抱怨辛巴威政府的橫行霸道和歧視政策，以及中國外交官「根本就不幫忙」（見表 2.2）。[207]

表 2.2　辛巴威簽證政策（2010 年代）

落地簽證	費用
美國公民	$30
俄羅斯公民	$30
日本公民	$30
英國公民	$55*
歐盟公民	$30
加拿大公民	$75*
提前簽證（抵達前 14 天）**	費用
中國公民	$65–161

*　由於顯而易見的原因，英國人受到的待遇較差。哈拉雷不喜歡加拿大人，因為渥太華凍結了羅伯特・穆加貝的資產並禁止向辛巴威轉讓武器。

**　辛巴威終於在 2019 年秋季答應向中國公民發放旅遊落地簽證，但直到 2024 年仍然沒有實施。

資料來源：Wang and Elliot（2014）:1023；evisa.gov.zw/regime，2021 年 6 月 30 日。

　　北京在非洲的另一個友邦安哥拉，直到 2024 年才對中國護照持有者提供免簽證入境三十天待遇；據中國駐安哥拉使館領事負責人稱，在該國首都羅安達「每兩天」就有一名中國公民被綁架。[208] 一個頗具影響力的中華人民共和國網站，在 2016-2018 年就中華人民共和國向海外非官方華人提供的領事服務問題，對讀者進行了民意調查。在一長串

的答覆中滿是怨言，描述中華人民共和國外交人員為中國公民服務時態度惡劣、滿不在乎且徹底無能。最常見的答覆是：「我從來沒有聽過任何（中國）人，一個也沒有，對（中華人民共和國）海外外交服務說過任何好話」；「永遠不要向他們尋求幫助，因為他們無法為你解決問題，無論大小，你還必須忍受辦公人員的壞脾氣」；「對於經驗豐富的海外華商來說，只有在身臨絕境，必死無疑時，才會死馬當活馬醫，到（中華人民共和國）領事館碰碰運氣。」[209]

事實上，即使海外中國公民和華裔面臨死亡，黨國政府通常也不會提供幫助，有時甚至對殺戮負有部分甚至直接責任，例如 1965-1966 年和 1998 年發生在印尼的針對華裔華僑的大屠殺。[210] 北京的一些盟友和友邦，例如北韓、俄羅斯和越南，都曾發生大規模政府行動，包括系統性沒收、大舉驅逐和其他針對包括中國公民在內的海外華人的虐待行為。但中共大致上始終保持沉默，也許罕見的例外是批評河內在七〇年代末大規模驅逐「船民」，這是由於北京當時特定的地緣政治之反蘇聯算計。[211] 海外華人一直面臨著「種族和僑民意識的模糊性，以及維持自己的文化和同化之間的緊張關係。」[212] 傳統上，以前的中華民國和現在的中華人民共和國，以愛「祖國」的名義，實則出於政權的政策目的而廣為利用他們，特別是在東南亞。然而，當這些海外華人急需幫助時，北京的保護卻嚴重不足或根本不存在。於是，毫不奇怪地，儘管中華人民共和國在海外宣傳和統一戰線方面投入巨資，引得少數人明顯大表忠誠，但據調查只有 41% 的美籍華人還對中國懷有好感，而其他美籍亞裔人對祖先故國抱有好感的比例為 59%- 95%。[213]

此外，在為海外中國公民提供次等服務並經常造成公然傷害的同時，中共暨中華人民共和國看來利用其龐大的網絡，即由特工、線人和同情者組成的「統一戰線」來監視、影響和控制海外華人。[214] 據報導，「中國政府、中國共產黨、人民解放軍和（中國）三合會之間的合作日益加強，以擴大在世界各地的有組織犯罪活動，特別是推動和拓展中國

對香港、澳門和台灣的政策。在許多地區，三合會在中國與鄰國、貿易夥伴的經濟和政治互動中發揮了重要作用，特別是在毒品、化學物質和人口走私的國際貿易中。」[215] 海外華人不斷接收到中共精心策劃且資金充足的宣傳，這些宣傳霸占了海外的中文媒體和社交媒體平台。[216] 他們不斷「被耳提面命要為祖國服務」，而這往往是以犧牲新家園為代價，不然就會被貼上「賣國」的標籤並受到虐待。[217] 2020 年的一份報告列出了「六百個（透過中共統戰工作）與中共影響力相關的美國團體」：「至少八十三個中國同鄉會（……）；十個『中國援助中心』（原文如此）；三十二個（中國）商會；十三個華語媒體品牌；美國七十個華人專業人士協會中約一半；三十八個推動中國和台灣『和平統一』的組織；五個『友好組織』和其他一百二十九個團體（……以及）二百六十五個中國學生和學者協會」，其中包括已有三十年歷史的「百人會」（Committee of 100），其成員包括一些最有成就的美籍華人。據估計，截至 2023 年，在英國的類似「統一戰線團體」將達到「近四百個」。[218] 2022 年，甚至有一名號稱是政治異見人士的中國訪問學者，也因為替中共國家安全部工作，打壓在美國的中共批評者而被起訴。[219]

除了美國之外，法國分析人士認為，中共在全球範圍內進行「影響力行動」，包括「輿論戰、心理戰和法律戰」以及「引誘、征服、滲透和脅迫」的統一戰線伎倆，以從整體上實現「馬基維利時刻」（Machiavellian moment），恐嚇世界屈服。[220] 據報導，中共特工在澳大利亞、加拿大、香港、澳門、東南亞和紐西蘭，祕密綁架了被通緝的海外異見人士。[221] 還有一些中國公民因在國外期間發表批評或藝術性諷刺而受到懲罰的案例。[222] 北京試圖直接控制和影響（以及招募和恐嚇）中華人民共和國公民的努力，在西方似乎廣泛而活躍，在擁有大量中國年輕人的大學校園中格外明顯。[223] 中共在 2021 年宣布與一百六十個國家的六百多個政黨直接發展「各種關係和夥伴關係」，「共同致力於構建人類命運共同體」，藉此展示其海外實力。2021 年 7 月，超過五百

個這類政治團體參加了中共組織的一場「史無前例」的線上高峰會，以繼續「為了更美好的世界」而建設這個共同體的宏偉使命，並提出無窮的新目標，「負起人民幸福和人類進步的責任」。[224]

北京外交活動的國際影響

儘管在國內外經歷了種種失敗和錯誤，中共黨國仍然不斷地試圖讓中華人民共和國境內外的中國人民相信，他們所承受的苦難、艱辛和犧牲是值得的、崇高和必要的，是為了他們自己和人類的更大利益。正如當時的中共外交政策沙皇周恩來在 1971 年總結的，「中國人民不惜承受最大的民族犧牲」以在越南戰爭中支持河內。[225] 當然，對中共來說，無休止的民族犧牲總是完全合理的，因為它渴望永遠掌權（並聲稱完全是為了服務人民），還有與之相關的要影響和重定世界秩序的宏偉目標。從毛澤東到習近平，中華人民共和國這一貫的外交政策目標以各種方式進行了粉飾裝扮，有時幾乎是完全赤裸裸，有時則加上討人喜歡甚至時尚的裝扮，以迎合世界的主流規範和理想。為了滿足中共統治菁英的需要和願望，中國作為一個國家和人民的利益，完全是可以用來討價還價和捨棄的，並且常常因一些宏偉而崇高但空洞的事業而遭到犧牲。在北京，「國內政治進程和文化極大地影響外交政策的方式和制定」，特別是當外交一直都是祕密並任由統治者獨斷獨行時。[226]

在無休止地灌輸中共版本歷史敘事和嚴格控制訊息的總體背景下，[227] 外交政策高度集權和祕密的性質，使得北京成功地讓中國人民服從其外交政策，至少表面看起來是這樣。在中華人民共和國境內，毛澤東和中國共產黨普遍被認為是拯救、保護和造福中華民族國家的愛國者和人道主義者。在記錄毛澤東殘酷的大躍進真正目標是「比蘇聯發射一顆衛星（史普尼克號）還要大的世界影響力」之後，就連李銳（毛澤東的祕書，後來被清洗，也是毛澤東的一個主要批評者）也還是盡力將

毛澤東描繪成一位為中華民族和人類謀求平等和美好生活的領導人，儘管是以妄想和錯誤的方式。[228] 中共的民族主義或愛國主義主張，常常與其官方外表的人道主義、平等主義、反叛式民粹主義、烏托邦共產主義和革命浪漫主義包裝在一起，讓崛起的中華人民共和國得到被誤認為世界進步力量的好處。而我一直試圖證明的是，北京在海外的意圖顯然是為了其政權的利益而統治和重組世界，這是不可取且災難性的，需要予以反擊和遏制。儘管如此，有些人可能不無道理地主張，只要能夠遏止中共暨中華人民共和國，使之不能系統性地改變世界（當然，能否遏止得住是一個大問號），那麼無論其動機如何，北京可以透過其積極的對外活動而對世界產生正面、甚至是有益的影響，展現西發里亞體系的一大關鍵優點——促進各國之間的競爭和試錯。也許中共黨國的國內治理紀錄裡始終呈現的「中國悲劇」和「中國次優化」，在其外交政策中會得以避免或淡化。

為了進一步審視中共的對外行為，以明確展現透過遏制、接觸、轉型和整合的全面性戰略來管理中華博弈的理由和手段，我將繼續評估北京外交政策的國際影響，並討論該政策的本質及其對國家和人民的影響。本書認為，中共的外交政策，除了服務於該黨國政權在海外的生存和安全利益並長期損害中國人民之外，自誕生以來在國際上主要是一股消極、次優、甚至是災難性的力量。正如令中國人民蒙受極大傷害，只有一小撮統治集團受益匪淺一樣，北京的外交政策也損害了所涉及國家的人民，只讓很小一部分外國人（其中大多數是所謂「中國之友」）發了財。此外，中共也以多種方式，影響了國際社會的許多制度和規範，其中大部分是害大於益。在商業活動、政治治理、法律事務、人權和道德方面，中共做出了協同有效的努力，輸出其價值觀、規範和行為。[229] 總之，北京為世界帶來了一定的利益和競爭，但也帶來了不成比例的大量麻煩和損害。

正如本書及前傳所述，自 1949 年以來，中華人民共和國外交政策

的主要焦點是挑戰西方／美國領導的世界秩序，並一度也挑戰蘇聯在世界共產主義運動中的領導地位。然而這種全方位的使命，雖然是隨時隨地、無孔不入，但一直也是見機行事。也許是從韓戰中吸取了教訓，這場戰爭以中華人民共和國作為「唯一的徹底失敗者」而告終，直到今天，中共對於與美國或任何其他大國進行直接的、激烈的戰爭都是非常謹慎。因此，中華人民共和國外交政策中最有影響力的行動，是對幾乎任何與西方和美國（一度包括蘇聯）不和，或聲稱反對他們的政府、團體或個人，提供金錢和物質贊助（有時直接派出人員）。此類行動的旗幟已從反殖民主義、反資本主義、反帝國主義，演變為反霸權主義、反單邊主義。近年來，大量中國資金流出中華人民共和國，其具體目的是要奪取國際金融體系的權力和領導地位，並使人民幣國際化，使人民幣成為硬通貨。[230]

儘管北京品牌武裝革命的昂貴輸出淒慘收場，但其同樣昂貴的對各種非殖民化和反西方鬥爭的支持，卻表現得好多了。在阿爾及利亞、安哥拉、迦納、利比亞、莫三比克、納米比亞、塞爾維亞、蘇丹和辛巴威等地，由於過去和現在的援助，北京常在當地統治者和菁英中享有相當大的人脈關係和影響力。然而，這些援助的成本效益其實十分可疑：這些國家經常在國際舞台上對北京提供政治支持，但往往只是象徵性的，甚至是搖擺不定的。同樣地，中華人民共和國也向北京認為友善、有用或易於接近的國家投入了大量資源。北京以不透明但很可能極高的成本，向阿爾巴尼亞、柬埔寨、衣索比亞、厄瓜多、斐濟、肯亞、緬甸、巴基斯坦、斯里蘭卡和坦尚尼亞等國，提供了大量基礎設施和資金。然而，北京的鉅額資金究竟是真正幫助了當地的社會經濟和政治發展，還是實際上阻礙了其發展的自然進程，仍是個疑問。尤其是在所謂的「無條件」援助似乎成了劣幣驅逐良幣的情況下，中國的援助看來阻礙甚至逆轉了受援國急需的社會政治和教育進步。儘管如此，至少在物質上，有明顯的跡象表明，中國的國家犧牲即中國人民的錢不受監控地流向為

中共政權服務，已經在海外對一些國家產生了各種切實的、積極的影響，特別是在基礎設施發展、慈善捐贈和貿易方面。[231]

如果更仔細地分析，情況就會變得更加複雜。在阿爾巴尼亞、柬埔寨、中非、剛果民主共和國、衣索比亞、伊朗、伊拉克、利比亞、塞爾維亞、蘇丹、敘利亞、坦尚尼亞、辛巴威等許多地方，北京一直廣泛、公開地支持和資助那些對人民無比殘酷的威權主義政權甚至獨裁暴君，有時直到他們垮台前的最後一刻。最可怕的案例之一是七〇年代在北京資助和指導下的波布（Pol Pot）領導的赤柬紅色高棉掀起的柬埔寨殺戮，這可能是人類歷史上相對於人口規模而言最殘暴的大屠殺。[232] 綽號「小中華人民共和國」的坦尚尼亞曾推行改進過的毛主義社會主義，即使這樣相對溫和的威權主義也在社會經濟上讓人民失望。[233] 顯然，還需要對北京資助的各國進行更詳細的研究，才能評估中華人民共和國在每一案例中的完整影響。但現有文獻已經呈現了一個即使不是完全負面，也是好壞參半的評價。需要思考的關鍵問題似乎是反事實的（counterfactual）：如果這些政權沒有得到北京出於某種目的的這種「無條件」援助和支持，其低劣的治理、糟糕的政策和殘酷的暴政，是否會更快結束，造成的死亡和破壞會更少？

透過向穆斯林世界的許多國家（其中大多數的人均國內生產總值高於中國）提供大量財富轉移和外交支持，北京與中亞諸國包括埃及、印尼、伊朗、約旦、巴基斯坦、敘利亞、沙烏地阿拉伯和土耳其的統治者們建立了友好關係，儘管並不總是那麼穩定。北京得到的一個主要回報，似乎是這些國家對中共在新疆等地虐待穆斯林民族的行為保持沉默。[234] 現階段只能猜測這種北京誘導和收買的中共式道德模糊和兩面逢迎，可能對這些國家的文化、社會和政治產生什麼樣的長期影響。

劣幣洪流

從整體上來說，二十一世紀這股來自中華人民共和國的「人民的錢」的洪流，幾乎沒有得到吃苦耐勞但沒有發言權的中國人民的同意或監督，愈來愈影響到整個世界經濟特別是現有的國際金融體系。[235] 正如我試圖在《中國紀錄》中報告的，在過去四分之一個世紀裡，北京從中國經濟中保持著極高的壓榨汲取率，其收入增長的速度是中國 GDP 增長速度的兩到四倍，一位中國高層承認這在「歷史上前所未有、世界上絕無僅有」。[236] 據估計，中華人民共和國中央政府對中國 GDP 的控制高達 38%，甚至可能高達 47%——遠高於美國聯邦政府對美國 GDP 的控制，後者目前約為 10%，從未超過 20%。[237] 北京也控制著世界上最大的外匯儲備，與美國聯邦支出總額大致相同，是美國國防預算的四倍。鉅額的外匯「真金白銀」為中共在國際上提供了龐大的財力來源。中國在海外的瘋狂支出不出意料地為中共領導人在海外贏得了相當大的影響力，同時給當地民眾帶來了好壞參半的利益，從總體上損害了中國經濟和世界經濟。人民幣即「人民的錢」之洪流對國際社會的制度規範以及世界金融秩序的全面影響，看來是相當深遠且大多令人搖頭，甚至是徹頭徹尾有害的。正如經濟學中的葛雷辛法則（Gresham's Law）所預測的，劣幣的流通往往會驅走良幣，從而損害整個市場。[238] 無論從字面上還是比喻上來看，中華人民共和國在世界經濟中的作用似乎確實是很有些劣幣驅逐良幣。

一、

中華人民共和國與囤積外幣（硬通貨）有關的過度追求貿易順差和嚴格控制國內資本市場，造成了國際貿易和國際金融裡的深層結構性失衡問題。截至 2020 年，中共手中的外匯儲備是創世界紀錄的三兆美元

上下，其中大部分是透過對美貿易盈餘賺取的，約占世界外匯儲備總額的 26%。[239] 如此龐大的儲備表明，由於中共的政治需要，中國經濟裡有著嚴重的低效率和資源錯配。這一行為被視為世界貿易和資金流通中被大規模扭曲的罪魁禍首，而這又是導致全球效率低下和反覆發生金融危機的一大原因。[240] 中國的貿易夥伴，特別是美國和西方國家，確實透過出口資本和技術而快速獲益，又透過大量進口中國製造的受到中共政府刻意補貼的廉價商品而獲得了可觀的價值，也有助於控制通貨膨脹。但這對西方當地就業市場產生了嚴重影響，帶來了深遠的財政和社會政治後果。[241] 長此以往，這種政治單方面扭曲的經濟交換，極大地扭曲了世界市場，尤其是較開放國家的經濟。[242]

已開發國家因此經歷了大規模的失業，最受影響的是低技術或非技術工人，他們無法在國際上流動，並且常常誤以為自己面臨的是來自新移民和難民的競爭。這充分體現在西方本土主義、民粹主義和社會主義的大規模崛起，其標誌是歷史性的英國脫歐、美國反移民情緒的高漲以及西方左翼和右翼激進分子的崛起。同時，在國際上高度流動的西方少數資本家和技術擁有者，連同中共的統治菁英和一些中國資本家，非常迅速、不成比例地積累了天文數字的財富。這是依附論（dependency）學者所描述過的拉丁美洲等地的所謂「邪惡三角」或「三重聯盟」的經典案例，只是有些令人玩味的角色變換。[243] 世界各地都出現了嚴重而頑固的社會經濟不平等和社會政治兩極化，尤其嚴重地困擾著西歐和北美，這也反映在西方學術界批評二十一世紀資本弊病的熱情高漲。[244] 在西方，社會經濟的向上流動、階級彈性和社會政治的安寧都受到挑戰和破壞。由於國內失業以及資本在海外的合法和非法流動，政府支出不斷增加，而收入成長卻停滯不前。財政問題引發並放大了各種社會政治、種族、民族、社群及其他分歧和問題。聲稱中共暨中華人民共和國摧毀了西方福利國家，可能過於簡化也過於武斷，但北京顯然已經迫使其合作夥伴（特別是西方國家）走向低谷，甚至是逐底競爭。各地的國家政

治安寧和國際和平都因此受到影響。[245]

二、

最遲自 2009 年以來，與中美整體競爭同步，北京一直大力推動人民幣的國際化。正如我在《中國紀錄》中所報告的，中華人民共和國的財政和貨幣政策都非常不合理且不負責任，儘管這些政策對於中共領導人來說可能是完全理性，甚至是最優的。[246] 這些政策造成了前所未有的惡性通貨膨脹和龐大資產泡沫壓力。2021 年的人民幣流通總額（M2，現金和可轉換存款）達到天文數字二百二十五點六兆元（三十三點七十六兆美元），是中國 GDP 規模的兩倍多，也是全球美元 M2 存量總額的近兩倍。2022 年，人民幣供應量又再增加 9.8%，M0（現金）流通量激增 18.5%，增加速度是中國 GDP 的兩到四倍。[247] 對北京來說，擺脫這種可怕困境的一個簡單而理想的方法是人民幣國際化，即讓過量印製的人民幣這一劣幣橫流世界貿易和金融體系。如果人民幣能夠像美元、歐元、日圓、英鎊等硬通貨或可兌換貨幣一樣在全球範圍內流通，那麼中共可能會在國內避免引爆惡性通貨膨脹的定時炸彈，並獲得對全球事務「改變遊戲規則」的影響力。[248] 中國大力提倡的雙重目標是獲得「規則制定者」的地位，並奪取美國至少自 1971 年以來就享有的國際鑄幣稅，當時尼克森總統結束了美元兌黃金的固定匯率制。[249] 中國分析人士認為，將人民幣變成國際化的「大國貨幣」對於中國的崛起至關重要，因為它將有助於「將中國經濟和貨幣政策與世界經濟深度結合」，讓中國得以奪取美國對世界金融體系的領導地位並「收割美元的霸權」，即使為此可能要付出貿易順差降低、外匯儲備減少、人民幣貶值和波動以及開放中國資本市場等代價。一位中國高級官員學者翟東昇在 2023 年宣稱：「人民幣成為國際貨幣，已成為世界和平的必要條件。」[250]

為了追求這一至寶，北京使用了各種手段，包括具有「中國特色」的加密貨幣和區塊鏈技術，以實現人民幣數位化、國際化；然而，這在實務上很可能適得其反。[251] 區塊鏈技術使貨幣供應分散化，因此基於區塊鏈的**真正**加密貨幣更可能會破壞獨裁政權，對一國貨幣的國際化幫助如果有的話也是非常有限。中共在 2021 年終於明白了這一點，於是立刻開始強力「取消」所有加密貨幣，例如比特幣。[252] 北京大肆炒作的「數字人民幣」或 DECP（數位貨幣電子支付）似乎徹底顛覆了加密貨幣的概念，透過使用集中帳本，讓中共進一步控制中國經濟和中國人民，以便更多、更容易地汲取財富，並更細緻入微地追蹤記錄人們的日常生活，對人民幣國際化則基本無用。[253]

　　考慮到中國經濟的規模，特別是對外貿易的規模，人民幣國際化或許是一個自然且應受歡迎的發展。如果透過中國經濟自由化實現人民幣國際化，結束國家對銀行體系和資本市場的壟斷，讓市場決定外匯匯率，並減少過度追求貿易順差和不經濟的囤積外匯等情況，那將對中國經濟和世界經濟尤為有利。[254] 事實上，中國國內外的許多觀察家，都認為這是中國政治經濟改革的自然而積極的下一步，也可能有助於糾正失衡的國際金融市場。[255] 然而，北京方面對人民幣國際化的願景，仍然是問題重重且令人擔憂。[256] 需要與之伴隨的中國經濟的真正自由化仍然幾乎是蹤影全無。中國的一些主要經濟學家提出了許多「加速」人民幣國際化的措施，但無一觸及其核心問題。[257] 事實上，過去十年來，一股強勁的逆流而動，還進一步鞏固和擴大了政府對資本市場的壟斷，使得中國的貨幣政策更加非理性。例如，2015 年資本市場和外匯管制的一度短暫放鬆，主要是為了說服西方將人民幣納入國際貨幣基金組織（IMF）的 SDR（特別提款權）計價貨幣籃子，結果由於資本大量外流，不到一年中國外匯儲備就縮水逾四分之一，以及中國股市暴跌，嚇壞了北京的控制狂領導人。等國際貨幣基金組織一批准納入人民幣，北京就立刻恢復了對資本和外匯市場的廣泛而嚴厲的行政控制（包括監禁「不

聽話的經紀人」），並持續至今。[258]

　　此舉被戲稱為「打著右轉燈左轉彎」，中共看來是決心不惜一切代價捍衛其對中國金融體系的壟斷，並採取玩弄國際金融體系的故技，就像這二十多年來，中共成功對世貿組織及其主要貿易夥伴所做的那樣。北京將人民幣國際化是為了獲得更多而不是更少的政治權力，以權宜之計而不是系統性改革的形式，其主要目的是奪取和改革「由西方建立和主導的」國際金融秩序。[259] 由中國控制的「天下貨幣」，即所謂的「世界人民元」，已經被一些中國經濟學家「科學地設計出來」，作為他們幻想的美元替代品，以實現「經濟全球化的更光明的未來」。[260] 不管是否成功，中共沿著這條路線的重大努力，例如數位人民幣支付系統，仍然可能意味著對由美國領導的當前國際金融秩序、美國外交政策和由美國領導的西方整體福祉的嚴重挑戰。[261] 外國觀察家甚至開始發出「中國正在扼殺美元」的警報。[262] 確實，在 2020 年代有部分中國博客公開歡呼起「獵殺美元」以「消滅美國」的幻想。[263]

　　也許部分源於西方的一廂情願和對中國相當慷慨的包容，北京已經取得了人民幣國際化的長足進展，最引人注目的是國際貨幣基金組織於 2015 年將人民幣納入特別提款權的五種貨幣籃子。在這五種貨幣中，人民幣在籃子中的權重高達 10.92%，高於日圓（8.33%）和英鎊（8.09%），落後於美元（41.73%）和歐元（30.93%）。[264] 國際貨幣基金組織的這項重大舉措是出於「認為北京將繼續推進其貨幣政策的市場化」。然而，在不到一年的時間裡，中國的資本大規模外流引起了中共近乎恐慌的政治反應，於是中共硬生生阻止並逆轉了人民幣進一步國際化所需的改革。[265] 中華人民共和國政府也大幅降低了人民幣國際化的雄心，從 2014 年的「加快實現」，到 2015 年的「穩步實現」，到 2020年第十四個五年計畫制定時終於改成「謹慎推進」。[266] 在國際金融市場的現實世界中，遠離國際組織走廊中的那些政治和操縱，人民幣仍然是一個微不足道的國際貨幣，只要北京仍拒絕其必要的國內改革和自由

化，這種情況就會持續下去。在 2010 和 2020 年代，人民幣在全球外匯存底總額中所占分額始終不多（1.8%–2.8%），遠遠落後於美元（59%）、歐元（21%）、日圓（5.6%）和英鎊（4.8%），2022 年時僅略高於加幣和澳元（分別為 2.4% 和 1.8%）。[267] 作為「全球支付」貨幣，人民幣的占比到 2023 年僅為 2.15%（較一年前的 2.7% 下降），落後於美元（41.89%）、歐元（36.34%）、英鎊（6.08%）和日圓（2.88%）。[268] 正如一位中國分析人士所觀察到的，中共不斷地「自傷自殘」、「自我破壞」，主要是其政治驅動對中國資本市場和外匯的控制，使整個人民幣國際化的努力變得昂貴而低效，儘管有了國際貨幣基金組織將人民幣納入特別提款權籃子等一些「耀眼」成功。[269]

然而，在 2020 年代，中國高級官員和專家仍然認為，透過廣泛與多方面的努力，有力而持久地「推動國際貨幣體系改革」，「人民幣（在許多方面）已經開始獲得國際儲備貨幣的特徵」，讓北京「從印鈔機中獲得（更多的真）錢，而不是（更深地）掏納稅人的口袋。」[270]2022年 6 月，國際清算銀行（BIS）經過兩年的討論，宣布了一項人民幣流動性安排，向亞太各國央行提供額外流動性，中國分析人士紛紛視之為「去美元化」和人民幣國際化的一大加速，並為之而歡呼。[271]

三、

中共黨國創造了許多替代性、平行的金融機構。有鑑於中國政治制度以及其國家與經濟之間的黨政關係不變，在西方（特別是華爾街和倫敦金融城）主導的現有國際金融秩序下，短期內人民幣不太可能成為值得信賴的國際貨幣。自 2010 年代中期以來，西方對接納中華人民共和國的熱情降溫，這反映在北京未能從世貿組織和西方各國獲得「市場經濟」的正式認證，進一步挫傷了其中國夢。北京可能充分預見了這一結果，並秉承其全方位努力的外交傳統，試圖尋找其他成為世界金融強

國的途徑。一個關鍵策略是創建並領導多邊金融機構，來模仿和取代西方主導的金融機構，如世界銀行、亞洲開發銀行和國際貨幣基金組織。承諾投入逾一兆美元資本，北京自 2015 年起成立了亞洲基礎設施投資銀行（亞投行）和新開發銀行（又稱金磚國家開發銀行），並自 2013 年以來設立了逾二十項與一帶一路計畫相關的投資基金，如絲路基金。[272] 為了對抗西方主導的全球金融交易網絡，即環球銀行金融電信協會（SWIFT），中國於 2015 年推出了跨境銀行間支付系統（CIPS），到 2021 年底，該系統迅速成長到「一千一百個合作夥伴，覆蓋超過二百個國家的三千四百家銀行。」[273] 2022 年 SWIFT 對俄羅斯入侵烏克蘭實施制裁後，北京的分析人士慶賀有機會「擴大 CIPS」和「加速人民幣國際化」。[274]

國際資本市場當然應該歡迎新的競爭和更多的貸款機構，因此，北京在這些替代機構上的鉅額支出，儘管肯定是出於其政治和自私目的，但在西發里亞體系下，其本身並不一定是壞事。現在還看不出這些中國領導的機構可能會推動什麼樣的規範來重塑世界金融體系，以及人民幣是否能以這種方式國際化。但是，鑑於我們對中共在國內治理和在國外表現典型的了解，流經這些機構的人民幣資金洪流很可能成為大量但劣質的貨幣，有意或無意地驅逐良幣。[275]

除了耗費鉅資打造自己的國際金融平台，北京還利用其龐大的貿易量和鉅額外匯，大量投資於透過單邊行動向世界推銷人民幣。一個關鍵舉措是上海的人民幣定價石油貿易市場得到大量補貼。至 2020 年，即成立兩年後，該市場已成功占據全球石油期貨的 10.5%，不過其中大部分是中國自己的大量進口。石油元或石油人民幣如果真的成功擴張，以現在北京保證的與黃金固定掛鉤，將會有助於人民幣大幅國際化，而數十年來一直是石油定價貨幣的美元將會受損。[276] 北京也嘗試以人民幣對大量進口原材料進行雙邊定價，但目前為止只取得了非常有限的成功。即使是那個所謂的「無限」合作夥伴俄羅斯，也仍然只接受人民幣支付

其向北京出售價格過高的石油和天然氣的一小部分。

　　為了滿足其在國內的迫切需求和在國外的強烈渴望，北京試圖在行政上創建「全球金融中心」，以實現人民幣國際化和吸納國際資本。在 2020-2021 年，北京再次向海南島提供眾多權利和特殊許可，以期在 2025-2030 年之前「建造自由港」和「全球貿易和金融中心」。海南島上的各種生意似乎都得到了中共的放行，除了那些被歸類為「六不準」的生意：涉及危害國家安全、破壞社會主義制度、走私貨物、賣淫／賭博／毒品、環境破壞和腐敗。[277] 如此一來，該島成為另一個香港或夏威夷（自八〇年代以來的目標）的機會就微乎其微，甚至根本不存在。在無所不在、必須控制一切的中共統治下，不可能擁有任何真正使金融中心取得成功的條件：保護財產權、個人自由、信守和執行合約的法治。[278] 同樣地，在 2004 年，北京在上海設立保稅區，並於 2013 年擴大為上海自由貿易試驗區。2018-2019 年，該區進一步擴大，並獲得更多「授權」自由，以期於 2020 年「成為全球金融中心」。[279] 然而，國際媒體很快就發現，近年來這種炒作已經聲勢漸弱，甚至連中國的國有銀行也開始放棄這個中心。[280]

四、

　　也是最後一點，與我在《中國紀錄》中記錄的中華人民共和國境內猖獗的貪腐密切相關，[281] 人民的錢大規模外流與資本盜竊和洗錢直接有關。從中國流出的已知和未知的資金或許不經意降低了市場利率，使西方能提供廉價貸款，因為西方是中國人最嚮往的資金目的地。無論這些資金對當地金融家、房地產經紀人和借款人多麼有利，它似乎也有可能破壞西方和全世界的金融秩序並侵蝕金融機構。[282]

　　據估計，每年有數百億甚至數千億美元，透過合法和非法的大規模移民從中華人民共和國流向幾乎世界各地。據報導，2010 年代中期，

澳門賭場以及華南地區和香港的地下錢莊系統，每月洗錢金額至少為一百億美元。[283] 匿名離岸空殼公司和貿易偽報發票是非法資本外逃的兩大重要方式，這些方式並不一定需要資本所有者通常很麻煩地移居國外（見表 2.3）。光是 2016 年洩漏的巴拿馬文件（Panama Papers）就顯示，自九〇年代以來，超過三萬名富有的中國公民，包括許多中共高層領導人的家人，透過避稅天堂的離岸賬戶和空殼公司，祕密將財富轉移出國。[284] 據報導，2000 年至 2011 年，有一點零八兆美元的資本「非法」逃離中國。[285] 一項研究估計，2008-2017 年，因貿易偽報進出口發票而非法外流的中國資本，每年穩定在四千八百二十億美元左右（三千二百四十億美元流向三十六個已開發國家），約占中國對外貿易總額的 19.6%，使中國成為一百三十五個發展中國家當中，以這種方式資本外逃的最大來源地，相當於緊隨其後的九個來源國的總和。[286]

表 2.3　透過偽報進出口外逃的資本（2008-2017 年）

國家	總額（十億美元）	流向已開發國家（十億美元）
中國	482.4	323.8
俄羅斯	92.6	62.9
墨西哥	81.5	56.8
印度	78.0	36.1
馬來西亞	64.1	36.7
波蘭	53.9	40.9
巴西	53.2	20.3
泰國	49.6	28.1
阿拉伯聯合大公國	45.2	17.7
印尼	43.4	20.0

注：價值差距（Value gaps）被用來作為衡量偽報進出口發票的替代指標。
資料來源：GFI 2020。

有中國特色的交易

　　評估中國外交政策的另一個重要方面是其行為和風格。後毛澤東時代的中共在一些重要方面努力「與世界接軌」，以維護政權並致富；這一切都是為了賺取硬通貨（或「真金白銀」）並開展具有「中國特色」的生意，以提供「中國方案」來指導和引領世界。[287] 學者分析了中國重商主義出口導向型成長為「沒有民主的資本主義」或「有中國特色的資本主義」。[288] 由於既沒有必要也沒有空間來詳細闡述這些具有彈性和不斷演變的中國特色（自毛澤東以來，中共一直用這些「特色」來辯護和加強其政策），以下列舉的幾項特點，應足以使人理解北京對世界的影響，從而建構中華博弈的背景和緣由。

　　中華人民共和國在海外經商方式的顯著特徵，深植於中國傳統文化的陰暗面；這些陰暗傳統被不擇手段的中共黨國加以放大和美化。正如本書兩部前傳所報告過的，中華人民共和國境內猖獗的貪腐、兩面逢迎、公然欺騙以及廣泛的盜版和假冒行為，似乎也是中國人在海外活動的特色。[289] 中國官員和商人有效利用不道德和非法做法（例如賄賂、滲透和間諜活動）的無數案件，在聯合國、外國首都和外國跨國公司（MNCs）總部都有廣泛記錄。[290] 在華爾街，有關中國公司的虛假財務數據，多年來可能誤導和騙走美國投資者數百億美元，最近被曝光的瑞幸咖啡（Luckin Coffee）就是例證之一。[291] 2020 年之前的短短幾年內，共有一百零七家中國公司因會計和審計問題從美國股市下市；到 2022 年底，由於新冠疫情後中美關係緊張，又有許多中國公司（總共二百六十二家中至少有一百三十一家）被加進「面臨退市風險公司」名單中。[292] 這種驅逐／退出的速度和程度令人震驚，表明中國公司的 IPO（首次公開發行）中存在系統性、故意的偽造和創造性會計。2022 年 8 月，美國與中國達成了具有里程碑意義的「審計協議」，北京方面讓步允許美國監管機構查閱中國公司的原始審計文件，這可能有助於減緩

或扭轉中國公司在美國的退市潮流，同時推動中國的企業會計和審計改革；當然，其實際操作和效果仍有待觀察。[293]

更廣泛而言，大量來自中國的假冒偽劣產品在美國和世界市場上早已司空見慣。由於國內魚類資源枯竭，中國捕漁船隊一直在「掠奪海洋資源」，無視從西非海岸到加拉巴哥群島各地的法律法規，威脅著當地經濟和自然生態。[294]

來自中華人民共和國金錢的強大腐蝕力量，顯然已經波及到了美國政界人士，例如在洛杉磯引發了「近一個世紀以來最嚴重的貪腐醜聞」，以及中華人民共和國特工在美國幾個州布下的募款甜蜜陷阱。[295] 透過賭場經營，一些中國商人在塞班島「征服了美國的一塊土地」，其標誌性的做法是賄賂他人和虐待勞工。[296] 在其鄰國，貪腐大量外流到「中國一帶一路沿線」的許多國家，像名譽掃地的馬來西亞總理納吉布‧拉扎克（Najib Razak）這樣的「暴君和騙子」，得到了數百萬美元的報酬。[297] 大量案例表明，許多非中國的會計師、教育工作者和律師，在與中國客戶和同行打交道後，行為經常發生明顯的變化。[298] 中共對言論自由的負面影響現在在中國境外也顯而易見，正如一位美國觀察家在 2021 年年中所評論的那樣，「與中國整合應該傳播我們的價值觀；然而事實卻恰恰相反。」[299]

此外，正如中華人民共和國在非洲的存在和活動所表明的，北京正在輸出一種經濟發展模式，其特點是壓制私營部門、壓制勞工權利和無視環境。[300] 中華人民共和國被許多受益國視為既仁慈又慷慨，提供大量援助、醫療團隊提供免費基本護理以及鉅額國家貸款和合同。但中國在海外的私人企業只能靠自己，特別是與負責中國外交政策的中共幹部沒有什麼特殊關係的眾多小企業。[301] 北京急切地向其受益國輸出其國家（社會和中央）地方關係的模式，例如其國家資本主義（或黨政資本主義）重商主義發展模式：要在非洲建立五十個備受推崇的經濟特區（SEZ-s）的宏偉計畫就部分體現了這一點。截至 2020 年，大約已經有

十二個此類特區在非洲運作，但往往以犧牲中國和當地私營企業家的利益為代價。[302] 然而，北京顯然沒有踐行其向「天然」朋友所宣揚的承諾：作為非洲最大的貿易夥伴，中國實際享有雙重利益，因為它延續了經典的非洲對外貿易模式，即用資源換製成品，同時還享有龐大的非貿易持續順差。中國在非洲的巨額投資幾乎全部都是針對當地市場的需求而生產（石油和礦產等資源除外），而不是為了將勞動密集的製成品出口回中國——這本來應該是所謂「中國模式」的策略，即外國投資融資、出口導向型成長；這一複製其他東亞國家的「中國模式」在過去四十年裡曾使中國經濟受益匪淺，但北京卻在非洲反其道而行之。[303]

參與中華博弈機不可失

中共暨中華人民共和國的核心利益和國際目標始終如一，也就是其專制政權的權力和生存；中共黨國這七十多年來一直是堅定且注定的國際叛逆者，幾乎總是在反對與挑戰西方／美國領導下自由國際秩序版的西發里亞世界秩序。北京的外交政策具體如何實施主要取決於其對平衡世界力量的感知和算計，並受到其最高領導人的個性和願景的影響。[304]北京的外交政策經歷了重大的起起落落和曲折迂迴，具有大量的雙語迎合、各色旗幟、雜技機巧、選擇性接軌、有條件投降、甚至完全逆轉，充滿令人眼花撩亂的干擾、欺瞞和偽裝。然而，從結構上、意識型態上和遺傳基因上來說，中共外交政策的目標始終是從其政治對手西方（特別是美國）手中，奪取全球領導權，並最終按照其形象來重定世界中心、重整世界秩序。在屢次失敗將中華人民共和國推向崩潰的邊緣之後，後毛澤東時代的中共領導人在八〇年代舉起了新的旗幟，有選擇地向美國和西方「開放」中華人民共和國。[305]此後，北京成功地回收利用了晚清帝國的理念，以夷制夷，辦洋務來師夷之長技以制夷。中國經濟從此蓬勃發展，中華人民共和國在國際舞台上的國家實力直衝雲霄。

如今，中共統治者看來仍因其政權的不安全感而苦苦奮鬥，但同時又覺得自己富有和強大。新的自信帶來了新的不耐煩，北京已經受夠了鄧小平韜光養晦策略所帶來的不便和羞辱；[306]它堅決拒絕了那「謹慎的」、可說是一廂情願的分析，即中共應該開始民主化，以取代其短暫的作為「目的論革命者」在國內外的政治合法性，進而確保中華人民共和國政權的生存，並謀求中國的最佳國家利益。[307]在其秦漢政體始終堅持不變的內在邏輯驅動下，在面臨日益增加的、新的要求變革的社會政治和經濟壓力的同時，中共統治者似乎把命運押在對內的強硬獨裁和對外的侵略性外交政策上——兩者實際上相輔相成，就像是同一枚硬幣的兩面。「押注西方正處於其不可逆轉的衰落之中」，面對美國動盪的選舉政治和英國脫歐等事件，中共在過去十年中變得愈加自信。[308]與莫斯科等地獨裁者同僚的「無限」夥伴關係，很可能強化了關於冷戰重演的幻想，只不過這次在北京的領導下會打得更漂亮，而且會贏。

在習近平對毛澤東的模仿下，中共看來重拾毛主義那曾失敗了的領導一場世界革命的天命（或民命、或史命）追求。中國的外交政策很快就從利用西方之用（即技術）來服務中國之體（即政治系統），發展以復興中國之體（秦漢政體和中華秩序），並用它來影響和領導並重定世界秩序。在「中國走向全球」的大旗下，[309]經過溫文爾雅的重新包裝和有力宣傳，中共的「新時代大國外交」，目前為止還是以基本和平、精緻、「正常」的民族主義訴求形式出現，但毫無疑問是伴隨著中華人民共和國軍事力量的爆炸性擴張及那充滿各種好戰要求和追求的全球議程。不過，中華民族國家和人民看來要再次淪為中國外交政策的棋子，而不是其主人或目的。

北京在海外為維護和加強政權而進行的持續不斷的全方位鬥爭非常有效，甚至是成功的，但中華民族國家和中國人民卻為之付出了巨大代價，得不到應有的回報。中共暨中華人民共和國的政治利益，與中華民族和中國人民利益之間的隔閡，是非常深刻的，具有很強的可利用性。

這個利益分離讓北京在國際舞台上擁有不成比例的力量。然而,有效遏制中國外交政策並高效改造中共政權的一大關鍵捷徑,也就現成地在此。就像準確地認真重讀中國歷史一樣,對中國外交政策的透明描述,將有助於解毒、激勵和賦予中國人民權利與力量,重塑甚至去除中華人民共和國的舊世界觀,並消減北京對抗、挑戰和取代現有世界秩序的強烈願望。

中國在世界範圍內活躍且大規模海外活動的影響相當複雜,其特點與中共暨中華人民共和國的整體紀錄一樣,具有嚴重的次優性和不可取性。中共黨國已經成為一股強大的力量,可以巧妙地競爭,進一步前進,甚至在中華博弈中達至其取勝的臨界點;當然這個勝利只不過是狹隘地根據中共的政治利益,而不是中國的國家利益或人類的利益來定義。正如人類歷史上屢見不鮮地,一個次優化甚至災難性的力量,如果擁有足夠集中的力量和詭計,就可以與更富有、更優秀的對手激烈競爭,並出乎意料地征服它,切實控制和重定整個已知世界的秩序。2023 年初,一項針對十九個國家的調查確實發現,中共在向全球推銷其政治治理模式方面的工作,有悖常理地顯得相當有效。[310] 儘管如此,正如其國內和外交政策的型態和紀錄所揭示的,即我在本書及兩部前傳中所試圖展現的,只要反對者(包括中國人民在內)及時、果斷地反擊,那麼在政治合法性、經濟效率和創新各方面都深受挑戰的中共黨國,就大概還是會落敗。

隨著重燃對「天下」的追求,取代美國並建立中華秩序式的世界帝國,中共現在以更大的力度和強度,繼續並提升爭奪新的世界領導地位和替代性世界秩序的中華博弈。西方在七〇至八〇年代,為贏得冷戰而打出的地緣政治「中國牌」,可以說是明智而成功的,但這種把戲早已完成其歷史使命。1990 年代中期至 2010 年代初期,包括象牙塔裡的理想主義者和華爾街資本家在內的許多人都偏好的「中國幻想」,即中華人民共和國透過西方的開放貿易、通融接納和友誼,會「自動」實現政

治轉型，如今似乎也已然褪色。[311] 同樣地，自九〇年代末以來，希望中國以「負責任的利益相關者」的新身分融入當前世界秩序而進行的友善努力，[312] 到 2010 年代中期似乎也消散並頗有些物極必反。在九一一襲擊之後，國際恐怖分子造成的對西方長達二十年的重大干擾，雖然據一些中國學者所言「拯救了中共」並「保護了中國」，[313] 也已經幸運地消滅了下去。[314]

六十年前，上海的傳奇國際商業大亨維克多·沙遜（Victor Sassoon）曾感嘆說：「中國（共產黨）人不喜歡外國人，從未喜歡過。他們和我們做生意，但僅止於符合其利益的程度。」[315] 或許出於深有同感，總部位於康乃狄克州的美國執行長集團（Chief Executive Group）的執行長在 2021 年 4 月寫道：「許多執行長即將發現——如果他們還沒有發現的話——在日益專制的中國做生意的風險，已經開始超過在那裡的好處。」[316] 在全球範圍內，甚至在新冠疫情之前，「無論大小」國家，都已經開始「反擊中國的過度擴張和專橫行為」，並正視「與中國的政治分歧以及經濟和安全上的挑戰」。[317] 強烈反對中共的「黨國資本主義（……），包括加強投資審查、將中國企業排除在戰略領域之外，以及建立新穎的國內和國際機構來應對來自中國行為者的威脅」，這些情形似乎已經在世界各地，特別是在西方出現了。[318] 西方國家，特別是美國，集中全力參與和最優管理中華博弈的時候已經到了，機不可失，但願猶未晚矣。[319]

中美競爭：為了自身生存以及整個世界

在試圖概述了中共統治下的中國外交政策後，我現在將轉而討論中華人民共和國和美國之間的史詩級別的競爭，這是中共暨中華人民共和國與西方（以及世界）之間的中華博弈之核心部分。本章將進一步考慮中國相對於美國的崛起，並分析跨太平洋競爭的全球性質、西方（特別是美國）的漢學研究狀況、美國對華政策的近期演變和重新定位，以及中華博弈的整體狀況。

生存性競爭

正如我在本書前面及兩本前傳《中華秩序》和《中國紀錄》所提到的，中共統治集團不管是對內還是對外，都是文字遊戲和權力政治「黑暗」藝術的世界級大師。中國的法家傳統是依靠武力和詭計（尤其是欺騙和操縱）來取得成功和統治，作為法家的堅定信徒和卓有成效的實踐者，中共領導人甚至在 1949 年成為中國統治者之前，就把焦點鎖定在美國這個世界上最強大的國家身上。時而直白地公開為敵，時而斯文地暗含恨意，時而極力隱藏、偽裝成可靠的夥伴，但中共始終將美國視為其頭號競爭對手，也一直據此行動，因為美國是其黨政專制秦漢政體的永恆挑戰者和致命威脅。從整體來看，中華博弈，尤其是中美競爭，始

終關乎中共黨國的政治乃至實體生存，而且從競爭的全球性和系統性來看，也關乎美國作為世界領袖和民主法治之主要體現的生存。

從中國人民和世界其他許多人的角度來看，中共的結構性、根深柢固的反美主義，似乎是非理性、荒謬且不合邏輯的，更不用說中國與美國有著長達一個多世紀高度互惠關係的歷史了。沒有任何證據顯示美國有可能入侵或殖民中國，而跨太平洋的文化差異和經濟摩擦都屬於國際關係的正常範圍，與友好關係所帶來的高度互補和重大利益相比，顯然是小巫見大巫。但從中共的角度來看，持續敵視和恐懼美國並非毫無道理，這證明了中共的政治利益與中國和中國人民的國家與民族利益之間的距離之大甚至脫節。只要中華人民共和國的社會政治不轉型，世界觀不改變，美國不太會（或根本不可能）低頭去接受中共的方式作為政治治理模式並滿足北京的所有要求，美國政治制度的存在本身，也就是「美國生活方式」擁有其力量、財富和吸引力，將始終對中共威權政體構成真實的、致命的威脅。而且，與十九世紀中葉之前不同，無論中共如何努力收緊審查制度、製造虛假資訊，進行「思想工作」或洗腦，都無法將西方和美國的強大實力，不管是軟實力或硬實力，拒之門外或假裝這些不存在。也就是說，只要美國繼續做自己，就一定會成為世界上那些非自由獨裁國家的鮮明比較，一個充滿活力的對照和重量級的替代選項；作為威權國家的對立面，美國還不可避免地會成為一個強而有力的批評者，特別是對那些頗有力量的威權國家。

因此，無論華盛頓和美國人對中國、為中國做或不做什麼，都無法改變北京與生俱來的政治算計。中華民族國家本來其實是安全無虞、會走向繁榮的，然而，中共政權對被美國「滅亡」的恐懼卻也是真實的。中國分析人士在 2022 年寫道，美國「永遠不會接受」中共的平等或優越地位，及其執著追求的「中華民族的復興」和「人類命運共同體的新全球化。」[1] 據中國資深學者孫立平所說，中美競爭因此是「一場長期而最終的對抗」，「所有衝突都是戰略性的，所有緩和（détente）都只

是戰術性的」，雙方都在尋求「徹底擊敗對手」。[2] 就連「在防治新冠病毒的競賽中」，「美國和西方可能的勝利」都將「為中國帶來許多可怕的後果，必須立即以最緊迫的方式，為這種令人擔憂的局勢做好準備。」[3] 中國分析人士（以及一些非中國分析人士）很容易就將中共政權誤認為中國，他們傾向於較真地將跨太平洋競爭視為兩個偉大國家之間可怕的零和遊戲。2023 年春，一些中國分析人士公開結論道：「中美關係現在不可能改善，發生重大和危險事件的可能性進一步增加，（因此中共必須）投入正在全面展開的中美鬥爭。」[4]

抛開迷惑煙幕和一廂情願的想法不談，很容易看出中美之間的競爭本質確實是攸關生存，因威脅到彼此的政治制度和世界觀的存在，甚至是國家地位和民族地位。也許有可能，尤其是對作為開放、多元的民主法治移民社會的美國而言，讓兩個競爭者「我活你也活，各過各的」（live and let live），可以以一種基於規則的、類似體育賽事的關係共存，定期、和平地決定兩種對立的政治制度和世界觀的權力和命運。然而，正如我一直以來試圖證明的，意在改變世界體制的中共，注定是要接管全部並以其方式重寫規則；這使得中美競爭成為持續公平比賽之願景，顯得不切實際、流於幻想。因此，中美競爭和整個中華博弈的結果與和平程度，將主要取決於跨太平洋的力量平衡，以及美國及其盟友如何應對來自中共黨國那日益嚴峻的挑戰。

美國始終象徵著一個龐大而看來難以逾越的外在力量，這是中共無法掌控、卻又強烈感受到，深深豔羡渴求但又極為恐懼的。事實上，中共領導層一直深刻明白美國強大的經濟和軍事力量，北京一直禁受著美國力量的強烈震撼；儘管主要是為了迷惑和欺騙中國人民，中共七十多年來的宣傳都是一直不遺餘力地以一些巧妙編造的虛假故事，將美國描繪成一隻「紙老虎」、一個不成熟的暴發戶、一個正在衰落或已經衰落的國家、一個自作自受的惡霸，或者僅僅是一個由被寵壞和無能的人民所組成的腐敗國家。[5] 不過，空談之餘，中共自執政以來，其實一直都

在努力追求要超越美國，在能力和資源上壓倒美國，特別是在經濟產出、金融資源和軍事實力方面：從異想天開的大躍進要在 1965 年前（或 1975 年，或「2000 年左右」）超越美國，最終卻以大蕭條和大規模饑荒結束，到 1962 年起由「中央專門委員會」領導的軍工一體全國總動員以發展軍事裝備，再到八〇年代起的「到 2000 年實現國防現代化」，以及到 2049 年（甚至是在 2035 年）超越美國，使中華人民共和國成為「世界強國」的「第二個百年奮鬥目標」。[6]

然而，在激烈拚鬥之下所造成生命和資源的巨大浪費與龐大的機會成本，以及反覆多次的失敗和拖延之後，2020 年代的中共黨國在社會經濟發展與科技創新方面，仍然還是基本停留在發展中國家的行列。[7]不過，儘管中國總體上仍然明顯落後於美國及西方國家，但正如我在本書前面和《中國紀錄》中試圖證明的，中華人民共和國還是已經成為世界舞台上一個擁有強大實力的頭號競爭者，因為它對世界第二大經濟體的極度壓榨，積累了世界上最大的外匯儲備，對人命和金錢可以集中且不透明地耗費並且幾乎不受任何審查或制約，還得以大量（合法和非法地）獲取世界的最新科技。

中共黨國的 GDP 約為美國的三分之二，但其中央政府經費支出已經遠遠超過美國聯邦政府，而且不像美國聯邦預算需要受到國會管束和公眾監督並必須大量用於社會福利。中國可能需要很長時間才能（也許永遠不會）在技術創新、經濟效率、人均 GDP 和生活水平等主要指標上接近和超越美國。[8]然而，中共黨國政府已經累積了世界級的資源，成為一個日益壯大的次優化巨人，使其在與美國的博弈中具有了系統性和全球性的影響力。從人類歷史上（特別是中國歷史上）來看，純粹的暴力和狡詐的詭計相結合，經常會征服更有價值、更強大的對手。因此，中共憑藉其集中龐大的武力優勢和針對性的外交運作，而不是依靠治理的可取性和人民的擁護，以及社會經濟績效的優越性，它企圖透過各種不擇手段的伎倆來贏得中華博弈，或許並不是一個太離譜的押注。

挑戰者

對中華博弈的事實性描述，以及對美國及其盟國應設法管理，在中華博弈中獲勝的原因和手段的規範性分析，都建立在對中共黨國是一個企圖改變世界制度、次優化、不可取，但卻是可行而強大的挑戰者的了解和評估之上。

中華人民共和國既不是在與美國爭奪尋常的相對國際利益，也不是西發里亞世界裡的美國人認為是正常而熟悉的體育比賽式公平競爭。中共掀起的是一場贏家通吃的全球性長期博弈，失敗者在政治和意識型態上都將不復存在，甚至連作為一個實體都可能要消失。

基於本書及兩本前傳所述，需要在這裡回顧並分析，有關中共黨國作為美國在中華博弈中的挑戰者的三個具體發現。

一、

中共黨國代表了一種不同質的政治治理模式，一種競爭性的社會經濟發展模式，以及一種替代性的世界秩序願景。它不可避免地挑戰現有的西發里亞世界秩序，即美國及其盟國領導的自由國際秩序。為了其政權的生存和安全，中華人民共和國一直在與國內的中國人民和國外由西方主導的整個世界進行一場無休止的、緊張、代價高昂、持久的鬥爭。在中華人民共和國的前三十年裡，這場宏大的鬥爭遭到了一系列的失敗，給中國人民帶來了巨大的悲劇，也使這個政權瀕臨滅亡。後毛澤東時代的中共有條件地、部分地在冷戰後期向宿敵投降，大體上臣服於它一直試圖推翻的世界秩序。在自由國際秩序的拯救與保護下，中共保全了其政治體制，並回到了 1949 年之前中國的外交和發展道路。在過去的四十年裡，毛主義黨國存活了下來，而且變得更加富裕，並被世界所接受。然而，根據中共黨國秦漢專制政權的內在邏輯，該政權注定或受

到詛咒要與自由國際秩序、和美國在世界上的領導地位進行鬥爭並改變現狀，因為它們與黨國的目標和世界觀完全不相容。在 1980 年代至 2010 年代的幾十年裡，北京對西方的部分投降，換來了生存和財富，極大地西化了中國社會。在此同時，受創的黨政專制則是暫時撤退「隱藏」了起來，但是很快，自認獲得了新財富的中共領導層深深意識到了自己的致命危險。為了權力和政權安全，北京堅持其機會主義的、不斷的、全方位的海外努力，並以捲土重來的復仇心態對外投入更多能量。

　　無論何時何地，只要一有機會，就不擇手段地抵制、削弱和取代美國，從而重定世界中心、重整世界秩序，這一直是中華人民共和國在中華博弈中，特別是在中美全球競爭中的核心目標。北京如果在這場競賽中獲勝，其最低目標是使民主法治受損，世界變得對威權政體而言更加安全；最高目標則是替換世界領導層後結束自由國際秩序，用中華秩序式的世界帝國取代整個西發里亞體系，給人類帶來秦帝國以後中華世界歷史的重演。用中共黨國的官方用語來說，其最低目標和最高目標「有機地」且「辯證地」聯繫在一起，成為「共生」的目標，以確保「國際上多種社會政治體系的和諧共存」之目標和推進建構「共同體」統一新世界秩序的「偉大使命」。「共存現實的國際道德」一旦得到保障，就可以「運用和提升」，以有效地「促進人類命運共同體的建設」。[9] 2021 年 9 月，習近平在聯合國重申了「確保不同文明、多種發展道路共存的世界」和「建構人類命運共同體，推動更加美好的世界」的雙重目標。[10]

二、

　　中共黨國的治理紀錄良莠不齊、平庸一般，大體為次優化，甚至常常是災難性的；其在政治治理、社會經濟發展、文物和環境保護等方面的低劣表現就是充分證據。中共那自相矛盾的「人民民主專政」，其實

是一種前現代（啟蒙運動之前）的社會政治制度，是一種復辟的秦漢威權主義，一種極權主義政體。就品質而言，它作為世界領導者將是美國和西方較不可取的替代品，是人類文明的一股倒退力量，代表了關於世界領導者和世界秩序的一個較不可取的選擇。

在所謂「中國悲劇」和「中國次優化」下，中國經歷了制度上和意識型態上的大躍退和歷史大彎道；中國人民承受了慘痛的生命和權利喪失、財富和生態的重大破壞、無數光陰白白虛擲。中華人民共和國的統治集團極其以自我為中心，極為放縱，永遠沒有安全感，本質上治國無能，但卻十分擅長不擇手段、殘酷無情地維護和加強其獨裁權力。中共黨國在制度上、意識型態和歷史上，都偽裝成民族國家的一股力求建立世界帝國的政治力量。因此，儘管北京自我定位為人民救星和人民公僕，但其實它只將中國人民當成有用但可以捨棄的俘虜，而不是公民。中華民族和中國人民，為中共的宏大海外活動付出了非凡的犧牲，但在國內國外都得不到應有的服務，還經常蒙受其害。

中共長期缺乏政治合法性，這與其專制、次優化的治理方式形成了互為因果的共生關係，使其政權特別不可取、代價極其高昂、無情而有力但又相當脆弱。作為中華人民共和國政權高成本低效率的一個指標，據歐洲的一份研究稱，雖然中國的人均 GDP 不到美國的 16%，但中國的人均國內安全支出卻是美國的 50%（或者說總額是美國的兩倍）；在西藏和新疆等「戰略要地」，人均治安成本則是美國的 134% 至 140%。[11] 在 2020 年代，北京單是對西藏的人均直接預算補貼，就超過全國人均收入中位數的 150%，或者說是藏族人均收入中位數的 270% 以上。[12]

三、

儘管中華人民共和國對中國人民來說，毫無疑問是次優化且不可取

的，但它卻實現了中共統治和壓榨汲取的所謂最優化，使該政權具有強大的韌性得以持續掌權和控制中國。中國崛起，成為一個富裕、發達、先進和令人嚮往的國家，充其量只能說是一個仍在進行中的工程，而且這一進程在 2020 年代已進入了一個更加困難的階段。[13] 但中共黨國崛起，成為一股世界級強大力量，傾力去影響全球、重定世界中心和重整世界秩序，已經是一個確鑿且不斷明顯的事實。儘管在資源和能力的國際比較中，中共黨國幾乎在各方面都落後於西方和美國，但它仍然有機會在政治和戰略上勝過美國一籌，贏得中華博弈。就此目標而言，北京擁有從世界上最大（2024 年以前）人口和第二大經濟體極度汲取海量資源的非凡能力，基本上不受監督和制約的行動自由，以及無窮無盡各種不擇手段的方法。

在全球化時代，自由國際秩序的開放且基於規則的規範和制度，極大地支持和協助了中共的生存和壯大，因為它可以「自由行動」，選擇性地忽視許多行為規範和道德約束。也許詭異的是，一個次優化的政體會產生一股強大甚至優越的國家力量，憑藉其集中使用的武力、可行的詭計以及足夠的運氣，在世界地緣政治中進行最優競爭，並有可能壓倒其更富有、更先進、治理更完善的對手；而其對手還會因為自己那些過度、昂貴的國內外政策而造成倒戈、失敗主義或自毀長城。例如二十一世紀初期美國和西方那所謂的「全球反恐戰爭」，就很類似嚴重的過敏反應，對自身造成了遠大於過敏原所能造成的損害。[14] 因此，中華博弈的勝負，看來還是未定之天。無論看起來多麼不可能，較可取的西發里亞體系世界政治秩序，還是有可能迅速被明顯更不可取的世界政治集權所取代。利用自由秩序來摧毀自由制度的能力，構成了中共獨特的一大力量來源，形成對美國和西方的非凡挑戰。

志存高遠、著眼全球

　　二次世界大戰後的世界秩序是美國主導的自由主義式西發里亞體系。身處其中，作為一個復辟的秦漢政體，中共黨國受其內在政治邏輯所驅動，不得不始終關注其最大的外部生存性威脅，即美國的存在和力量。北京依靠全國性的資源動員和不擇手段的各種詭計，即其相當有效的掌權力和控制之祕訣來對付美國，以追求其明確宣示的使命，即重定世界中心、重整世界秩序。因此，對從毛澤東到習近平的所有中共領導人來說，美國一直都是所謂外交中的「重中之重」，「對中國影響最大」。[15]在本書及其兩部前傳中，我已經討論了也許夠多的關於美國自四○年代以來，對中共權力和福祉在客觀上的至關重要與主觀上的備受重視，以及中共對美國一貫的所謂「4R」策略（resisting, reducing, replacing, reordering），即抵制、消滅、取代美國力量以重整國際秩序。在此，簡要觀察中共近年來軍備現代化與擴張的方式，可能有助於說明北京對模仿、競爭、超越和取代美國的執著和具體努力。無論中共試圖說服中國人民相信什麼宏偉理想，只要事關其權力和安全，該黨國永遠是極其認真，在與美國的生存競爭中鉅細靡遺、志存高遠、著眼全球。

　　2021年底，北京一家頗具影響力的雜誌用經典的毛澤東式政治術語宣稱，「中美矛盾正在成為世界主要矛盾」，具有「全面、全方位、全球性的影響」，特別是關於哪一方將成為「世界第一（強權和領導者）」的問題，而中華人民共和國必須採取相應、明智和有力的行動，才能取得勝利。[16]據中國國際關係學者翟東昇的說法，中國已經達成與美國平起平坐的地位，悄然迎來兩個「全球化體系」之間的「平行時代」，現在只需專注於競爭和最終獲勝。[17]為此，中共似乎希望首先以所謂「新型大國關係」，和美國平分太平洋盆地——中國國家主席習近平曾多次向歐巴馬總統和川普總統（2014-2018年）提出「太平洋足夠大，可以容納中美兩國」。[18]接著，習近平很快就變得更加膨脹，他於

2021 年 11 月透過視訊會議向拜登總統宣稱，並於 2023 年 6 月親自向來訪的美國國務卿安東尼‧布林肯重申，「地球足夠大，足以容納中國和美國」[19]。

在中共企圖超越美國的全球性努力中，軍事力量似乎占據了突出地位。中國人民解放軍對於中共黨國始終至關重要。毛澤東在二〇年代末提出並實踐的名言除了「槍桿子裡出政權」之外，他還在 1949 年告訴他的同志們，「所謂的（中華）人民共和國，事實上就是人民解放軍」。[20] 因此，人民解放軍受到中共最高統治者（通常是個人）的嚴格控制，也在國內享有各種特權和優先權。[21] 由於國內控制為其首要任務，並遵循毛主義「人民戰爭」的全面戰爭教條，即有效地動員並利用平民作為人肉盾牌，人民解放軍一直是世界上人數最多的軍隊，也是一支廣泛深入地融入民眾、以陸軍為主的軍隊。自九〇年代以來，作為中共加強在民族主義、愛國主義和民粹主義中尋求政治合法性的一部分，解放軍被重新定位為祖國的守護者，為漢人在世界上的利益、權力和尊重而奮鬥的戰士，一支「世界級」的現代化軍事力量以「保護世界和平」並維護「更公正的國際秩序」。[22]

進入二十一世紀後，隨著中共加速中華博弈，希望透過對稱和非對稱的方式，實現所謂的「彎道超車」或蛙跳模式（leapfrogging），北京大量投資於軍事力量，遠超出經濟成長速度。[23] 其目標似乎是要讓解放軍與美國軍隊旗鼓相當，如果還不能在實際戰鬥中真正擊敗並完全壓倒美國軍隊的話，至少在表面上要看上去是如此。2007 年底，解放軍第 N 次大規模更換制服，也是迄今為止的最後一次，徹底、公然地模仿美軍制服的每一細節，甚至包括相當不中國的勳綬和標識。[24] 人民戰爭教條也更新為受美國啟發的「能夠利用高科技和訊息在任何條件下贏得戰爭的職業軍隊」[25]。在清洗了幾乎所有他接手的高級指揮官後，習近平提高了軍官的工資和福利，將解放軍重組為五個軍種：陸軍、海軍、空軍、火箭軍和戰略支援部隊（太空、網路和心理戰），並仿效美國聯

合司令部模式組成五大戰區，大規模興建軍事硬件設備，目標似乎是遠距離甚至全球投射能力。[26] 人民解放軍變得更加對稱而並非僅僅不對稱地向美軍看齊，並大規模、迅速地打造其「全球作戰能力」，擁有更多核武器以及先進的常規和非常規手段，如隱形飛機和隱形軍艦、航空母艦、重型驅逐艦和兩棲作戰平台、潛水艇、超音速飛彈、太空和網路能力、全球定位系統技術、人工智慧，據稱還有生物武器。[27]

特別是解放軍海軍，已經從棕水（沿海）海軍，升級為藍水（遠洋）海軍，其艦隊到 2021 年擁有的軍艦數量（三百六十艘，預計到 2030 年將達到四百二十五艘）比分散全球的美國海軍軍艦數量（二百九十八艘）還要多；如果算上輔助艦和海岸警衛隊艦艇，到了 2020 年代初期，中國擁有七百七十七艘艦艇，而美國則是四百九十艘。[28] 以目前自詡「下餃子」一樣地快速建造軍艦的情況，解放軍海軍的艦隊總噸位，預計將在 2040 年使美國海軍落到全球第二，那將是一個多世紀以來的第一次。[29] 由於美國多年來對解放軍採取了一種莫名其妙的遷就態度甚至公開取悅、援助，更不用說來自西方的軍事和軍民兩用技術的大量合法或非法的流入中國，解放軍現在確實已經航行到了全球各個角落，在黑海、紅海、大西洋、北極、南極洲等遙遠的地方進行訓練與部署。據報導，在西太平洋，解放軍已經「完全有能力」突破所謂的第一島鏈。[30]

且不論真正的戰鬥能力，從軍事和認識論角度來看，數量本身就是一種質量。不同於本書和《中國紀錄》所報告的中共在中華人民共和國境內外製造的許多其他投資泡沫，中共的鉅額軍費投資確實形成了一支配備昂貴裝備的龐大軍事力量可供其使用；這支力量也不可避免地要求並創造各種新的目標和行動，以證明和合理化自己存在與花費的正當性。在 1995 年的第一份中華人民共和國國防白皮書以及隨後的 1998 年和 2000 年的版本中，中共始終重申其數十年來「絕不在任何外國駐軍」的「莊嚴承諾」。

2002 年，中華人民共和國用滿口承諾（現在看來它從未打算遵守）

成功抵消了美國的貿易審查，加入世貿組織。其後，加上多年的大量軍事建設，這一絕不在外國駐軍的「莊嚴承諾」在該年的第四份國防白皮書中被毫不在意地省略了，取而代之的是「積極主動的防禦」策略和「不在國外部署任何核武」的新「莊嚴承諾」。在兩年後的 2004 年國防白皮書（以及隨後的 2006 年、2008 年和 2010 年版本）中，中共呼籲解放軍要「跨越並突破」，以「打得贏」針對日益增多的具體威脅和敵人的戰爭。2013 年和 2015 年，「維護國際海上通道」和在海外廣泛「推動務實軍事合作」以「積極維護國家海外利益」，成為公布的中國軍事戰略的一部分。2017 年，解放軍在吉布地正式開設聯合基地，作為其「大國國際責任」的一部分。2019 年，人民解放軍在白皮書中宣布了新的使命：要為其他國家「提供國際安全公共產品」，以「保障世界和平」和「構建人類命運共同體」。[31] 至少，看來中共是在它所宣示的目標上砸下了重金：在全球範圍內與美國認真地競爭，有條不紊地推進，伺機反超，以一個相當傳統的方式，即透過獲取在世界上的軍事優勢來提升其國際實力。

中國的力量與目標

　　誠然，有許多人都得出了類似的結論，即中華人民共和國的崛起對美國領導的世界秩序構成了根本性和系統性的挑戰。這反映在近年來關於兩個大國之間，為爭奪世界政治領導權和國際組織的「即將到來的鬥爭」甚至戰爭的大量預測中，而美國自己的國家安全更是直接受到影響。[32] 早在 1993 年，就有人預測「人類的未來很大程度上將取決於」美中互動。[33] 這些觀點雖然富有洞察力，但往往還只是透過傳統的西方視角去看中國實力的崛起，而這些視角大多是限於分析同一個世界秩序下的意識型態衝突或權力鬥爭。[34] 許多分析還是基於明顯的文化、種族劃分概念和古老的歷史隱喻，例如「漢族中心主義」、「中華中心主

義」、古希臘國際關係史，或共產主義、民族主義和國家資本主義等歐洲意識型態。例如，據世界銀行前首席經濟學家的說法，西方和中國只是代表同一體系下的兩種相互競爭模式，即「自由賢才資本主義」與「國家主導的政治或威權資本主義」。[35] 根據這類觀點，雖然中國和美國走著兩條不同的道路，但北京的全球野心，與推動美國及其前任崛起為「全球霸主」地位的野心，並沒有本質上的不同。[36]

在發現中美之間出現了一場看似尋常、不可避免、因而十分正常的國際競爭時，許多分析家和倡導者似乎主要是在捍衛西方和美國中心主義，或者西發里亞體系的一個特定階段（自由國際秩序），而不是維護西發里亞體系本身。儘管可能很發人深省且尖銳，但許多（如果不是大多數）涉及中國崛起的作品，都傾向於用誤導性的舊標籤來淡化和臉譜化史詩般的中華博弈，將其框定為西發里亞體系下正常且合理的事件，即國家之間必要、不可避免且合法，甚至是受歡迎的競爭和領導層更迭。2005 年，美國高級官員表達了一個值得稱許的希冀，希望將中國作為志同道合的「負責任的利益相關者」，納入當前世界秩序。[37] 然而，這個相當明智的理想願望很快就落空了，因為它是基於對中共意圖的錯誤解讀，以及對中華人民共和國行動的一知半解之上的。要實現這一崇高願景，中共黨國需要約束和成功轉型，而這與北京不可談判的核心利益直接對立，因為它是一個只有統治全球才能滿足的威權政體。似乎對西方和中華人民共和國在制度和理念上根本不相容這件事無知無覺，一位國際事務知名評論人士在 2020 年依然鼓吹「接觸加威懾的政策」，為北京的「合法追求」提供更多、更長時間的包容。[38]2021 年，一位國際事務資深學者認為，「華盛頓不應該認為自己的價值觀比北京的價值觀，對其他國家更具吸引力」；由於「美國和中國都沒有遵守自由國際秩序中關於人權和世界秩序的那些規範性聲明」，「美國和中國都沒有對對方的主權或獨立構成真正的威脅，（而且）兩國都不可能讓對方接受己方偏好的政治意識型態。」[39]

對崛起中的中華人民共和國力量的真實本質進行充分理解，也是我試圖在本書的兩本前傳中所闡述的，仍然是必要的，值得簡要回顧一下。著名社會政治歷史學家法蘭西斯・福山（Francis Fukuyama）因在 1992 年提出「歷史終結」的大膽論點而聞名，他在 2020 年 5 月分享了一些極具洞察力的建議，特別是認定中華人民共和國繼承了秦代法家制度的遺產，現在是「像二十世紀中葉的蘇聯這樣有抱負的極權國家（⋯⋯）不幸的是，中共對全面控制的渴望，現在已經蔓延到世界各地的自由民主國家（⋯⋯）美國人需要謹記的是，他們現在的敵人和競爭對手不是中國，而是已經轉向高度極權主義模式的中國共產黨。」

儘管如此，福山仍然忽視了宏大的中華博弈，而是將中共的毛主義極權政治，歸因於習近平的個性和他的反腐敗政策。[40]「一位在與中國打交道方面擁有深厚專業知識和經驗的前政府高級官員」在 2021 年初匿名發表了《更長的電報》（ *The Longer Telegram* ），令人印象深刻地指出，美國問題的根源是習近平的領導，而不是中共。[41] 一位長期的英籍中國觀察家於 2021 年中發表了一篇論文，指出北京注定會發生政變，這場政變是因中共面臨的嚴峻問題而引發，並由「新覺醒」的美國領導的「自由民主國家」推動，將由李克強取代習近平，結束中國的一黨專政，並啟動向民主法治的過渡。[42] 儘管極具洞察力且鼓舞人心，但這些觀點可能是嚴重誤解了中共黨國的本質，中國政府始終追求的是按照其形象重整世界秩序，就算其舉措有所變化也只是出於其力量計算和機會認知的不同而已。

中共黨國實力的崛起，不僅僅是又一場爭奪權力和領導力的國際競爭，事關虛榮心、經濟和領土利益。這些北京當然都想要，但它還有一個更大、更根本的雄心，也就是改變整個西發里亞體系，並用另一個世界帝國秩序取而代之。正如我在本書及其前傳中試圖證明的，一個世界帝國，無論是否由漢人主導，都注定是不可取且災難性的，卻令野心勃勃的獨裁者們無比興奮。在以中美競爭為中心的中華博弈中，中共的最

低目標是用它那不確定且不透明的中共黨國取代經過考驗的、相對可以容忍的美國與西方去領導世界。而我已經試圖證明這種黨國領導是更次優化且更不可取。正如一位「理論家」強世功所寫的，中共公開宣稱，在西發里亞世界秩序下經歷了四百年的「彎路」之後，世界應該回歸「自然和合乎邏輯的」世界帝國歷史。為了「永久和平或共產主義」，重建一個單一的、更真實的世界帝國，或者說「世界的帝國」，以「解放」和更好地統治全人類，挑戰和取代無效且衰落的「英美世界帝國」，是不可避免的「新的偉大鬥爭」；對於在「具有魅力的領導人」習近平領導下崛起的強大中國來說，這是「歷史性的天命」。[43]

到這裡，讀者可能仍然會有一個合情合理的問題：如果當前的中共黨國是一種次優化的治理方式，那麼它實際上會有能力領導和改造世界嗎？我對中華人民共和國評估的一個主題是，該黨國保持了在控制和權力方面所謂的中共最優化與對人民來說的中國次優化的共生共存。黨政專制對中國人民來說表現不佳且不可取，但它為統治菁英（或單一統治者）的控制和剝削，提供了相當理想和有彈性的最佳服務。美國目前仍然牢牢地處於全球價值鏈的中心。[44] 以效率、創新和人均 GDP 來衡量，中國經濟在可預見的未來，仍然不可能與美國匹敵，更不用說超越了。[45] 然而，中國經濟的龐大規模，以及北京對「次佳」二流技術的大量且日益增長的使用，正在使中華人民共和國成為一股強大的力量，在與美國的競爭中具有相當的優勢。中共極有力地從近五分之一的人類、即十四億吃苦耐勞，但長期受到操縱、誤導和錯待的中國人民身上，汲取勞動力和資源。中共因此有能力在國際關係中具有競爭力，參與一場爭奪世界秩序的全面性中華博弈，而不僅僅是老式且代價高昂的領土和行政統治的擴張。[46]

中華博弈既是一場意識型態競賽，也是一場帝國主義或殖民主義對各國的征服。北京的行動不僅是為了某些抽象的教條，更是為了控制其他國家，最終按照自己的形象塑造整個世界；而它確實也以具體且有力

的方式正在做，卻常常被忽視。近年來證明了中共是如何不遺餘力、不計代價地與美國競爭，以贏得中華博弈；例子包括北京在南海、國際組織，以及在香港、新疆和台灣等地，還在朝鮮半島、東南亞和中亞、拉丁美洲、非洲，甚至美國領空的大量活動。[47] 最新的事例還有，北京在2022 年 2 月，莫斯科入侵烏克蘭前幾天，宣布與俄羅斯建立「上不封頂的夥伴關係」[48]，以及它利用「南半球小國來限制美國」的行為。[49] 中華人民共和國軍事機器的爆炸性增長，以及其宣布的戰略和教條的重大變化（本書前面已經簡要討論過），清楚地表明北京正在全速聚積更大力量以壓制競爭對手，包括各種形式的力量：軟實力和硬實力、傳統實力和非傳統實力、全球主義力量和民族帝國主義力量。

中華秩序在全球主義、人文主義、社會主義和共產主義等措辭的精心裝飾下，對許多人來說已經成為一種誘人的「民命」，即「天命」的當代版本。為了其影響和控制的目的，北京無節制地汲取中國人民的人力物力，並用此贏得了相當多的追隨者，包括來自世界各地各種各樣心甘情願且熱心的扈從、同情者、支持者、受賄者、同謀和皈依者，他們經常被觀察者貼上貶義的標籤，如「tankie 憤青」、「有用的白痴」或「白左」。[50] 這些同情者中有不少是傑出又有才幹、慷慨無私，但往往傲慢甚至抱持種族主義優越感的西方菁英；他們習慣於根據虛假和受控的訊息，糊塗無腦地將自己的個人理想和幻想，投射到那看似「進步和革命」的中國共產黨身上，夢想或假裝要藉此來啟蒙和「拯救」中國人民，指導和改變中國，從而以他們偏好的方式「拯救」並「改善」世界。[51] 不少有能力、甚至雄心勃勃的西方人，在國內受挫或被邊緣化後，選擇幫助中共，而中共也確實常常以全球五分之一人口的名義和財富，給予他們令人滿足的認可和實在的好處。這些人有的是貪婪、工於算計，但最終是自尋死路的資本家，還有他們目光短淺的辯護者，他們會用包括常識在內的一切，來換取季度利潤和抽象的「世界經濟效益」。有些外國出身的中華人民共和國學者鼓吹所謂「東方／中國賢才政治」和「正義」

社會政治等級制度之類靈丹妙藥，不僅為中共，也為整個披著儒家外衣的法家秦漢政體，構建複雜的辯護和宣傳。[52] 曾經頗有影響力的美國經濟學家薩克斯（Jeffrey Sachs），因為用不合邏輯的「那又怎麼說主義」（Whataboutism）為中共辯護而被公開稱做「中國辯護士」。[53] 一位加拿大學者在 2021 年指出，「世界各地的科學家」，常常是「具有戰略重要性的先進研究領域的領導者們，都是（中共）資金充足且精心籌劃活動的目標，這些活動利用了他們的虛榮心、天真和貪婪」。[54] 即使在西方，也有大大小小的前任和現任威權領袖和獨裁者們，從中華人民共和國的金錢和道德支持中受益。一些觀察家公開指責，許多「西方頂尖菁英」似乎已經成為「習近平中國的啦啦隊」。[55]

除了那些不那麼崇高的動機之外，對於戰爭與和平以及其他所謂「全球」問題，如氣候變遷、流行病、人類苦難和恐怖主義等，日益增長且往往真切的擔憂，也為建立一個世界政府提供了額外的理由和動力。不過，正如我試圖論證的，這樣的世界政府更有可能成為一個中華秩序式的世界帝國，而不是康德式的「自由國家聯邦」。[56] 中共黨國因此有機會攫獲那些自私者和高尚者、強大者和謙遜者基於各自想像力的支持；而這種看似奇怪的聯合支持，加上北京擁有的世界級資源，使它有相當現實的機率能贏得中華博弈。囊括全世界的中華秩序最終可能甚至不是由漢人主導的，它的權力中心不一定在今天的中國，它甚至可能不會冠上中國的名字，但它肯定會改變人類文明的進程。在美國主導的自由國際秩序模式下，不斷完善、更加「人道」的西發里亞體系，以其不斷擴張的人人平等之「普世」權利，實際上潛藏著可以讓一股堅定的力量將之重塑的基因和能量。中華博弈可能會導致熱戰，帶來難以想像的物質破壞和人口死亡；但事實上，一場全面的、一勞永逸的中美戰爭的可能性，遠小於持續的、非實戰的戰爭。這種低烈度戰爭會取得零碎的成果，逐漸累加達到中共最終勝利的臨界點，可以令其巧妙地避免重演偷襲珍珠港式的大對決。眾所周知，中共一貫強調「政治戰（……）

不戰而勝。」[57]人們對現代戰爭那些理由充分的恐懼，事實上可能會消減抵抗，並使在基因上就不太在意戰爭代價、不怕辜負人民的堅定挑戰者更加強大有力。

在法律或事實的西發里亞體系下，當一個民主國家與獨裁國家對峙時，確實可能享有某些獨特的、決定性的優勢。[58]理論和經驗都證明，在西發里亞體系下，民主國家往往比獨裁國家更優越、更和平。正如克拉倫斯‧斯特雷特（Clarence Streit）等有影響力的倡導者很久以前所設想的，一個世界範圍的民主國家，一個由相似甚至相同的民主國家組成的中央集權聯邦，可能是人類文明的理想政體。[59]如果中共承諾甚至看似要實現中國的民主化（先不談北京屢見不鮮的不守信和口是心非），那麼在統一世界的中華人民共和國領導下的世界秩序，也許仍然是可接受的。然而，正如本書第一章所討論的命題，比起堅持民主法治，一個世界政府，即使是由民主國家發起和領導的，當不受同儕力量的約束和挑戰時，將有更大的傾向（甚至是不可避免的）會成為具有威權，甚至是極權政體的世界帝國。這是因為民主（或聯邦制度）是基於規則和妥協，其建立和執行公共治理權力的方式，其實不如威權獨裁來得自然。民主法治的維護，就像餐桌上或操場上的社交禮儀一樣，都需要刻意、不斷努力去維護，必須透過不斷的教育、社會化、內化來調整。所有人類組織生活中都存在獨裁傾向，需要有意識地、不斷地努力才能加以緩解調節。[60]在國家和全球層面尤其如此，因為後果格外重大，而純屬運氣地減緩或扭轉這種趨勢的「外部」干預很罕見且代價高昂。類似於社會化同儕壓力的持續性外部競爭，是確保民主在政治中占有一席之地的關鍵。即使在民主國家的聯邦／封建制度下，內部約束本身也不足以確保單一主權力會受到制約和限制。因此，一個唯一的、不受外部競爭約束的世界政府，幾乎肯定會墮落為一個世界帝國的專制政權或一個功能失調的政體。在這種情況下，代價高昂的全球「內戰」，將把人類拖回原始粗糙的國際政治無政府狀態，一種事實上的、較不可取的西發里亞

秩序，就像中華世界之前無數次發生的那樣，「世界」統一之「天下大治」和「世界」內戰之「天下大亂」的循環不止，使中華人民遭受了長達許多世紀的災難和停滯。

以美國為首的世界範圍的自由國際秩序，即冷戰後法律上（de jure）的西發里亞世界秩序迭代，比一個僅僅事實上（de facto）的西發里亞世界秩序更可取；但它承受著變異的壓力，也產生了政治全球化的躁動，也許已經接近基於規則的國際聯合體，在不演變成全球治理或世界政府，並推翻西發里亞體系的情況下的功能極限。世界貿易組織和許多其他國際機構在 2010 年代和 2020 年的功能失調，自九〇年代以來那些「人道主義」國際干預的挫敗，以及自 2001 年以來曠日持久且過度誇大的反恐「全球戰爭」，特別是摧毀蓋達組織（al-Qaeda）及 2003 年入侵伊拉克之後（類似一個嚴重過敏性過度反應）都敲響了警鐘。[61] 正如本書第一章所提到的，關於人性的一個重要見解是，不受約束的權力會腐敗，甚至很快就會驅使「好」人變得邪惡，特別是在「合適」條件下，例如假定的需要感、不確定性、危險或恐懼。[62] 人們的「自然」傾向和衝動是偏好威權主義勝過民主制度，樂見集中權力（和「解決方案」）勝過分散競爭；再加上現代科技（由民主下的競爭產生）的集中化強大助力，有可能在中華博弈中，令更為可取的民主和西發里亞世界秩序敗北。[63]

由此，中共黨國對世界秩序的系統性變革，以及隨之而來的人類文明重新導向的力量，實際上可能比北京能擁有和行使的可見物質能力更強大、更深遠。因此，以美國為首的西方，在中華博弈中面臨的一個關鍵挑戰，似乎是在不成為一個更大的中華人民共和國的情況下擊敗中華人民共和國，以維護民主法治和西發里亞體系，而不是以不同的名義創造另一個中華秩序。這種情況讓人想起哲學家尼采（Friedrich Nietzsche）所描述過的「屠龍者」的可怕重生。[64] 人們應該記取喬治·歐威爾的傑作《動物農莊》中的寓意，以及緬甸傳說所描繪的悲劇：勇

敢的年輕英雄們為村民而殺死惡龍，但最終自己卻總是變成了惡龍。[65]

漢學現狀

　　辨別中共黨國崛起及中美競爭的性質和影響，以及整個中華博弈的知識論挑戰，往往因漢學（通常被稱為中國研究）淒涼的境況而變得更加複雜，特別是在美國。有鑑於不採取行動的後果是如此嚴重，西方漢學界在感知、報導和關注與中華博弈的意義、規模相關的訊息方面，其模糊混亂和遲疑不定的情況實在頗為驚人。2021 年，一些美國漢學家公開嘆惜美國自七〇年代末以來對華「接觸」政策的「結束」，並想知道研究中國的學者們如果採取了一些不同的做法，是否可能避免這一命運；而一些中華人民共和國的分析人士則很慶幸地認為，許多西方漢學家一直有效地「保護和幫助」了中華人民共和國那「被忽略」的崛起。[66]

　　一些極為聰明的人已經撰寫了無數複雜且具爭議的關於中國的書籍和文章，近年來，隨著北京無可否認地變得更自信和強大，則更是如此。[67] 2018 年，一本包含中國研究領域一些最知名學者文章的書籍，探討了三十六個有關中國的重大問題。[68]美國戰略與國際研究中心（CSIS）的報告提出了一個關於「七個中國」的「政策框架」。[69]幾個月後，蘭德公司（RAND）的一份報告建議，則使用遷就和勸阻的方式，讓崛起中的中國在合作、「共享」的多邊世界秩序中占據「更大分量」，使之繼續當一個「有條件的支持者」。[70]隨後，也許是標誌著一種覺醒，兩名前美國對華政策的資深操作者（兩人均於 2021 年以類似身分重新加入政府），於 2018 年在《外交事務》（Foreign Affairs）雜誌上撰文總結，認為美國幾十年來對中國的看法基本上是錯誤的。[71]一年後，由美國一些頂尖漢學家、前資深官員和外交官組成的美國對華政策專案小組，發表了一份名為《路線修正》（Course Correction）的報告，主張採取更加

「有效和可持續的對華政策」。連同其他一些已發表的文章，該小組承認美國在與中華人民共和國打交道方面的失敗，以及世界各國之間力量分布的不可避免的轉變。它指出了人們對北京的不滿情緒以及「美中關係的急遽惡化」，但對於如何應對不斷崛起的中國實力和野心則持謹慎態度。[72] 簡而言之，美國一些最優秀人士關於中國的建議，似乎仍是一種合情合理但遲疑不定的混合體，即照常行事和順勢而為，對於與北京合作而不是競賽，繼續抱有很高的希望，期冀雙方都能表現出足夠的靈活與務實，在忍讓下持續共存。

2020年，在源自中華人民共和國的新型冠狀病毒肺炎（COVID-19）疫情席捲全球、造成驚人的死亡人數和金融崩潰之際，菁英和公眾都出現了史無前例但也許合情合理的「全球對中國的反制」。[73] 然而，主流漢學家和中國通的態度仍然是模糊和猶豫為主，夾雜著基於不同猜測的頑強希望和善意。2020年編纂出版的一本書（可能是在疫情之前編寫的），對中華人民共和國外交政策的各個方面進行了令人印象深刻的調查，其中十五位知名中國觀察家達成了共識，即專家們應該「對中國逐步融入國際秩序的複雜性，提供全面而詳細的了解。」[74] 許多最敏銳的中國觀察家，對中共統治下五分之一的人類同胞，依然抱持強烈且真誠的一廂情願和善意，即使這些情緒日益明顯地頗為誤置而且無用。2021年初，蘭德公司的一份報告發現，「中國對美國重大利益的威脅，比來自俄羅斯的威脅更甚」，但又援引幾位漢學家的話，呼籲進一步對中華人民共和國採取更多包容措施，包括「放棄」台灣和南海，作為美國在全球範圍內克制和撤退主張的一部分。[75]

2021年，一群美國頂尖的中國研究學者公開承認，與中國「接觸」的時代可能已經結束，中國研究學科可能飽受了廣泛的失真、麻木、遲緩和異想天開的困擾。然而，許多（如果不是大多數）漢學家們似乎更多地在表達他們的悲傷和防衛心態，而不是從誤解中醒來並糾正錯誤，從而樂於不再採用「有缺陷」的策略，他們在這個策略中確實已投入大

量的精力和時間，而且通常還認為只是因為習近平個人，而不是中共本身，而導致該接觸政策的失敗。[76] 前面提到的美國對華政策專案小組，在 2021 年以更加尖銳的語調發布了第三次報告。報告指出，連同其他發現，「中國政府表現出令人驚訝的被圍困感」、「過於集權」，並且「北京在使其供應鏈擺脫對美國依賴方面所做的『脫鉤』努力，比美國反方向的同樣努力做得更多」。不過，它提供的一長串具體政策建議依然顯得相當的不連貫、零散，而且缺乏整體戰略的基礎。一些本身頗為深思熟慮的想法，缺乏條理甚至相互矛盾，帶有一廂情願的痕跡。[77] 2022 年初，一位因與中國政治異見人士有聯繫，自 1989 年以來就被北京禁止入境的美國漢學元老稱，關於中國崛起而帶來「生存威脅」的政治化言論，「加強了美國的法西斯主義」，因為中國除了其自身的國家安全需求之外，並沒有真正擁有「一個世界秩序的替代願景」。[78]

令人好奇的是，最近西方要求針對中國採取調整的、不同和更有力措施的呼聲，往往來自「主流」漢學家或中國學者圈之外，這或許也反映了中華博弈的現狀以及北京在西方日益增長的影響力。此外這些警告和呼籲，幾乎自然而然地招來了漢學領域許多資深人士的攻擊火力。2020 年秋，在享有盛譽的《外交事務》論壇上，一群著名的中國通人士貶低一位知名政治學家（但他並不是一位專業漢學家），稱他為「鷹派」，因為他呼籲「反擊北京」來「回應（中國對外的）侵略性」。被指控者則不得不解釋說，他並不主張美中「完全脫鉤，而是部分脫離接觸」，並不是真正對北京懷有「政權更迭的衝動」。[79] 似乎許多知名漢學家和中國問題專家都在謹慎而機巧地行事，將關於中共黨國的嚴厲觀點一概視為不言而喻的錯誤和實實在在的邪惡。幾個月後，2021 年 4月，《外交事務》在其網站上發表了一位中華人民共和國學者的文章，呼籲達成以「一個中國願景的全球秩序」為特色的「新接觸共識」，並由中美「二強（作為）負責任的利害關係人」來共同領導。[80] 無論它是鷹派還是鴿派，這篇文章都沒有受到專家們的反駁。

西方，特別是美國的漢學狀況，可能表明了西方文化裡自由主義和相對主義的侷限性，它們變成了一種頗為自相矛盾的非自由主義，避免對一個「特異」的政治或文化實體做判斷；似乎評判其他文化就辱沒了作為自由知識價值觀傳播者的尊貴地位。[81]正如湯瑪斯・索威爾（Thomas Sowell）所發現的，西方知識分子常常基於各種烏托邦式「受命者的願景」而不是對現實世界的考慮，提出一些「極為錯誤乃至災難性的處方」。[82]這種現象在漢學中同樣可見。正如漢學家兼經濟學家諾頓（Barry Naughton）在 2021 年做出的結論，漢學界對中共黨國的政治經濟，「錯誤」解讀和「失敗」預言均存在，「沒有考慮到中國共產黨那令人咋舌的強大而全面的力量」，「沒能預見」該黨國的重要特性，並且「後知後覺，極為遲鈍（……）延誤了我們對中國挑戰的反應」。[83]正如許多西方（尤其是美國）知識分子對冷戰後全球化的誤讀和過度讚揚一樣，無數漢學家似乎也誤解了中共的本質、思想和行動，後果嚴重，沒有遁辭。[84]

根據 2022 年發表的一項針對美國漢學家／中國通群體的社會學研究，美國的中國問題專家在 2017 年後才出現「脫離『（美中）接觸』的典範變遷」；這是由三個過程即「政治化、職業地位競爭和個人化」或「三種形式的鬥爭：政治、職業和個人」所驅動的。[85]對長達四十年之久的標準對華「接觸」政策提出直言不諱的批評者，通常是較不著名、非主流、非典型的，甚至是被邊緣化了的中國觀察人士，包括一些前軍官、前情報官員和記者，以及之前未受矚目的專家。[86]對中共黨國「利用你們自己的制度來勒死你們」的手段，利用諸如言論自由、開放市場、開放訊息，以及平等的人權和公民權利來削弱和摧毀西方和美國的手法和策略，一些最深入和深刻的分析卻是出自許多漢學家認為是邊緣或與有汙點組織相關的人士。[87]

另一方面，正如一位前美國國家安全官員所感嘆的，一些備受尊敬的美國賢哲「晚了幾十年才認識到中國的侵略本質」。[88]2021 年底，正

當以美國為首的西方似乎開始將崛起的中華人民共和國視為共同的「全球挑戰」時，兩名美國學者在兩個最具影響力的論壇上發表了基本相同的文章，繼續淡化對北京全球野心和能力的擔憂，呼籲更多理解和適應那緊張不安的中共領導層（其權力可能已經「達到頂峰」），並採取措施來「阻止」中華人民共和國因絕望而發動熱戰。[89]

令人驚異的是，大約四十年來，西方許多知名的漢學家和華裔、非華裔的中國通常常緊密團結，小心翼翼地避免惹惱北京，並經常竭盡全力去維護和「幫助」中華人民共和國，並自發地為接觸和綏靖政策辯護，即使這些政策已經明顯失敗。[90]我個人就聽聞過許多知名漢學家私下真誠地勸告他們的學生和門徒，不要對中華人民共和國的東道主和關係戶「不友好」，不要被視為冒犯中共，以免「失去中國的寶貴（職業生涯）門路」。我還見識過一些美國知名的中國問題專家，要求從美國政府資助、相對無關重要的研究報告中刪去他們的名字，因為該報告涉及台灣等「敏感問題」，而北京「可能會（因此）不喜歡」。然而，這些人卻毫不猶豫地使用「流氓政府」和「瘋狂政策」等語言公開批評美國領導人，稱美國與中國打交道時居然抱有「冷戰思維」實屬愚蠢且邪惡。正如一位同事詼諧地指出，攻擊華盛頓總是安全的，而且可能有利可圖，批評北京總是有風險的，可能會損害職業生涯，即使你人在中華人民共和國之外。[91]事實上，在漢學領域，反映出中共那強大而巧妙影響力的軼事比比皆是，足以說明擔心會被報復心強、資源豐富的中華人民共和國打擊報復的恐懼確實存在。

幾十年來，許多知名度很高、著述豐富的漢學家，著名中國問題專家或中國通，都沒有在他們的論述中批判性地區分中共和中國，以及中共暨中華人民共和國之黨國和中國人民。即使在一些最知名的中國問題專家之中，這種低級錯誤似乎也令人尷尬地常見，常常導致一些善意但錯誤的預測和糟糕的政策處方。[92]2019年7月4日，一百位美國漢學家、學者和前高官在《華盛頓郵報》發表聯名公開信，以明確的「中國不是

敵人」為標題，呼籲恢復和延續已有四十年之久的對華政策。[93] 儘管其觀點不乏明智與善意，但這封由五位著名漢學家和中國通起草的公開信，似乎將中共黨國政權及其一貫使命和近期政策行為，與中國人民以及中華民族國家那些值得尊重的、正當的利益混為一談。四天後，網路上發表了一篇題為〈中國不是美國和世界的敵人，但中共是〉的反駁文章，作者是三位相對無名的漢學家，來自紐約一家剛成立三年的「中國政治風險諮詢公司」。[94] 兩週後，又一封公開信在一家小媒體上發表，敦促美國政府「堅持目前對華（新）路線」，放棄過去的政策。這封公開信是由一位退休的美國海軍上校（情報官員）起草，逾百多名聯署者大多明顯是非知名人士，而且只有少數幾位是漢學家。[95] 有些人可能因此有理由認為，中共「已經能夠俘獲相當一部分（西方）對華政策的菁英階層，讓他們在西方的首都和智庫裡為中國奔走賣力；而同時則不斷地批評美國，指責我們的『攻擊中國』以及對中共政權抱有不純潔、不正確想法的美國罪孽，是『極少數的瘋子』。」[96]

有些人早已擔心西方民主國家的決策質量，感嘆「無知，尤其是對公共政策相關事情的無知，成為一種事實上的德行」，由此，「美國對無知的崇拜」就導致了對已經確立的專業知識和專家的拒絕，後果嚴重。[97] 美國對華政策的討論敘事則情況更糟：即使是已經確立的專業知識和專家本身，似乎也經常受到各種無知和偏見的困擾。

中國研究之研究

我對西方，尤其是美國的漢學研究貧乏困頓狀況的粗略觀察表明，有鑑於應對中共黨國崛起的極高風險，中國研究領域本身就需要好好地加以研究，以變得更為恰當和準確。[98] 誠然，來自中國的訊息規模龐大且數量眾多，加上許多現有的「迷思」和無數人為的扭曲，即使是最真誠和最勤奮的觀察家也很容易感到挫折、迷失。[99] 據一位政治學家的說

法，大量有關中國的出版物其實都是「對中國行為簡單化的『膚淺解讀』」。[100] 在此，我僅提供部分觀察，希望能夠引發討論並指出可嘗試改進的地方，以便更全面地了解中共黨國，更助於在中美競賽和中華博弈中取勝之目標——為了西方、中國人民，最終也是為了全世界。

西方漢學的革新和提升肯定需要更多人的更大努力。合理的首要問題似乎是：為什麼西方的漢學（或中國研究）陷入如此淒涼的狀態？

前面提到「有用的白痴」的存在和能量，以及中共特工和代理人、隱蔽或公開的「老朋友」們那些日漸為人所知的強而有力的努力，很可能都十分重要。[101] 中共的影響力似乎已廣泛滲透到美國，從聯邦和地方政府、大學和智庫，到企業和社會團體：這些都充分證明了美國需要「警惕」。[102] 此外西方漢學界普遍存在的親華基因特徵，也可能發揮了重要作用。自五〇年代或更早以來，美國（以及整個西方）培養和選拔漢學家的方式，一直是相當家長式、壟斷性甚至一脈相承；寶貴的職位和獎勵常常是根據關係、背後人脈和對現存（甚至已經過世）權威的尊重來分配的，而這些權威常常「懶惰地重複錯誤的敘述太久太久。」[103] 著名美籍華裔學者余英時就曾經嚴厲評判道，包括費正清（John King Fairbank）等大師在內的重量級美國漢學家，幾十年來「對中共的預測幾乎每次都是錯誤的」。[104]

該領域的「專業地位競爭」似乎導致了一種相當獨特的氛圍，其特點是那些長期一貫的「菁英中國通的影響力和認知霸權」，他們與中華人民共和國有著源遠流長的聯繫。[105] 因此，該領域的領軍人物和突出菁英變得愈來愈有些近親繁殖，形成了一個穩定的等級制度來鞏固他們的地位。西方許多漢學家的薄弱學術、集體思維和一廂情願、迴聲室效應和自我審查，助長了所謂「中國幻想」，集體和持續地「誤解了中國」，從而維持了「後冷戰時代最大的戰略誤判」。[106] 在所謂的「藍隊」和「紅隊」或譏誚的「屠龍者」和「熊貓派」之間，[107] 知名漢學家們似乎自動傾向於後者而迴避前者。此外，正如著名的美國漢學家林培瑞（Perry

Link）所回憶的，一些美國漢學家似乎更渴望幫助中國保住獲得西方科學技術的機會，而不是去保護那些中共不喜和「懲處」的同事。[108]

在西方，漢學或中國研究似乎正如該領域的一些領軍人士在六十年前警告的，已退化為學界「淺薄者的庇護處和平庸者的避難所」。[109]根據兩份獨立的報告，在數百位最常被引用的美國（和世界）政治學家之中，似乎沒有一位是漢學家。[110]另一方面，一些使用古老比喻（如所謂的修昔底德陷阱）撰寫關於中國的頗有影響力文章的人，看來對這個國家知之甚少，更不用說明瞭中共黨國了。[111]太平洋關係研究所（1925-1960 年）之類美國組織中的蘇聯和中共特工，似乎在西方漢學的意識型態基因譜系上留下了一些印記。或許，天長日久之後，人們會有意無意地仿效，甚至變成為他們的研究對象；尤其是當他們不斷受到威權主義那強大而誘人迷霧的薰陶，浸淫在帝王嫉妒和農奴心態的文化中，沉醉於秦漢政體下許多世紀所精心釀成的精緻、「辯證」、令人著迷但沒有邏輯的花言巧語，概念遊戲和數字遊戲所帶來的各種享樂和獎賞中。[112]

一位中國學者在 2020 年觀察到，「大多數是白人」的美國漢學家往往「愈研究中國就愈喜歡中國。」[113]儘管他們通常個性溫和、禮貌、善良，甚至看似十分謙虛，舉止頗似一位博學儒雅的長者或者祖母；但相當多有影響力的漢學家在行事上，最為重視的還是極力維護自己的權威和地位，在這一點上更像是令人敬畏的法家大家長。

也許還有語言和文化的障礙，導致許多中國觀察家表現出令人尷尬的天真和驚人的膚淺。許多西方的非母語漢學家，往往對書面中文的掌握有限，他們幾乎只能做口頭交談，很少能夠用中文流暢寫作。[114]也許正是因為意識到了這種障礙，許多權威漢學家往往急於展示和強調他們對中國的那些「細緻入微的理解」，以及他們在中華人民共和國的關鍵甚至獨家門路。因此，這種「試圖細微化美國對華政策的辯論」可能會忽視真正重要的事實和大格局，導致持續「四十年對中國的鴕鳥式想

法」。[115] 一位研究人員在 2021 年犀利地總結道，許多漢學家和中國觀察家「一直拿著一些中文字詞在胡說八道」，而這些字詞實際上是那些文化淺薄、意識型態貧乏的中共詞匠寫手們的作品；這些漢學家對那些奇異的、「神祕難解」的漢字的「虛假剖析」，常常被冒充為「令人印象深刻的社會語言學洞察力」和令人著迷的捷徑，用來解釋實際上並不存在的所謂珍貴細微但深刻的含義。[116]「門路」，或者光是可以造訪中華人民共和國以進行實地考察或「交流」（經常取代了扎實的研究並掩飾其知識缺陷）的簡單許可與簽證，已成為許多西方漢學家夢寐以求的獎賞，並被中共巧妙地利用來施加影響和恐嚇。[117] 服從甚至討好，或至少不激怒、不冒可能觸犯或對抗黨國的風險，是許多漢學家們常見的行為潛規則。

這種態勢也許始於「關心亞洲學者委員會」（Committee of Concerned Asian Scholars），這是一個由「和平主義者、反戰自由主義者、新左派、毛主義者、開明學者和許多其他人」組成的團體，它在 1971 年開啟了中國專家對中華人民共和國的訪問和「門路」。[118] 這個團體至今仍對中國研究具有強大而持久的影響力，但也因其將民粹主義價值觀投射到中國、「使中國研究領域兩極化」、不加批判地「浪漫化」和宣揚毛主義，而受到一些漢學家同行們的非議。[119] 香港中文大學著名的中國研究服務中心，自六〇年代以來就是「中國研究人員的聖地」，也在 2020-2021 年進行了「重組」，透露出中共進一步控制門路和訊息的訊號。[120] 也許從簡單的「追蹤現金流」可看出何人得利，會有助於解讀西方許多原本聰明的學術菁英所表現出的天真和膽怯，儘管他們在獨立和自由主義思想方面看似無可挑剔，但卻常常忽視或掩蓋那些明顯的事實，例如「你無法在威權獨裁國家提供自由教育」。[121]

與蘇聯學等其他「區域研究」類似，西方的漢學常常陷入一場追趕遊戲，只能試圖在事後解釋；其預測能力微弱甚至根本不存在。[122] 不同的是，在蘇聯學中，母語專家（通常是第一代移民和流亡者）備受關

注，甚至發揮了重要作用；[123]而來自中國的漢學家卻往往受到嚴重阻礙。正如我的一位老朋友（他自己是一位重要的非華裔漢學家）私下所說，第一代移民華裔漢學家不少「地位嚴重低落，不受重視」。[124]語言和文化的障礙，通常就不利於母語非英語人士在美國社會科學、人文學科和政策話語方面的出版和推廣。

除此之外，二戰以來美國的移民漢學家還有一些值得注意的特點，他們之中的許多人，經常表現出以前在共產黨主宰的中華人民共和國（以及程度較輕地在國民黨領導的中華民國）中所受教育的強烈痕跡。這種教育通常會導致科學方法論的實踐不足，自由和獨立探究精神比較受限，以及在閱讀歷史和觀察事實時，大量持有大中華中心沙文主義價值觀和概念，即使是一些最知名、成功的移民漢學家也是如此。[125]當中有許多人習慣性地珍視並追求要支持和造福中國的使命，對中國（通常指中國政權）抱有一種揮之不去、時常誤判但又真誠的責任感，力求表現出「中立」的樣子，要爭做故國和他們選擇的現居國家之間的所謂「橋梁」或中介，經常還流露出對他們實際居住或接受教育的西方一些莫名的不安與不屑。[126]一些在美國智庫工作的人還公開宣稱，他們的使命就是「用美國人能夠理解的語言，從中國的角度公平地解釋中國的外交政策」。[127]

這種認同感、依戀感、使命感和義務感，常常被所謂的鄉愁文化，也就是對故土的懷念和歸屬感等珍貴價值和美德，予以浪漫化、尊嚴化和合理化；而鄉愁又通常與祖先崇拜和大地崇拜的自然宗教連結在一起，這兩者通常在較停滯的家長制農業社會中盛行，而且顯然不僅限於中國人。[128]進入工業革命以後的時代，在人口流動和城市發展的雙重作用下，這種家鄉情感與家鄉本身在全世界都在逐漸消弭；光是 2010-2020 年，中國就至少有三十六萬個村莊完全消失，占總數的 13%。[129]然而，也許是其前現代政體本質的一部分，中共長期以來一直將這種自然但過時的鄉愁感情，強力地政治化，巧妙地放大並廣泛利用和濫用，

作為其統一戰線計畫的有效組成部分。[130] 例如，2022 年 5 月，中國駐美國大使秦剛（幾個月後成為短命的中華人民共和國外交部長）還公開告訴美籍華人菁英民間團體「百人會」，他們這些「黃皮膚」的華裔美國人永遠「與中國有著天然的聯繫」，因此他們必須貫徹始終地致力改善中美關係，因為「覆巢之下無完卵」。[131] 許多來自中國的移民學者似乎無法超越這種日益想像的故土情感；相較之下，白居易（772-846年）和蘇軾（1037-1101 年）等中國文豪，很早就以更加健康的態度，明智地做到了「心安之處是吾鄉」。[132] 在許多有中國血統的漢學家中，似乎缺乏法國政治家克里孟梭（Georges Clemenceau，1841-1929 年）的「la patrie sans justice est une geôle」（沒有正義的祖國就是監獄）的開明觀點；德國作家托馬斯‧曼（Thomas Mann，1875-1955 年）的自信，他在流亡中宣稱「德國文化就是我所在的地方」；或常被認為是美國賢哲的班傑明‧富蘭克林（Benjamin Franklin，1706-90 年）和中國學者胡適（1891-1962 年）的立場：「哪裡有自由，哪裡就是我的國家。」[133]

這種教育和文化上的殘留、依戀和情感，往往限制了許多在西方的華裔漢學家（以及華裔風雲人物）的自由和獨立，特別是在第一代移民中。這些人也經常被中共政府巧妙地針對、利用和操縱，以實施其統一戰線策略，提供津貼、門路和報酬並利用他們的虛榮心；其方式類似於許多其他外國政府，包括早先的國民黨中華民國政府，但絕對更為險惡也更具侵略性。[134] 值得玩味的是，在過去的三十年裡，不少西方知名的非中華人民共和國的華裔學者和知名人士，從國民黨的支持者無縫轉變為中共的代理人，就像在三〇至五〇年代，在中共成功的統一戰線計畫下，許多中國菁英所做的那樣。[135] 一些曾經支持國民黨的美籍華裔學者如熊玠，毫不猶豫地歡呼「習近平時代」和偉大的「中國第二次崛起」，因其為全世界將帶來「中華治世」（Pax Sinica）而額手稱慶。[136] 一個值得注意的例外也許是余英時。[137] 在出色地推進對中國文化史的批判性研究，並在國民黨特別是中共的專制政權面前勇敢地堅持原則的

同時，余英時還投入大量精力，致力於「重新發現」和頌揚儒家思想的「內核」價值，即農業社會的家長制意識型態，以及在外儒內法政治治理中的中國傳統士大夫制度，作為西方後啟蒙運動自由主義、人道主義和民主法治的近似、補充甚至對等。[138]

所有這些都讓西方對在中國出生和長大的漢學家，產生了一些特有的、揮之不去的，某種程度上也不無道理的困惑、誤解、疑慮，甚至不信任。一些親華、母語非中文的中國研究專家，在語言和文化上缺乏競爭力和洞察力，自然傾向於以相當中國的方式藉機落井下石：對於一些移民或流亡漢學家毫不費力、冠冕堂皇地邊緣化，甚至排斥他們，將他們降為研究助理和數據收集者等無聲或次要角色，這對西方的中國研究和中國教育的質量帶來了巨大損失。

最後，也許問題在於，西方許多有影響力的中國觀察家，尤其是非母語人士，雖然是訪問中國的常客，但本質上只是偶爾的觀光客和備受禮遇的上賓。他們往往缺乏對社會文化的「感覺」，因此錯過了許多框架脈絡和潛藏的細節，並且在訪華期間都受到密切監視和巧妙「管理」。[139] 許多人（如果不是全部）都受到持續的監控、縱容和恩寵，受到特殊的款待，享有直接送到嘴邊的美味佳餚、津貼、福利和娛樂以及融入其中的官方黨國宣傳。[140] 以這種取巧方式取代辛勤研究來「了解中國」，為中共提供了絕佳的機會，可以輕鬆地在「主場」處理和「運作」來訪者，這就是他們慣用的「思想工作」或洗腦的完美延伸。[141] 即使是精通中國文化的著名華裔美國歷史學家何炳棣，也會被中共欺騙，寫出「一系列文章」來宣傳黨的路線；多年後，他公開後悔並想「忘記」這些文章。[142] 當來訪的美國總統要求會見中國百姓時，中共雖然無法拒絕，但每一個細節都經過精心策劃和排練，從誰到場、坐在哪裡、說什麼、什麼時候說，簡直就是完美的欺騙表演。[143] 歐巴馬總統在回憶錄中就生動地提及在他與隨行人員出訪中國時，中共如何頑固而可笑地試圖對他們進行駭客攻擊、監視和跟蹤。[144] 據報導，中共黨國在西方

也同樣地騷擾和構陷其批評者和抗議者。[145]

　　無數懷抱理想主義且友好的西方人，特別是美國人，奉獻了他們的才能和時間來幫助中國人民，而且往往是直接幫助了中國政府，取得了深遠的成就和持久的影響，但也帶來了巨大的幻滅與失望。[146] 也許是不滅的理想主義和友好態度，或許還有其他原因，使得他們之中的許多人似乎被鎖定，不得不熱心幫助中共黨國。看到這麼多明智、有能力和有影響力的美國領袖、官員和學者，似乎被當年與日趨失敗的中共黨國曾實現一次政治和解的光彩所迷惑，並將這七〇至八〇年代為了對抗蘇聯的策略，視為一項持久且歷史性的成功，實在令人驚異。[147] 也許是在當「中國人民的朋友」的誘惑所強化的自私妄想下，他們除了下意識地自動呼籲更多地「理解」和遷就中華人民共和國之外，似乎再無能為力；於是不斷以那執行有誤、不完整，經常被濫用，基本上已過時的「接觸」為萬能藥。[148] 毫不奇怪，被視為「中國」的好朋友或死對頭，完全取決於中共領導人那變化無常的政治喜好，因此非常脆弱且往往是可逆轉的。[149] 在人類認識論和行為中，關於理解與喜歡某事之間因果關係的看法，往往既沒有邏輯，也沒有根據。這幾十年來，透過廣泛而持久的努力，通常西方人愈是了解中共黨國，對之厭惡和疏遠的理由就愈是強烈。[150] 因此，中華人民共和國的那些西方「朋友們」，實際上最終只是患上了一種「認知失調」症，對數十年來已顯而易見的事物還不斷以需要更多「理解」為名，尋找無窮無盡的藉口，有效地在中華博弈中捍衛和協助中共黨國。

重定典範模式

　　我試圖概述了西方和包括中國人民在內的世界，加入與中共黨國的中華博弈並在其中取得勝利，從而維護自由主義版本的西發里亞體系的必要性、可取性、緊迫性和可實現性。管理中美之間的全球競爭並在其

中取勝，是中華博弈的核心。為了使這一努力取得成功，重新建構規範行動的典範模式與分析框架或跳出舊的思維框架是不能再拖延了。近來給中華人民共和國安上的諸多標籤，從戰略夥伴、有合作的競爭者、戰略競爭對手、可以共存的競爭者到死敵，都反映了各具後果的不同典範模式。[151]

西方，特別是美國，應該全面、果斷地重申西發里亞世界秩序的原則和可取性，重新考慮和重新定位美國主導的二戰後全球主義，並重新評估冷戰後普世平等價值觀的應用，幾十年來，這些價值觀影響了美國的大部分外交政策。誠然，1948 年聯合國《世界人權宣言》中所闡述的這些價值觀，其實也是中國人民所認同的，張彭春等中國人民的代表實際上參與了該宣言的起草。[152] 更具體地說，公開承認並有意識地將中共暨中華人民共和國國家政權，與中國暨中國人民區分開來，是美國有效設計和發動對中共事業的精準打擊，同時對中國人民造成最小附帶損害的關鍵一步。美國眾議院 2023 年初成立的「美國與中國共產黨之戰略競爭特別委員會」，似乎是個恰當的訊號。自八〇年代以來，特別是九〇年代末之後，美國暨西方採取的合理而仁慈的全面接觸政策極大地改變了中國，為許多人（如果不是所有人）帶來了宏大的有形和無形利益。例如，中國已經因加入世貿組織而有了不可逆轉的變化：經濟顯著增長，社會更加多元化、進步和西化。[153] 但中共政權由於其與西方結構上的不相容和固有的敵意，成功地設法與西方保持選擇性接觸、部分接軌或部分脫鉤。因此，目前為止它得以倖存，以新獲得的物質力量不出意料地對西方進行加倍的反擊，尋求最終按照其形象來重定世界中心、重整世界秩序。結果，「這個黨國及其理念，是美國和自由世界所面臨的最大威脅」，北京想要「一個徹底改變的國際體系」，一個與現在截然不同的世界。[154]

因此，中共，而不是中國，應該成為共同努力的針對目標，透過堅定的遏制和更明智、更有選擇性的接觸交往，這一次是按美國標準的選

擇性接觸交往，達至該黨國的削弱和轉型。明確地將中共視為「我們時代的主要威脅」，聲援中國人民，這是一種將深刻調整和重新定位美國對華政策的新典範。[155] 還可以對中共的對外事業和中國內政、北京的海外行動和對內治理進行具體細分，以提高管理中華博弈的準確性和效率。這些區別對待並不是多麼新奇的想法，但近幾十年來西方的中國觀察家和政策制定者之中卻很少有人闡述和考慮它們。重新建構的典範框架，應有助於最大限度地減少甚至避免中華博弈可能對華裔美國人甚至亞裔美國人產生的那些徒增內耗且令人憎惡的種族偏見。[156] 這種典範改變很可能已經以強大的殺傷力擊中了中共的致命弱點，北京方面對這一訊息及其呼籲者的異常憤怒和恐懼反應就證明了這一點。例如，北京稱當時的美國國務卿蓬佩奧（Mike Pompeo）為「人類公敵」，而不只是傳統上最糟糕的罪名，即所謂「人民公敵」（或階級、革命或中國公敵），又稱其為「反世界」的「政治病毒」，只因為他將中共與中國人民區分開來的言論。[157] 2021 年 7 月，習近平主席對此的特別抗議，就像是被砸到痛處一般，完美詮釋了一句中國諺語「此地無銀三百兩」（透露出真相的蹩腳謊言），他公開宣稱：「任何想把中國共產黨和中國人民分割開來、對立起來的企圖，都絕對不會得逞的！九千五百多萬中國共產黨人不答應！十四億中國人民也不答應（這種嘗試）！」[158]

可以理解的是，任何典範模式的轉變都是艱難的，通常會給個人帶來不愉快的感覺，同時伴隨可觀的成本和重大風險。正如一位社會學家對中國研究領域的敏銳觀察所表明的，名聲與尊重會受到威脅，「多年的學術勞動」可能會是個浪費，[159] 更不用說地位、影響力、資金，甚至罪責了。但框架轉變是必要的，通常是有益的，而且對於中美競爭和整個中華博弈的順利進行來說，也是可行的。就如一位資深中國觀察家在 2020 年所評論的，「知識、謙遜和誠實，將幫助外界應對中國崛起的歷史性挑戰。」[160] 就我個人為例，其實早在 1997 年，我自己不僅在美國戰略與國際研究中心出版的《華盛頓季刊》（*The Washington*

Quarterly）上寫了一篇題為〈接納中國：新時代的新政策〉（*Incorporate China: A New Policy for a New Era*）的文章，而且還實際到華盛頓各處廳堂去幫助遊說給予中華人民共和國「最惠國」貿易地位，與北京侵犯人權的紀錄脫鉤，希望透過開放和優惠的貿易和交流，和平地接納和改變中華人民共和國。[161] 不過，經過幾年的時間以及一次及時的個人醒悟，從 2005 年開始我在《紐約時報》等地方發表修正的看法，認為如果沒有足夠的內部社會政治變革和約束，中華人民共和國的崛起，對世界和中國人民來說，將會是一場災難。[162] 一直實施的那種舊「接觸」政策既不完整，也不恰當。2017 年，我出版了《中華秩序》，即本書的第一部前傳，也是在戰略與國際研究中心發布的，報告了中國共產黨與西方在制度和意識型態上深刻的不相容。2023 年，我出版了本書的第二部前傳《中國紀錄》，報告了中國共產黨作為替代性世界領導人的可行性（feasibility）和不可取性（undesirability）。

　　儘管可能已失先機，但根據證據和推理來改變自己的想法和行動，永遠不嫌太遲。例如，頗具影響力的《紐約時報》專欄作家湯馬斯・佛里曼（Thomas Friedman）在歡呼全球化、讚揚欽佩中國經濟成功多年之後，於 2022 年公開承認自己「對中國審查制度的看法是錯誤的」，然後投票支持「脫中」（Chexit）來與中華人民共和國脫鉤，並提出新的投資座右銘「A.B.C.─Anywhere But China（除中國以外的任何地方）」。[163] 透過適當和及時地重新建構典範框架，美國及其盟友仍然擁有充足而強大的手段和影響力，可以應對和管理中國實力的崛起，透過高度可行、可負擔和可持續的努力，來維護和改善當前的世界秩序。正如一位研究自由主義國際秩序的領軍學者所寫的，中共黨國將「讓世界偏離民主價值觀和法治」，而美國需要「與其他自由主義國家的夥伴關係（……）去重申自由國際秩序的核心前提：建立國際機構和規範，以保護社會免受自身、彼此以及現代性猛烈風暴的侵害」。[164]

　　巧妙地管理中美競爭和整個中華博弈並不容易，它需要認真、全面

地認識中共黨國的本質和實力。正如我在本書及其兩部前傳中試圖論證的，該秦漢政體無疑有著政治次優化、社會經濟表現不佳以及外交政策昂貴低效的明顯紀錄。此類次優化、缺陷和不足，當然可以善加發掘和利用。然而，憑藉其經過歷史考驗而驗證的優越的榨取、操縱和動員能力，該秦漢政體可以在中華人民共和國及其他地區擁有強大的持久力，抵制可能改變其國際目標和世界觀的社會政治變革。即使其人民沒有得到最佳的經濟或良好的治理，北京也完全有能力聚集大量的軍事和外交資源。不擇手段是專制統治者特別突出的一個特徵，也一直都是其力量的關鍵來源，是一個堅定的獨裁者在看似必敗之境取勝的手段。如同公元前三世紀的秦帝國（以及世界許多其他勝出的世界帝國）一樣，中華人民共和國即使在社會經濟發展欠佳的情況下，也可以動員、集中和運用足以改變世界的力量。玩弄世界貿易體制和利用全球互聯性，幾乎未受阻礙地獲取西方最新技術和全球資源，現在都極大地幫助了北京。中華人民共和國因此不需要創新和最優，也能擁有先進技術、宏大的經濟資源和誘人的金融實力。[165] 一些最好而敏感的西方技術，透過轉讓（或贈送），被中華人民共和國輕易且「危險地」即時獲取和濫用；例如武漢 P4 生物實驗室、在華處理核燃料以及設置空客飛機工廠。[166] 據 2022年一項歐洲聯合的調查表示，多年來西方和中國科學家之間的大規模合作，為解放軍提供了直接和廣泛的幫助。[167] 雖然西方被嚴格禁止在中國收集幾乎任何類型的數據，但中國國有企業已經「與美國的十幾個醫院和實驗室建立了合作夥伴關係」，以儲存和處理「多達 80% 美國人」的生物數據。當美國政府出資開發突破性的電池技術時，幾乎立即就簡單地將其「贈送」給了中華人民共和國。[168]

因此，中共黨國注定並且有能力，不僅從根本上挑戰美國和西方的領導地位，還挑戰自十七世紀以來一直存在的基本世界秩序。國際體系中的力量分布和體系中各單位的排序原則，即現實主義和建構主義國際關係理論家所描述的世界秩序系統性變革的兩條基本路徑，都受到了影

響。[169] 用另一種語言來說，中共黨國有意也有力實在地威脅要大幅改變西發里亞體系下的權力平衡，並由此而重定該體系的領導和合法性。[170]

中華博弈攸關世界的未來、人類文明的命運和中國人民的福祉。中國人民本質上與其他民族一樣，並不更重要、更愛好和平或更好戰。中國作為一個民族或多民族國家，可以成為國際體系中一個完整、平和、滿足、有貢獻的成員。然而，正如一位來自中國的敏銳年輕觀察者所總結的：「中國人和其他民族一樣，會極為殘忍，特別是當國家煽動暴力並將其制度化時。」[171] 為了在中華博弈中獲勝，西方必須認識到這樣的事實並據此採取行動：中共黨國的暴力和詭計治國，已經誤導和欺騙了好幾代中國人民，就像三〇至四〇年代，法西斯和軍國主義領袖們，腐化和毒害了偉大的德國和日本人民一樣。正如北京一位消息靈通的受訪者在 2020-2022 年多次向筆者重複的：「中國人民現常像領導人一樣不道德、無知和有罪，需要解放和排毒。」

將中國人民與其他人類一視同仁，顯然是一個理所當然的原則；但至關重要的是，要有智慧和勇氣，以必要和正當的警覺態度對待中華人民共和國公民，特別是那些尚未經歷解放和排毒的人。為了管理好中華博弈，世界必須將中共黨國視為窩藏祕密黑幫的低劣國家。一個文明守規的競爭者不能以文明守規的方式與一個不擇手段、操縱玩弄規則的對手進行高賭注的比賽；因為後者早就一心要摧毀其競爭對手、接管重塑而不僅是「贏」得比賽。中華人民共和國需要被視為有著明確暴行、不公正和欺騙紀錄的不正常國家。中共公然藐視大多數其他國家，特別是西方國家的關鍵價值和規範，因此應受到世人的貶低、懲戒、隔離和鄙棄。很多中國人，特別是菁英階層，自願或違心地成為中共的幫兇和劊子手；這些人也很不幸地必須承擔一些罪責，直到他們醒悟，將自己的生命和命運重新掌握手中。西方和世界在中美競爭和整個中華博弈中取得勝利，符合包括中國人民在內的人類長遠最佳利益，這是一個比中國更大的使命，比一些中華人民共和國公民的暫時利益或感受重要得多，

而這些一時利益和感受其實大多還是中共所捏造、扭曲和僭用的。

2020 年的一項國際調查發現，在與新冠疫情相關的管理不當和痛苦紀錄較多的國家中，有相當大比例的民眾給政府打了低分，這是可以理解的：英國為 37%，伊朗為 36%，法國為 26 %，美國為 41%。即使在人們普遍認為疫情管理和結果較好的地方，人們仍然對政府的工作持批評態度：台灣的民眾支持率僅為 50%，新加坡為 48%，德國為 41%，南韓為 31%，日本為 16%。而在疫情的發源地中國，政府採取了嚴厲的措施，只向公眾提供非常不透明和公然竄改的訊息，但高達 86% 的中國人卻認可政府的表現，遠高於任何其他國家。[172] 2022 年，一家大型公關公司的另一項調查發現，民眾的「政府信任度」在沙烏地阿拉伯為 82%，新加坡為 74%，加拿大和法國為 53%，韓國和英國為 42%，美國為 39%，日本為 36%，但中國為 91%，連續數年位居「世界最高」[173]。由於身處在一個沒有言論自由的國家中的恐懼，以及可能的數據操縱，所謂的匿名輿論數據在中國可能並不準確。儘管如此，這種扭曲的民眾心態仍然說明了中共訊息控制和操縱，即「思想工作」或洗腦的成功，這也可能反映出許多（如果不是大多數）中國公民缺乏批判性和獨立思考能力。考慮到這一點，為改變中共黨國而對中國人民的思想進行排毒，既亟待必行又充滿挑戰。

身為一名珍惜自己的中國傳統和文化的華裔人士，我充分意識到，中美競爭和中華博弈，不可避免地、甚至是必須地要對中華人民共和國公民和非中國華人（甚至亞洲人）造成一些「附帶損害」。因此，看到需要採取「全政府」、「全社會」和「全世界」的方式，才能為西方和包括中國人民在內的世界贏得中華博弈，顯然令人心情沉重。基於種族、民族和其他身分的偏見和偏執，在所有國家一直都存在，在中國更是如此。因此，要管理好中美競爭和中華博弈，西方就必須讓公眾警惕，並採取有效的法律措施來反對種族主義和歧視；雖然西方在管理任何大規模人類群體中都難免的歧視衝動及行為方面，已經比大多數其他國家

都做得更好了。現代美國種族偏見和政治迫害最嚴重的事件，通常包括歧視黑人的地方法規（Jim Crow laws），三K黨的崛起和五〇年代的麥卡錫主義（McCarthyism），這些如今都極不可能真正重演，而且它們沒有一個能比得上當今中華人民共和國對主要族群漢族內部不同群體階層的無數嚴重歧視行為，更不用說對非漢族人民和外國人，特別是非洲人的歧視了。[174]

因此，為世界和中國人民管理好中華博弈，應該包括尊重、珍惜和促進中國人民及其成就和願望。而中共黨國本身則應該受到限制、削弱和改造。向中國人民傳達的一個明確而響亮的訊息可能是這樣的：必須抵制、不服從、阻礙和改變你們的政府及其政策，特別是它的國外行為，否則你們就不能也不會得到作為一個偉大民族所應得的平等待遇。在中華博弈中，一些中華人民共和國公民，特別是統治菁英（以及北京在世界各地的受益者和「朋友」們），可能必須被視為中共的同謀，直到他們經過驗證的悔悟和實際改變。這不是一個人權或民權問題，也不是基於這位中國人民是誰或對其有什麼歧視或排斥，而是事關通敵、資敵行為及其後果。

對西方和美國來說，針對中華人民共和國這個龐大國家的每一個人，既不明智，也沒有必要，因為這個黨國內部存在著深刻的斷層和隱藏的（甚至不是那麼隱藏的）分歧，可以加以培養和利用。只要沒有世界大戰那樣的全面攤牌，與中共清算賬目終究還是中國人民自己的事情。然而，「給整個民主世界帶來嚴重問題」的是中共政權，而不僅僅是一個領導人。[175] 有針對性地列出高層人物，特別是對嚴重行為應負責任的所有人，而不僅僅是一個特定的人或整個民族，會更有效。畢竟，正如我在《中國紀錄》中詳述的，中共統治菁英在2023年的九千八百萬中共黨員中僅占3%左右，在十四億中國人民中占不到0.2%。[176] 絕大多數中國人民，包括許多中共黨員，可以而且也應該被允許，得到鼓勵和幫助，去增強他們的理智、意志和能量，來改造自己的政府並掌握

自己的命運。讓世界擺脫中國人民長期忍受的那些次優化、不可取和種種災難，本身就充分證明為了在中美競爭和整個中華博弈中獲勝，而採用新框架模式和行為規範的合理性。

美國對華政策的重新定位

美國對華政策的近期歷史似乎表明，在中共加速推進中美競爭和整個中華博弈之際，美國和西方也重新調整了自己的方向。2007-2009年經濟大衰退之後，北京覺得機會來了，於是撤下了自八〇年代末以來自我保護的守勢。習近平在2012年上台後，在中華人民共和國開啟了「倒退」政治，其體現是塑造圍繞領導人的個人崇拜，以及他想成為毛二世去仿效終身個人統治，這兩者都在2018年合法化，並於2022年得以加強。[177] 從「中國夢」言論到「一帶一路」倡議和在南中國海修建人工島等行動，諸多警告訊號迫使美國兩大黨領導人都全面重新審視其對華政策。[178]

過去二十年來，美國對華政策緩慢但實質變化是分階段發生的，主要是為了應對日益富裕和強大的中共黨國那些侵略性的對外行為。正如一位資深國際關係學者指出的：「對抗中國崛起的努力，早在川普之前就開始了。」[179] 布希政府從2001年開始稱中華人民共和國為「戰略競爭對手」，並承諾要「不惜一切代價」保衛台灣，但很快就因九一一襲擊和隨後的全球「反恐戰爭」而分散了注意力，直到第二任期才回過頭制定新的印度政策，旨在重新思考「中國實力不斷增長所造成的日益增長的陰影」。[180] 西方慢慢地認識到，中共已經成功地利用反恐主義，鎮壓中國的穆斯林以及全體人民。[181] 考慮到北京如何系統性地繼續「規避、扭曲或破壞幾乎所有商定好的國際規則」，2009年左右，美國兩大黨逐漸達成共識，決定以牙還牙，對抗「中國對國際貿易體系的玩弄」，只是這一努力受到了經濟大衰退的削弱和阻滯。[182] 中華人民共

和國一項 2022 年的分析也將「美國對華政策的質變」，追溯到 2009-2010 年，因南海緊張局勢升級等問題引發。[183] 歐巴馬政府進一步推動了對華政策的調整，不過動作不大，其努力包括「轉向亞洲」（Pivot to Asia），特別是推動跨太平洋夥伴關係（Trans-Pacific Partnership）作為升級版國際貿易體系，取代世界貿易組織，後者在解決北京言行不一的重商主義問題上一直無能為力。[184] 多年後，歐巴馬回憶起他作為總統時的感悟：「如果有任何國家可能挑戰美國在世界舞台上的主導地位，那就是中國」，同時他相信這樣的挑戰「還需要幾十年的時間（……）很可能將是美國戰略錯誤的結果」。[185]

川普在 2016 年當選美國總統後，誓言要「對華強硬」，在言論和行動上都大為偏離已有數十年歷史的對華政策。川普採取這一立場可能更多是為了利用華盛頓圍繞著調整對華政策的罕見兩黨合作態勢，而不是出於任何與生俱來的反華或反共信念。隨著中美關稅戰於 2018 年展開，作為西方「脫鉤」舉措的一部分，所謂的「友岸外包」（friendshoring）或「盟友外包」（allyshoring），即某些生產和供應鏈從中國遷出／回流的動作，在 2022-2023 年得以加速。[186] 正如蘭德公司的研究人員所描述的，人們認識到，「究其核心，美國和中國正在競爭塑造基本的全球典範，即能支配國際政治的基本思想、習慣和期望。這最終是一場規範、敘事和合法性的競爭。」[187] 一位著名專欄作家表示，無論動機為何，川普「迫使美國國內對中國大膽的外國影響力行動、可怕的侵犯人權行為，以及不斷蔓延的數位專制主義，進行一場早該進行的清算。諷刺的是，這種覺醒是川普躁動的任期內最大的外交政策勝利之一」。[188] 2020 年，一個由美國一流外交政策專家組成的兩黨團體，坦率地呼籲展開科技競賽和一個「明智競爭」宏偉戰略，以實現「削弱中國的非自由秩序」並「爭奪權力」。[189]

川普政府在對抗中共黨國方面採取了側重單邊的做法，退出了一些跨國機構，例如世界衛生組織，該聯合國機構據稱在中國的不當影響下

行事不端。[190] 對新冠疫情起源的懷疑和指控，包括從蝙蝠傳播到人類的病毒管理不當，或者武漢實驗室洩漏了某種被人為「增強」的病毒，其研究有部分是由美國政府撥款資助的，都使得對抗大為升溫，確實使中華人民共和國由於其不透明和不合作，甚至據稱的生物武器計畫而成為眾矢之的。[191] 這種日益增長的擔憂在其他西方國家也很明顯，英國和歐盟也發出明確警告，如「西方阻止中國接管全球的時間已經不多了」，而且對於中共求取全球領導權，以一個「獨裁世紀」來取代自由國際秩序的野心，「西方人不應太天真」。[192]

對外關係委員會於 2020 年發布了有影響力的分析人士關於「實施對華（新）大戰略」的具體政策建議，儘管並非由漢學家所撰寫。[193] 一位前美國軍方領導人撰寫了有關與中華人民共和國關係的文章，公開警告說：「冬天將至，我們有許多準備工作要做」。[194] 尖銳的抗議聲愈發響亮，敦促美國反擊「中國對世界秩序的威脅」，並對抗中共「針對美國經濟、軍事、外交、科技、教育和基礎設施的六線戰爭。」[195] 曝光資料詳述了中共如何大手筆培養對整個西方（尤其是華爾街）的影響力。[196] 美國長期主張與中華人民共和國進行「批評性合作」的那些重量級中國觀察家們，在 2020 年中開始半私下地思考，對北京的艱難選擇已經成為是要「比較可取的遏制還是比較危險的遏制」。[197] 2021 年中，蘭德公司發布了「中國戰勝美國的國際和國防戰略」之分析，總結了美國重新定位的關於「中國尋求全球主導地位」的看法和憂慮，認為中國的這一尋求是不可避免、有條不紊、可怕而且後果重大。[198]

美國國會於 2020 年 3 月舉行了關於「北京推動替代性全球規範和標準」的公開聽證會。[199] 2020 年 5 月，白宮發布了「對華戰略方針」，正式宣告對華政策背離數十年來的典範，「以回歸原則性現實主義為指導」，專門針對中國共產黨（區別於中國和中國人民），並主張全政府和全社會要對中華人民共和國崛起的實力和政策做出反應。其中提出，「首先，提高制度、聯盟和夥伴關係的韌性，以戰勝中華人民共和國提

出的挑戰；第二，迫使北京停止或減少有損美國以及盟友和夥伴的重大國家利益的行動」。[200] 此後不久，美國官員們發表了一系列關於中華人民共和國的值得引述的言論，包括這段美國司法部長（並非對華政策的傳統發言人）的談話：

中共對世界偉大文明古國之一實行鐵腕統治。它尋求利用中國人民的強大力量、生產力和創造力，來推翻基於規則的國際體系，讓獨裁統治在世界上獲得保障。美國如何應對這項挑戰將產生歷史性影響，並將決定美國及其自由民主盟友是否能繼續塑造自己的命運，或者是由中共及其專制附庸去控制未來。[201]

意料之中的左右搖擺

美國對華政策最新調整的制定和執行過程頗有意味。川普在當選總統之前就遭到了本黨老牌菁英廣泛而公開的厭惡和拒絕。2016 年 9 月 21 日，七十五名前資深外交官史無前例地發表公開信，反對川普。幾乎所有共和黨的主流中國通，更不用說民主黨的那些，都公開或半公開地發誓，如果川普當選，絕不會為他服務。[202] 這些華盛頓兩黨所謂體制內人士的公開而強烈的主張和行動，或許可以解釋為何北京在對歐巴馬政府的「轉向戰略」和跨太平洋夥伴關係行動深感鬱悶的情況下，毫不掩飾地調動美國境內外的資源來支持和向川普示好，視其為不通俗務的草包商人，能給華盛頓帶來不和與衝突。[203] 川普政府於是很奇怪地缺乏兩黨那些四十年來輪流採用基本相似、不間斷的對華政策的專家們。面臨這一斷層，川普召集了一群較不知名和非傳統的專家和政策制定者，促成了更急遽的對華政策的重新定位。[204] 美國國內政治的活力，使川普成為一名所謂「顛覆者」，[205] 使得關於中國的新人和新想法在首都圈內得以出現。而北京壓制香港和新冠疫情等事件更凸顯了中共黨

國威脅的嚴重性,並恰巧提供了合適的背景。

　　一些保守派政治鬥士不斷發出警告,稱中共黨國是對美國的最大威脅。[206] 嚴格來說並非漢學家的肯尼思・溫斯坦(Kenneth Weinstein)在2019年初就宣布「中美新冷戰」已經開始。[207] 2020年7月,透過前面提到的不尋常的信使以及聯邦調查局(FBI)局長,華盛頓概述了以下觀點:北京對「美國經濟和國家安全構成最大威脅」,這種威脅不是來自中國人民,而是來自「中國政府和中國共產黨」,而中共「正在進行一代人的鬥爭,試圖超越」美國,以及「舉全國之力,不惜一切手段成為世界上唯一的超級大國。」[208] 2022年7月,該局長與其英國同僚軍情五處(MI5)局長一起,重複了同樣的警告,稱全球將面臨來自中共「改變遊戲規則的挑戰」。[209] 川普的國家安全顧問(前美國陸軍律師)公開寫道,美國迄今的對華政策是「一個誤判,是三〇年代以來美國外交政策的最大失敗」,而中共已成為世界範圍內「對民主這一理念本身的威脅,包括美國的民主」。[210] 美國國務院政策規劃處由政治學家彼得・伯科維茨(Peter Berkowitz)領導,他曾訴訟哈佛大學失敗而未能獲取該校的終身教職;該處中的一個重要角色是三十多年前從中國移民而來的美國海軍學院歷史學教授余茂春(Miles Maochun Yu)。該處發表了《中國挑戰之要素》(*The Elements of the China Challenge*),其中包括抵禦中共在世界範圍內對自由挑戰的「十項任務」清單。[211] 在川普政府任期的尾聲,美國國家情報總監憑藉其全部專家權威公開地寫道:

　　　如果我能在這個特別的政府位置上,向美國人民傳達一件事,那就是中華人民共和國對當今的美國構成了最大的威脅,也是二戰以來對全世界民主和自由的最大威脅。(⋯⋯)北京準備與美國進行一場無限期的對抗。華盛頓也應該做好準備。領導人必須跨越黨派分歧,了解這一威脅,公開談論這一威脅,並採取行動來應對這一威脅。這是我們面臨的一代人才會有的挑戰。從擊敗法西斯主義

禍害到推倒鐵幕，美國人總是能挺身而出。後人對我們這一代人的評價，將取決於我們如何應對中國試圖按照其形象重塑世界、取代美國成為主導超級大國的努力。情報十分清晰。我們的回應也必須如此。[212]

　　然而，根據一位內幕人士的說法，川普的美國對華政策顛覆性轉向，帶有令人不安的政治化和粗心大意的不一致。[213] 一些批評者指出，川普總統儘管言辭強硬，有時甚至是極具煽動性的，但實際上是在實施「以咆哮掩蓋綏靖」的對華政策，幾乎所有關鍵問題都「以有利於中國的方式決定」。直到最後幾個月，川普政府才頒布了將中國公司在華爾街摘牌等實際行動，超出了關閉一個（休士頓）領事館和實施一些簽證限制等象徵性舉措。[214] 儘管如此，這類美國國家安全顧問稱之為「對中國構成的威脅」的國家覺醒的新言論和新政策，[215] 自 2020 年動盪的選舉以來仍在繼續。一個沒有川普的「川普主義」似乎也已經在美國政治的某些方面扎根，包括美國的對華政策。[216] 因此，評論人士斷言，「中國是拜登的重大課題」，「他絕不能落入中國舒適關係之陷阱」，而「應該鞏固對華政策的川普轉變」。[217] 確實，自 2021 年以來美國對華政策的調整具有明顯的連續性。[218] 中國的評論和分析人士也注意到了這一點，並迅速指責這是「換了一張新面孔的川普主義」，而且「更加惡毒」。[219]

　　美國對華政策的重新定位似乎得到了兩黨的鼎力支持。[220] 自 2018年以來，美國國會以罕見的一致，通過了多項反對中共黨國的法案。2020 年民主黨政綱較四年前有所改變，關於中國和台灣，採用了與共和黨政綱（2016 年和 2020 年相同）中幾乎相同的措詞。拜登總統除了在競選過程中對中國言論強硬外，還以人權為由對中共提出了更加一致的批評，杜絕了川普總統對中共領導人的那種奉承。[221] 早在 2020 年8 月，還是候選人的拜登就譴責中共在新疆的政策是「種族滅絕」，川

普的國務卿蓬佩奧在 2021 年 1 月 19 日，即卸任前一天，也正式將中共貼上了這個嚴厲的標籤，拜登任命的國務卿布林肯隨後也在同一天重申了這一標籤。[222] 2020 年 12 月，美國兩黨國會中國委員會發布了長達五百頁的年度報告，詳細介紹「為了權力和影響力的美中全球競爭」，提出了一長串行動建議。[223] 2021 年 1 月 5 日，即將卸任的國家安全顧問提前二十一年解密並公布了「2018 年美國印太戰略框架」，明確希望在政府更迭後繼續美國對華政策的調整與定位。[224] 2021-2022 年，拜登總統多次重申布希總統在 2001 年的聲明：如果中國攻擊台灣，美國將保衛台灣。隨著在半導體行業等領域與中國有選擇性地脫鉤或「降低風險」，2022 年底的拜登被視為在「全力打擊中國」。2022 年 10 月發布的美國最新「國家安全戰略」和「國防戰略」明白地宣稱「中華人民共和國將繼續是我們未來十年最重大的競爭對手」，美國必須「戰勝中國」，因為「中華人民共和國是唯一一個既有意重塑國際秩序，又擁有愈來愈多的經濟、外交、軍事和技術實力來實現這一目標的競爭對手。」[225]

拜登在與中國相關領域任命的高級官員似乎不再包括任何華爾街人士，這使這屆政府有別於九〇年代以來的其他各屆政府。新任外交、國防和情報負責人都公開告訴美國參議院，他們同意前政府重新定位的對華政策，儘管他們可能在某些策略上存在分歧。[226] 拜登總統本人也公開贊同前任總統關於美中競爭至關重要的觀點。[227] 拜登政府迅速採取行動，繼續並擴大川普時代應對「中國技術威脅」的措施，包括禁止美國與更多的中華人民共和國實體來往。[228] 2021 年 3 月，拜登發布《過渡性國家安全戰略指導意見》，重申 2017 年的國家安全戰略，且更加關注與中國的「戰略競爭」。[229] 拜登政府負責對華政策的高級官員重申，「與習近平領導下的中國接觸的時代已經結束」，美國「決心在競爭中擊敗中國。」[230] 2021 年 7 月，美國國家安全委員會中國事務主任（一位漢學家新星），出書分析影響深遠的中共要取代美國來主導世界秩

序的「長期博弈」，倡導一場宏大但「不對稱」的戰略來進行對抗。[231] 2022 年，美國中央情報局局長伯恩斯（William Burns）在一次非常罕見的公開演講中宣稱，「在我們能預見的時間範圍內，」中華人民共和國都是美國最強大的「全球」挑戰者。[232] 2023 年 4 月，美國國土安全部長公開稱中華人民共和國對美國本土構成「特別嚴重的威脅」，「涉及到我部各部門的所有使命」。正如中國的資深學者如時殷弘和閻學通所看到的，拜登政府似乎對華採取了同樣的方針，只是更有條理、更加多邊、手法更加多樣，而且實際上可能「更加嚴厲和更具威脅性」。[233]

可以肯定的是，儘管有美國人呼籲與中國「硬脫離」（hard break），美國重新定位的對華政策尚未完全重演冷戰，至少不是重複在同樣的兩種歐洲意識型態（資本主義與共產主義）之間的同樣鬥爭。[234] 正如一位資深觀察家在 2021 年夏指出的，拜登的外交政策團隊與前任政府的團隊有些相似，「都表示中國是優先事項，但是（……）缺乏中國專業知識。」[235] 這種所謂的老派漢學家和中國通的缺席，似乎表明美國對華政策的深刻調整仍在進行中。新秀漢學家白洁曦（Jessica Chen Weiss），仍然不知疲倦地代表不少人主張，中共在海外會否做出激進反應是根據其不安全感，而不是與美國和西方進行一場超高賭注的「意識型態競爭」；美國沒有理由把重點放在與中華人民共和國的競爭上，因為如果西方能夠調整其自由國際秩序，更加容納中國國內的「非自由」威權主義，「西發里亞原則」就可以與中共的治理方式和平共存，還語焉不詳地斷言中美之間的競爭自動等同於可怕的零和競爭。[236] 一位中國官方分析人士迅速回應，公開讚揚此類觀點是「美國對華政策辯論中的理性聲音」，希望有助於「避免（中美）危機並（為北京）創造新機遇」。[237]

2021 年 10 月，《外交事務》要求六十五個「具有專業知識的權威人士」（大部分是美國人）對『美國外交政策已經變得過於敵視中國』這項命題發表評論。毫不意外，答案五花八門，代表專家們顯然缺乏共

識。[238] 一年後，即 2022 年 11 月，布魯金斯學會發布了一份報告就美國對華政策提供建議，其理想是：「管理不可避免的競爭點，而不訴諸對抗或衝突。」[239] 既要與中國競爭，同時又公開承諾避免衝突和對抗，這樣高尚的意圖，像是一個美好而深思熟慮的願望，但更可能是一種幻想且不可行的戰略，讓許多美國的「中國通」持續糾結於困境中。

在實務上，在 2022 年面臨俄羅斯歷史性入侵烏克蘭的同時，華盛頓看似還是持續專注於與中國的競爭，但又仍在「試圖限制對美中關係的損害」。[240] 一如既往，在缺乏全面性全國動員的情況下，多元的自由民主必然產生分歧和爭論、實驗和挫折、猶豫和異議、妥協和調整，即使在同一黨派內部也是如此。[241] 因此，在未來的中美競爭和整體中華博弈中，華盛頓將自然而然地、也完全在預料之中地經歷各種左右搖擺和曲折起伏。[242]

在美國的中華博弈

如前所述，北京一直將美國視為中華博弈的主要對手。自二戰以來，中共直接或間接地理解和認識到美國實力的強大，以及其政治使命與美國規範之間那不可逾越的鴻溝。透過擁有更多物質力量或乾脆篡奪美國力量來超越美國，取代華盛頓成為國際社會領袖，一直是中共領導人強烈的願望和夢想。從毛澤東時代「大躍進」的慘敗，到今天全面、全方位的競爭，北京在中華博弈中手段盡出，只求追趕超越美國。[243]

根據我過去四十年對中國官員和分析人士的訪談和解讀，北京很少有人（如果有的話）真心否認美國對中國和中國人民的積極有益。但正如我試圖分析的，中共政權的政治邏輯，驅使中華人民共和國不斷地用美國想消滅「我們中國人」的所謂陰謀，來欺騙和迷惑中國菁英和中國人民。在此邏輯之下，中共一直在盡一切可能隨時隨地抵制、削弱和取代美國，企圖重定世界中心、重整世界秩序。美國本身開放、多元化的

社會，順理成章地成為了中共對美國全面爭奪資源、影響力和權力的主要戰場。因此，中美競爭和整體中華博弈在美國是格外顯著。北京的行動也對美國產生了直接影響：例如，一個美國經濟學家團隊發現，中共黨國支持的某些工業部門的增長，與美國相同部門隨後的衰落之間存在著直接相關性。[244]

據報導，相當直接的中美商業和人員聯繫，以及北京透過這些聯繫獲得的影響力，已經滲透到了美國政府的最高層，涉及前總統布希和川普的家人，以及兩屆內閣成員趙小蘭及其丈夫美國參議院多數黨／少數黨領袖米奇·麥康奈（Mitch McConnell），以及前商務部長威爾伯·羅斯（Wilbur Ross）等人。[245]自九〇年代以來，針對民主黨領導人（包括柯林頓前總統、拜登總統及其家人）的類似指控也始終揮之不去。[246]兩黨據報導都在重要問題上曾向北京讓步。[247]一些德高望重的美國媒體機構可能曾經屈服於敲詐勒索，壓制了有關中共領導人的負面報導。[248]自 2021 年以來的爆料透露，一些西方和中國科學家之間的「合作」，交織成一個深刻而複雜的金錢和政治網絡，據稱正是因此而將搜尋和預防冠狀病毒的崇高努力變成了一場全球疫情。[249]根據 2022 年和 2023年的一些揭露，三十多年來，貪心、腐敗、虛偽、被誤導的衝動和錯置的善意所釀成的毒酒，導致了從季辛吉（Henry Kissinger）和瑪德琳·歐布萊特（Madeleine Albright），到布希家族和勞勃·艾格（Rob Iger）等許多美國風雲人物，以及商界、新聞界、好萊塢、矽谷、非營利組織和大學的許多其他人物，成為「中國影響力」、「讓中國更強大」和「推動中國話題」的代理人，損害了美國利益。[250]用美國司法部長和聯邦調查局局長的話來說，中共成功地利用賄賂、滲透和敲詐勒索，在美國企業界、高等教育和媒體娛樂綜合體中，建立了深入而廣泛的關係和影響力。[251]

中共黨國仿效了其在中國的政治對手國民黨暨中華民國政府，後者曾透過政客和智庫積極遊說華盛頓，但中共是青出於藍而更勝於藍。

臭名昭著的舊中國遊說團（China Lobby）在七〇年代初逐漸衰落，九〇年代後又部分復興為台灣遊說團，相當有效地促進了台北反抗北京的新利益。[252] 有些人認為，強大且資金更充足的中國（中華人民共和國）新遊說團正在強勢崛起，儘管還不到傳說中以色列遊說團的效率水準。[253] 據報導，中華人民共和國積極干預了「2020 年（美國）選舉的雙方」。[254] 伴隨著中共的廣泛遊說、宣傳和虛假訊息，在美國無限制地招募和使用華裔（時常是非中華人民共和國血統），在確保北京的政治影響力方面，發揮了特殊、重要和「日增的作用」。[255] 美國的漢學家們似乎特別容易受到誘惑和脅迫。例如，北京公開點評約一百五十八名美國漢學家為「知華派」，並經常向他們提供特別關注、門路和特權。[256]

自七〇年代以來，中華人民共和國投入鉅資，廣撒魚網，在大型金融機構、大小智庫、嚴肅和無名期刊、名牌和低端大學中，培養朋友和同情者，以影響美國和西方。[257] 其中一些盟友確實表現得像北京的熱心代理人和辯護士。2010 年代末，中國（包括香港）是美國大學外國捐款的最大來源，據報導，捐款金額幾乎是第二大來源國英國的兩倍。[258] 華爾街的許多大資本家，似乎頗為自相矛盾地變成中國共產黨的強烈支持者，將近利扒進自己的口袋，同時垂涎往往虛幻的更大利益。[259] 據報導，美國 NBA（國家籃球協會）等機構曾經要求其批評中共的球員噤聲，以保住在中國利潤豐厚的市場。[260]

2020 年，在跨太平洋政治緊張局勢迅速加劇之際，「美國五大銀行在中國的曝險達到了七百零八億美元」；高盛、摩根史坦利和摩根大通等華爾街巨頭，都熱切地歡慶北京「今年開放四十五兆美元金融市場」的新承諾（但一如通常地毫無根據）。[261] 2021 年 7 月，這三大巨頭為中國公司滴滴（優步 Uber 的巨型山寨版）在華爾街的首次公開募股，據報導「無恥地（……）賺了千百萬美元」；儘管事實上，當中共「出於國家安全考慮」，下令該公司的應用程式下線時，美國投

資人投資該公司的數十億美元在短短四天內就蒸發了 30%。[262] 中國國家外匯管理局副首席投資官孟宇（透過中共「千人計畫」招募）結束在北京的三年任期後，被任命為四千億美元加州退休基金的首席投資官。[263] 李錄是 1989 年天安門運動中二十一名受到重點通緝的學生領袖之一，他流亡在海外時成為一名成功的風險投資家，創立了喜馬拉雅資本（Himalaya Capital），專門投資中國，並在 2010 年代大力推廣中國經濟那「不同但強大」的成長潛力。[264] 2020-2021 年，大型投資公司橋水基金（Bridgewater）董事長瑞・達利歐（Ray Dalio）熱情地主張可以對中國更有信心並加強投資，因為與美國相比，中國的「基本面明顯有利於」經濟成長。[265]

一些最知名的美國公司似乎已經屈服於北京的強硬手腕。例如，據報導，蘋果公司為了在中國的業務和利潤而損害了其著名的隱私政策；[266] 2021 年，領英（LinkedIn）因列出其與中國敏感內容相關的出版物，而將一些非中國會員的個人資料設定為「在中國不可見」，不過之後由於擔心間諜活動，該公司還被迫縮減其在中國的業務；[267] 諮詢公司麥肯錫對中國經濟長期看好，並盲目地為北京在 2021 年底頒布的新法令「中國在未來十年提供五兆美元的消費成長機會」而歡呼。[268] 黑石（BlackRock Inc.）是美國最大的資產管理公司，同時也管理著整個美國聯邦退休儲蓄投資（除 G 基金以外）；2021 年 8 月，黑石公司成為第一家在中國運作共同基金的外國公司，此舉很快就遭到億萬富翁社會活動人士喬治・索羅斯（成立有 NGO Open Society）批評為「大錯」，稱這將導致黑石客戶損失數十億美元，並會「危及美國國家安全」。[269]

在美國的中華博弈，看來在其他較軟性但仍然甚為有效的方面，已經讓中共取得了令人印象深刻的成績。例如，哈佛大學的一個團隊在 2020 年宣稱，根據其在中華人民共和國十七年的「調查」，81% 至 96% 的中國人對中共感到滿意。[270] 加州大學聖地牙哥分校的一個團隊在 2020 年也宣布，其「調查」發現，在中國人民中，89% 的人信任中共，

86% 的人「更願意生活在中國的政治體系下。」[271] 另一項據稱是由德國團隊進行的英文研究在 2020 年得出結論，只有 46% 的日本人和 49% 的美國人認為自己的國家是民主國家，但超過 73% 的中國人認為中華人民共和國是民主國家。[272] 然而，這些報告沒有透露的是，這些和許多其他類似的關於中國的民意調查，大部分（如果不是全部的話）都是透過中國承包商完成的；我個人認識其中一些承包商，他們都得到了中共隱晦甚至明確的審查和批准。將這些受影響的研究結果視為事實，不僅是草率和誤導：它們具有將中共的數字遊戲當作科學發現的風險。就算這些研究「聊勝於無」，但其方法論前提在本質上就是錯誤的：誤認為中國人民可以在外國資助的採訪者面前，自由地就敏感的政治話題表達自己的想法。

多年來，頗具影響力的布魯金斯學會發布了有關中共內部接近民主化的派系政治和「集體領導」，以及北京在錨定世界方面「領導作用」的報告。[273] 賓州大學的「全球榜單」將中國「智庫」與西方的智庫相提並列。[274]2020 年的一次網路洩密顯示，普林斯頓大學的知名社會學教授謝宇，多年來一直擔任北京一家「研究」實體的「首席學術顧問」，為中共利用人工智慧和大數據透過審查制度和虛假訊息進行輿論監測和社會控制提供建議；例如在新冠疫情期間該實體就如何應付舉報人李文亮醫生去世後的網路輿論向中國政府提出過「內部」報告。[275] 該實體似乎還與中共密切合作，抹黑滴滴（Uber 的中國山寨版）的「美國關係」。[276]2021 年，美國經濟學家們的旗艦期刊發表了一篇由擁有美國博士學位的中國學者周黎安撰寫的文章，展現文化大革命期間毛澤東「下放」到農村的一千六百萬城市學生對農村基礎教育的「積極影響」。這一論點的前提是基於對官方數據的複雜而看似精緻的挖掘，這些數據主要來自於中華人民共和國時代的地方志，而中國一流的方志史學專家早已公開認為這些官方編造的方志「通常都是假造而無用的」[277]。這就像是根據沙皇與史達林時代地方官員的報告，來論證從莫斯科被流放到古

第三章　中美競爭：為了自身生存以及整個世界｜ 213

拉格群島的人們，對西伯利亞社會和北極地區產生了積極影響一樣。[278]
倫敦經濟學院的終身教員，受過哈佛教育的中共高官下一代金刻羽，不
遺餘力地捍衛習近平的政策，宣揚「中國的打激素式的成長模式」，為
「中國在全球新秩序中的作用」歡呼，並質疑西方是否「能夠有朝一日
理解中國」。[279]

　　美國一些主要報紙如以報導水門事件而聞名的《華盛頓郵報》，曾
以每期二十五萬美元的價格，刊登了多期中共編輯的《中國日報》插
頁。[280] 已知的中共代理人李世默（Eric Li）多次在美國主要報紙上發表
文章，高喊「習近平是個『好皇帝』」。[281] 令人好奇的是，當人們提
出有關新冠病毒起源的諸多問題時，備受尊敬的醫學雜誌《柳葉刀》
（Lancet）的主編卻偏離了自己的專業領域，公開譴責起西方的「反華」
種族主義。[282] 同時，英國主要智庫查塔姆研究所（Chatham House）的
負責人，根據中國官方 GDP 數據以及一個「更強大、更富裕的中國」
的需要，公開頌揚中國帶來的「經濟機遇」而無視北京在國內外做了些
什麼。[283] 透過資助聯絡者和中間人，並派遣工作人員和訪問者，中共似
乎已經成功地以學術和政策報告的形式，兜售該黨的路線和政策偏好，
以聯合國、世界銀行、國際貨幣基金組織、亞洲開發銀行等有影響力的
機構，以及外國大學、智庫和媒體的名義發表。[284] 也許是為了淹沒和
「接管」，來自中國的「學術」研究和政策論文，現在愈來愈多地湧入
西方的中國研究發表管道，即使這些管道在中國通常被禁止或限制。例
如，在中國被禁的一流漢學期刊《中國季刊》（China Quarterly），在
2021 年收到的四百多篇論文投稿中有 37% 來自中國，另外 12% 來自香
港，相較之下，來自美國的僅占 12%，而來自該期刊所在地英國的只有
9%。[285] 據報導，美國大學，包括哈佛大學和普林斯頓大學等頂尖學府，
都感受到了中共黨國對課堂言論自由令人膽寒的影響。[286] 在從澳大利
亞到新加坡和瑞士的許多其他西方國家、學術機構和媒體，也感受到了
中共力量在中華博弈中的類似效應。[287]

同時，極度自私的中共菁英，甚至領導人，正如其標誌性的言行不一，往往卻將美國視為他們的家人和財富的理想去處。許多中共領導人的「兒女」，打著其獲利人脈不可小覷的旗號，在西方的主要金融公司找到了舒適的工作。[288] 除了大規模的跨太平洋貿易、投資和旅客外，數百家中國企業（大部分為國有或政府控股）已在華爾街進行了大型的首次公開募股。中國創投家在矽谷等地搶走了相當多的美國資產和人才，其中包括紐約華爾道夫酒店等標誌性地標建築。中共黨國本身更已在美國建立了其顯著的存在。自 2010 年以來的十多年，中國持有超過一兆美元的美國國債（2010 年代中期為一點三兆美元，2022 年 5 月為九千八百一十億美元），約占美國政府債務總額的 16%，美國政府外債的 26%。[289]

這些情況顯然增加了講究法規的資本主義美國要齊心協力與北京競爭的複雜性與難度。有些人可能理性而無可奈何地接受了一個「事實」，即中華人民共和國對於美國人的命運已經是至關重要，甚至具有決定性的影響，所以他們轉而希望爭取哪怕是最微弱的雙贏合作的可能性，因為這符合他們自己的經濟利益。許多美國經濟學家和商界人士的這一標準立場，也經常得到一些外交政策專家的附和。[290] 其他人則是合理地擔憂，與北京的全面競爭只會導致毫無意義且徒勞的「慘勝」。[291] 一位研究美國對華政策的著名專家和前官員警告道，「美中關係的潛在悲劇和世界的潛在悲劇」即將到來，並建議「美國和中國應在六個領域尋求合作」，特別是流行病防治方面。[292] 至於對美國盟友的潛在影響，即迫使他們陷入選邊站的尷尬境地，似乎只會加劇關於對抗中國的擔憂。[293]

冰川已經移動

正如我所概述的，近年來美國對華政策緩慢而穩定地進行了意義深遠的調整。[294] 國家態度和政策的變化遲緩且充滿猶豫、重新思考、停

頓、曲線、反作用甚至逆轉，這是一個多元化民主國家在未處於全國上下一致認同的緊急狀態時的典型情況。然而，就像冰川一樣，一旦動了起來，那移山動地的力量只有走到盡頭才會停歇。大西洋理事會（Atlantic Council）主席評論道「中國早已決定第二次冷戰已經開始且正在升級」。三年後，傳統基金會（Heritage Foundation）主席在 2023 年重申，「是時候承認現實了：美國與中華人民共和國正處於新冷戰之中」。[295] 卡內基基金會（Carnegie Endowment）主席認為，美國迫切需要新的外交政策，包括「收縮、恢復和重塑」來應對。[296] 一位在 2008 年創造了引人注目的語詞——「中美團隊」（Team Chimerica）的知名歷史學家，頗具啟發性地轉換了立場，在 2020 年將中國應用軟件 TikTok（抖音海外版）描述為「醜陋的數位芬太尼（毒品）」，並警告世界「即將到來的中國帝國」和第二次冷戰。[297] 過去四十年美國對華政策的基本戰略通常被稱為「接觸」（engagement），該政策在 2020 年代已被許多人視為「在實務上瀕死而在精神上已經死亡」。[298] 2022 年，美國和中華人民共和國之間的「新冷戰」中已然可見「一場帝國間的交鋒」。[299] 2021-2023 年，高達 89%-83% 的美國人（數十年來最多）對中華人民共和國持負面態度，「將中國視為競爭對手或敵人」；近半數人「認為限制中國的實力和影響力應該是美國外交政策的首要任務，而此比例在 2018 年時為 32%」。[300] 巨大的冰川移動似乎已經勢不可擋。

自 2018 年美國和中國發動貿易戰以來，中美競爭和在美國的整體中華博弈愈演愈烈；在嚴重急性呼吸道症候群冠狀病毒 2 型（SARS-CoV-2）2020 年從中國武漢傳播開，導致全球疫情後，又迅速加劇。[301] 至少在言辭上，美國和中共黨國看來最晚也在 2020 年中公開地進入了類似冷戰的對抗。當時的美國國家安全顧問宣稱，美國終於醒悟到了中共的威脅，將要「抵制中國共產黨操縱我們的人民和政府、損害我們的經濟、破壞我們主權的計謀。美國對中華人民共和國的被動和天真的日子已經結束了。」[302] 至於美國人民是否會完全同意川普總統將源自中

國的新冠疫情描述為「比珍珠港和九一一襲擊更糟糕」，並動員起來採取相應行動，還是要取決於對該疾病的起源和傳播更多更詳細的了解，而中美之間圍繞著該疫情起源的「敘事軍備競賽」可能還會發現更多問題。[303]

　　早在疫情爆發之前，以黨派之爭和兩極對立而聞名的美國國會，就多次一致或近乎一致地通過涉華法案，展現出國會裡罕見的合作，並公開觸及北京宣稱的一些「核心利益」，如台灣、新疆和香港。這反映了我之前討論過的美國對華政策調整背後兩黨的強烈共識，以及美國政治的重大轉變。2019 年 5 月，眾議院一致通過一項決議，重申美國對台灣的承諾以及《2019 年台灣保證法》。隨後，更新版的《2019 年台灣盟國國際保護與加強倡議法》於 2019 年 10 月至 2020 年 3 月期間獲得參眾兩院一致通過，並於 2020 年 3 月 28 日獲總統簽署成為法律。參眾兩院還一致通過了《2019 年香港人權與民主法》，並於數日後在 2019 年 11 月 20 日獲總統簽署成為法律。《（2019）2020 年維吾爾人權政策法》在 2019 年 9 月至 2020 年 5 月期間，獲得參議院兩次一致通過，又以四百零七比一和四百一十三比一的投票結果獲得眾議院兩次通過，並於 2020 年 6 月 17 日獲總統簽署成為法律。2020 年 7 月 14 日，《2020 年香港自治法》也獲得國會參眾兩院一致通過，總統簽署成為法律。自 2021 年以來，這種罕見的關於美國對華政策的兩黨合作，在華盛頓似乎仍在繼續。除了明顯以美中競爭為理由的全面性《美國創新與競爭法》之外，國會還以幾近一致的票數通過了三項針對中國的法案，其中包括《防止維吾爾強迫勞動法》，於通過後數日的 2021 年 12 月 23 日迅速獲總統簽署成為法律。[304]

　　自 2019 年以來，民主黨人公開贊同共和黨人關於美國和中共在體制上和目標上根本「不相容」的看法。[305]長期以來以其「全球主義」觀點而聞名的前民主黨總統候選人希拉蕊，在 2020 年底撰寫了有關中國的文章，使用的大國競爭語言與號稱更偏「民族主義」的共和黨領袖

們的語言幾乎相同。[306] 儘管北京的許多人曾期待川普時代在 2021 年初結束，但新政府似乎對中國採取了更強硬、更全面的立場，手法也更為多邊且細緻。[307] 為了「建立美國盟友和夥伴的統一戰線來對抗」中國，並確保美國在科技和世界政治方面的領導地位，拜登總統與澳大利亞、印度和日本召開了第一次四方安全對話峰會，以升級該組織。[308] 2021 年，在兩黨支持下，美國對華政策的急遽變化似乎已經走到了無法回頭的地步。[309] 國務卿布林肯在 2021 年 3 月和 2022 年 5 月宣布：

> 中國是唯一擁有經濟、外交、軍事和科技實力，能嚴重挑戰穩定和開放國際體系（即所有使世界按照我們希望的方式運轉的規則、價值觀和關係）的國家，而這個體系符合美國人民的利益並反映了美國人民的價值觀。我們與中國的關係該競爭的時候就是競爭性的，該合作的時候可以是合作性的，該對抗的時候則必須是對抗性的。
>
> 拜登政府的戰略可以用三個詞來概括——投資、結盟、競爭。告訴中國人民：我們將充滿信心地競爭；我們將盡可能地進行合作；我們在必爭之處絕不退讓。[310]

遲自 2019 年以來，中共似乎已經領會到了美國的這種對華政策的重新定位，證據就是其宣傳機器火力全開的九個預測，讓人想起大約四十年前的毛主義宣傳口號「美國注定要失敗」。[311] 2020 年底，一位中國分析人士概述了「指導中國對美政策的六項原則」，強調了中共的歷史使命，促進中國經濟實力進一步崛起的「雙循環」，「孫子兵法」的巧謀妙計，以及在美國和其他地方贏得「朋友和影響力」的重要性。[312] 或許是出於對世界力量平衡的「新時代」考量和黨國迫切的政治需要，習近平領導下的中共顯然已決定在中華博弈中全速前進與美國硬碰硬，而許多手段都是毛澤東時代的老調重彈。好戰的中國外交官在

美國國內外發表了更多「戰狼」言論，但主要是說給國內聽並取悅他們的上級；以反美故事為主題的舊「紅色電影」再度上映，新的「紅色電影」也陸續出品，以催化中國人民的心態。[313] 北京實施了多輪針鋒相對的對美制裁，儘管有些只是徒具象徵，並嚴厲警告道，「我們將信守諾言（與美國作戰），一路奉陪到底」；例如，2023 年 2 月，北京對在中國幾乎沒有業務的美國公司洛克希德馬丁（Lockheed Martin）和雷神（Raytheon）實施了新的制裁，包括處以鉅額罰款（是它們對台武器銷售金額的兩倍）。[314]

2021 年 8 月，官方新華社發表了一篇長篇社論，以六〇年代的傳統風格，詳細闡述了世界上「美國同盟體系的七宗罪」。[315] 2022 年 7 月，中國政府正式宣布美國對華政策存在二十一個「大謬誤」，以證明「美國是世界秩序的最大亂源」和「世界上最大的人權侵犯國」，指控其試圖發起「無底線的全面遏制來打壓中國」。[316] 2023 年 2 月，中華人民共和國外交部發布了一份官方報告《美國的霸權霸道霸凌及其危害》，詳細描述了美國的罪惡行徑，並記錄了中華人民共和國和世界應該起來反對美國領導的理由。[317]

意識到「政治分裂的美國現在對中國達成了罕見的共識」，兩黨中超過四分之三的美國人對中國持負面看法（而這一發展並「不是由新冠疫情推動的」），[318] 北京的中國法家機會主義大師和「黑暗」詭計藝術家們，已經悄悄地、自主或不自主地做出了策略上的改變作為回應。[319] 他們關閉了許多孔子學院，縮減了一些攻擊性行為，如付費在美國各大報紙上插入《中國日報》的版面，並隱藏一些受到批評的活動如在美國的「千人計畫」。中國駐美國大使秦剛（2021 年 7 月至 2022 年 12 月，隨後返回北京擔任中華人民共和國外交部長數個月，直至 2023 年 7 月）似乎沒有他的「戰狼」同事們那麼氣勢洶洶，只是浮誇地將他的工作比做五十年前季辛吉祕密訪華，聲調柔軟地要求「推動中美關係回到正確發展軌道」，像以前一樣「平等共處」、「合作共贏」，並告訴一些「美

國老朋友」，「我們從來沒有以超越美國為目標，我們從來沒有挑戰和取代美國或尋求世界霸權的野心。」[320] 2021 年 9 月，北京又使出令人印象深刻的花招，或許是想複製二十年前申請加入世貿組織時成功欺騙西方的經驗，申請加入《跨太平洋夥伴全面進步協定》（CPTPP）；該協定的前身為《跨太平洋夥伴關係協定》（TPP），旨在取代世貿組織，但後來被川普政府放棄。[321] 就像任何一場精采的比賽一樣，全力衝刺、戰術暫停，甚至假意撤退和耐心包抄，都是中美博弈的一部分。

誠然，美國可能會以還需要時間和理由為原因，猶豫是否要在美國境內外全面參與中華博弈。互相矛盾的言辭和行動都在意料之中。川普用「中國病毒」、「中國瘟疫」和「中國強姦美國」等強烈語言，收割公眾輿論轉變的政治利益，但他也公開表達了對習近平（和其他獨裁領導人如金正恩）的欽佩。他比他的國家安全團隊更不願意批評中共在中國的社會政治紀錄，據稱是因為他希望與北京達成「大好交易」。左翼和右翼的許多人都批評川普對中國採取的行動無效、「軟弱」、單打獨鬥、「雙重標準」和適得其反。[322] 他於 2020 年 1 月與中國簽署的「歷史性」第一階段貿易協議很快就被證明十分空洞，因為北京典型地只履行了約一半與美國進口相關的協議義務。[323] 呼籲動員「整個國家」、「整個社會」和「整個政府」看來也是缺乏實際行動。[324] 一些中國分析人士認為，川普「進一步加速了美國和美國在世界上領導地位的衰落，（從而）造成了許多裂痕，給了我們許多有用的機會。」[325] 還有知名中國學者如閻學通評論說，只要他「對美國的損害大於」對「中國利益的損害」，「反華的」川普其實比其他美國領導人更可取。[326]

拜登政府在應對中共時，也不可避免地必須平衡美國的各種利益、觀點和願望。然而，有四個跡象似乎表明，冰川移動式重新定位的行動已經加速，美國正在齊心協力，在美國國內外認真投入中美競爭和整體的中華博弈。

一、

　　正如我在本章中概述的，過去十多年來美國對華政策的調整有明顯的連續性。儘管 2020 年大選政治熱度空前，且在許多問題上存在嚴重分歧，但拜登政府似乎已經悄悄繼承了前任政府的對華政策並發揚加碼。它的言論更有紀律且低調，而其行動似乎更加連貫和協調，尤其是與盟友之間。基本上，川普所有與對抗中華人民共和國相關的行動都在繼續，其中一些還大幅擴展加強。在南海等多個領域，拜登似乎超越了他的前任，採取了堅定而透明的立場，完全支持國際仲裁庭的 2016 年南海仲裁案。[327] 華盛頓宣稱其重點是全面贏得「與中國的競爭」，到目前為止也表現得非常一貫且堅定。[328] 這證明了儘管如意料中會不斷左右搖擺，但一個民主法治仍然可以克服黨派分歧，凝聚舉國意志和資源來推動國家利益。

二、

　　作為多年前就開始的、值得稱讚的全球緊縮和重新定位戰略的一部分，拜登政府冒著政治風險，終於在二十年後從阿富汗撤軍，結束了一場歷時太久、代價高昂的戰爭；這場戰爭早已偏離了原有目的，不再符合美國的國家利益，特別是在應對中美競爭等更重要的挑戰方面。拜登利用「與中國的激烈競爭」來為撤軍辯護，因為「中國或俄羅斯在這場競爭中最樂見、最希望的，就是美國再陷在阿富汗十年。」[329] 美軍撤離後阿富汗政府的迅速垮台，對中共的反美宣傳及其國內民族主義受眾來說似乎是利多，因為中國對塔利班「戰勝」美國的讚揚和慶祝活動奇怪地猛增。[330] 雖然總會有關心人道主義議題的美國人，批評這種削減、緊縮的舉措是自私的「逃跑」行為，但是，正如我在本書中試圖論證的，美國根本就不能按照美國的標準去保護、建設和完善其他各國。美國早

就應該限縮其對全球治理和普遍權利平等的，或崇高或自私的理想主義責任。華盛頓必須汲取過去的教訓，控制和消滅對其他國家的作惡者、激進恐怖主義瘋子和純粹罪犯的過度恐懼和過敏反應。[331] 基於普遍人權和道義的那些崇高和理想主義的行為，例如為了看來值得的目標即所謂的「保護責任」（RTP responsibility to protect），包括拯救其他國家人民的生命，而使用武力對他國國內事務執行所謂的「干預權」（RTI right to intervene）甚至「干預義務」（DTI duty to intervene），都應該最小化，並接受維護其他各民族國家平等主權之總體價值的限制。[332] 正如我將在下一章中詳細闡述的，美國應該調整其對中東等地區那些過時的過度關注，去專注於國外的關鍵目標，例如維護其領導地位及其偏好的國際秩序。

三、

拜登政府在言論和行動上大幅削減了其前任的粗魯、激怒式的外交風格，在重申和重新調整美國廣泛的聯盟體系，推動以多邊方式應對中共黨國崛起方面，似乎取得了快速而重大的進展。除了努力與該區域的盟友（從四方安全對話到南韓和菲律賓）調整對中國的看法外，華盛頓還成功讓七大工業國和北約在 2021 年首次宣布，中國是全球性和「系統性」挑戰者，批評北京在香港和新疆的人權政策，並呼籲採取集體行動來解決中國的「非市場」經濟做法及其缺乏透明度和合作，特別是在對新冠病毒來源進行國際調查方面。[333] 一年後，七大工業國在從貿易到台灣等更多議題上點名批評中華人民共和國。同樣在 2022 年，北約首次在其十年發布一次的戰略概念（Strategic Concept）中，公開針對「中華人民共和國對歐洲——大西洋安全（以及對）我們的利益、安全和價值觀，構成的系統性挑戰。」北約隨後於 2023 年 7 月重新宣布並詳細闡述了這項對華政策。[334] 除了四方安全對話和五眼聯盟（Five Eyes，包

括澳洲、加拿大、紐西蘭、英國和美國）之外，巴黎似乎對中華博弈也有了自己的「法國覺醒」。[335] 2021 年 12 月（2023 年 3 月再次舉辦），美國召集了來自一百一十一個國家（不包括中華人民共和國，但包括台灣）領導人的全球「民主峰會」。[336] 這是美國在中華博弈中領導力和實力的有力見證和增強。

四、

最後一點，拜登政府似乎延續了兩黨那明智但經常被分神和拖延的提議，透過《2021 年投資美國法》等行動在國內投資，以改善美國經濟和社會安寧——特別是投資於基礎設施、創新與教育。[337] 美國那傳奇般的創新與效率優勢，是美國在全球中美競爭和整體中華博弈中獲勝的最終力量源泉。美國顯然仍然吸引著來自世界各地的人才，遠勝於中國。在 2020 年代，據報導，儘管中國提供了最多的全球「頂級人工智慧研究人員」，占比例達 29%（美國提供了 20%），但其中超過 59% 是在美國工作，而僅有 11% 在中國工作，而且美國在人工智慧研究方面似乎擁有壓倒性的領先優勢。[338] 這種競爭優勢值得更多的關注和培養。美國的厚實自強，輔以雄心遠大、協調一致的大規模投資和明智的政策調整，是決定美國和包括中國人民在內的世界前途命運的關鍵。

一位前美國高級官員表示，中華博弈的重要性和緊迫性「要求我們在採取的每一個政策、提出的每一項法案以及政府和美國企業開展的每項公私合作夥伴關係中，都要深思熟慮：這項舉措是否會增加美國在這場（中美）競爭中的影響力，或是會將影響力拱手讓給敵對的北京獨裁政權。」[339] 至此，中美之間的競爭，一場為了自身生存和整個世界的全球性博弈，看來在言論上和行動上都已經廣泛展開。

第四章

遏制與轉型：管理中華博弈之戰略框架

在本書中，我描述了中華博弈，即中共控制下的中國與美國為首的西方之間，為爭奪世界領導權和世界政治秩序的競爭。這是中華人民共和國與美國之間一場長期的、全球性的大國強權較量，具有競爭、限制、衝突、合作、拉攏等各個方面。雖然還沒有形成一場徹底、全面的敵對，但兩個競爭者都幾無可能讓步屈服，因為他們正在進行一場結局未定的事關生存的競賽。

中華博弈正在成為一個決定性的歷史關頭，一個轉捩點，攸關整個人類文明的命運；其結局將完全取決於競爭者的行動和互動。正如任何真正的競爭或競賽一樣，對於誰該成為中華博弈的贏家，每個人的看法不一。然而，基於我在本書及其兩部前傳中對中共黨國政體的規範性分析和評估，很顯然，對包括中國人民在內的全世界而言，由美國領導的西方在此博弈中占上風更為可取。由此，問題就不再是應不應該或者可不可能去進行這場博弈，而是如何去贏。

本章將不謙遜地概述一個我簡稱之為「遏轉」（堅定遏制和明智接觸相結合以促成轉型和整合）的戰略框架，以實現美國為首的西方和世界在中華博弈中三個層次的目標（以下按其重要性排列）。

目標一，這是不容妥協的首要目標。美國及其盟友必須全力阻止中

共黨國透過接管世界領導權來重定世界中心、重整世界秩序。

目標二，美國應充分備戰，但也要盡最大努力阻止並避免與中華人民共和國發生全面戰爭。

目標三，西方應尋求中共的社會政治和意識型態轉型，從而促使中國真正成為在國際社會中有貢獻、有建設性且完全融合的同伴。

正如美國資深分析人士方登（Richard Fontaine）在 2022 年指出的，必須建立明確的戰略目標，使跨黨派「以美國為首的（世界）聯盟，做出聚焦集中又針對具體議題的努力，對抗中國的積極進取」，以確保實現「北京無意或無法顛覆地區和全球秩序」的總體目標。[1]

中共暨中華人民共和國之黨國是一個強大而可行的系統性挑戰者，代表著一種可行但次優化的治理模式，和一個可替代但不可取的另類世界秩序。它不應再被正常化和平等化成國際競賽中爭奪尊重、權力、榮耀和財富的一個普通競爭者。[2] 同時我們也必須認識到，中華博弈本身是國際關係中大國強權競爭的常態，受到西發里亞世界秩序的充分認可和根本支持。各個大國在西發里亞世界秩序下持續感受到的「不安全感」和「野心」，其實也不斷推動國際競爭，帶來創新。[3] 因此，一場全面參與、管理和運作良好的中華博弈所產生的中美比較和競爭，也可以成為大規模創新和提高效率的強大引擎，造福包括中國人民在內的全世界。

分析參數

中華博弈的重要性、緊迫性、難度、特殊性和好處，現在可望已是人所周知。美國為首的西方有責任制定和實施適當的戰略，來管理這場博弈並在其中獲勝。這是一場西方該贏的競賽。西方就此存在著許多分歧和歧見，這是意料之中的，而且多是有益的。畢竟，這是開放和多元

化的社會，不可避免地會產生許多真誠的公共辯論、崇高的理想、狹隘的主張、實驗性的念頭、令人分心的雜音、純粹的謬論、自私的計畫和一廂情願的想法。「別把嬰兒和髒水一起倒掉」這句明智的諺語是很好的建議。當然，在多元化社會中，往往很難在為時已晚之前，就什麼是髒水、什麼是嬰兒達成共識。

呼應本書第一章所提出的規範性分析，西方應該抱持如下的戰略願景：在中華博弈中，要擊敗的挑戰者是中共黨國及其重定世界中心、重整世界秩序的野心，而不是被其俘虜的中國人民，更不是那或許並不完美但顯然更可取的西發里亞體系。[4] 中華博弈本身，或是一般性的國際比較和競爭，並不是敵人。西方應該將中華博弈視為西發里亞世界秩序下一個異常關鍵但仍屬正常的事件；如果管理得當，它還可以積極推動人類文明前進，提升整個人類。西方也應該有信心，儘管中華人民共和國有韌性又富裕，但它有著深刻的缺陷和許多弱點，是完全可以被約束和擊敗的。西發里亞體系雖然脆弱，但也曾經挺過多次挑戰；僅僅在二十世紀就度過了兩次世界大戰和一次全球冷戰，這次當然也能再次勝出。正如法國的一項研究得出的結論，儘管取得了一些「戰術上的成功」，但中華人民共和國作為「自己最大的敵人」，在其為擴大全球影響力而付出高昂代價的努力中，可能已經遭受了「總體性的戰略失敗」。[5]

如同任何認真的比賽，儘管至關重要而且回報豐厚，中華博弈既不是無痛也不是毫無代價的；其賽道漫長而充滿危險，完成時間和結果具有巨大的不確定性。與許多其他國際競賽不同的是，中共黨國與美國為首的西方政體之間這場中華博弈之生存競爭，還是一場超高賭注的競爭：它將重塑整個人類文明的未來軌跡，而且其結果可能是不可逆轉的。參賽雙方的回報和風險皆具有深刻但模糊的不對稱性。

西方的勝利可能會影響到中共政權的存在，但不會影響中華民族和中華國家的地位；因為在順利維護下來的西發里亞體系（特別是其自由

國際秩序版本）裡，完全可以期望競爭對手各過各的，我活你也活，它們各自的內部組織和規範可以發生變化，也可以保持不變。

另一方面，如果中華人民共和國獲勝，則將影響到整個西方政體的存續，並會削弱甚至消除西方（以及大多數其他）國家的民族地位和國家地位；因為在一個威權集權的世界秩序下，可以預見的是各個主權國家將會凋零、消失。在生物世界的自然淘汰過程中，競爭一方或雙方的耗竭或死亡，會使競爭結束並導致一個新的平衡，其進程與結果常純粹憑運氣而定。中華博弈是政治世界中兩種相互競爭的人類組織模式之間的生存抉擇，可望透過有意識和協調一致的抉擇行為，對人們偏好的、更可取的競爭者產生決定性的作用。一個合理的戰略加上堅定的實施，可為西方帶來各種想像的方式和手段，而不致於讓中華博弈全憑運氣。考慮到這場博弈的利害關係，以及中共那無出其右的不擇手段的行為紀錄，西方還應該為相當大的成本、副作用和各種風險做好準備，包括採取一些不文明甚至不守規行為——但願這些可能不佳但必要的行為都是可控和短暫的。

鑑於上述考量，為使西方和包括中國人民在內的世界利益最大化、風險和成本最小化，我總結了本書到目前為止所提出的討論，提出如下五組分析參數或考慮，供眾人思考與中華博弈中獲勝相關的五個 W，即什麼、何人、如何、何地、何時這五大要素。

參數一：為了什麼去博弈？

中華博弈本質上是關於世界政體或世界秩序，也就是人類的政治組織，這對所有人來說將是一個共好或共壞的問題。

這是關於相互競爭的政治體系中，哪一方應該成為主權國家、國際社會的中心和領導者：到底是威權主義—極權主義之黨國／黨政版的秦漢政體，還是西方式民主法治。歸根究柢這場博弈是要決定，中華秩序

式世界帝國與西發里亞國際關係體系這兩大相互競爭的世界秩序中,到底哪一個應成為人類民族國家之上的組織體系。管理好中華博弈並取得勝利的首要目標,是防止中共黨國成為世界領導者。更廣泛地說,中華博弈是為了保住西發里亞主權國家體系的世界秩序,反對世界的政治統一和中央集權。

要實現這一主要目標,需要承擔重大風險。中華博弈對世界和平、商業、氣候變遷等議題上的國際合作,以及許多其他寶貴的人類追求都有影響。和平被定義為大國之間沒有發生戰爭或全面對抗局面,在世界政治中始終具有很重要價值。「和平為上」(*Pax optima rerum*)及「和為貴」,表達了自古以來東西方共同的價值觀。[6]然而,和平與秩序這個在人類政治不言而喻的基本價值,並不是中華博弈的首要目標。和平、和諧與秩序無疑是寶貴的,但並非無價;實現和維持這些理想價值的不同成本與方式,對於人類文明的健康和繁榮至關重要。和平與秩序可以而且也曾經由不同的世界秩序和不同的國家政體提供:從世界帝國的集權政體,如羅馬和平(Pax Romana)即羅馬秩序、蒙古和平(Pax Mongolica)即蒙古秩序,以及中華和平即中華秩序,到以大國和霸權領導為特徵的分權分立世界政體,即西發里亞和平秩序(Pax Westphalia)。所謂的大英和平秩序(Pax Britannica)和美國和平秩序(Pax Americana)以及自由國際秩序,只是西發里亞和平秩序的一些變體版本。我已經試圖在《中華秩序》和本書中展示了世界帝國和國際關係,這兩種提供世界秩序和世界和平模式的關鍵差異,其規範性中心觀點是:世界政治統一在實現其他政治、經濟與社會文化價值上具有明確無誤的不可取性。在如今的大規模殺傷性武器(WMDs)時代,盡最大可能避免中美直接戰爭無疑具高度價值,但這應該是次要目標。事實上,在一個運作良好的中華博弈中,完全可以專注於主要目標的同時也實現這一次要目標。

當然,中華博弈不僅影響世界和平,更重要的是它將決定世界和平

的形式，由誰以及如何提供這種和平，並將會以人類哪些價值和追求作為代價。保留西發里亞體系，以及迄今為止最可取的西方／美國在其中的領導地位，理應壓倒對真實或想像中戰爭怪獸的恐懼。和平與如何提供和平是相互交織的價值觀，往往必須優先考慮後者，才能實現真正、公正並持久的和平。正如馬丁・路德・金恩的名言：「沒有和平就沒有正義，沒有正義就沒有和平。」[7] 如何提供和維護政治秩序是實現和平與正義最大化的關鍵。

民主法治與專制獨裁都能帶來秩序與和平，但只有在前者之下，聖雄甘地、馬丁・路德・金恩和曼德拉所代表的，以最小代價追求基於正義的和平與和諧的方式，才有可能奏效。世界帝國的武力征服和西發里亞體系的外交妥協都可以為整個已知世界提供秩序與和平，但只有後者才能不斷提供動力，促進人類文明的創新、效率和進步得到質的飛躍，死亡和破壞等代價也能大大減少。正如我在本書第一章中所分析的，西發里亞和平絕不是完美或理想的，但它為全人類提供了制度和意識型態上的可行性和機制，使多維度和不斷增長的人類總體價值最大化。它允許各國透過不斷的、互動的比較和競爭來進行實驗和創新；它也是阻止任何野心勃勃的強國透過政治壟斷來集中統治世界的最終防線，而中華博弈正是攸關這一最終防線。

此外，西方和世界參與中華博弈不是為了消弭國際競爭，而是要贏得這場重大、關乎生存的較量，以確保國際競爭的延續。這場博弈是關於如何防止和阻止中共利用崛起的力量去重定世界中心、重整世界秩序，而不是要剝奪中國人民作為國際社會充分和公平成員的資格和權利。恰恰相反，一旦中共黨國被遏止、被改造，或者兩者並行（即實現中國的轉型——儘管是中華博弈的次要目標），當中國對西發里亞世界秩序不再具有威脅時，西方和世界對於競爭力與貢獻都將重新定位的、作為世界另一領先國家的新中國，應該歡迎，充分接納並從中受益。

參數二：與誰博弈？

以最小的成本在中華博弈中取得勝利的一大關鍵，是要聚焦於真正的競爭對手。

中華人民共和國在國內外的一大力量來源，就是中共政權有意或無意地將自身與中華民族和中國人民混為一談。正如一些觀察者所說，「中國不是美國和世界的敵人，中共才是」。[8] 西方與世界，特別是中國人民必須牢記，中共黨國就像一個強大而專橫的綁匪，為了黨的利益，更是為了其統治集團的利益，以殘酷的暴力和不擇手段的詭計，俘獲甚至奴役了偉大的中國人民。中國人民在中共統治下的「中國悲劇」和「中國次優化」中所遭受的痛苦，比任何其他民族都要嚴重。他們被迫在中共為求存而與世界的對抗中，付出無盡的犧牲。如果中共贏得中華博弈，重定世界中心、重整世界秩序，中國人民的處境將會更糟，他們將再次過上公元前三世紀秦國人那種災難生活，只是這次全人類都將一同遭罪、受苦。

聚焦打擊中共黨國在中華博弈中的力量，特別是其政治制度和意識型態，是明智、道德、務實且高效的。一場包含兩個層面的角力似乎勢在必行。

在一個層面，美國應該隨時隨地挫敗、削弱、遏制、質疑中共的信譽及合法性，擊敗和破壞中共政權，以遏制其國家實力為目標。除了那些不可避免的附帶損害之外，其目標絕對不是壓迫中華民族或剝削中國人民。正如拜登政府國家安全委員會兩位主事者在 2019 年還未擔任公職時所提出過的，目的應該是「既挑戰中國又與之共存」。[9]

在另一層面，一個關鍵戰略兼明智戰術，就是把中華人民共和國和中國人民區分開來，發掘中共的追求與中國人民的利益之間的深刻差距，從而剝去北京打著民族主義和愛國主義幌子的力量。

至關重要的是盡量減少對中華人民共和國境內外的華人和亞洲人可

能產生的衝擊，這麼做也將產生強大的影響力去贏得中華博弈。在道義上，必須讓被中共俘虜的五分之一人類參與進來，為他們的解放和解毒創造條件、賦予權力和協助，從旁督促，必要時甚至強制，以使他們能把命運掌握手中。中共政權的轉型將是中華博弈的理想結局。[10]

北京的「政權更迭」也許確實勢在必行，也有可能實現，[11]但中國人民應該獲得機會解放自己，成為自己國家的主人。他們完全有權利追求真正的民族主義目標，而不是中共偽裝成國家利益的議程。與中國人民團結一致，將是西方和世界在中華博弈中迅疾獲勝的重要捷徑。

參數三：以何博弈？

這場中華博弈的賭注極高。事實上，中共幾十年來一直在與美國為首的西方國家進行不擇手段、無限制的全面戰爭，即所謂的「人民戰爭」和「超限戰」，[12]將中美競爭當成一場生死搏鬥。因此中華博弈不應被視為一場有賽事規則和裁判的公平賽馬、年度選美或商業競標。這是兩種政治制度（以及各自統治下的人民）之間的全面競爭，以決定整個人類的組織和治理方式，從而決定人類文明的命運和未來。

西方乃至整個世界，包括中國人民，都應該為可見的艱辛過程做好準備，包括在大規模殺傷力武器時代的軍事對峙。然而，正如我在本書及前傳《中國紀錄》中所分析的，中共領導層長期以來一直秉持高度的機會主義，為求自保背信棄義乃至規避風險，謀取和平對他們的家人和親信來說，是龐大的既得利益。

北京真正對外使用軍事力量（更不用說大規模殺傷性武器）發起大規模戰爭的可能性事實上很低。[13] 2022 年，包括中華人民共和國和美國在內的五個核武國家，發布了一項關於防止核戰的聯合宣言，聲明核戰「不可能獲勝，也絕不能打」。[14]這似乎證明並增強了避免跨太平洋核戰的信心，無論各方誠意如何，都重申了對於核威懾的共同觀點。這

是美國自五〇年代末以來始終抱持，最終在七〇年代末說服莫斯科接受了的觀點。[15] 在 1992 年加入《不擴散核武條約》（Treaty on the Non-Proliferation of Nuclear Weapons）後，中華人民共和國正式接受了美國的觀點；儘管中共對核武軍備競賽和使用問題上的猶疑和二心迄今仍顯而易見。[16]

中國軍隊即人民解放軍似乎早已淪為黨的「保鏢」角色——其宣誓的首要職責是「在習近平思想指導下」，「為中共領導和社會主義制度提供戰略支撐」。[17] 在觀察家看來，中國龐大的軍事力量看來有許多炫耀性的「無用累贅」，而且身處非常險要的地理位置，[18] 其目的是「為了既成事實（fait accompli），旨在將局勢升級控制在全面戰爭以下」。[19] 解放軍最近進行的一場真正的戰爭，是三十多年前對陣越南，其表現有太多不足之處。[20] 據報導，解放軍以三十萬人的壓倒性兵力（相對於十萬名越南士兵）進行了二十八天的進攻，以三萬一千一百一十九名士兵陣亡為代價，「僅僅」殺死了五萬七千一百五十二名越南士兵（以及大約相同數量的越南平民），其高級軍官自己事後稱這樣的戰績為「辱國辱軍」。[21] 七十多年來，解放軍將級軍官在戰鬥中陣亡的人數很少（最多個位數），但僅在過去十年，就有數百名將軍，其中包括幾名最高級的指揮官（以及數千名較低級別的軍官），被清洗和被監禁（一些被判處終身監禁，另一些被判處死刑緩期執行），這反應了貪腐盛行和激烈的政治內鬥嚴重困擾著這支軍隊。[22] 與西方相比，中華人民共和國的力量雖然看上去孔武有力，但實際上可能只是一條「紙龍」。[23] 當然，美國及其盟友在軍備建設、前置部署和必要時使用軍事力量的意願和能力，必須超越中共，保持強大威懾並且不能鬆懈，[24] 對北京的挑釁舉動必須予以反擊，對其虛張的聲勢必須予以揭破。[25]

更重要的是，中華博弈是一場多維度、多方向的競賽，需要全政府、全社會、全聯盟的參與。正如我在本書前傳中試圖展示的，除了軍事準備和軍備競賽之外，中國經濟本身還有許多陷阱和泡沫，可以明智地加

以利用來削弱中共的力量。[26] 中華人民共和國的政治治理和社會制度充滿缺陷和不公正，這些也可有效地加以利用，實現一石二鳥：既改善中國人民的生活和權利，也遏止和削弱中共政權。如本書前述，即使僅就維護中共政權的狹隘目的而言，其外交政策仍是非常不符成本效益。協調一致、有針對性、精準的反制，將有力地鞏固和提高西方的地位和力量，同時消耗和約束中共的力量，消弭北京在國內外的地位和影響力。

更具體地說，在中華博弈中抵禦中共的眾多手段中，一個超值的、完全合理、對中國人民和人類都極為有利的選項，就是盡可能快速且完整地打破中國所謂的「防火長城／防火牆」。一道調配得當的對等往來、提倡透明度和建立議題關聯力的混合配方，可非常有效地實現這一目的。推動促進中華人民共和國境內的言論和資訊自由，將使中國人民能夠對中國歷史進行批判重讀，重新審視世界，從而摧毀中共黨國那些透過錯誤和虛假訊息來洗腦的國家計畫，進而導致中共控制權力的瓦解。[27] 這將是中國人民思想的偉大解毒，使他們從奴隸變成公民，是對十四億中國人創造力的重大解放，將無限造福於人類文明。這也將有助於催化中共政權的和平轉型。在中國公開發行和推廣那一長串中國作家被禁作品將是一個良好的開始。[28] 宣傳並強調西方的民主法治與中華人民共和國以法治理的威權（本質上是人治和暴力統治）之間的差距，將是明智之舉。[29] 我將在下面對此進行詳細說明。

參數四：何處及何時該停頓暫歇？

中華博弈是一場全面、高風險、艱鉅的競賽，而且可能會相當漫長。不管是否一廂情願和自命不凡，中共一直堅持宣稱，它的任務和使命將持續數十代人或幾個世紀之久。[30] 在某些地方和時刻，西方和世界可以而且應該採取一些合理、有益的停頓與暫歇。[31] 牢記中華博弈的主要目標，美國在努力阻止中共的過程中，應該還要注意防止那些可能損害甚

至毀滅西發里亞體系的過度行為，儘管正如本書第一章所分析的，美國一直是，以後也將會是最不可能顛覆西發里亞體系的世界強國。然而，西方仍應提高警惕，在全球主義下追求超越民族國家的普遍權利和平等的許多自然衝動，很容易被北京利用來掩飾和協助其對世界的重定中心和重整秩序。權利平等的崇高理想應該主要是一種國家內部現象。為了維護目前以西方主導、以自由國際秩序為中心的西發里亞體系，並在中華博弈中取得勝利，美國可以尋求調整和改進自由國際秩序，可能會一時限制甚至排除中華人民共和國在該秩序裡的成員資格，但不能以加強全球治理的名義，損害或放棄這一體系。[32] 促進各國走向更妥善治理的民族建設和國家建設，最終應是各國人民的責任。

要從中華博弈中獲益、管理並從中獲勝，關鍵在於謹慎的平衡。正如尼采曾警告過的：「與怪物戰鬥的人，留心在此過程中自己會否也成為怪物。如你凝視深淵夠久，深淵也會凝視你。」[33] 中華博弈完全是可管理的，無需不可逆轉地剝奪各國的主權和決策多樣性。正如在有時優柔寡斷、效率低下的民主國家，捍衛西發里亞體系需要強而有力的領導、高超的聯盟政治和耐心的外交，而不是不可逆轉的獨裁世界政府。

在一個可能規模較小、全球化程度較低的改良版自由國際秩序下，美國及其盟國可以繼續自然地追求各自的相對利益，條件是要盡量減少因無意中援助所謂「門外野蠻人」而損害自由國際秩序。套用中共的戰術，西方必須努力「組建民主國家甚至所有意趣相投國家的統一戰線」，抵抗北京的「分而治之」。[34] 平衡的協調將使美國和其盟友有效管理一波接一波的緊張對抗和放鬆合作，以實現應得之目的。透過調整節奏，在快速衝刺中搭配放鬆休息，西方在中華博弈中會極有勝算，同時也不會過分損害西發里亞體系或過度犧牲各國的（相對）利益。[35]

競爭可能是激烈且令人不快的，競爭者甚至會過度透支。但只要競爭本身（也就是西發里亞體系）保持完整，最終即使不是對所有人，也是對大多數人有利的。國際競爭，即使是與中共黨國這樣的系統性挑戰

者的競爭，也不總是具有系統威脅性或完全零和的。對中華博弈的進展和成就的審慎評估，以及隨後在政策和行動上的調整，將允許適當遴選和適時的暫停歇息，以調正節奏和休整。可以而且應該促進西方和中國之間的一些正和競爭，因為就真正共同關心的問題上，與北京進行一些互惠的、競爭性的合作是有益的，也是可實現的，這類共同關注的明顯例子包括控制全球疫病和公海汙染。[36] 正如一些人士所分析的，相對於與中國達成所謂的「夥伴關係」，與中國全面的競爭和較量也許還更有效地解決氣候變遷等公共問題。[37]

中共黨國的某些行為可以被視為國家間的正常競爭，也為西發里亞世界秩序帶來關鍵益處，不一定所有的中共行為都是對體系的挑戰。例如，中華人民共和國在太空領域與西方展開了代價高昂的競爭，像是其已有二十年歷史的項目北斗全球定位系統，據報導已於 2020 年 6 月全面部署。[38] 以美國為首的西方自然應該關注這些項目的軍事用途並尋求超越它們，但也應將其視為透過提供冗餘、選擇和刺激來造福人類的競爭項目。同樣地，微信、TikTok（抖音）、MICO、Yalla 和 YoHo 等中國社交媒體應用軟件和平台，似乎在許多地方（尤其是發展中國家）提供了有價值的服務。[39] 中國在東南亞的貿易傳統可以成為一條通往積極競爭的途徑，可以造福和保護相關的參與國家。[40] 簡而言之，雖然必須極其嚴肅地看待和應付中共黨國帶來的系統性挑戰，但中華博弈本身作為競爭是既自然又正常，而且往往是有益的。對中華博弈的進程應該要不斷地評估和再評估，以便有效地抑制人類普遍的貪心、輕信和過度行為，從而確保國際競爭，即「賽局」本身，繼續取得豐碩成果。

參數五：如何評估中華博弈？

適時準確評估中華博弈的一大關鍵，是要充分認識威權極權政體與多元民主法治之間的一些根本差異。西方必須根據北京的本質和所作所

為來解讀和對待之，而不是根據它的言論、承諾或信號，也不是根據西方的假設和願望。將中共黨國視為與西方一樣，會努力或被迫去開放，實行多元化、法治和遵守規則，並據此判斷去對待該國，是一個基本但常見的錯誤。中共黨國的本質和傳統是遮遮掩掩和不擇手段，擅長玩弄數字遊戲，對法律、規則、合約和承諾始終是不屑和敷衍。北京看似真誠的承諾和協議，就像其激烈的警告和威脅一樣，對中共領導人來說大多既不是法律義務，更不是道德約束。即使是已簽署和批准的條約和法律也只是第一步，而不是定局，更不是結局，還會不斷出現臨時討價還價和單方面的變更。過去的一個例子是北京從六〇年代開始將曾經的恩人莫斯科視為死敵，猛烈攻擊，而當時為期三十年的《中蘇友好同盟互助條約》才剛剛歷時過半。[41] 最近的例子則是 2017 年，當時原訂為期五十年的《中英聯合聲明》才過了不到二十年，就被北京貶斥為「只是一份歷史文件，如今不再適用」，隨後在 2019-2020 年更實際踐踏了《中英聯合聲明》中所規定的條約義務，[42] 但當英國隨後以向部分香港人提供居留權作為回應時，中共卻憤怒地指責倫敦「公然違反《中英聯合聲明》所規定的法律義務」。[43]

因此，可驗證的是行為和事實，而不是言語或願望，這是衡量中共黨國任何變化以及中華博弈進展的唯一方法。即使是對專業民調人士所進行的傳統上有用的實地調查，也應持合理的懷疑態度。例如，事實證明，蓋洛普民調公司（Gallup）在 2005-2018 年間，僅根據在中國三個城市（北京、上海和廣州）進行的極為有限的採訪，得出了有關中華人民共和國的「調查結果」。[44] 設想一種理想的「中國與經合組織國家，特別是美國之間的文化平等」可能是積極和進步的，[45] 欲實現這種平等的努力確實可能富有成效，但也可能極具欺騙性，因為中國根本的制度、意識型態和行為都沒有真正改變。當然，無論何時何地，只要心中存疑，考慮到中共不擇手段的本性和背信棄義的紀錄，西方必須思考靈活和行動敏捷，隨時做好最壞的打算。正如魯迅在一個世紀前很乾脆的

說法，「不憚以最壞的惡意來推測中國人」（中國人在這裡改為中國統治者會更適當）。[46]又如美國前任國務卿蓬佩奧在 2020 年所建議的，在與中共打交道時，「我們必須不信任和核實」。[47]或如美國氣候特使克里對 2021 年形勢的描述，輕率地相信北京的話，「那叫愚蠢和怠忽職守」。[48]只有以這種謹慎的方式，西方才能在與中國進行合作的同時仍始終堅定地與中共競爭，在中華博弈中獲勝，讓世界避免重蹈先秦中華世界裡各族人民的悲慘命運。

遏轉：內容和目標

基於以上的討論，我在此提出「遏轉」作為西方和包括中國人民在內的世界，參與、管理中華博弈並在其中獲勝的一個戰略框架。正如本書第一章所提到的，中華博弈在許多方面與冷戰有相似之處，遏轉戰略與當年的圍堵戰略也有明顯的共同點，後者促成了西方在冷戰中的勝利。不過這兩起大國競爭與兩種戰略之間存有重要區別。圍堵戰略在實施過程中不斷演進，經歷了深刻的變化，也伴隨許多即興發揮、挫折和調整，才實現了挫敗和削弱蘇聯對西方主導的世界秩序，進行系統性挑戰的主要目標。「遏轉」作為一種活生生的策略願景，同樣也將不斷演進和發展，希望它能有助於盡量減少代價、彎路和陷阱，並能受益於過去豐富的經驗教訓。

「遏轉」有兩部分關鍵內容：

（一）對中共黨國力量的堅決遏制和有效限制；
（二）與中國人民的明智接觸和充分交往與溝通，以促進中共黨國的轉型及整合。[49]

最終的目標是將政治和意識型態轉變後的中國全面納入西發里亞體

系。這項戰略的核心是，必須限制中共的崛起和特殊野心，防止其重定世界中心、重整世界秩序。它主張應連推帶拉地促使中共政權進行其政治制度和意識型態的改革和重組。它還假設，以美國為首的西方，如果全面而明智地參與，完全有能力管理好中華博弈並取得勝利，甚至能比冷戰時期更有效、更和平地競爭。

因此，遏轉戰略有三個分層的目標，按重要性依次排列如下：

（一）防止中共黨國奪取世界領導地位；
（二）盡可能避免中美全面戰爭；
（三）實現中華人民共和國的社會政治和意識型態轉型，以真正將中國納入西發里亞體系。

正如冷戰歷史學家麥克佛（Michael McFaul）所明智建議的，中華博弈應該走一條「複雜而微妙的道路──持續的對抗與合作、遏制與接觸、孤立與整合的耐心結合（……）必須避免戰爭，但也要放棄建立夥伴關係的錯誤希望。」[50]

遏轉的關鍵要素是**始終聚焦於最高層級的主要目標**。美國及其盟友（包括其他國家和中國人民）絕不能有片刻偏離，不能忘卻中華博弈的首要目標，即維護西方主導的西發里亞國際關係體系。這個目標需要抵禦中華人民共和國的修正主義勢力，並保障當前世界秩序的組織原則和領導地位高於其他所有目標，除非是發生真正威脅整個人類生存的全球災難（或者、也許，面臨一心想消滅地球人的強大外星人入侵）。[51]

為此，美國及其盟國應領導並維持全球化和世界治理的全面反思和堅定變革。即使是最真誠的狂熱者，那有害的對世界統一的理想主義熱情也早該予以遏制了。[52] 聯合國等建立在權利平等基礎上的多邊組織及其過於膨脹的延伸機構，不應被允許用來損害民族國家體系。不斷演變的、對其他主權國家的干預權理念（RTI），以及對其他國家公民負有

保護責任的理念（RTP），應該仍然只是一種鼓舞人心的理想，而不是一種法律規範，只應在極罕見的情況之下略作嘗試。在實際的實踐中，RTI 干預權在追求國家間虛幻的普遍人權平等方面，其成本效率往往低得令人望而卻步，並且在許多人看來，輕易就會淪為殖民主義甚至帝國主義。[53] 保護責任的干預權（RTI for RTP），特別是單方面實施時，會嚴重傷害國家主權，破壞西發里亞體系。國際組織、聯盟以及全球規範和規則的存在，是為了保護和改善民族國家，而不是為了取代它們。對於各國之間的結構性和規範性差異應予以保留，以確保持續的國際比較、選擇和競爭，從根本上激活和推動人類文明。那些對多邊組織和協議的惡意、有目的的投機和操縱，則必須經常進行有效的監督和控制。國家間的國際俱樂部必須堅守原則和紀律，聲名狼藉的成員一旦被逮住又拒絕改變的話，就不能再歸屬其中；如果該俱樂部被劫持和操縱就必須拋棄、重組和取代之。

人類作為生物體可能是生而平等的，但不是也不應該被幻想為在政治和經濟上也是全球平等，因為人們在不同社會制度、文化規範下的不同群體和國家中生活和工作，受不同的政府為了不同的目標而差遣。在尊重國家主權（最好是具有民族自決與人民主權）平等的同時，必須破除所有政體和文化一律平等的虛幻謬誤。所有文化的思想觀念確實對人類文明都有潛在用途，因此都具有價值，特別是當它們在公平公開的市場上進行比較和競爭時。但是，將經過廣泛而反覆的辯論、檢驗、證偽和試錯，以及不斷演變的社會政治和經濟制度方面的規範和思想，視為等同於來自壟斷、一言堂、神祕的獨裁統治的規範和思想，是極為重大的錯誤並將造成嚴重後果。就像是將一顆蘋果的營養價值等同於一粒芝麻，或將一櫃現代藥品的健康價值等同於一捆人參或其他什麼「靈丹妙藥」。用自然界的比喻來說，重視生物多樣性不代表對待老鼠像對待奶牛一樣，也不代表對待霍亂和伊波拉的方式，像對待正常的腸道菌叢一樣。在努力維護社會政治世界裡的文化多樣性或多元文化主義時，不應

把暴力灌輸等同於自由信仰，或把厭女症看成只是又一種特異的家庭結構，或把纏足視為與穿高跟鞋一樣。

正如我在本書第一章中所論述的，在平衡秩序、安全、平等與效率和創新之間的關係，以確保人類文明的健康和繁榮時，國與國之間的分權分立是最後一道可靠的制度保障。必須以最大的尊重與最謹慎的態度，來對待全球人權平等以及享有同等生活水平和條件的崇高追求。這些都是美好而令人嚮往的理想，就像普世和諧和永恆幸福一樣，值得努力追求（在成本允許的情況下），但絕不應允許損害和破壞產生這些理想並使其有可能最大化的那些基本制度和原則。這就是個人權利和自由至上的原則，允許個人進行適度的選擇和競爭，並最終推動了人類文明的創造力和進步，雖然此說可能令一些全球化自由主義與平等主義的信徒頗為不悅。

遏轉策略需要西方和世界的**穩定領導**。鑑於與所有可能的替代者相比，美國一直是對西發里亞體系威脅最小的主導國家。因此，美國人應該當仁不讓地增強國家實力，繼續維持其主導世界的金融地位、軍事優勢、卓越的教育和創新，以及令人欣羨的社會文化和環境條件。正如2016、2020和2024年所有美國總統候選人都主張的「美國優先」、「讓美國強大」、「將美國重建得更好」以及讓美國「再次領先」，才符合世界的更大利益。[54]這些想法應該與孤立主義的短視脫鉤，並與任何特定的政治家脫鉤。這不僅是為美國人及任何落腳這片家園的人，維持並改善「一個美麗而強大的美國」，更是要在破壞性最小的領導下繼續維持最可取的世界秩序，這是全人類一場回報豐碩的偉大實驗。[55]

除了那些在制度和意識型態上擁有相同基本目標和規範的國家，特別是在維護自由國際秩序或西發里亞體系同質合群的國家（即所謂「志同道合、有能力的民主國家」[56]）之外，不應允許任何其他國家靠近，更不用說超越美國在世界上的實力和影響力。更具體地說，美國應向海外積極投射其力量和影響力，特別是在中國周邊和中國本身。美國（和

西方）應堅定不移地鞏固和增強其國家競爭力和相對實力，以確保其領導世界的能力，因為它代表了人類透過集體比較和競爭迄今所能實現的，最不專制的社會政治制度、最少非理性的經濟制度和最少不可取的文化規範。不斷致力解決國內問題以實現美國憲法所設想的「一個更完美的聯邦」，始終是關鍵所在。

為了在中華博弈中勝出，美國必須在國際競爭中表現優異，運用自身適應規範所允許的一切手段。儘管某些領導人和信使可能會顯得令人反感和負面，但以美國富強為首的努力至關重要，而且不僅對西方而言。這不僅是美國人民的自利舉動，也是對包括中國人民在內的全世界都有利的無私努力，是一種「正外部性」（positive externality）。美國的一些具體行動可能會被一些人視為具攻擊性、自私而且代價不菲，這些行動可能包括：美國和西方停止透過貿易的大幅失衡為中共提供資金；限制向中國供應或洩漏重要技術；反對和限制北京在世界的影響力，特別是在國際組織中的影響力；清理國際金融體系，阻止人民幣國際化；打擊中國在網路空間的胡作非為，跟隨印度的步伐去禁止來自中國的數位硬體和軟體等。不過，一位長期中國觀察者表示，所有這些行動都將精準打擊中共的致命弱點。[57]

在西太平洋和印度洋地區建立志同道合者的聯盟，對於美國的領導地位至關重要。在印太地區，中華人民共和國看來已與美國及其盟國鎖進了一場內容更明確、持續而且近乎零和的地緣政治競爭。因此，面對北京不斷增長的、往往是掩蓋了的、可能是無休止的往周邊擴張的欲望，它們在象徵意義和實質上的「堅守陣地」、寸步不讓就變得至關重要。[58]除了針對印度以及南海和東海的明顯領土要求之外，中國的一些人多年來一直主張要「重新評估」和「協助琉球（沖繩）獨立」，以擊敗東京並最終「收復」這些日本島嶼，就像「統一」台灣一樣。自1986年以來，中共已舉辦了十八屆兩年一度的「歷史上的中琉關係國際學術會議」。[59]擴大澳洲、印度、日本、美國之間的四方安全對話，

也許能形成一個更大的集體安全保護傘組織，一個亞太或印太條約組織，同時以更智慧的武器系統和聰明戰略，加強美國在該地區的前沿部署，這可能會以美國置換和縮減在世界其他地區的軍事投入為代價。[60]現在，一個北約一日本／南韓夥伴關係已經出現，這是富有希望的發展。[61]

應該要有坦誠且強制的政策，要求該地區內外的國家在應對中國崛起問題上選邊站隊。在當前的世界秩序與中共黨國所代表的明顯劣質和災難的替代秩序間，各國選擇立場以共同維護和改進，不僅在政治和社會經濟利益上是合理的，在道德上也是必需的。實際上，許多國家很容易就知道他們在國家獨立和安全方面的最大利益，與美國及其盟國在維護西發里亞世界秩序方面的利益是一致的，所以早已在中華博弈中選邊站了；但出於一時經濟原因或「搭便車」的自私算計，這些國家在言論措辭上可能仍然有些模稜兩可。[62] 2022 年，在東南亞國家聯盟（亞細安 ASAN）十個國家的受訪者中，如果「被迫選邊站」，57% 的人會與美國「結盟」反對中華人民共和國，這一比例略高於一年前的 56%。[63] 2022 年，尹錫悅當選南韓總統，他一直主張與美國和日本建立更密切的關係。[64]自 2022 年俄羅斯（在中國的支持下）入侵烏克蘭以來，西方進一步團結，加強和擴大了北約並強而有力地擴展至太平洋地區。[65]

遏轉策略建議在中國進行並贏得中華博弈。有益於全世界和中國人民的中華博弈的理想結局，將涉及中共政治體制在制度和意識型態上的重組和轉型，完全可望是以和平的方式進行。如此一來，中國人民的偉大力量和強大潛力，就不會再被操縱和浪費在取代西發里亞體系上，而是致力於為所有人，首先是為中國人民自己謀求更好的生活。除了維護西發里亞體系之外，將近五分之一的人類從一個被證明是次優化、劣等和壓迫的政權（該政權只為極少數統治菁英提供最優化服務）中解放並改善其生活品質，這本身就將是人類進步無比重大的成就。

美國及其盟國必須強力揭露中華人民共和國，將其視為一個異常且

強大的挑戰者，不僅是對美國和西方，而是對當前世界秩序和世界和平，代表著一種在品質上更不可取的替代方案。中共黨國帶來的挑戰，必須以與北京行為相同的程度和方式來應對和處理，並在必要時與之進行臨時的逐底競爭。美國及其盟友應該與中共進行一場明智的較量。中華人民共和國的金融力量、軍事實力和宣傳能力，都應該受到遏制、消滅、破壞和削弱。深思熟慮和協調一致的對等往來，包括針鋒相對的對等反應（tit-for-tat），將是有效、和平且合理的。

中美競爭的一大關鍵似乎在於如何減少和防止「美國資金和體制」被北京利用來達到其目的，並「把華爾街和矽谷都拉過來」以有助於贏得與中共那場超高風險的「政治戰」[66]，美國及其盟國應調整其成本效益計算，積極地將全球生產供應鏈盡可能地轉移出中國，特別是涉及製藥、ITC（資訊、交通和通訊）、和軍民兩用技術方面的生產供應鏈。[67] 華為、阿里巴巴、TikTok（抖音）、WeChat（騰訊）、Temu（拼多多）和 Shein 等所有中國境內或中資的媒體公司和商業平台的運作，必須受到密切監控、限制或禁止，除非中國真正向這些公司的西方競爭對手開放市場。[68] 英國已經帶頭開始下架所有華為產品，預計於 2027 年完成。[69] 印度更進一步，以「主權和安全」為由禁止了一百七十七款（後來增加到三百多款）中國製造或中國公司的應用軟件，並公開限制和排擠中國公司。[70] 中國公司（在美國證券交易所上市的中國公司有二百六十一家，到 2022 年的年中市值達到一點三兆美元），包括那些名義上位於離岸、避稅天堂的公司，尤其是那些逃避責任的公司，都應該在西方摘牌，除非美國監管機構能夠完全取得他們公司的審計紀錄，此舉可能有助於深刻改變中國的國家市場關係和資訊傳播方式。[71]

應該要求西方機構投資者定期披露其與中國經濟實體的聯繫和交易。正如我在本書的前傳《中國紀錄》中所報導的，此類舉措將削弱中華人民共和國的金融實力、求才計畫和獲得西方技術的機會，使中共那基於發展主義、民粹主義的政治合法性傷筋動骨。由於西方一致認為中

國是一個非市場經濟的國家，因此不應允許人民幣成為中國境外可信賴的交易媒介或硬通貨。西方應該經常嚴格地審查和限制來自中國的學生和研究人員，特別是那些保持雙重身分的人、那些與中共黨國有聯繫的人，以及那些來回穿梭以從雙方謀利的人。西方應該監視和揭露中共的同情者和代理人，例如那些受中華人民共和國資助的所謂「媒體」和社團機構。[72]

美國及其盟國應該迫使中共黨國要麼退縮，要麼進行一場長期、全面的軍備競賽，包括在所謂的非常規和非動能的「灰色地帶」進行競爭，[73] 在西方全面有效地控制技術出口的情況下，這樣的軍備競賽幾乎肯定會不利於創新能力更為虛弱的中國。[74] 在印太地區之外，如下文所述，美國及其盟國應該以明智、協調一致的方式開展工作，為中共黨國在海外地區，如非洲和拉丁美洲等地，製造成本更高的消耗，同時使當地國家受益。西方應該明智地投資以提高門檻，迫使中共在透過贈予和賄賂在這些地區獲取政治影響力的長期謀劃中，花費成倍增加，但回報卻急遽降低。

最後但同樣重要的一點是，美國及其盟國必須支持中國人民進行政府轉型和重組，以重新調整資源和能量。西方必須呼籲中國的政治轉型和自由化，並為此採取行動。如果 1978 年至 2008 年左右的美國／西方政策（一般稱為「接觸」）並非真正或沒有認真關切中國的「政治自由化」，[75] 那麼從現在開始，美國和西方應更自覺、更明確地致力並專注於與中華人民共和國的接觸交流或任何往來，促進其社會政治變革。貶低和削弱中共政權，打擊其士氣，使之分裂瓦解，是在中華博弈中獲勝的一個有效途徑。

除了基本的通常外交禮節之外，中共領導人及其代表不應再被視為平等或正常的國際夥伴。中共領導人的臉面、聲譽、個人和家庭財產，特別是他們的隱性資產和祕密居住在海外的親屬，都應該受到重點曝光，持續調查與針對性的監管。任何屬於中共統治菁英的人，特別是現

役和退休的「領導幹部」及其直系親屬（占極少數，不到中國人口的0.2%），在國外（尤其是西方）的移民、教育、就業和商業機會以及其他海外權利、使用權和特權方面都應該受到特別審查，而不是像現在那樣享有優待。2020 年 12 月和 2021 年 5 月，也許是朝這個方向邁出的試探性步驟，華盛頓開始拒絕某些中共官員及其家人的簽證申請，作為對北京侵犯人權和不配合遣返四萬名中國非法移民的懲罰性回應。[76] 這種可調整的「精確打擊」政策，將為雄心壯志的中國人提供一個選擇：到底是把自己綁死在黨國的階梯上，還是尋求其他向上流動的方式。這將穩步減少並剝奪中共占有中國龐大人才庫和在海外招募的機會。中國人民，包括中華人民共和國的許多統治菁英，在看到和體驗到了外面廣闊的世界，尤其是西方的世界後，可以而且應該受到鼓勵、幫助，甚至被要求去增強他們的理性、意志和能量，以改變自己的政府並掌握自己的命運。

博弈之現狀

對許多甚至大多數觀察人士來說，中共黨國正在強力採取行動去奪取世界領導地位，損害美國和西方。其相當明確的目標是用一套「替代性全球規範和標準」，以取代現有的世界秩序，這已經是一個公開的祕密。[77] 正如我在本書及兩部前傳中所試圖論證的，中華博弈的全球競爭是出於中共黨國求取政權生存和安全的內在邏輯，而不是出於中國人民的國家利益。除非世界被重定中心並重訂秩序，成為像中華秩序那樣的世界帝國，或者中共政權衰落，否則這種幾近零和的競爭不會消失。遷就和安撫崛起大國的民族主義要求，以平息侵略浪潮，這類常見的現實主義國際政治做法是無法使中華博弈停下來的，因為中共並非真正為了人民而尋求促進國家利益。中共注定尋求要控制整個世界，這遠遠超越國家之間對領土、財富、報復或榮譽的傳統紛爭。中華博弈關乎所有國

家的存在、認同和主權，關乎整個人類文明的方向和命運。「因此，在中國改變之前，（西方與中國的）一場長期競爭基本上是不可避免的。」[78]

回顧一下我在本書前面所闡述的內容，中華博弈實際上是從1949年中華人民共和國成立的第一天就開始了，甚至可能是早在二〇年代，當時莫斯科創立了中國共產黨，作為列寧—史達林主義世界共產革命的一部分。對西方來說，中共黨國曾經在很大程度上是一種可以忽視的麻煩和一種可以忽略的幻想，直到二十一世紀才真正成為國際關係的焦點。到了2010年代中期，中華博弈已經席捲全球，中共黨國愈來愈有能力取得決定性的利益，甚至接近勝利的臨界點。無論是為了表達信心、鼓舞士氣，還是為了其國內治理與榨取作宣傳，北京在全球新冠疫情前後都宣稱，中華人民共和國「前所未有地接近世界舞台的中心」，已準備好並有能力領導人類，並以「中國理念、中國智慧、中國方案」來改善整個世界，「建構人類命運共同體和新型國際關係」。[79] 正如本書前面所提到的，習近平和中共公開稱讚中華博弈是「百年來世界最偉大的變革」——自第一次世界大戰（或俄羅斯革命或中共創建）以來，甚至是過去四百年，自《西發里亞和約》（或工業革命）以來僅見的世界大變革。[80] 中共還宣稱自己已不是被其俘虜的中國，而是一支「深刻改變了人類歷史軌跡」的力量，「領導建設更加美好的共同世界」，因此完全值得成為「世界所有政黨的榜樣」。[81]

在中華博弈中，中共黨國的崛起挑戰了世界現有的制度和規範。這個世界現在擁有近二百個主權單位，如果北京贏得這場博弈，所有這些國家的獨立和主權都將減弱或消失。然而，集體行動的邏輯和西發里亞體系的本質（重視自助並優先考慮相對利益），決定了大多數、如果不是全部受影響國家，便往往是搶搭便車的旁觀者和兩面下注的跟風者。[82] 出於相對成本和收益的計算，並自然地指望「受影響較大」的國家來承擔重負，這些國家常選擇袖手旁觀，即使他們可能也看出整個體

系正處於危險之中。許多國家的領導人自相矛盾但並不令人意外地透過無數的短期行為來幫助和支持他們的掘墓人，以獲得一些確實的或只是他們認為「具體的」利益。無論受影響國家是否充分認識和理解，目前以中華博弈為特徵的國際關係格局，可能已經成為人類文明的一大決定性關口。在許多方面，今天的世界在筆者看來類似於先秦戰國的歷史重演，那時最終是由眾所周知不可取的秦國「出人意料地」征服並統一了整個已知的中華世界。戰國時期許多更富裕、更先進的國家，都因為秦國出色地運用殘暴武力和狡詐的外交手段（包括賄賂、欺詐、暗害與挑撥）而相繼滅亡。這些國家在捍衛歐亞大陸東部事實上的西發里亞體系時，由於集體不作為而導致的慘敗，在隨後兩千年的大部分時間裡定型、封閉和阻滯了整個中華文明。[83]

與由中國共產黨或其變體領導的中華秩序（或類似的其他冠名體系）下任何可能的世界治理相比，西發里亞體系的延續（以西方領導的自由國際秩序，或由某個類似或更好的國家領導的改進版形式），對西方和世界（包括中國人民）都更有利。在中華博弈中與北京對陣時，西方這邊目前更加富裕、先進與強大，並建立了經過考驗的聯盟，但可以預見的是，一些甚至許多西方國家會表現得像一般的民族國家，與古代的戰國並沒有太大不同，無意中助長了系統挑戰者來消滅它們。在全球化、多邊主義和多元文化主義時代，似乎有無數理由去反抗華盛頓，美國盟友中的許多西方人很方便就在中共黨國找到朋友或至少是搭車同伴，並與北京合作追求各種良好的價值觀和有價值的目標，例如多極化、某些全球性議題以及財富，並體驗受到近五分之一人類統治者的熱情款待和寵愛獎賞的無比愉悅。

因此，中華博弈本質上可以歸結為中美之間為自身生存和整個世界而進行的競爭。雙方嚴重不對稱的價值觀和對成本與利益迥異的計算，以及兩者截然不同的行為規範，顯示了那仍然強大、更有影響力的美國，不一定會在中華博弈中領先，也不能保證獲勝。如果缺乏令人信服

的理由，如無限制潛艇戰、偷襲珍珠港或九一一襲擊，美國很難動員全國；在缺乏足夠的全國動員的情況下，美國往往只能處於被動，因此不斷地被中華人民共和國蠶食進逼。儘管北京有種種天生無能並且缺乏政策研討辯論，但它似乎已從德國人和日本人那裡吸取了教訓，並從美國人那裡學到了玩戰爭邊緣政策的遊戲。[84] 中共的全方位進攻計畫是透過虛張聲勢和詭計，來最大化任何可能的收益和進展，但在美國被壓垮和超越之前，不給華盛頓一個足夠有力的藉口來動員美國人。當然，這也是源自中國傳統的統治術和兵法，即所謂「不戰而屈人之兵」。[85]

北京那看似深不見底的銀行帳戶，是來自近五分之一吃苦耐勞像工蜂般勞累的人民，並忍受著「無聲痛苦和強制沉默」[86]。北京認為它能夠成功訓練和麻痺美國和西方的菁英，甚至社會公眾，容忍其在國內外日益惡劣的行為。這項戰略如果取得成功，美國優勢力量將無法及時動員並作出一致反應。為此，北京確實全力以赴，以全方位且一絲不苟的方式，幾乎涵蓋了從澳洲到瑞士的每一個國家。其手段更是五花八門，即「大外宣」：透過公開和隱蔽的統一戰線來滲透和部署特工和同情者（即所謂「有用的白痴」），透過針對特定目標，以有目的地蓄意轉移財富和利益的經濟活動，在西方培養既得利益和糾纏關係，簡單直接的賄賂和招募以及對西方創建的國際組織和論壇進行占領和操縱。[87] 就好像中共正在遵循自己版本的遏轉戰略，選擇性地接觸並廣泛影響、改造、轉變和控制西方和世界，只是以相反的價值觀，而且更為專注執著，一心一意。

正如北京多年來公開宣稱的，在二十一世紀中葉之前，中共黨國至少在國家硬實力方面可以與美國持平或超越美國，也就是財政資源和軍事能力，並在工業技術方面取得領先地位。[88] 屆時，理性而「自私」的美國人，將不得不面臨令人難以置信的抉擇：要麼和平、優雅地投降，要麼是殘酷的世界末日，與一個全面配置大規模殺傷性武器、足以發動毀滅性核子、生物和金融戰的對手決一死戰。多年來，我的中國受訪者

普遍認為，擁有多元民主和個人主義盛行的美國，沒有能力也不願冒玉石俱焚的風險，來對抗「明顯更強大、更優越」的中華人民共和國；而後者也能巧妙地軟化和美化最初的征服階段。如此一來，滾雪球效應將以對北京有利的方式結束中華博弈。如果沒有一個有意義的對手或限制，中共暨中華人民共和國之黨國，或者換成其他名稱（例如「世界人民大團結」）的同樣政體，將可輕易地擺布全球，正如我以中華秩序下的中華世界為例所試圖證明的，[89] 如此將導致整個已知世界的全人類陷入無盡循環的相同噩夢。

擊潰黨國、消弭種族主義

中華博弈的一個關鍵性發展是，美國出現了新的、有意識的兩黨共同努力，將中共黨國與中華民族暨中國人民區分開來。[90] 作為這種努力的象徵，2023 年 2 月，美國眾議院專門成立了「美國與中國共產黨戰略競爭特別委員會」。[91] 正如本書前部分所報告的，這一發展有可能對自封為「人民民主專政」的北京政權造成真正的破壞，實際上會剝除中共領導人的人肉盾牌。對中共事業和中華人民共和國政權本身的一些精確打擊似乎已經形成，為美國未來的對華政策開闢了新的前進道路並繪製了新的格局，使之成為既成事實。從本書的分析來看，針對並擊潰中國共產黨是一項重大進步，更加凸顯中華博弈的重點，為西方和包括中國人民在內的世界開闢了一條高效取勝的重要捷徑。接下來的問題是，美國為什麼不早點採取這樣的行動，以及這種努力是否會持續下去。

自七〇年代中期以來，呼籲中國「政權更迭」一直是一個禁忌話題，在西方和美國都會引發下意識般的自動譴責。[92] 溫和地對待中國共產黨（一個自稱是共產主義的專制政權，並尋求世界的革命性變革），視其為可接受、正常的同儕背後的理由，始終援引的是四〇年代以來，許多由共產黨或其他激進政黨統治的國家最終所「自發」的政權更迭。頑強

而健忘（但也是真誠和善意）的一廂情願、持續的天真以及對中共力量的不實恐懼，透過北京有效的宣傳和「統一戰線」策略，以及許多前面描述的被誤導的漢學家們有意無意的協助，可能都有助解釋為什麼西方自我禁止其反中共之言行。

然而，透過更深入的考察，就能發現似乎有一種隱藏的、醜陋的、頑固而特別的種族主義，導致了西方對中國、特別是對中共黨國的誤解。這種微妙但強烈的偏見，視中國人（不論是否漢族）本質上莫名奇特，與其他民族不一樣、不平等，往往是低人一等和不那麼有價值的人，他們沒有能力、不願接納或不配享有「普世」的價值觀、權利和規範。這種荒謬的偏見和傲慢，其實強烈呼應了中國共產黨那套持久且深入內化了的說詞，即所謂「（中國）人民的低素質」，使得民主和「西方式」自由，不知何故在中國就是不成熟、不適用和不可行，即使在二十一世紀仍是如此。[93] 這種態度綜合了通常種族主義會帶來的所有陷阱和禍害，如誤判局勢、自毀長城、代價高昂的錯誤以及原本可以避免的災難。一個多世紀前，西方知識分子，如英國記者萬德斯福（Henry Wandesforde），特別是美國政治學協會首任主席、後來長期擔任美國名牌大學校長的古德諾（Frank Goodnow）等人，曾到中國對菁英和統治者建言獻策。在種種建言之中，他們懇切地敦促中華民國總統袁世凱，將剛誕生的憲政共和政體轉變為災難性的君主政體，他們認為君主制治理模式更「適合」中國這個特殊的國家，那裡的「智力水平」、人們的「自律和社會合作」，以及共和主義和憲政民主的「適宜性」都太低；因此政治秩序和穩定需要一個世襲的、「非自由」的帝制政權。[94] 美國和中華人民共和國之間的第一次，也是迄今為止唯一的一次直接衝突，即韓戰，也深受這種與種族主義有關的誤解和錯誤行為所害。[95]

同樣的潛藏或不那麼潛藏的特別種族主義，助長了人們對中華人民共和國透過開放貿易自然甚至自動發生政治變革的一廂情願，因而忽視了這種社會政治變革在歷史上是如何發生的：它必須透過有意識和努力

協調的政治組織、行動，往往還需要動用武力。在二十一世紀，這樣的奇特種族主義偏見似乎占據了許多外國「朋友」的心，他們因為誤讀歷史、扭曲中國思想觀念、欣賞中共而宣揚「中國模式」，一個充滿中國特色的「新社會」，作為一個所謂「賢才政治」治理模式去替代民主法治。這個「中國模式」本質上是啟蒙運動前一些政治理想的重新包裝而已，其實這些理想從未在歷史上實現過，更不用說在現實中的任何地方發揚光大，但不知何故卻最「適合」現在和未來的中國人民。[96] 根據這種觀點，西方最好容忍、接受、感激和獎勵中共，靠它來頗為有效地「控制」那數量龐大、神祕莫測、可怕可畏但下等差次的「低素質」中國人。

可悲可嘆的是，正如我在本書的兩本前傳中試圖概述的，考慮到在帝制版本和中共版本的秦漢政體之下，歷史悠久的次優化和悲劇性政治治理紀錄以及深入洗腦的結果，將中國人民視為莫名其妙、謎一樣的外星人和下等低劣人類的這種偏見，可能並非完全不可理喻。這種日益隨意且常常是下意識的種族主義，就其重要性和謬誤程度而言與所有其他形式的種族主義一樣，但有兩個意義深遠的特點。

正如臭名昭著的美國《排華法案》（1882-1943 年）所表明的，它不公平地將中國人民而不是中國的社會政治組織和政治文化，視為劣等和威脅。此外，它常常具體化和物化為對中國事物的過度狂熱、虛假和錯置的欽佩，或者另一極端即無理和全然的排斥，從而容忍、正常化或忽視看似高深莫測的中國治理和生活方式。在實務上，這種奇特的種族主義往往或無知或不誠實地，裝出對中共黨國過分且不合理的同情，以掩蓋其對中國人民的深刻優越感。一方面，為了遏制所謂的「黃禍」（Yellow Peril），宣揚所謂的「黃色應許」（Yellow Promise），許多美國和西方菁英似乎染上了所謂的「黃熱病」（Yellow Fever），[97] 急切輕信中共那些不擇手段製造出來的言辭和姿態，去宣示中華人民共和國的兼容、平等、承諾，甚至優越性。

另一方面，在許多西方菁英中似乎存在著一種隱而未顯的信念，即

一種「雙重標準」，認為對於那些下等和低劣的中國人來說，中共的治理已經是完全可以接受甚至十分出色，值得支持和讚揚，儘管發生了許多不可否認的暴行、錯誤和災難。因此，當塞爾維亞領導人因殺害數萬南斯拉夫人而受到起訴，俄羅斯領導人因毒害政治異議人士而受到譴責時，中共領導人卻能繼續以受尊敬的平等身分與西方領導人一同歡宴，儘管他們其實虐待甚至殺害了更多、數以千萬計的中國人。[98]

看出這種奇特的種族主義可為其權力和野心服務的重大作用，中共精明地利用對種族主義的指控和宣傳，從中國民族主義者那裡獲取政治資本，欺騙和抵禦西方人。它也試圖利用西方的這種特別種族主義的偏見來抵制對該黨國的批評。例如，習近平直白地宣稱，那些居然膽敢批評中共的「被寵壞的外國人」應該閉嘴，因為「我們一不輸出革命，二不輸出饑荒和貧困，三不去折騰你們」，[99]至少目前還沒有。西方對中共黨國的這一雙重標準，常常與北京那些獨特且不可改動的「中國特色」或「國情」的黨的路線相呼應，[100]因而連綿不絕地助長了中共力量的生存與壯大。中共常被誤認為是一個過於敏感、青春期的任性學童（或者以習近平的說法，有著無盡智慧，守護著中國這個非常獨特和「唯一從不間斷」的人類文明的公僕[101]），它難以捉摸、不能妥協，一直在盡力做好，但需要人們特殊的耐心和寬容。筆者就時常難以忍受地觀察到西方許多權勢人物在其言行中表示，與統治基督徒和白種人的俄羅斯和東歐的蘇維埃政權相比，一個列寧─史達林共產主義的更專制版本，對於中國那些「奇怪」且下等低劣的人民來說，其實並沒有**那麼**糟糕，或許甚至還是應該的、必需的而且合理的。正如流亡國外的前中華人民共和國政治犯滕彪在 2021 年就北京的「政權更迭」問題所寫的，「過去近二十年來，大多數西方觀察家和政治家已經失去了學術和政治想像力，不能去設想一個自由的中國。」[102]例如，西方許多關於華盛頓指控新疆「種族滅絕」，以及中國其他侵犯人權行為的準確性和適當性的爭辯，似乎再次證實了這一觀察。[103]

美國正在開啟一場全面的「基於規則的競爭，與中國的綜合效應戰略既合作又對抗」。[104] 但隨之而來的有關動員「全國」和「全社會」的言論，聽起來很像是一種「紅色恐懼」；使人想起麥卡錫主義在五〇年代的許多臭名昭著的活動（儘管事後看來也許並非全錯）。[105] 然而，只要華盛頓和美國人充分認識到中共黨國與中華民族暨中國人民之間的差異和區別，更重要的是中共與華裔／亞裔美國人之間的差異和區別，那麼在美國進行中華博弈的社會政治和道德成本，應該就會保持在一個可管理的最低限度。[106]

　　擊潰共產黨，同時消弭針對華人的種族主義是必要的，也是可能的；許多哭喊「紅色恐懼」來臨的人[107]，往往是有意或無意地在危言聳聽，其實別有用心。他們經常誇大和盜用麥卡錫時代中極少數美國自由派人士所短暫遭受過的真實但有限的政治騷擾和社會羞辱，並將之在道德上等同於蘇聯或中華人民共和國對千百萬人長達數十年的致命清洗，這種誇張的警告不僅險惡地不講邏輯、極具欺騙性，而且也欠缺道義，包含著嚴重的種族主義，極大地貶抑和無視像中國人這樣的「其他」民族。期望中華博弈是零附帶損害是不切實際的，但幸運的是，民權運動已經過去半個多世紀了。九一一襲擊後長達二十年的全球反恐戰爭期間，美國對穆斯林的政策和行動應該能給人們提供相當大的信心和安慰。畢竟，二十一世紀的美國與四、五〇年代的美國已經有很大的不同，例如，2018 年美國司法部的「中國倡議」調查計畫宣布幾個月後，對於該計畫可能被過度利用的合理擔憂，和要求平衡審查外國威脅的呼聲就響亮地出現了。這項「倡議」於 2022 年 2 月被另一項不那麼「短視」的計畫所取代，「以應對來自更廣泛敵對國家的威脅」。[108]

　　近年來美國加入中華博弈的舉動帶來了希望：美國可以既針對中共，也能避免反華歧視，完全能一心二用。[109] 華盛頓發起了一系列和台灣、新疆相關的法律和行政行動，並升級了對華為和海康威視（Hikvision）等數十家中國實體的制裁。[110] 正如本書前面所報告的，作

為對北京實質破壞其條約承諾的香港自治權的回應，美國已開始結束對這個前英國殖民地的特殊待遇，並因此關閉中共大量獲取西方技術和資本的一個主要後門，[111] 但目前還沒有任何接近全面禁運的情況。在國內，美國已開始限制中共控制的中國媒體的存在和行動，暫停對有解放軍身分的遊客發出簽證，逐步加強對在華爾街上市的中國公司（大部分國有但全部受中共控制）的監管，[112] 並開始實施《全球馬格尼茨基法案》（Global Magnitsky Act），對中共幹部和實體在新疆等地侵犯人權以及宗教迫害等案件進行經濟懲罰。[113] 美國國家安全顧問在 2020 年 10 月公開指出，「美國幾乎所有的中文新聞媒體都歸中共所有或遵循其編輯路線」。[114] 但同時，自 2021 年全球疫情平息以來，美國仍對同樣大量的中國留學生敞開大門。[115] 美國與中國的關稅貿易戰並加強邊境管制，試圖阻止致命的芬太尼毒品從中國經墨西哥大量流入，這項努力早就該採取了，但這並沒有對中國的大量進口狀況產生重大影響。[116]

正如聯邦調查局局長在 2020 年 7 月告知國會和公眾的，美國執法界似乎已動員起來，以「動用所有工具和所有部門的方式」，以應對來自中共的「最大威脅」。「聯邦調查局現在每十小時就會開啟一個新的與中國相關的反間諜案件」，「在全國目前正在審理的近五千起反間諜案件中，幾乎一半與中國有關。」[117] 儘管如此，關於針對華裔美國人的系統性種族歧視的證據非常有限。2020 年 8 月，美國政府宣布「擴大乾淨網路」的新措施，開始禁止中國應用軟件並限制和驅逐中國 IT 企業，並呼籲其盟友也這樣做。[118] 然而，四年後，這些公司及大多數應用軟件仍能在美國營運，沒有多大可能會像在印度那樣被完全禁止。美國公開表示，「是時候讓志同道合的國家建立一個新的聯盟，一個新的民主國家聯盟」來有效應對中共的全面挑戰。[119] 隨著美國及「由有能力、志同道合的夥伴所組成的廣泛網路，已準備好保衛每一條戰線」來對抗解放軍，[120] 軍事領導人也公開設想了一套紀律嚴明、全面聯合和多層面的方式來遏制和對抗北京。儘管如此，華盛頓還是「另外」派出內閣

級特使克里（John Kerry）前往中國討論氣候變遷問題，並邀請習近平出席全球氣候網絡峰會，就共同關切的問題至少達成了一些象徵性的協議。[121]

如何成功博弈

在為美國在中華博弈中取得勝利而制定合適的對華政策方面，有許多學者、分析人士和政治家都比筆者更聰明、消息更靈通、經驗更豐富、能力更強也更善於表達。[122] 例如，由亞洲協會（Asia Society）組織的一個工作小組，其中包括一些頂尖漢學家和美國政府前高級中國事務官員，在 2021 年秋制定了八份「備忘錄」，其中包含具體且相當尖銳的政策，以廣泛解決中美關係的各個方面。[123] 一位美國前國防規劃人士直言，在大國競爭的新時代，美國必須把徹底擊敗正在崛起的中華人民共和國（必要時在軍事上）作為美國國家安全戰略的中心，以阻止北京的國際野心。[124] 整體而言，使美國變得強大是亟需的，要「聚焦底特律、迪士尼和美元的力量」，以便在與中共競爭時取得上風。[125] 拜登政府對美國基礎設施進行大規模投資的提議，是朝著正確方向邁出的一步。[126]「在與中國（應該讀做中共）的競爭中恢復美國的優勢」，但「不將崛起的（中國）大國變成敵人」，是既明智又具有挑戰性的任務。[127] 2023 年春，傳統基金會的一份詳細報告提出了「對抗中國」和「贏得新冷戰」的詳細行動計畫。[128] 正如本書試圖論證的，愈來愈明顯的是，中共領導的國家政權，現在被美國首都圈內外視為長期對手，因為它決意要取代美國成為世界的領導。

本書概述的遏轉策略，前提是美國堅定不移地努力保持自身強大，方能有效遏制和明智接觸中國。其核心考量是一個複雜但具價值的目標，即擊潰中共，而不是中華民族。一位年輕的分析人士簡潔地概述了「擊敗中共所需的五種相互關聯和重疊的策略：（1）捍衛，（2）盟友，

（3）遏制，（4）分裂，（5）民主化」。[129]

　　美國主要智庫之一大西洋理事會（Atlantic Council）在 2021 年發布了一份匿名報告，概述了深思熟慮的美國對華戰略，與本書互相呼應，特別是關於用卓越的理念和理想去競爭、使美國成為強大的領導者、鞏固美元和當前的世界秩序，以及與盟友合作等方面。[130] 遏轉涉及接觸交往的部分，與許多人提出的「合作競爭」，「全球競爭與合作之間的平衡」和「建設性競爭」等明智的想法相似。[131] 兩位美國分析人士表示，美國「沒有時間可以浪費了」，必須「不惜一切代價」在關鍵的 2020年代使其威懾中國的能力和意願都「達到峰值」或最大化。[132] 愈來愈多人迫切地呼籲善用美國在國內外的力量來管理中華博弈。鑑於對中共及其優劣的了解，並在前面討論的規範原則和政策參數的背景下，我不謙虛地進一步提出以下想法，希望有助於以遏轉為背景框架，制定一個持續的對華政策，有效且有效率地贏得中美競爭。

一、

　　美國應以「所有工具、所有部門」的方式，集中力量尤其在美國本土去削弱和拆除中共的那些旨在操控資訊和推進宣傳的所謂防火大牆。那些巧妙的誤導訊息、無窮的虛假訊息和有針對性的操縱宣傳，一直是北京在國內外的主要武器之一。據報導，2009 年，中共投入四百五十億元人民幣（七十億美元）啟動「大外宣」計畫，之後更每年投入數十億美元，以升級和擴大中共黨國在海外的形象宣傳，從而「奪取世界話語權」。[133]

　　在 2020 年代，該計畫在美化過的新名稱「大傳播」下變得更加壯大。[134] 中國國內無處不在的「防禦性」審查制度的成本甚至更高。中共為此在經濟和技術上陷入了一場無休無止的艱苦戰鬥，這為美國提供了一條有效進行中華博弈的捷徑。例如，智慧型手機等移動裝置在中國

的廣泛使用，已經顯示出其對於抵制中共的資訊控制，展開政治抗議的作用。[135] 華盛頓應利用這一點來提高防火長城和「大外宣」的成本和技術挑戰，採取措施補貼、贊助及提供各種幫助和工具包，例如 VPN、天基寬頻網路（space-based direct Wi-Fi access）、藍牙傳輸以及智慧應用程式，如 Podcast、Telegram、WhatsApp 和 Clubhouse 等，來滲透和打破北京對網路訊息的審查和控制。[136] 翻譯中共的國內宣傳有助外國人了解和反擊中共的雙重言論，造成政治不便的網路駭客攻擊和洩密，顯然也可能發生在中國。[137] 減少甚至打破中共那些「極度保密」，將使中國更可被預測，世界也就更安全。[138]

應援引聯邦法規和刑事調查，以減少和防止美國技術在中國以及愈來愈多的國外地區被應用於社會監視、資訊控制和收集。[139] 美國所有媒體、教育機構和社會團體除了納稅申報外，還應披露並聲明其與中共黨國的行政及財務聯繫（如果有的話），以警告消費者和組織內成員，就像罐頭食品或香菸包裝上的警告標籤一樣。例如，在 2019 年前，中共宣傳和統一戰線幹部也許是出於取悅上級的熱情，公布了一份在美國以及海外為中共工作的受北京資助、影響和控制，那些為「大外宣」工作的組織和個人的名單——他們在中華人民共和國每兩年舉行一次聚會。[140] 兩位美國分析人士在 2021 年表示：「美國各機構必須更加當心中國共產黨的資金」。確認和曝光這些名單的簡單動作，將大大有助於擾亂和削弱中共在海外的宣傳和統一戰線機器。[141] 關於中共透過孔子學院或其他管道出現在美國校園中的問題，[142] 美國應要求聯邦政府資助的美國社科和人文教育工作者，在中國校園均能享有同樣待遇，並要求孔子學院註冊為中華人民共和國國家實體並撤出校園。[143]

要求公平的對等往來政策，將使美國政府和企業經營者，能夠限制甚至阻止中共在美國社交媒體和廣播媒體上的狡詐宣傳和虛假訊息。推特在 2020 年 6 月所做的事情——刪除十七萬個中國帳戶——應得到包括臉書、Instagram 和 YouTube 在內的整個行業的支持和仿效；[144] 中華

人民共和國的網路用戶們在美國不應享受與美國用戶完全一樣的言論自由，除非北京也允許在中國境內的微信、抖音和微博上可以發布未經審查的美國人的貼文。

二、

美國應更加善用數量龐大的在美中國留學生。從 1978 年開始，一代又一代的中國大陸學生前往美國留學，這一發展被許多中國人視為「美國對華援助四十年」。[145] 到 2018-2019 學年，中國已經連續十年都是美國最大的國際學生來源國，有三十六萬九千五百四十八名學生就讀大學、研究生，參加非學位和畢業後實踐培訓，這還不包括就讀於美國高中、國中、甚至小學的不斷增加的中國學生數量。從 2005 到 2020 年，這個數字逐年增加。2021 年，儘管受到新冠疫情的負面影響，中國學生占美國國際學生總數的比例仍高達 34%，遠高於華人在全球的人口比例（約 19%），幾乎是第二大來源國印度學生人數的兩倍，是第三大來源國韓國的十倍。[146] 即使在疫情導致跨國旅行被迫停止的時候，有 97% 受訪中國學生及其家人首選的留學目的地，仍然是美國。[147] 2010 年代，每年約有五千名中國學生從美國大學獲得博士學位（2018 年為六千一百八十二名，2019 年為六千三百零五名），約占授予博士學位總數的 11%；其中超過 90% 的人主修 STEM（科學、技術、工程和數學），79.3%（2019 年）畢業後留在美國。[148] 截至 2017 年 2 月，在 2000-2015 年的十五年間獲得 STEM 博士學位的五萬五千名中國學生中，90% 仍在美國生活和工作。[149] 總體而言，在所有獲得 STEM 學位的中國學生中，超過 85 % 無限期地留下來，自願選擇成為有生產力也有貢獻的新美國人。[150] 有些人最後還是會返回中國，有些人則頻繁地穿梭於太平洋兩邊，他們都是在美國和中國兩地良好運作中華博弈的一項關鍵性資產。

中共一直用盡方法來利用這些學生，由此在獲取技術方面非常有成效。[151] 對於中國學生、美國和廣大中國人民來說，一項真正三贏的簡單額外規定，就是要求所有中國學生，特別是高中以上並主修 STEM 的學生，要修讀或重修足夠數量的、由有認證資格的美國教育機構開設的歷史（特別是中國歷史）、公民與邏輯、哲學與倫理、社會科學（尤其是政治學）以及其他人文學科課程，這些可以是現有課程或專門製作的單元或模組課程。這樣的課程可以擴展到那些來自其他國家的學生，如果他們國家的高中與大學的社會人文課程與美國教育應有的內容不相兼容，其他西方盟國也應如法炮製。不涵蓋充分的美國／西方社會人文教育的美國／西方高等教育學位是不完整且不合格的，等於是虧待了該學生，而且會帶來嚴重後果。學到了西方的技術，卻不學習那些產生、延續和規範、尤其是應用這些技術的社會政治框架和行為價值觀念，是懶惰、愚蠢而且危險，會害人害己，猶如授人最快的跑車卻不教好交通規則。由於課程的不完整，一些來自穆斯林世界的受過西方教育的工程師們，據報導「不成比例地」成為了反西方的激進聖戰分子。[152]

近二十年來，每年都有數以萬計的中國母親特意前往美國分娩，即使在新冠疫情期間，富裕的中國父母也透過代孕在美國生孩子。[153] 到 2023 年，這種透過出生方式的走後門移民合法且創新，但往往濫用了美國的法律和醫療系統——已產生估計五十萬和愈來愈多的未來華裔美國公民，他們「大部分在中國接受教育，將可能全以成年人的身分來到美國，並完全享有參與美國政治的權利」，但卻沒有經過移民入籍過程中那些循序漸進的學習和適應。因此，對美國來說，在社會、政治和軍事領域裡容納如此多受中共教育的美國公民將是重大的新挑戰，存在許多未知和不確定性。[154] 對這些特殊公民進行再教育，就像上面論及的要對中國學生進行再教育一樣，看來是可取甚至是必要的，但可能會有一定困難，甚至引起爭議。

三、

　　美國應盡量減少在關鍵供應上對中華人民共和國的依賴。儘管轉變似乎已在發生，[155] 政府仍迫切需要在產業政策、基礎設施發展、貿易和投資方面採取更多的持續行動，以應對中共那銀彈充足的產業政策和投資計畫。[156] 要在中華博弈中占上風與擁有健全強勁的美國經濟是共生互補、相輔相成的。美國與中國經濟必須進行重大但有選擇性的、明智的部分脫鉤和斷開連結；可以理解的是，部分脫鉤一定會有代價，但只是暫時的。國家安全需要關鍵產品和原物料的安全供應，例如醫療保健產品。[157] 對於一般的勞動密集型消費品和服務，美國應建立並利用議題連結（issue-linkages），結合互惠原則，來促進中國的勞工權利和環境保護的綠色標準，並在其他有助於中華博弈的領域中為有競爭力的美國企業打開中國市場：如金融服務、電信、教育、媒體、娛樂等。兩個經濟體的部分疏離並不會像北京企圖使人們相信的那樣，會損害到美國公司的利益。幾十年前日美經濟談判的經驗教訓仍然有用。[158]

　　事實上，自 1949 年中華人民共和國成立以來，所謂中美「脫鉤」一直存在，但卻是一個經常被掩蓋的現實。中共在毛澤東時代就激烈地與美國領導的西方國家幾乎完全脫鉤。自七〇年代末所謂的「改革開放」時代以來，後毛澤東時代的統治者則改為選擇性接觸和脫離，或從另一角度來看是有條件的「投降」。正如我試圖在本書及兩部前傳中所論證的，中共花費天價維持國內與世界平行封閉的自我宇宙，特別是在人權和社會價值觀、政治制度和規範、世界觀和訊息流動方面。美國理應全面加入這場遊戲，將部分脫鉤的一貫現實按照西方的方式重塑，必要時轉向全面脫鉤，以減緩甚至阻止中共對西方技術和財富的榨取和毒害。這將有助於促使中共改變其行為（希望其組成和心態也能改變以便更持久），從而實現一個真正、全面的接軌，這顯然對美國人民有利，對中國人民來說更是至關重要。

單方面的選擇性和操縱性的部分接軌，永遠無法維持公平、持久和健康的關係。無論是經過驗證的全面接軌，還是按照西方條件的選擇性或全面脫鉤，都將是美國阻止中共重定世界中心、重整世界秩序的極具成本效益與盡責方式。從十九世紀末開始，北京在缺乏配套社會政治規範的情況下引入西方技術的嘗試，曾被認為是無效的，甚至是不可能的；[159] 然而現在北京這種選擇性狡猾接軌或脫鉤似乎變得可行，且相較以前更加危險，應該被阻止。如無法遵守駕駛和飛行的「普世」規則，就步行和爬行吧。正如學者阿特金森（Robert Atkinson）在 2020 年所指出的，以美國為首的西方國家可以選擇「勇敢、戰略性且迅速」地反擊北京的「權力貿易」遊戲，[160] 中共應為這沉重選擇的社會政治成本承擔道義責任。令人鼓舞的是，許多中國分析人士似乎也看清了中華民族和中國人民因「脫鉤」而來的選擇及命運，特別是在西方自 2022 年聯合制裁俄羅斯後。[161]

在固有的政治訴求和過於自大的國力算計的共同推動下，中共加快了控制、擠壓和驅逐外國公司的速度，正如 2021-2023 年特斯拉（Tesla）和貝恩（Bain）等公司的案例，通常是在渴求的技術一轉讓後就動手。[162] 正如一位評論人士所觀察到的，美國投資者已經開始「意會到將美國資金輸送到零透明度、零問責制和零獨立於中共的中國公司去，既不利於投資者，也不利於美國。」[163] 事實上中國分析人士也承認，是中國的外商投資公司為北京賺取了用於軍事和外交活動的大部分硬通貨。[164] 因此在中西方經濟技術交流中採取明智、主動、有選擇的疏離甚至脫鉤政策，是合理且必要的，同時也能為美國企業創造新的機會。[165] 價格上漲和給美國消費者帶來的不便，很可能是可控且短暫的，因為全球生產鏈可以迅速轉移，且中國對西方的出口大多具有很強的可替代性，[166] 如所謂的「Altasia」（亞洲替代供應鏈）似乎已悄然有效地取代了許多中國供應商。[167] 這實際上是一項非常符合經濟效益的投資，正如一位觀察人士所說，「如果當初我們不追求進口廉價中國產品省下

來的小錢，現在也不必在軍事方面花費這麼多大錢。」[168] 在哪裡以及以多少真實成本購買的問題，遠超出那些對公平的表面道德關注或對「全球」經濟效率的理論計算，且對美國的長期繁榮安全以及世界和平都至關重大。

在與中國的權力關係中，美國目前仍處於明顯優勢（雖然正在減弱），特別是在軟實力方面，如果動員得當、領導得當，美國可以在中美競爭和整個中華博弈中迅速而有效地獲勝。[169] 如前所述，美國及其主要盟友（德國、英國和日本）的軟實力排名均高於中華人民共和國，中國的全球軟實力被視為低於波蘭和巴西等國。從商業品牌知名度來看，2023 年，全球最有價值品牌前十強中，有七家是美國公司，前百強中則占了五十家，而中國品牌分別只有一家和十三家上榜（前一年度為兩家和二十四家）。[170] 疫情期間中國積極開展所謂「疫苗外交」以爭取軟實力，但成效有限且好壞參半，甚至適得其反，即使是在發展中國家也是如此。[171]

西方民主國家，特別是美國，對於中共黨國崛起及「將世界中國化」以「同化」各國的所為，看來有能力察覺並敲響警鐘。[172] 美國科學界似乎已開始看到美國在科學技術領域的領先地位輸給中國的「臨界點」。[173] 然而，即使充分意識到這些警號並使用得當，仍會有因各種錯誤、分心和放縱而造成的巨大誤差，包括理想主義假設、一廂情願、倦怠、拖延和其他自毀長城的政策和活動。但如果想要恰當地管理和結束中華博弈，時間顯然是關鍵因素，特別是在成本效益方面。第二次世界大戰和冷戰的代價大相逕庭，證明了西方主導的西發里亞世界秩序面臨系統性威脅時，採用不同抵禦方式會產生重大差異。穩健及時的美國對華政策，將決定這次人類為管理和贏取中華博弈將付出多少代價，不過在成本效益上超越冷戰的可能性依然很大。

全球性競爭

中華博弈關乎全世界，因此本質上是全球性的。中共黨國在世界各地已經取得了相當的進展，包括從非洲到南極洲和北極，真正是遍布各處。美國及其盟國必須做出相應反應，將這場博弈視為全球競賽，而不僅是一場跨太平洋的雙邊爭端。繼續我不謙虛的努力說明，此處再提出關於有效管理和贏取中華博弈的一些考慮因素，以結合「硬平衡」和「軟平衡」的方法來應對中共黨國。[174]

一、

美國暨西方必須維護其世界領導地位，尤其是在關鍵領域之上。西發里亞世界秩序，尤其是二戰以來在美國領導下的自由國際秩序版本，有四大支柱：

（一）美國從經濟和軍事實力上衡量的優越國力；

（二）美國發起並主導的國際組織；

（三）美國和西方主導的國際金融體系，以準世界貨幣美元為核心；

（四）西方民主法治國家所共享和實踐的、以自由和人權為中心的一套自由主義規範和價值觀。

美國及其盟國應大膽、無需歉疚地捍衛其對國際社會的領導地位及這四大支柱。當然，作為西發里亞體系的一項原則，任何國家都允許並歡迎去競爭世界領導地位，但前提是挑戰者須確實尊重並維護該體系的基本規則。領導權的競爭者的內部結構和意識型態，必須傾向與本國人民和國外同儕分享政治權力，或受到制約和平衡來在國內外分權分立。一個新的國家政權想要成為同等或更優秀的領導者以延續西發里亞體

系，必須要有制度和意識型態上的認可，以便進行政治比較和競爭。正如本書及前傳所詳細論述的，依照中共黨國的內部組織、意識型態和歷史記錄，不論對內對外都不可能分享其政治權力；不論如何聲稱，中共都無法真正維護西發里亞體系，更不用說維護自由國際秩序了。因此，如果沒有根本性的社會政治和意識型態轉型，中共黨國就必須在全球受到遏制和約束，可以是透過外部競爭，但最好是經由內部重塑。這場攸關世界的「大博弈」，輸贏取決於美國和其他民主國家。[175]

更具體地說，美國及其盟國必須足夠現實，為了獲勝而對中共採取老派策略。北京不應被視為一個正常的合作夥伴，更不應在獲取和分享世界經濟和技術資源方面享有任何優惠特權。中華人民共和國的貿易失衡必須受到審查和制止，其投資人和商人必須受到監控和限制。過去四十年來西方對中華人民共和國提供的大量外援、給予的眾多優惠和開放權限都應停止。北京竭力而機巧地推動的人民幣國際化，應以嚴格對其內部結構和政策進行必要改革為條件，特別是中國的國家與社會、國家與市場的關係及其財政與貨幣政策。大中華區的金融和洗錢中心香港和澳門，現在受到中共更加嚴格的控制，國際金融機構應與之保持距離，就像對中華人民共和國的其他地區一樣。[176] 北京對西方主導的跨境金融交易網路，環球銀行金融電信協會的至關重要的准入——中國和香港在該網路中擁有二十二票中的二票——應該受到限制，甚至終止。這將對中共在國內外的權力和野心造成重大打擊，儘管中共於 2015 年已經啟動了跨境銀行間支付系統（CIPS）這一備胎計畫。[177] 透過對自 2022 年以來俄羅斯主要銀行因入侵烏克蘭而被切斷與 SWIFT 的聯繫進行深入研究，可以對這種所謂「金融核選項」的使用進行微調和改進。[178] 同樣地，北京在國際組織中的作用，特別是制定有影響力政策的職能機構，應該受到仔細監控和反擊。中國不應占據超過其應有額分的國際組織領導職位。美國和西方應該不斷要求北京為其糟糕的國內治理紀錄辯護。當一個國際組織或論壇被中共的詭計和金錢所劫持和腐蝕時，

西方應該大刀闊斧，切割損失並推倒重來。

美國也應具有足夠的建設性，制定並領導《跨太平洋夥伴全面進步協定》（CPTPP）、印度—太平洋經濟框架（IPEF）、《跨大西洋貿易和投資夥伴關係協定》（TTIP）以及十八國家的供應鏈論壇（Supply Chain Forum），作為功能失調的世貿組織的升級和替代。[179]西方國家應確認並強制執行中國在它們領導的任何國際組織中是否符合成員資格，控制其崇高但常常事與願違、自受其害的，為全球化時代所有國家提供平等權利與服務的衝動。有選擇和有意義的分離，而不是完全脫鉤，始終是一個明智的策略。[180]例如，西方應該特別審查中華人民共和國 2021 年申請加入 CPTPP 的申請，全面核實北京為獲得資格所採取的先決行動，抵制一廂情願或貪婪想法的誘惑，避免再次落入中共「統一戰線」花招和空洞承諾的陷阱。[181]

二、

美國必須加強和捍衛西方聯盟。如同前面所分析的，中共黨國在結構和意識型態上都不願意也無法發揮平等國家聯盟的力量。它的單邊努力結合統一戰線的做法，本質上就算不是低成本效益，至少也是代價高昂的，從而為對手提供了高效競爭的機會。因此，美國應加強和擴大其龐大且久經考驗的聯盟網路，以印太地區包括美國、澳洲、印度和日本組成的「民主四方」為基礎，善加發揮作為自由國際秩序和西發里亞體系捍衛者的優異實力。[182]透過關係網絡，將四方安全對話、五眼聯盟、AUKUS（澳英美聯盟）和北約這些聯盟和夥伴關係，以雙邊甚至多邊關係再與韓國、菲律賓、新加坡和泰國連結起來。隨著俄羅斯入侵烏克蘭後西方團結的聲勢，更大的目標還可以是與印尼、越南、中亞國家，甚至台灣合作，形成一個「亞洲的北約」或「北大西洋印太條約組織」（NAIPTO）。[183]2023 年 2 月，日本首相岸田文雄和北約祕書長史托騰

伯格（Jens Stoltenberg）確實公開概述了這一前景。[184] 美國還可以探索與蒙古甚至是與俄羅斯的可能性，俄羅斯對中國覬覦東西伯利亞廣闊而空曠土地的恐懼，以及莫斯科想主導歐亞統一的野心是真實的，並沒有隱藏得多深。[185] 儘管莫斯科和北京試圖在普丁和習近平的領導下重塑共有的意識型態認同，但事實上，莫斯科和北京遠未達到「已調和所有利益分歧或將共同協調所有政策，包括共同挑戰西方」的立場。[186] 儘管北京和莫斯科互相承諾「無限和無邊的合作」，但相互提供的支持顯然有限且不可靠，這從俄羅斯 2022 年入侵烏克蘭以來可見一斑。[187] 烏克蘭戰後和後普丁時代的俄羅斯很可能會重新考慮與中共的關係，以改善與西方的關係。[188] 正如尼克森總統在五十多年前所設想的，在美國的協助下「擋在中國野心道路上的各國應迅速採取行動，為自己的未來安全建立一個本土的亞洲框架，這是符合各國利益的做法」。[189] 美國應理直氣壯但巧妙地要求、說服甚至迫使各國，在需要時實質地，而不是只在言詞上地選邊站隊。[190]

與此同時，美國應強而有力地對抗中共並贏得全面軍備競賽，包括核武、飛彈防禦系統、網路能力和太空部隊。[191] 如果「中國已經贏得了（與東亞和東南亞鄰國的）亞洲軍備競賽」，那麼美國就必須透過強化在當地的存在來進行反擊，同時其地區盟友也應配合增加安全投資。[192] 當然，在可接受的反衛星方法、預警即時發射系統設置以及核與非核武器使用糾纏等問題上，與中華人民共和國進行理智的談判和可核查的軍備控制協議是可取的。[193] 美國應維持歐巴馬政府所啟動的戰略轉向，鞏固並加強在印太前線的軍事部署，在所謂的第一島鏈和第二島鏈部署陸基彈道飛彈、巡航飛彈、高超音速飛彈、無人機艇等高效新型武器系統。[194] 美軍無需大幅度增加預算，就足以在亞太地區充分制衡解放軍，也可以從其他地區的維和與國家建設的負擔中解脫出來。使用良好的情報和精準的外科手術式打擊，就可有效符合未來在其他地區的反恐需求。2021 年從阿富汗撤軍，結束美國最長的戰爭是正確的舉措，儘管

並非毫無代價。為了在西太平洋的中華博弈中取得勝利，美國還可以採取兩項更有效（儘管可能具有挑釁性）的地緣戰略舉措：借助台灣的軍事和外交力量，以及有控制地對日本甚至南韓放寬核不擴散長期政策，從而針對中共和北韓的軍備尤其核武建設問題。[195]

三、

　　在全球中華博弈中，美國應優先考慮某些領域。除了專注於鞏固西方暨美國相對於中華人民共和國的實力和領導地位外，美國及其盟友還應選擇如何以及在哪裡有力且高效地進行中華博弈。如上所述，地理焦點應始終是印度太平洋地區。[196] 在非洲和南美洲等其他地區，特別是在主要國際航道之外和遠離美國本土的地區，華盛頓應明智地利用在這些地區仍然強大的力量，來主要困住和消耗中華人民共和國，而不是在方方面面、時時刻刻都與北京一較長短。正如本書和其他報導所指出的，由於無能和貪腐，除了受到少數地方菁英和政客那其實反覆無常的青睞之外，中華人民共和國企圖贏得當地人心的努力通常是徒勞無效。[197] 在這些地方，美國應以不同於印太地區的方式來進行中華博弈。西方國家應鼓勵中華人民共和國在非洲和南美洲開展更多投資，如滾雪球般的「一帶一路」倡議，同時進行策略性投資並與當地人巧妙合作，不斷提高商業道德、勞工權利和環境保護方面的標準，向北京施壓，要求其循規蹈矩和改善行為。美國針對性的努力，例如美國新成立的發展金融公司（Development Finance Corporation）和交易諮詢基金（Transaction Advisory Fund），加上「強而有力的反貪腐運動」，可以不對稱地對抗和消除北京的影響力。[198] 七大國和二十國在 2018-2019 年通過並於 2021 年恢復的藍點網路（Blue Dot Network），是全球基礎設施工程項目透明度和可持續性認證的倡議，再加上 2022 年推行「投資、協調、競爭」的七大國基礎設施夥伴關係，都是朝正確方向邁進。[199]

如此一來，非洲、亞洲和拉丁美洲的人民將從中華人民共和國和西方獲得更多更好的基礎設施，以及其他具體的經濟發展等利益，西方則能有效保持在這些地區的影響力，那些不可避免的所謂「債務陷阱」只會讓北京陷入困境，消耗其資源。中華人民共和國正在嘗試一種獨特的「權力建設機制」並在非洲「擴大其政治影響力」，[200] 但是，只要不進行那些愚蠢、代價高昂、幾無可能重複的傳統殖民主義武力接管，中國就得不斷勾銷在這些地方無法得到回報的大量投資；北京所得到的不過是在國內的炫耀權，國際組織裡一些國家的投票支持，以及為黨國內少數人洗錢。中國的安全承包商在非洲的需求和運作都在不斷增長，每年花費數十億美元，就是具指示性的跡象。[201] 北京在蒙特內哥羅和匈牙利等地的活動，可能使西方能以現有歐盟規則和影響力，輕易地絆住、困住和消耗中共。[202] 同樣地，坎培拉和威靈頓可以有效地帶頭反擊中華人民共和國在南太平洋的侵略性行為。[203]

　　從中亞、西亞、西南亞到東歐，包括大部分中東到馬格里布地區的廣大土地，是中華博弈重要而複雜的一條賽道。至少二十年來，中共黨國似乎一直在推行「西進」戰略，模仿英國人麥金德（Halford Mackinder）大約一百二十年前提出的「世界島和中心地帶」（world-island and heartland）之地緣戰略理論。[204] 上海合作組織，特別是「一帶一路」等努力，透過貿易、投資和大量金援，已經提升了北京在該地區的地位。[205] 作為世界最大的原油進口國，中華人民共和國也獲得了對 OPEC（石油輸出國組織）的重要影響力，包括一些傳統的美國盟友。[206] 然而，與在非洲和拉丁美洲一樣，中國外交政策的高成本低效益特徵在這裡也很普遍。中共在中華博弈中野心勃勃，全方位追求的總體目標，與一些真正的中國國家利益糾纏交織在一起，甚至受其阻礙。試圖同時取悅那些分歧嚴重、永遠對立的國家，這對北京來說已經成為一種固有的不利立場。中國支持其視為反美同志的國家，如伊朗、敘利亞、海珊的伊拉克和格達費的利比亞，或有獨裁野心的領導人，如俄羅斯的普丁和匈牙

利的奧班（Viktor Orbán）；中共也渴望來自以色列和烏克蘭的先進技術，尋求沙烏地阿拉伯和波斯灣國家的石油供應（並追逐石油人民幣的夢想）；同時又努力維持與巴勒斯坦權力機構等「階級同志」及伊朗等準盟友的團結一致。[207] 北京最近對阿富汗塔利班的示好，就可能會損害其與伊朗、塔吉克、土庫曼甚至俄羅斯等國的關係。北京透過「一帶一路」等計畫，投入鉅資培養與伊斯蘭國家領導人的友誼，似乎使其在海外的目標與在新疆鎮壓國內的穆斯林形成了新的糾結與矛盾。[208]

　　中華人民共和國看來不太可能透過金融手段稱霸這個廣大地區。該地區的內部動力機制足以阻礙中共勢力在該地區的真正擴張，所謂「反華情緒」在中亞已有抬頭之勢。[209] 美國除了維持在該地區的傳統地位外，還應該採取一些具體和有針對性的行動來封鎖石油人民幣，阻止敏感技術外洩，並揭露北京經常使出賄賂手段的商業交易、虐待勞工行為，以及其國內的穆斯林政策，不斷提高北京在該地區活動的成本。[210] 2018 年《更好地利用投資促進發展法案》，自 2019 年以來的基礎設施項目認證藍點網路以及 2021 年宣布並於 2022 年加強的 G7《重建更美好世界夥伴關係》等，都是朝這個方向努力的重要對策。[211] 印度等美國盟友和合作夥伴可以為這個地區的中華博弈提供許多幫助。[212] 格外昂貴的「一帶一路」倡議已經顯得後繼無力，甚至比注入非洲的鉅額資金管理得更差，很容易成為對手消耗和打壓中華人民共和國的一種頗具成本效益的途徑。[213]

　　對於從北極到南極的世界其他地區，雖然始終需要密切關注，但美國幾乎不需要額外支出。一個關鍵目標應該是減緩西方敏感技術向中華人民共和國的傳輸，並盡可能不讓中共的宣傳有成果。為此，美國只需要與盟國合作，更妥善地執行對大中華區技術出口和中國對西方投資的規定，包括對北京招募和盜竊行為的反制措施。[214] 據報導，2022 年，「美國司法部提起的所有經濟間諜訴訟中，有 80% 的獲利國是中國。中國竊取商業機密、盜版軟體和假冒產品，對美國所造成的損失，估計每年

達二千二百五十億至六千億美元。」[215] 具有一定規模的中國科技公司，特別是那些行業壟斷企業，都應被理所當然地視為由中共黨國擁有或控制，並相應地謹慎針對。[216] 也許採用那據報在冷戰時期曾用來對付蘇聯的所謂「冷眼經濟戰」，即在被盜的技術裡預先故意植入缺陷，能使北京廣泛的技術盜竊行為適得其反。[217]

華盛頓應制訂輕重大小不同之議題任務清單，鼓勵西方國家就此進行分工，以避免在任何地方、任何時候都以同樣的強度與中國直接競爭。一些西方國家，如澳洲和加拿大，已經開始愈來愈重視中華博弈並做出強烈反應。[218] 雖然有些不情願，但歐盟看來也已決定完全站在美國這邊，將匯集整個西方的資源重振和創建「歐洲和印太盟友之間的多邊論壇和聯繫」。[219] 美國在與各國關係上的親疏遠近應該更加明確、一致：比如在與歐盟和南韓的一些貿易和監管爭端上主動讓步，並將其對盟友的相對損失正確地視為對更大目標的投資，也就是在中華博弈中獲勝，承擔起身為西方領導的代價以維護自由國際秩序。2021 年 6 月暫停波音與空中巴士之間的貿易爭端就是一明智之舉。美國當然可以聰明地處理一些盟友對自己相對利益的「自私」但正常且可理解的追求，例如法國總統馬克宏（Emmanuel Macron）為其「戰略自主」和「第三個超級大國」的願景，在 2023 年 4 月進行「對習近平的友好訪問」。[220] 領導者的持久紅利伴隨著管理成本。為鞏固美國主導的西發里亞體系而付出的類似代價，確實可被視為一項明智的投資，能為美國帶來更多紅利，並由其全球盟友和合作夥伴分享。[221]

在中華人民共和國的中華博弈

要想實現遏轉戰略的三個目標，中華博弈的主要和最終賽道或戰場，還是在中華人民共和國境內。原因就在於中共黨國那些特有的優勢、缺陷和弱點，正如我 2006 年在《紐約時報》上所寫的：

（當前世界秩序的和平與安全以及中國人民的最大利益）唯一可靠的保證，是崛起的中國力量受到結構性約束，首要的是內部約束（……）在良好保護個人權利和財產權、言論自由、民主治理、多元化的公民社會和真正法治的基礎上，對其政治權力建立有效的內部約束。（……）首先，中國人民對自己的歷史不能再被誤導；必須有可容納相互競爭的思想，開放討論和明智推理的市場。只有如實面對自己的紀錄，政府才是真正對人民負責。[222]

　關於中華博弈性質的一些重要觀察，值得重申並進一步反思。首先，中共不是中華民族，更不是中國人民。中共在國內外的政治利益與中國人民的國家利益有著巨大差異，中國政權的政治利益與國家利益之間存在著深刻的分歧，這為世界和中國人民在中國管理並贏得中華博弈提供了一條關鍵捷徑。一個在制度和意識型態上進行重組和更新的中國，沒有了中共秦漢政權後，將從根本上改變其世界觀和外交政策，變得更和平和具建設性。如此一來，中國將崛起為一個大國，在西發里亞世界秩序下競爭並為人類文明做出貢獻。一個安全、繁榮、受到尊敬的中國，不受中共的偏執和禍害，近五分之一的人類將不再受中共逼迫去挑戰世界、摧毀西方，重定西發里亞體系秩序，這將是中華博弈的美好結局。

　正如我 2005 年在《紐約時報》上所寫的：

　中國應該而且也能夠強大而富裕。更重要的是，中國人民應該獲得自由：擺脫貧窮和落後，擺脫過去屈辱的傷痛，擺脫根深柢固的民族中心主義和沙文主義，擺脫政治暴政。中國的崛起將豐富世界，真正榮耀中國歷史。除了促進經濟發展之外，中國人民和世界還必須共同努力，設計和推動社會、政治和制度變革，以確保中國的和平崛起。[223]

在大規模殺傷武器時代，維護西發里亞世界秩序和中共黨國的轉型，應盡可能和平地進行。人類是否會重演世界大戰或冷戰，或者陷入更糟糕的情況，即重演秦以後中華世界的歷史，皆取決於中華博弈如何在中國進行。中美之間避免全面戰爭的可能性很大，透過有意識的共同努力，中華博弈可以和平、迅速地結束。必要時，最新的軍事技術肯定有助於將實戰的成本最小化，並意味著美國人幾乎不需要侵入中國大陸。正如肯楠的經典分析所指出，類似四〇年代莫斯科的史達林政權，今天的中共黨國同樣是色厲內荏，看似蠻橫兇猛實則脆弱心虛，在國際上大多不願冒險和對抗，因為它深深害怕與一個真正的對手發生實際戰爭。[224] 正如蘭德公司 2021 年的一項研究所得出的結論，北京的首要目標實際上是要實現於二十一世紀中葉前超越美國，在成為「全球霸主」的預期目標以前，「避免與美國發生戰爭」。[225]

　　正如本書及前傳試圖呈現的，中共領導人可能是自我膨脹、傲慢、殘暴、不擇手段，但本質上也是機會主義、缺乏安全感、極度自私、過度放縱和玩世不恭的務實主義者。他們認為「世界基本上是一個叢林」，最重要的是生存和物質原始力量。[226] 和平對今天的中共菁英有著重大的個人和家庭利害關係，他們在西方有許多並不隱密的安樂窩和後代。他們深深地沉迷於西方所創造的（而且往往只有西方提供的）舒適和奢華的現代生活，這樣的享受已經深入骨髓，這使他們與早期的中共領導人有著本質的不同，後者大多是些一無所有、鋌而走險的叛亂分子。除了信奉自保、自私放縱、原始權力、狡獪詭計以及（最好是）有可供他們支配的一個世界帝國之外，他們沒有任何能提供內在聖所、道德約束或原則性衝動的嚴肅信仰。他們那無盡的個人安保需求，不斷的背信棄義，人格分裂言行，以及支撐其超奢華生活方式的各種「特供」，都是很好的證據。他們也很清楚世界上有哪些好地方適合舒適的流亡生活。他們也有足夠的邪惡狠毒、自私和玩世不恭，令他們只想滿足於個人和小集團的權力和福祉，即使他們的國家像毛澤東時代的中華人民共和

國、古巴、北韓或 1979 年後的伊朗那樣衰落、貧困和孤立。事實上，習近平自 2013 年以來就多次警告中共，並在 2020 年更加強調，要「做好底線（或最壞情況）思考的準備」和更多的「艱苦鬥爭」。[227] 這被一些人機智而有洞見地解讀為北韓的重演或「將中華人民共和國變成西韓」——即不惜一切代價維護政權，就像平壤金氏政權的所作所為：口吐好戰言論，但在面臨與美國及其盟國的非常不確定且可能是自殺式戰爭時還是要避免行動。[228]

解放軍的大規模建設和「現代化」重組，旨在打造一支「世界一流的軍隊」，包括本書前面討論過的聯合司令部的設立，以及昂貴的空軍、海軍和太空硬體採購，這些可能會讓中共有信心嘗試更多有計畫的（或誤判的）戰爭邊緣政策，冒與美軍發生激烈衝突的風險。但是，正如中國人民解放軍在吉布地（Djibouti）的海外基地所表明的，中共的主要目標似乎是對軍隊更集中的控制，在國內吹牛，在國外虛張聲勢和見縫插針的侵犯，而不是要打一場全球戰爭。[229] 當然，美國和西方絕不能忽視大規模軍備建設的既得利益會導致樂見用武的粗暴邏輯，以及獨裁者們那不可靠的心態和理智。五角大廈已確定至少在三個領域之上「中國已經領先於美國」：造船、陸基彈道導彈和巡航導彈，以及綜合防空系統。[230] 特別是解放軍海軍，其艦艇數量已成為世界第一，艦隊噸位很快也將成為世界第一，這些均需要美國具有可在最壞情況下對突發事件採取有效應對措施的能力。[231] 在西太平洋部署更多地對艦飛彈和無人平台，以新工具進行品質競賽，而不僅僅是使用相同裝備進行數量競賽，以及與該地區盟友的軍艦聯合巡航，都是不錯的想法。[232]

時刻為中共最壞的行為做好準備是謹慎且合理的部署，同時，明智的做法是識破中共詭計和宣傳的煙幕彈，以免錯過中共黨國的弱點。為了避免「過度自信」，美國應關注並利用中共的「不安全感、政治不確定性甚至（……）習近平的壽命和繼任。」[233] 只要美國保持其軍事優勢並揭穿北京的虛張聲勢，及時反擊和制止中共任何類似 1936 年納粹德

國對萊茵蘭重新軍事化（*Rheinlandbesetzung*）的冒險行為，那麼在可能漫長的中華博弈期間爆發大規模戰爭的唯一途徑，可能只有意外。以中華博弈的超高利弊來說，這是一個完全可以接受的風險。例如，面臨與美國和西方的日益脫鉤行為，中共領導人迄今為止一直呼籲所謂「持久戰」（應讀做沒有真正的戰鬥），並轉向「以國內循環為主」的孤立主義經濟，而不是進一步改革中國政治經濟或開始發動全面對外侵略。[234] 一些中國高級分析人士已經主張，中共必須避免一場潛在毀滅的熱戰，或同具破壞性的與美國經濟完全脫鉤。[235] 北京的一個知名鷹派聲音在2021年也表示，「以（中美對立）為基礎的俱樂部式兩極格局國際體系（……）遠不如全面的冷戰式競爭那麼危險」，更不用說熱戰了。[236] 如果中共領導人確實遵循他們自己的孤立主義自保處方，那麼中華博弈的首要目標就已經觸手可及。如果像一些人所說的，「政權更迭在中國不是一個可行選項」，[237] 那麼對北京的能力和行為進行可驗證的、持續的更動和制約，也同樣有助於以美國為首的西方國家在中華博弈中取得勝利。如果不能令北京無意挑戰世界秩序，那就應令其無力去挑戰。如果事實證明中華人民共和國確實成為一個「衰落大國」，自我孤立並面臨「迫在眉睫的人口和經濟崩潰」，[238] 對於包括中國人民在內的世界來說中華博弈就是成功的，儘管一個獨裁政權在面臨失去權力和控制時，仍有一定可能會變得好戰，孤注一擲使用武力對外侵略。

如果中華博弈的首要目標得以實現，即西方主導的西發里亞世界秩序因中共黨國力量的孤立、停滯、削弱和消散而得以保存，那就沒有必要去要求北京完全投降。只要中華人民共和國的系統性挑戰能力被安全穩妥地限制住了，中華博弈所產生的持續國際競爭基本上會是有益的。中國國內經濟的衰退和國外形象的受損，可能會推動在中國的中華博弈，進而實現中華人民共和國的政治和意識型態轉型，這一次要但非常可取的目標。儘管民主能出現在中國會是一件好事，最主要是符合中國人民的最佳利益，但沒有必要在中國推動倉促而半生不熟的西式民主

化，尤其是不要透過武力從外部強加於中國。基本上，中共在國外受阻後中國會發生什麼事，應該由中國人民來決定，「美國最好還是讓中國拖垮自己」。[239] 常見的兩極化虛假信念——西方必須透過默許中共無休止的要求，來平息中共佯裝的「憤怒」；或者冒著用核武對抗五分之一人類的第三次世界大戰風險——是由於那些自然或人為的恐嚇、無知、非理性、偏執、欺騙或以上所有，才得以持續存在的。[240]

2020 年 7 月，在中共「戰狼」們對美國不斷虛張聲勢和叫陣，美國則在貿易、香港、人權等多條戰線上實施一系列的反北京行動之後，中國外交部長王毅突然開始談起要「遵循和捍衛中美合作的歷史性自然趨勢」，其基礎是「我們雙方都不應試圖改變對方（的制度和行為）」。先前揚言要「斬斷（美國和西方）黑手」，在一場偉大鬥爭中打敗美國的中國外交部副部長也突然改口，宣稱「中美合作的大趨勢，不可阻擋」。[241] 雖然這些是典型的外交詞令，可能不會帶來什麼實際行動，但這些聲明仍然表明，中共領導層可能感受到了美國行動的影響，習慣性懇求「不要與我們斷絕關係」、「拒絕脫鉤」和「向脫鉤說不」，心甘情願地打自己的臉，因為它要再次「臥薪嘗膽」了。[242] 2021 年 3 月在安克治舉行的中美高層會談，除揭示了太平洋兩岸「不斷擴大的不信任和分歧鴻溝」之外，[243] 就只不過是中共最高外交官楊潔篪和王毅一場虛張聲勢的脫口秀，搪塞中共在國外的失敗，以掩國人耳目。2023 年 3 月，中國新任總理李強（中共領導層第二號人物）再次對記者表示，北京沒看到也不想與美國脫鉤。到 2023 年中，「重建中美關係穩定結構」成為北京的新宣傳主題。[244]

就邏輯上來說，全球中華博弈終將在中國人民決定性和最終的參與下，在它 1949 年的發源地中國塵埃落定。結局最終可能出人意料地和平。在管理美國和世界各地的中華博弈的同時，要管理好在中國的中華博弈，美國應聚焦於以形象化的精準打擊來擊潰中共黨國，同時透過明智有力的接觸和交流，交好、賦能（enable）、賦權（empower）中國人

民，這將有助於促進中美雙方的真正國家利益。

賦能賦權於中國人民

從結構和基因上來說，中共注定要挑戰美國的世界領導地位，同時尋求重定世界中心、重整世界秩序。這看似永恆的使命，正是中共對中國人民進行專制和無限期的統治和榨取的核心。如同前文所分析的，中共黨國的力量來自於被歷經考驗的毛主義「祕密武器」，即暴力、宣傳和統一戰線所俘虜了的中國人民。除了以持續和足夠的軍事和外交力量來威懾和擊敗中共之外，美國和世界還應嘗試透過全面對華接觸來賦能、賦權於中國人民，使人民有意願和能力去改變自己的政治命運，從而削弱和限制中共。其中一個關鍵層面涉及針對中共的兩大治理支柱：資訊控制和操縱詭計。因此，巧妙的對等往來與精確打擊，一場旨在抑制、影響和改變中共的「長期」的「政治戰」，[245] 對於在中華博弈中獲勝至關重要。

美國及其盟國應堅定、持續、一致地要求，其人民和訊息在中國應得到與中華人民共和國在西方國家相同和對等的待遇。在不損害國內自由原則的情況下，這對挫敗和瓦解北京的海外宣傳和統一戰線至關重要，同時對於中華人民共和國境內中國人民的思想解毒和賦能賦權也至關重要。[246] 正如美國高級官員博明（Matt Pottinger）在 2020 年所建議的，這種「對等與坦誠」的政策，[247] 將迫使中共做出抉擇：要麼與西方脫鉤，從而面臨自我孤立和衰落，要麼冒著其人民被啟蒙和被賦權的風險，最終讓人民將命運掌握在自己手中並改變國家。美國應利用多種手段和議題連結政策，集中力量破壞和拆除北京的防火長城，使資訊和言論在中國更自由流通。這在中華博弈中獲勝的捷徑，在經濟和技術上都是可行而高效的，同時也捍衛並促進自由平等的關鍵價值觀，使這些價值觀在社會經濟上有回報，這在政治上是可取的，在意識型態和道德上對世界

各地人民（如果不是統治者）都有吸引力。

正如本書及兩部前傳所分析的，中共黨國在企求控制並重定世界秩序之前，為了自己的權力和生存，必須讓人民遠離世界，遠離可辯論和驗證的關於歷史和真實的知識。在中國納稅人付出龐大代價的情況下，中國封鎖了超過六十萬個所謂「不良」網站，其中幾乎包括所有訪問量最大的網站，例如 Google、YouTube、維基百科、Twitter（X）、Instagram、Dropbox、Reddit、Blogpost、Facebook、Tumblr 和大多數非中國媒體機構與社群媒體應用軟件。[248] 正如我之前所討論的，如果明確區分中共和中國人民，是擊中了正在崛起的中華人民共和國的致命弱點，那麼資訊和言論自由顯然也會產生類似效果。隨著防火長城被洞穿和拆毀，中共在國內將會迅速枯萎、崩塌。而且，確保占人類近五分之一的具有強大創造力的中國人民，能自由選擇獲取人類文明的知識庫並為之充分貢獻的機會，這本身就是人類的偉大解放和進步，也是對所有人（除了中共統治者）的一大美好公共利益。未經正當法律程序而系統性剝奪人們的資訊權和公開交流權，本身就是對人權的公然侵犯。簡而言之，透過思想工作和資訊控制將如此多人民長期排除在人類文明主體之外，本身就是殘酷、不道德和犯罪。

無數的實地調查研究已經發現，對中國人民來說，防火大牆無疑是中共最不受歡迎的政策之一，即使是那些經常被安排盲目支持中共的所謂「小粉紅」或「五毛黨」也不例外。[249] 如果中國人民能夠自由地獲取訊息，能不受迫害地重讀自己的歷史，探究事實，比較思考，說出自己的想法，一定會發生強大的啟蒙、解毒和賦權賦能，以和平方式掃除中共的權力和議程，甚至是中共政權本身。令人鼓舞的是，只經過短短幾年的開放政策（*glasnost*），中共的締造者、長期導師和恩人蘇聯共產黨，就和平地失去了獨裁政權，也沒有遭受系統性的清洗和大規模的清算以及暴力報復。[250] 當然，俄羅斯人擁有組織性民族宗教的力量，即復甦的東正教教會，這可能極大地促進了他們的和平政治過渡，並帶來

相當大的社會寬容和寬恕能力，中華人民共和國的一些人最近似乎也注意到了這一教訓。[251] 事實上，鄰近的日本便是鼓舞人心的例子，證明一個懷揣世界帝國意識的古代專制政體，如何在外部壓力下，兼之受到在世界大戰中慘敗的推動，成功而深刻地經歷了解毒和轉型。[252]

1987 年，也就是大約四十年前，雷根總統歷史性地在柏林牆邊的布蘭登堡門外喊話：「戈巴契夫先生，打開這扇門！戈巴契夫先生，推倒這堵牆！」[253] 四年後，象徵性的冷戰之牆倒塌了。現在美國和世界的領導人也應該站起來喊話：「習近平先生，推倒這道防火牆！」正如本章前面所討論的，美國應該促進和投資私人與政府的努力，以創造和技術的協助，讓中國人民能更自由地造訪網際網路，並剝奪北京的資訊控制技術。僅僅將海康威視、華為和騰訊等幾個實體列入黑名單和禁運是沒有什麼效果的，因為中共擁有近乎極權的能力，可以輕易地獲取和轉用、出售給其管轄範圍內或其影響範圍內的任何實體技術設備。任何促進防火牆建設和管理的官員和技術專業人員都應受到制裁，如同《全球馬格尼茨基法》所針對的對象一般。美國人和其他外國人應被允許在美國或國際法院起訴中華人民共和國政府、實體和個人，為資訊和通訊控制造成的損害求償，類似於針對其他侵犯人權行為甚至商業欺詐的法律訴訟。[254]

透過對人民賦能、賦權來針對中共的一個有效方法，就是揭露中共領導人、高級幹部及其盟友的行為，造成他們的不便，以削減中共的吸引力和權力。如除了制裁名單上的人員外，所有來訪的中國公民都應聲明其中共黨員身分（若有的話）。此類資訊可引發對簽證申請、入學、工作申請和移民的特殊審查，[255] 某些簽證、學校、工作、活動和論壇可以明確地排除活躍的中共成員。中共領導人和幹部擁有或與之相關的海外資產，應被仔細追蹤並不斷報導，也許只需簡單地向媒體透露和舉報。中共的許多暴行、非理性和無能、失敗和醜聞，以及不道德和口是心非的活動，都應成為西方政府和媒體公平揭露的對象。[256] 中共領導

人對自己的面子高度敏感，因為他們的合法性不穩，在公共輿論法庭上不堪一擊。西方只需與中國人民分享他們所知道的中共領導人在海外的財富，購買的房產，移民了的家庭和私生子，超奢侈的放縱以及無盡的錯誤和浪費。這從法律和道德上來說，都是對資訊自由的正當捍衛，是真正為中國人民服務，同時也對中華博弈極為有利。

如同一些分析人士所得出的結論，如果在疫情之後，中共「正在使用一系列謊言、混淆視聽、誇張和徹頭徹尾的虛假訊息來贏回其聲譽」，並「成功地塑造了（疫情）相關的全球敘事」，[257] 那麼西方應該乾脆地反擊。在中華博弈中獲勝的一個非常有效的方法，是展示和突出中共的利益與中華民族暨中國人民的利益之間存在的巨大差距，甚至常常是徹底的脫節，打破黨國捏造的中國民族主義者形象和虛假聲譽。絕不能忽略與中共的全球「敘事軍備競賽」，特別是在中華人民共和國境內。[258] 要想進一步瓦解中共的統一戰線，充分展現中共的不正常和缺乏合法性會非常有用，因為這將阻礙北京招募、拉攏和操縱國內外人士的努力。中國人民，尤其是年輕的、好奇的、雄心勃勃的、有才華的、有自尊的人，應該經常看到中共的顏面盡失，暴露真面目，被孤立和不受尊重，至少在西方是如此。在國外，特別是在西方，為中共工作以獲得社會政治地位和經濟利益不應沒有代價。積極和頑固的中共議程執行者應被視為黨國同謀，甚至應在適用的情況下追究其法律責任。

正如聖人孔子所說：「名不正，則言不順；言不順，則事不成。」[259] 正確的語言對於有效的溝通和真實的思考至關重要，它也有力地塑造了思維方式、世界觀和政策。[260] 因此，為了在中華博弈中獲勝，西方確實應該使用正確的語言和名稱。只要有可能，中華人民共和國就應該被稱為 CCP-PRC（中共暨中華人民共和國、中共黨國）或 PRC（中華人民共和國），而不是 China（中國）。又如，習近平應被正確地稱為「中國共產黨總書記」（他最重要的頭銜）或「中華人民共和國主席」（Chairman of PRC），而不是誤導性的「中國總統」（President of

China）。[261] 人民解放軍應該正確地稱為「中共軍隊」，而不是「中國軍隊」或「人民軍隊」。事實上，由於他們必須以黨衛軍的身分宣誓絕對效忠中國共產黨，而不是作為中國的國家軍隊而自豪地服役，解放軍中的許多甚至大多數職業軍人理所當然地深感不滿。[262] 為了喚醒和強化這種大國軍人卻只當政黨衛兵的屈辱，人民解放軍、海軍和軍官應該被正確地稱為「中共海軍」和「中共軍官」，而不是「中國海軍」和「中國軍官」。

中華人民共和國公民在海外普遍遭受的「次等外國人」地位，是他們對中共及其外交政策不滿的一個重要根源，應該不斷予以強調。西方政府應該正確地宣傳，中共及其政策是中華人民共和國公民在國外可能遇到不公平和羞辱（無論是真實還是想像）的真正原因。[263] 對中華人民共和國公民，特別是那些與中共關係密切的公民的差別待遇，可能會被誤讀並被誇張為反華或不公平甚至種族歧視；但西方應該透明地聲明，任何此類不便都是個人為容忍和支持中共政策而付出的代價。一個明確的訊息應該是，如果中共黨國在國內外的行為不受挑戰和約束，中國人民就不會在世界獲得應有的正常、適當的地位和尊重。

最後，美國可以耐心地鼓勵中共黨內多元化和權力分散下放的發展，作為和平改造中共黨國的一個方式。正如筆者二十年前試圖說服中共領導層但未能成功的，中國共產黨的內部民主，是一個有效而和平的方式，能讓中國崛起而成為富裕、強大和有尊嚴的國家，並能順利過渡到持久的國內安寧與善治。[264] 除了運用《全球馬格尼茨基法》來懲罰侵犯人權的中共官員和實體之外，西方還可列出並懲罰一些中共「紀律檢查」官員，因為中共領導層利用這些人來清洗、虐待和消滅政治異議人士，經常嚴重侵犯不順從者或權力鬥爭失敗者的人權和公民權利。中共黨國內部幾乎不具有意義的政策辯論，但日漸多元化的中國社會看來仍然對中國外交政策懷有多元且微妙的想法。[265] 中國境內自由和民主化的草根和菁英支持者顯然受到鎮壓和折磨，但他們還是勇敢地堅持了

下來，人數不確定，但可能不在少數，而且同情者與日俱增。[266] 2020年，一位北京大學教授公開嘲諷中共永遠掌權是不合邏輯。[267] 2022年，以遏制疫情之名進行嚴厲封城的情況下，「數以萬計」的中國網民繼續表達他們的抵制，「讓審查機構無法招架」[268]。一位中國的經濟學家認為，中共黨國就像一條貪得無厭的兇惡巨龍，到處製造爛尾工程：從國內的房地產、消滅貧窮、經濟改革到國外的「一帶一路」倡議，都是在「自噬其尾」和「把中國夢變成所有人的噩夢」。[269] 2022年，一名剛退休的中共幹部在中國熱門社群媒體平台微信上寫道，「判斷政府好壞的標準，應該是這個政府是否對人民好（……）我們的政府應該尊重人民地位的變化，在對待人民時應用普世原則；絕對不該帶頭殘害人民。政府必須知道，時代已經改變了，我們不再是過去的苦力。」[270]

出現一位像戈巴契夫那樣與眾不同的新中共領導人並非不可能，他將有足夠的智慧引導中國擺脫與西方的對抗。這樣的領導人甚至可能獨斷獨行地開啟中國的社會政治自由化和民主化。獨裁者可能的「錯誤」和不幸，可能會啟動中國的民主化，就像許多其他國家的情況一樣。[271] 和平改革或暴力革命的發展，對有效暫停甚至結束中華博弈而言是可取的。[272] 有些人確實設想透過「中國政變」來實現北京的決定性政權更迭，類似於毛澤東去世後的政變，由反對習近平的自保中共領導人發動，並得到「自由民主國家」的協助。其他人則希望純粹的自然力量引發繼承危機，以達成同樣目的。[273] 諸如此類有趣的不確定性和戲劇性的各種可能，無疑使所謂北京學或中南海研究變得不那麼無趣。然而，鑑於對中共的整體認識，在這個精細結構強大的體系中，一個人的作用，而不是整個集團的作用，可能是有限的。

更多的賽道與捷徑

為了產生足夠的硬實力和軟實力來對抗和遏制中共黨國，美國和西

方實際擁有深厚的資源和龐大的武器庫。正如一些美國領導人所推斷的，最迫切需要的不一定是新的手段，而是新的思維和行動方式，在改變的戰略格局中將現有手段的影響力最大化。[274] 除了之前已提及的一些考量之外，中華博弈中還有更多可能的賽道和捷徑。我將在下面討論三個例證。

例證一

香港和澳門這兩個中華人民共和國特別行政區的悲劇，為美國和西方堵住制約中華人民共和國大壩的漏洞提供了理由和機會。這兩個前殖民地正在遭到中共出於其政治利益的強化控制而被扼殺。[275] 因此，這兩地在 1997 年和 1999 年從西方獲得的特殊待遇理應減少甚至取消。這兩個特別行政區能不受阻礙地接觸西方，對於中國獲得西方技術和資本至關重要，並為中共的洗錢和「統一戰線」策略提供了便利。[276] 正如一家專門在中國進行 TMT（科技、媒體和電信）投資的親北京離岸創投公司在 2022 年所述（頗有些為它自己謀利），其基地香港作為金融中心和科技傳送帶，對中共黨國及其「打敗美國」的宏偉計畫，具有至關重要的價值。[277] 在中華博弈中，香港和澳門的特權已成為西方的戰略負擔，而不是一種資產。光是香港就一直提供或促進了絕大多數的對華外國投資：自八〇年代中期後的四十年間，外國在中國直接投資總額的 51.1% 來自香港，在 2010 年代晚期，香港特別行政區每年為中國提供的外國直接投資超過總額的 65%。[278] 幾十年來，少數西方資本家在那裡建立的可觀的經濟利益固然重要，但考慮到當今國際資本的高度流動性，他們可以輕易地遷移，以配合西方的香港政策戰略調整。[279] 近年來，中共耗資巨大的舉措，如澳門向橫琴擴張、「粵港澳大灣區」一體化、毗鄰香港的前海開發等，都強烈表明北京迫切需要控制並更多利用中華博弈中的這兩大漏洞。[280]

例證二

　　另一個想法是投資建設台灣使之具有更好、更充分的影響力。台灣愈來愈追求掌控自己的命運，成為對國際社會和集體安全有充分貢獻的一員。[281] 中華博弈的這條賽道類似於改善與華籍政治流亡人士、藏人和維吾爾人的關係，保護他們並與之合作，將他們作為中華人民共和國戰略收縮和社會轉型的催化劑和管道。[282] 美國可以繼續並具體化對其安全保護，以支持台灣事實上獨立的現狀。[283] 在受反恐戰爭干擾了二十年後，拜登總統在 2021 年和 2022 年公開重申布希總統於 2001 年 4 月首次公開聲明的承諾，即美國將像盟友一樣在軍事上協助台灣，以防中華人民共和國的進攻。[284] 此外，與二十年前不同的是，這次總統的「誓言」得到國家安全顧問以及國務院和五角大廈東亞事務高級官員的響應和闡述，並得到美國國會兩黨以及對外關係委員會這類智庫的明確支持。[285] 關於所謂「一個中國」政策，被許多人視為過時。[286] 華盛頓可以繼續其「一個中國政策」（針對中華人民共和國），而不是北京的「一個中國原則」（針對中華人民共和國和台灣），甚至升級其與台北的外交關係，在必要時支持一個完整的、法律上的台灣獨立，使之成為經過典範轉移的新的民族國家。[287] 經過半個世紀的演變，由「一個中國政策」和「一個中國原則」組成的「一個中國框架」，現在正面臨「前所未有的挑戰」。[288] 事實上，就連中共本身對於台灣的合法地位觀點也是前後不一致。台灣最早是被滿清帝國征服，只有在 1945 年到 1949 年四年間，被中華民國的國民政府「合法」占領（中華民國自 1949 年後繼續統治該島，但基本是「難民」與「本地人」的政府），台灣從未受中華人民共和國統治。[289]

　　和平解決北京與台北之間的爭端，現在或許已經成為一個「日益遙遠的夢想」。[290] 然而，美國和世界仍然可以嘗試促進海峽兩岸有條件的統一，以擴大台灣的影響力，作為中國大陸社會政治變革的有力催化

劑。這將抵消中共廉價地利用中國民族主義崛起的力量，並透過明確提出在此爭端背後中共真正的目的來削弱其民族主義信譽：到底是為了該黨的永久權力壟斷，還是為了中國的國家與民族利益。一個開放、受約束、民主的中國，以類似台灣的政治制度，可以是台灣人和中國人通過聯邦或邦聯達成的共同好家園，從而維護和支持世界秩序和世界和平。[291]

另一方面，如果中共使用武力入侵和征服台灣，美國及其盟國應做出比 1939 年 3 月德國入侵捷克斯洛伐克時英國及其盟國更強烈的反應，儘管美國海軍可能不會立即在該戰區獲勝。[292] 如果放任不管，台灣將很難抵禦中華人民共和國。但 1939-1940 年芬蘭和蘇聯的殘酷冬季戰爭以及許多其他例子，很好地說明了一個小而無助但意志堅定的國家，如何能在強大的侵略中保護自己。[293] 正如台灣前總統蔡英文在 2021 年所言，台灣有充分的理由和強大的可行性，成為民主聯盟前線的「良善力量」，[294] 如台灣晶片大廠台積電在中美「技術競爭」中那備受矚目的角色。[295] 誠然，幾十年來中華人民共和國的經濟發展，台灣功不可沒：台灣的投資形成了中國關鍵出口產業的 40%，在 2020 年代初期中國十大出口商中有七個來自台灣。也許是意識到這樣的經濟聯繫正在讓中共發財，而不是迫使其改變並重新考慮其優先事項，台灣在中國的投資在 2020-2021 年下降了 15%，「這是幾十年來未見的重大變化」，而其整體海外投資則增加逾 30%（對美國的投資躍升逾 600%）。[296]

例證三

還有一個想法涉及如何控制，甚至根據其不可阻擋的自有邏輯來設定中華博弈的節奏和時間。從本質上或結構基因上來說，中共與現行世界秩序根本不相容，並且與現任世界領袖對立。該政權，不僅僅是一個領導人，高度抗拒內部變革，並且具有不惜一切代價重定世界中心、重

整世界秩序的生存本能。這項全球性和系統性的挑戰，本質上是生死存亡且日益加劇的，受挑戰者無法綏靖，除非是完全投降。人類文明的未來遲早將不可避免地迎來一個決定性的時刻，以美國為首的西方必須在屈服和開戰之間做出抉擇。事實上，這一時刻可能是如此隱蔽、漸進、不對稱和蠶食式，以至於西方儘管強大且具有優勢，但可能過於盲目和麻痺，無法及時做出反應。西方和世界只有兩種方法可以避免這一可怕抉擇的到來：有效限制和充分削弱中共統治下的中國力量，或者中華人民共和國政權進行適當的轉變並改變其外交政策。在中華博弈中，光是被動反應的參與是不夠的，也是不明智和危險的：這只會幫助注定的對手在其選擇的賽道上變得更強大、準備得更好並掌握競爭節奏。積極主動地管理中華博弈，消耗、設局、轉移其注意力乃至先發制人，是更理性、更負責任、更道德的做法。有一種非主流的陰謀論認為，美國在預知的情況下「允許」了日本偷襲珍珠港，以創造能動員美國人民加入第二次世界大戰的聲勢。[297] 難以確認這種猜測，不過，反事實分析來看，如果美國再延後一兩年參戰，盟國確實會處於更不利的境地，付出的代價也會更大。

對於美國及其盟友來說，選擇他們認為最合適的時間和地點進行戰鬥，以最小的附帶損害獲得最大的影響，既是仁慈道德的，也是經濟有效的。西方點燃引發決鬥之「火花」的可能選擇，包括新的台灣政策、在南海因中華人民共和國人工島問題或在東海因釣魚島問題發生的海軍衝突、封鎖馬六甲海峽等海上通道、[298] 軍備競賽的重大新突破、中國生物戰能力的證據、[299] 導致中共領導人海外資產被凍結的訴訟、精心策劃或加劇的金融崩潰或重大網路攻擊，或中華人民共和國內部發生失控的騷亂或災難。總體而言，在西方選擇的時間和地點，在中華博弈中明智地參賽並迅速取得勝利，對中國人民和全世界都將是一項功德。

贏得中華博弈與改造中華人民共和國

和無數用心、熱情地觀察和書寫中國的人一樣，筆者對中國人民有著不可動搖的同理心。中國人民完全值得擁有更充分的繁榮、和平、尊嚴和自由。除了中國之外，在一個致力為個人實現最大程度的秩序和創新的世界政體下，所有人都會更安全和幸福。中華博弈只是延續了人類數千年來，不同政體和世界秩序之間以及在國家內外組織人民的方式的鬥爭。[300] 我認為，與過去不同的是，我們現在有足夠的理據對何為這次博弈的最佳抉擇充滿信心。對國家政治來說，最不壞的制度是經過廣泛考驗的民主法治；對於世界秩序而言，事實證明最可取的體系是西發里亞體系下分權分立的國際關係世界政體。[301] 這兩個體系的多樣性和不斷變化，正是其固有和不可避免的競爭和實驗動力所帶來的最理想自然結果，賦予各國豐富多彩的生活方式、持久的活力、不斷的創新、效率與平等之間不同但最優化的平衡、以及無限的可能性和選擇，使得人類文明的未來更加光明。[302] 更具體地說，在當前的中美競爭中，美國及其盟國作為世界領導者地位的維護和改善（宏大的「美國實驗」），對於民主法治的社會政治體系和整個西發里亞體系都至關重要。

為了捍衛這些價值，遏轉策略透過三個主要目標（按重要性依次排序）為西方和包括中國人民在內的世界草擬出中華博弈的勝利之路：

（一）維護西方領導的西發里亞世界秩序；
（二）盡可能避免中美熱戰；
（三）中國共產黨的社會政治與意識型態轉型。

正如我試圖證明的，這些目標是有機關聯、相輔相成的，並且都可以透過管理良好的中華博弈來逐一實現。只有達成最高目標（涉及世界領導和世界秩序）才能暫停甚至結束中華博弈。然而，無法實現其他兩

個目標肯定意味著一條不太理想、可能效率較低的獲勝路徑。

為了進一步思考這些價值和目標的輕重緩急，有必要討論中華博弈與中華人民共和國民主化之間的關係。遏轉的目標是大多數人類關鍵價值的總體最優化，而不是人人皆大歡喜。誠然，世界政治和一般政治的重點都在於各種平衡和可能性──這不是一門能夠產生完美結果的精密科學，因為在公共權力的建構和行使時，人們必然地有著多重價值和目標；在資源總是稀缺、時間總是有限的情況下，看似無限的競爭者與各種變數之間的複雜混合與互動是永無止境。

中國的民主化和社會政治轉型，雖然是具有高度價值的世界目標，但仍主要是中國的國內議程議題，這項任務應該由中國人民所有、所為、所成。中國的政治轉型將大大有助於中華博弈的成功結束，但西發里亞體系，即使是其自由國際秩序版本，也約定各國有權選擇和試驗他們認為合適的任何政治體系，特別是對於像中國這樣的大國。促進民主就是在分享人類已知的最歷經考驗、最不邪惡的一種政府形式；但若以犧牲西發里亞體系為代價，將民主一律化強制推行，那將是一場真正的慘勝，甚至更糟。中國民主對於西方在中華博弈中取得勝利來說，並非充分或必要條件，但中國的民主化將會使中國人民有可能也有能力做一個重大抉擇：是延續中共的獨裁統治及其對西方不可避免的挑戰，讓中華民族和人民做出無止境的犧牲，還是改變中國的組織和治理方式，使中國全面融入國際社會，將民族和人民權益的強大潛力最大化。正如一位美籍華裔學者所言：「最終，中國共產黨、政府和人民必須做出歷史性的選擇：如何界定國家與社會的關係，如何界定黨與國家的關係，以及如何界定所謂中國特色核心價值與自由、民主、和平普世價值的關係。」[303]

為了有效實現中華博弈的首要目標，明智和正當的做法是美國及其盟國探索全球統一戰線、大聯盟，以捍衛和弘揚西方核心價值和規範，維護其在全球的領導地位和西發里亞世界秩序。然而，西方應該充分意

識到，以任何單一政治意識型態為名的集權世界政府的風險。迄今為止，美國的「例外性」一直抵制著按照其形象建立世界帝國的趨勢，就像整個美國實驗本身一樣，它並不是不可逆轉、永不妥協或永遠無敵的。它仍然是人造的，因此容易受到人為錯誤或不可抗力的影響。如果以一個單一治理世界的全球政府來贏得中華博弈，將是嚴重地適得其反，因為事實上，這將是世界在中華博弈中的重大失敗。世界帝國就是世界帝國，無論它的名稱和顏色為何。用另一個世界帝國取代西發里亞體系來阻止中國版的世界帝國，對所有人來說依舊是個悲劇。

　　從這個角度來看，中華博弈的勝利並不是要美國征服中國並按其形象重塑中國，也不是消除跨太平洋競爭，而是要確保各個競爭者在一個分權分立的世界政體即西發里亞主權國家體系中，盡可能富有成效地、和平地競爭，而不改變這個體系本身。中華博弈可能會導致中華人民共和國的轉型變革，也必將從這變革中受益。但西方在中華博弈中不應以犧牲西發里亞體系為代價，主次不分地追求中華人民共和國的變革。在以霸權鬥爭和權力轉移為特徵的大國競爭中，大國和體系領導國都可能和平或暴力地興衰。[304] 世界秩序可能是一個全球化的自由國際秩序，也可能是一個由不同的敵對國家集團和團體組成的較不自由的集合體，其中一些國家還可能會處於脫節和孤立狀態，國際間的和平與繁榮可能會因此而不盡相同。但西發里亞體系的基本要素應該保持不變：各國擁有平等的主權地位，完全獨立的存在，在其能力範圍內擁有完全的行動自由，各自選擇不同的政策並承受所導致後果及其他國家的反應。各國透過自助、內部變革、均勢國際政治和利用國際機構來不斷競爭，以確保沒有一個國家，尤其是一個次優化和不可取的國家，能單獨控制整個世界並統治規範所有其他國家。

　　中美競爭與中國民主化的關係經常輕易被誤解。有人認為，沒有中共的民主化中國會更加和平，對當前的世界秩序更加滿意，因此美國應集中精力推翻中共政權，推動中國民主化，以此作為中美對抗的勝利之

路。[305] 其他人則將中共和中國視為密不可分，並警告說自由化和民主化的中國可能會更具侵略性、更好戰，甚至是帝國主義，因此美國應該與注重生存的中共專制政權公平合作，以控制中國民族主義之洪水猛獸。[306] 這兩種論點都提供了豐富的訊息，但也都過度簡化。

在中國煽動非理性和侵略性民族主義和軍國主義的，是為求自身生存的中共專制政權（或基本的秦漢威權主義政體），而不是中國的民主，如果未能取代美國並按照自己的形象重定世界中心、重整世界秩序，它就不會停止。[307] 2022 年 11 月，新晉的中共高層領導人丁薛祥公開重申了中共現在對其真正目標的標準說辭，矯揉造作地指責「敵對（外國）勢力總是想方設法阻撓中華民族偉大復興的進程」，因此，黨和習近平必須繼續為民族領導國內外「空前絕後」的偉大鬥爭。[308] 儘管存在相當大的不確定性，但民主化可能會為中國帶來更良善的治理，使其真正強大和有吸引力。改革後實行民主法治的中國，共享源自西方的核心價值和規範，對西發里亞世界秩序的威脅會在質量上大為減少，但國際競爭力可能會更高。中國的社會政治轉型看來是有利於維護和完善西發里亞體系和人類文明——這是中華博弈的首要目標，但這也可能會產生一個更強大的競爭對手，如果美國還想繼續保持其世界領導的地位，以及伴隨這一地位帶來的所有好處、負擔和特權，一個更強大的競爭對手會推動美國做得更多、更好。因此，就世界領導地位以及競爭者的相對獲益和權力而言，中美競爭與中國是否民主無關，但一個民主化的中國將明顯使這種競爭轉型為更和平，對西發里亞體系的威脅更小，不那麼兇險，對雙方和全世界也都更有利。

在中華博弈中較不可取的競爭者是中共黨國獨裁政權，憑藉其物質原始力量和膨脹的信心，它正在不可避免地挑戰美國並竭盡全力重定世界秩序。一個被削弱、受到遏制和破壞的中共黨國專制政權，對當前世界秩序的影響可能與一個強大的、轉型過了的民主化中國一樣小，兩者對世界基本上都會是和平的。一個民主但民族主義的中國超級大國，在

追求國家權力和利益的過程中仍然可能是一個影響體系的競爭對手，可能分享甚至取代美國在世界上的領導地位。但這樣一個新中國在內政外交中不擇手段的程度將大大減少，其內部體制和規範性約束將更加有效，其重新定位的世界觀將會是基本維護西發里亞體系，並且幾乎沒有動力在全球「迫使意識型態統一」，[309] 因為它本身將是內部多元且分權受限的。

中國的社會政治轉型，就如同削弱中華人民共和國的力量一樣，意味著世界和中國人民在中華博弈中的勝利，但前者顯然是眾人都更樂見的制勝之道，可能只有極少數人害怕一個治理更完善的中國在國際競爭將更具競爭力。如果中華人民共和國進行有效的社會政治轉型，那將會帶來一種非常不同的新的中華博弈，從決定替代性世界秩序的系統生存鬥爭，轉變為更良性和平的國際競爭，促進更多高效與創新，豐富並提升人類文明。當然，這樣一個新中華博弈的缺點是中美國際競爭也許會更加強而有力，讓少數厭惡懼怕競爭的壟斷企業或想要壟斷的人感到不安。不過這些懼怕和反對競爭的主張是既不利於美國，也不利於人類文明：美國人和人類一直都是在競爭中蓬勃發展，也必將繼續在新中華博弈中取得優異成績。關鍵的轉變是，新中華博弈的主要競爭者都將在內部受到已知最不壞的政體治理——即穩定的民主法治（當然還是會略有差異）制約，因此很少或根本沒有固有的、基因決定的使命，在政治上以世界帝國集權政體去取代已知較可取的西發里亞體系世界秩序。

簡而言之，對於西方和包括中國人民在內的世界來說，要在中華博弈中取得勝利，就需要隨時隨地全面挫敗、削弱和破壞中共黨國。對中華人民共和國在國外的勢力進行有效約束和圍堵遏制是最起碼的必要，而在中國成功地使中共政權失去統治合法性進而帶來社會政治轉型也許是最高冀求。中國的社會政治轉型**以及**隨之而來的中美競爭轉型，將是中華博弈最理想的雙贏結果。然而，在中華人民共和國國家力量受到遏制、北京的世界觀發生改變之後，如何在政治上組織中國，最終還是得

由中國人民來決定，這也是他們身為西發里亞世界主權成員應享有而且完全可行使的選擇權利。2022 年和 2023 年所謂的「白紙運動」中所表現出的中國人民對中共明顯不滿和公開蔑視，只是再次證實了中國人民有能力為自己的生命和權利而奮鬥。[310] 一百五十多年前，時任中國駐美國使節的美國傳奇外交官蒲安臣（Anson Burlingame）在紐約熱情洋溢地說道，中國人民是「一個偉大、高尚的民族，（……）有禮的民族；這是一個有耐心的民族；這是一個清醒的民族；這是一個勤奮的民族」，但一直處於暴政之下，被排除在「各國聚會大廳」之外。然後他明智地建議，只要中國保持開放並與其他國家進行真正公平的競爭，「就讓她自己」管理自己。[311]

中華博弈與國際和平：成本矩陣

成本效果（cost-benefit）以及成本效益比（cost-effectiveness）的分析，始終是政治決策中決定可取性與形塑偏好的關鍵，特別是關於具有確定性和不可逆轉後果的決策。儘管許多人常常過於誇張乃至危言聳聽，但其實要贏得與中華人民共和國的全球競賽的成本對美國來說是完全可以接受的，特別是考慮到超高的賭注和迥異的結局。八十多年來，美國一直保持著全球領導地位和影響力，擁有廣泛的作戰基地和久經考驗的盟友網絡，無與倫比的資源調動和力量投送基礎設施，以及難以匹敵的軟實力和信譽。大多數來自中國的進口產品很容易被替代，而美國對中國的出口產品中，即使不是大部分，也有很大一部分可替代性明顯較低；而將投資和訂單撤離中國所造成的價值和利潤損失，只要從不斷增加抗衡中國崛起的經費中省下部分就足以彌補，因為事實是美國的訂單、投資和技術推動了中共黨國的崛起。以所謂的經濟低效和影響合作為由，不假思索地譴責中美脫鉤之不當，是完全忽視了一個基本事實：中美關係（包括其商業關係）向來也只是部分接軌和選擇性脫鉤而已，而且大

部分是由北京方面選擇的。為了贏得中華博弈，美國（和西方）只需繼續選擇性地脫鉤，更多地按美國／西方的方式來進行，希望最終能實現與中國真正的全面接軌融合。

中美競爭有導致跨太平洋軍事衝突風險這一令人擔憂的高昂代價，中美雙方都擁有各種大規模殺傷性武器，維持這兩個世界最大經濟體之間的和平顯然就是具有價值的目標。因此，贏得中華博弈的一大目標是美國應做好準備，但盡可能阻止並避免與中華人民共和國發生全面實際的戰爭。然而，國家間衝突是西發里亞體系下關鍵的國際比較和競爭的正常副產品或經營成本。大國之間的戰爭雖然可怕，但實際上非常罕見，也是維護世界秩序與和平的終極代價。

有收益的人類活動，不論成敗，都要付出相應的代價。包括人類遷移出非洲；激烈的國家競爭，奠定了歐亞大陸人類文明的基礎：西邊的希臘羅馬世界，東邊的先秦中華世界；羅馬秩序、中華秩序等世界帝國的建立；西發里亞世界秩序的法典化與全球化；以及反抗世界法西斯主義和共產主義運動的戰爭等等。中華博弈也不例外。**無論**輸贏，中華博弈的參賽者都有其成本：他們自然地持有完全相反的成本效果矩陣來合理化己方的競爭偏好，但他們對成本效益比的計算卻可能非常相似。這裡，我推測了中華博弈的兩組可取性（desirability）、成本和偏好之層次矩陣（見下表 4.1）。

對美國及其盟國來說，透過堅定遏制和明智接觸來實現中國轉型和整合的遏轉策略，看來是最可取、成本最低的選擇。對結果的偏好順序是 A ＞ B ＞ C ＞ D。以「除了戰爭之外的所有措施」進行「負責任的競爭」是明智且可取的。[312] 但西方也必須做好準備，在必要的時候和地點阻止或決定性地贏得與中華人民共和國的熱戰。考慮到人類文明的命運和未來的最終成本，即使是熱戰的高昂成本，也就是 B，也顯得完全合理，並且比結果 C 更好。[313] 最危險、最不可取的結果顯然是 D，即中共用武力征服世界。決定性的一個關鍵變數可能是時間和參賽認真

表 4.1 可取性、成本與偏好之矩陣

美國、西方和世界,包括中國人民對結果的偏好是:A > B > C > D

A	B	C	D
可取性高、成本低	可取性高、成本高	可取性低、成本低	可取性低、成本高
中共暨中華人民共和國受到遏止,或許已和平改革	中共暨中華人民共和國受到遏止並暴力改革	中共暨中華人民共和國和平領導世界並重定世界秩序	中共暨中華人民共和國暴力重定世界中心、重整世界秩序
遏轉	軍事對決	合適的政治全球化	軍事對決
前例:冷戰	前例:第二次世界大戰	前例:未有	前例:中華世界之秦一統天下

中共黨國及其同志與同路人對結果的偏好是:一>二>三>四

一	二	三	四
可取性高、成本低	可取性高、成本高	可取性低、成本低	可取性低、成本高
中共暨中華人民共和國和平領導世界並重定世界秩序	中共暨中華人民共和國暴力重定世界中心、重整世界秩序	中共暨中華人民共和國受到遏止,或許已和平改革	中共暨中華人民共和國受到遏止並暴力改革
合適的政治全球化	軍事對決	遏轉	軍事對決
前例:未有	前例:中華世界之秦一統天下	前例:冷戰	前例:第二次世界大戰

程度的函數：愈晚全面參與中華博弈，結果 B、C 甚至 D 發生的可能性就愈大。

對中共黨國及其同志和同路人來說，對結果的偏好順序是 一＞二＞三＞四。在這裡，時間的作用是不同的：美國和西方愈晚認真參與對抗中華人民共和國的中華博弈，結果一或二就愈有可能發生。在益發利用所有資源全方位追求其目標的同時，中共一直躲在為其俘虜的中國人民背後，並言之鑿鑿地假裝黨國是中國和中國人民的同義詞。[314] 中共使用的另一種方法是標準的、不假思索的指責西方的「冷戰思維」或「霸權主義」。2020 年，北京官方在稱一名試圖將中共與中國人民區分開來的美國高級官員為「人類公敵」的同時，還資助了一批中共代理人、「有用的白痴」和「反冷戰」活動邊緣人士，宣揚「針對中國的新冷戰違背人類利益」的口號，其變體是所謂「對抗逆全球化的『新多邊主義』中國方案」和「粉碎冷戰言論」。2023 年初，正如我在本書前面提到的，時任中華人民共和國外交部長乾脆宣稱「如果我們（中華人民共和國）不安全，世界就不安全。」[315] 且不論其諷刺、矯飾和無知，這樣的言行或許恰恰顯示了中共真正在意什麼，又最害怕什麼。

意義非常深遠的一個意識是，中華博弈的雙方似乎同樣潛在地偏好避免爆發世界大戰。確實，在參與中華博弈相關的所有直接成本和機會成本中，最重大的犧牲是在可能發生的中美戰爭中造成大量傷亡。即便是對於習慣將人民視為資產和工具的統治者來說可能也是如此，因為現代戰爭，特別是其精確打擊和斬首的能力，使得躲在前線後面也變得不安全。人們自然會質疑西方冒可能有大量傷亡風險的決心和能力，即使這顯然涉及整個人類文明長遠福祉的抉擇。然而，筆者相信，美國及其盟友仍然有能力做出重大決定，即使可能危及一些人的生命。一個民主的、消息靈通的、經過徹底推理的過程，比起依賴任何一個人（無論多麼聰明和強大）做出這種生死抉擇的過程，會更加理性、有效，也能拯救更多生命。過去十年來，華盛頓兩黨在美國對華政策的重新定位上表

現出明顯而穩定的合作，以及 2020 年代以美國為首的「志同道合」國家的齊心協力，似乎都表明關於中華博弈的重大決定是木已成舟。

必須把生命損失減至最低這點是毫無疑問的，特別在今天的西方，民眾的選票可以直接決定統治者。但人類向來會為了崇高的緣由和目標而前仆後繼，不惜犧牲：從社區治安到建築工程，再到地球和太空探索以及正義戰爭。有多少人會並應為中華博弈而冒生命危險？早在公元前 431 年，雅典的伯里克利（Pericles of Athens）在他不朽的〈葬禮演說〉（Funeral Oration）中就指出，民主必須不斷權衡、重視為了崇高目標而擔負的風險與犧牲的生命。[316] 本書提出了一個不謙虛的論點，即不論付出再高的生命和財富成本，也要維護最不邪惡的政治治理形式和最可取的世界秩序，即目前在西方民主法治領導下的自由國際秩序版西發里亞世界秩序。比起替代性的世界秩序，即世界帝國，尤其是中華秩序，西發里亞世界秩序無疑更能維護生命與和平，更能創造繁榮和財富。當然，整個人類物種的實質存在，顯然比人類的政治組織方式更重要。擔憂國際競爭、對抗和戰爭會造成物種滅絕，這種強烈且常常令人無能無力的恐懼，顯然是人道的、理性的，甚至是可信的。然而，許多好萊塢產品中所表現的人類徹底毀滅，或者對因人類行為造成的「世界末日」的恐懼，本質上是一種幻想，一種噩夢式的虛構，卻時而被當成一個似乎有說服力的論點，因著各種社會政治目的而被廣為宣傳。事實上，這種恐懼訴諸於人們粗糙原始的情感，既沒有事實證據也沒有邏輯基礎支持。在實務上，它可能會癱瘓關鍵性決策，蒙蔽正確和清醒的選擇，讓膽怯、懶惰和既得利益占據主導地位，並讓冷酷殘暴的人更加強大有力，透過武力和虛張聲勢來誤導和傷害人類。[317]

兩個簡單的事實可能有助於消除那些關於世界末日的都市傳說，這種傳說經常被宣傳為大規模殺傷性武器時代中美競爭的可怕結果。首先，內戰和治理不善一直都比任何國際衝突和戰爭更具殺傷力和破壞性，在一個統一的世界國家（即世界帝國）之中尤其如此。[318] 例如，

一場美國內戰造成的死亡人數，就超過了美國曾參加過的所有國際戰爭的死亡（從 1776 年開始的獨立戰爭到 2003 年入侵伊拉克）。其次，無論從比例或絕對數量來看，有更多人是因與大規模殺傷性武器完全無關的行為而非自然死亡，畢竟大規模殺傷性武器的使用僅在二十世紀中葉左右出現。事實上，最大的非自然生命損失都與惡政和低科技武器（常常只是冷兵器）有關：如中世紀歐洲絞肉機式的宗教戰爭、蒙古騎兵等亞洲遊牧民族所犯下的種族滅絕、中國或印加世界帝國垮台時一半或以上的人口消失等。由於惡政和使用低科技武器，十九世紀的太平軍叛亂和 1958-1962 年毛澤東大饑荒都分別創下了非自然死亡的戰爭與和平時期兩大世界紀錄。至於二〇至三〇年代史達林主義大清洗和大饑荒，以及二十世紀後期紅色高棉統治下的柬埔寨和盧安達等地的驚人大屠殺，都是內部惡政的結果，使用的也就是手槍步槍與砍刀。從事實和邏輯上看，雖然可能有點違反直覺，但國際競爭和大規模殺傷性武器（以及對這些武器威力的集體恐懼），共同大大減少了人為造成的死亡和破壞。最新技術變得愈強大，就愈有必要將該技術掌握在「正確」的人手中，並對其力量及使用進行充分的限制和可靠的制約——這也是世界為了最大限度地保護人命而必須在中華博弈中取勝的一大根本原因。

　　儘管中共領導人可能確實視人命為草芥，但他們也有充分理由盡可能避免與美國發生直接戰爭。正如我在《中國紀錄》中試圖證明的，他們是極端自私、完全自我中心的獨裁者，因此對瘋狂或出於意識型態信仰的自殺並不感興趣，特別是在面對配備大規模殺傷性武器，且對政權（和目標個人）具有不斷提高斬首能力的對手時。因此，在管理良好的中華博弈中，與中華人民共和國爆發熱戰的風險仍然很低。[319] 正如美國最高軍事將領馬克・密利（Mark Milley）將軍 2023 年 3 月在國會作證時所說，只要美國仍然是「地球上最強大的國家」並做好充分準備，美國與中國和俄羅斯的戰爭並非不可避免。[320]

　　因此，關於替代性世界秩序的重大抉擇，不應因對抗（無論冷戰還

是熱戰）那不必要且往往錯誤的恐懼而自滅信心與勇氣。重要的抉擇都
是有代價的，維持或解構一個世界秩序不太可能不流血，儘管其殺傷力
肯定可以盡力降至最低。人們為了有價值的原則奮鬥了千千萬萬年，犧
牲了無數人——有時是為了捍衛崇高價值而英勇犧牲，有時則是為了錯
誤目的而悲劇死去。在此，我們檢視最近兩次大國間的重大戰爭，即第
二次世界大戰和韓戰（迄今為止中美之間唯一的一場熱戰），可能具有
說明性的意義（見下表 4.2）。

表 4.2　兩場戰爭之代價

二次大戰死亡人數 （1939-1945 年）	百分比 [*]	韓戰死亡人數 （1950-53 年）
戰場：1500 萬	15%	戰場：100 萬
平民：4500 萬	2.0%	平民：200 萬
總數：6000 萬	2.8%	總數：300 萬

死亡人數：部分國家 [**]	二次大戰	韓戰
美國	418,500	36,066
中國	2,100 萬（1937-1945）	197,653–900,000 [***]
韓國	473,000	200 萬
蘇聯	2400 萬	——
德國	660-880 萬	——
日本	260-310 萬	——
法國	567,600	262
義大利	457,000	——
英國	450,000	1,078

[*]　相比於世界軍人總數（1945 年為 1 億）和全球總人口（1939 年為 23 億）。

[**]　戰場和平民死亡總數。

[***]　根據各種估計。除了 2019 年中央電視台的「向 197,653 名烈士致敬」、2020 年《中
國日報》的「197,653 名中國軍人在（韓國）戰爭中陣亡」等含糊其辭的一句帶過
之外，這個數字受到了很多人的質疑；中華人民共和國政府從未正式發布或確認這
項數據，也沒有提供可驗證的人名或詳細資訊。

資料來源：Bian Xiuyue 2004; Cumings 2010, 35; F. Wang 2017, 240;「6／25 戰爭陣亡者」
大韓民國國防部紀念碑，Seoul, 2013; CCTV 2019; Zhang Zhouxiang 2020;
Rhem 2020; 第二次世界大戰博物館紀念碑，New Orleans, Louisiana, 2022.

第二次世界大戰的生命成本非常高昂，但戰爭的結果看來很好地補償了這一慘重的代價。二次世界大戰的勝利維護了西發里亞世界秩序，並鞏固了民主法治政體對國際社會的領導地位。之後前所未有的世界和平、經濟繁榮、社會政治正義、人權、公民權利和科技革命，造福了絕大多數甚至全人類；人類文明在量性和質性上都得到了空前的進步。最明顯的是，自第二次世界大戰結束以來，全球人口規模呈爆炸性增長，同時生活也達到了前所未有的最高水平，預期壽命也愈來愈長。事實上，如果國際社會在一些關鍵時刻更早、更有力地採取行動阻止軍國主義日本、法西斯義大利和納粹德國，第二次世界大戰的死亡人數很可能會大幅降低：比如在 1931 年日本入侵滿洲、1935 年第二次義大利—阿比西尼亞戰爭和 1936 年的萊茵蘭重新軍事化時就堅決予以反擊，或者以更明智、堅定的方式應對，例如在二〇年代末和三〇年代初就發動冷戰來遏制法西斯勢力，並從 1939 年公開衝突的第一天起就進行更強而有力的反擊，而不是因猶豫和逃避而無所作為，直到 1943 年才要求軸心國無條件投降。現在回頭去質疑 1940-1941 年美國／西方與日本的「經濟脫鉤」「導致」了可怕的太平洋戰爭，也許可以理解，[321] 然而，最令人遺憾的可能只是脫鉤來得太遲，而不是那個制裁本身。

　　技術上仍處於停戰狀態的韓戰，阻止了蘇聯集團的前進，並維護了二戰後東北亞的國際秩序。這場戰爭拯救了南韓，使南韓最終於 1996 年成為 OECD 僅有的兩個亞洲成員國之一，並於 2021 年成為新的「已開發國家」，這是自 1964 年以來聯合國貿易和發展會議唯一的一次進行此類升級。它也拯救了台灣，使其發展為第一個華人民主國家。[322] 但這場戰爭是殘酷且致命的。其中有一半以上的時間，即從 1951 年 11 月 27 日（板門店停火談判解決了其他關鍵問題）到 1953 年 7 月 27 日（停戰協定最終簽署），實際上既不是為了戰場利益而戰，也不是為了投降條件而戰，而是為了一個從前屬於「瑣碎」的問題，即如何遣返戰俘。出於其政治理由，中共強烈要求強制、全面遣返其被俘人

員。但美國堅持自願或非強迫遣返，讓中國戰俘在中國大陸的中華人民共和國和台灣的中華民國之間做出選擇。主要由於這一分歧，激烈的戰鬥又持續了十五個月，並進行了五百七十五輪額外的停戰談判。北京最終（在莫斯科新領導人的意願下）態度軟化，接受了美國的原則。三分之二（66.8%，即一萬四千三百四十二名）中國戰俘前往台灣，三分之一（33.1%，即七千一百零九名）返回中華人民共和國。在約三千七百七十名美國戰俘中，有二十一人「自願」選擇前往中國（其中一人在抵達後數月死亡）。然而，這些美國戰俘很快就離開了中國，只有一名戰俘留在那裡，直到 2004 年去世。[323] 令人震驚的是，為了每一名行使選擇自由的中國戰俘，就有近一名美國士兵、至少六名中國士兵、十名韓國平民，以及數量不詳的其他國家士兵為此死在戰場上。[324] 對政治家和歷史學家來說，這確實是美國「道德和人道主義原則」反對強迫遣返者被「屠殺或奴役」的代價高昂的勝利。[325] 由於對這項原則的分歧而造成出人預料的巨大死亡人數，可能玷汙了勝利的榮耀，尤其是在一個高度重視生命的社會中。然而，這對台北的中華民國來說是一次急需的公關勝利，對北京的中共來說卻是一場慘敗且顏面盡失，因付出之多、之久的代價卻毫無所得——但這一事實在中共境內卻被掩蓋得很好；對國際共產主義者來說則是重大恥辱：竟有如此多的中華人民共和國戰俘拒絕返回家鄉。

事後看來，儘管有點不公平，但人們很容易將這樣慘重的「額外」人命成本，視為雙方因微不足道的爭端而做出過於殘酷的犧牲，進而在道德上判定「中國的反共」戰俘為了自身利益「劫持了韓戰」。[326] 然而，對於那些逃過一劫，眼看前戰友回到中華人民共和國，歷經長達三十多年的地獄般虐待的中國戰俘來說，這絕對是一個無價的抉擇，改變了他們及其後代的命運。[327] 世界級建築師貝聿銘、大中華區最著名的女演員之一林青霞以及無數人的家庭故事，生動地證明了選擇逃離中華人民共和國奔向台灣的人生機會是「天堂與地獄」般的不同。[328] 幾十年後，

中共對待從入侵越南返回的中國戰俘，顯然也是同樣地獄般的折磨。[329]

自由民主國家可能比非自由獨裁國家更重視生命，因此在可能造成生命損失時往往更不願意採取行動。許多人，尤其是民主的批評者，可能有理由認為這種成本效益計算是西方在國際競爭和對抗中的主要弱點，然而，盟軍為結束二戰而要求並贏得的無條件投降，以及美國堅持並確保自願遣返才達成韓戰停戰協議，有力且明確地表明了即使在面臨大量人命風險的情況下，西方具有為其核心價值、基本原則和理由充分的目標而戰的決心和能力。希望這種堅定而深思熟慮的決心，能夠以更加明智和更妥善的方式，繼續指引中華博弈的管理和最終勝利。世界應當心，「美國和中國，與災難的距離只差一場軍事意外」，[330]然而，贏得中華博弈比起避免對抗和戰爭重要許多。

一千二百多年前（約在公元 752 年），被後人尊為或許是中國歷史上最偉大詩人的「詩聖」杜甫寫下了一首詩[331]；它是如此不朽，就像是為今日的中華博弈而寫一樣：

挽弓當挽強，用箭當用長。

射人先射馬，擒賊先擒王。

殺人亦有限，列國自有疆。

苟能制侵陵，豈在多殺傷。

中國和世界的未來

經過近二十年的工作，隨著這套「中國三部曲」的完成，我感到如釋重負，夾雜著喜悅、謙卑和希望。人們自會斷言其所身處的時代是歷史上最關鍵和重要的一段，這種說法大概有點陳腔濫調，但正如我在本書及兩部前傳中所努力表明的，日益激烈的中華博弈以其罕見的選擇和節奏組合，確實構成了歷史的關鍵時刻，將決定人類如何組織起來。2021 年 9 月，美國總統拜登在聯合國發表講話時宣稱必須做出「明確而緊迫的抉擇」，因為世界正處於「歷史的轉折點」，「我們面臨著世界決定性十年的到來——這十年將真正決定我們的未來。」中華人民共和國主席習近平對著同一群聽眾，似乎也回應了這一觀點，他宣稱「世界再次站在歷史的十字路口」。[1]

在這場以中美競爭為中心的全球競爭中，利害關係和替代方案是既確定又明顯，同時重大且迫切。人們有著明確的路徑和捷徑，可以讓中華博弈有效、安全，而且很可能快速、和平地達至比較理想的結果。然而，這場博弈的實際結局既不確定，也不能保證，因為太多參賽者各有其既得利益、無數想法、不同理想和堅守的信念；在這種情況下人類的錯誤和不幸從不少見。以美國為首的西方與中共領導的中華人民共和國之間的超高賭注、超高風險全球競爭，考驗著並將持續需要更多的智慧、遠見、意志、能力、資源和運氣，來塑造人類文明的未來。自然，

筆者非常歡迎讀者批評、辯論和證偽這些看法，以及我試圖在這三部曲中提出的所有其他發現、歸納、分析和推論。

現在，本書將以對中華博弈的未來、中國和世界的未來的一番簡短推測來結束。能夠見證並致力解釋人類行為，總是令人興奮且回報豐碩的，試圖分析和預測趨勢和未來，則更令人深感挑戰和倍覺謙遜。

1993 年的諾貝爾經濟學獎得主、經濟學家羅伯特‧福格（Robert Fogel）在二十一世紀初寫下了他對未來世界的預測：

> 我們不應該害怕未來，（……）我對未來六十年的預測包括人們壽命更長、更健康、糧食供應更充足、住房和環境得到改善、更多人獲得更高水平的教育、物質和精神不平等的縮小（不僅在國內，在國際上亦然）、薪水更高更彈性的工作、有更多時間陪伴子女、更緊密的家庭有更多閒暇時間在一起、更低的犯罪率和貪腐率、以及各民族和種族之間更加和諧。（在預見中國價值即「權威、孝順和紀律」可能會在世界上崛起後，他認為美國）應該為一場災難性的戰爭做好準備，或者學會忍受長期的文化和政治僵局。[2]

名氣和權威都顯然遠不及福格的筆者，幾年後在 2017 年出版的「中國三部曲」的第一卷中，試著提出了以下四種有關中華人民共和國的可能情景：

> 第一種，中華人民共和國可能在政治和意識型態上進一步演變，成為一個更開放、更自由一些的秦漢政體，一個類似於十至十三世紀的宋帝國那樣的軟性開明的威權主義（如果還未變成有效的自由民主與法治國家的話），從而在西發里亞國際關係世界秩序下繁榮、強盛且長治久安。為此，北京將要重新解讀歷史，重新確定其世界觀，重新調整其戰略；透過體制上、國際上和意識型態上

的充分保障，去克制甚至放棄其天下世界帝國的理想。

第二種，中華人民共和國可能回到毛澤東的革命政權模式乃至更甚，再次成為一個硬化的威權主義甚至極權主義和軍國主義政權，透過重塑和重新安排世界來自求生存。（……）毛澤東當年走過這條路但是遭到了慘敗。但是那些使中華人民共和國致富和崛起強大的新財富、新技術可能為北京提供新的信心和資源，以及更多的實力、更聰明的詭計去再試一次。（……）中華人民共和國的中華秩序可能會出人意料地得到統一世界的勝利，儘管它今天看來還是如此不可能，就像二十四個世紀以前秦國統一中華世界和七十年前中共奪取中國大陸的故事一樣。

第三種，中華人民共和國可能會在（……）秦漢統治者們追求中華秩序的本質欲望和不懈企圖以及（……）已經變化並不斷繼續變化的中國人口狀態、經濟現實和日益西化並與國際社會息息相聯的新的中國文化和意識型態之間拉扯分裂，導致政治混亂，甚至可能引發內戰。中原最終可能會失去一些中華世界的邊緣區域。中共暨中華人民共和國如果由此崩潰，無論是和平還是暴力，都可能會帶來像二次大戰後德國和日本那樣的一個中華民族國家的鳳凰涅槃，或者造成一個擁有大規模殺傷力武器的失敗國家。

第四種，大概只是一種過渡性的未來：中華人民共和國可能繼續（……）隱瞞其中華秩序的戰略選擇。不再大力去抵制、消減和取代美國並重新安排世界秩序，而是務實和有選擇地遵循西發里亞體系和西方的領導，抵制國內社會政治和意識型態變革的同時也壓制其菁英們對領導世界和重新安排定位世界的渴求，繼續發展、致富和小心謹慎地投機取巧。中共的秦漢政體雖然沒有中華秩序也能繼續存在一個相當長的時間，忍受著伴隨這一選擇會有的那種種不滿乃至「屈辱」、困難挑戰和艱險不安。[3]

2020 年，一群漢學家關於未來的結論是，「中國的未來是高度偶然的」，並將取決於「中國的行動者們如何應對數百個複雜且相互關聯的挑戰」以及國內外不斷積累的「關鍵性問題」。然而，關於北京面臨的挑戰與問題的學術評估和政策建議，該團隊「極少共識」，內部分歧很大，認為近數十年來對中華人民共和國的崛起至關重要的「好領導、好政策、好運氣」不再是確定的，但也許仍可重新獲得和保留。[4]中國乃至整個世界的未來，看來都是懸而未定。中國人和人類不僅處於某個十字路口或關口，而且似乎在茫茫荒野中徘徊。

2020 年中，蘭德公司的專家團隊為 2050 年的中國設想了四種情景，大致與我上面概述的四種情景相對應：

1. 勝利的中國，北京在實現其宏偉戰略方面取得了重大成功；
2. 崛起的中國，北京成功實現了其宏偉戰略的許多目標，但不是全部；
3. 停滯的中國，北京未能實現其長期目標；
4. 內爆的中國，北京被許多威脅其共產黨政權生存的問題纏身。
勝利的中國可能性最小，因為這種結果的前提是幾乎沒有犯錯的餘地，而且從現在到 2050 年之間不會出現任何重大危機或嚴重挫折——這是一個不太可能的假設。

中國的內爆是可以想像的，但不太可能，因為迄今為止，中國領導人在很大程度上已經證明善於組織和計劃，善於克服危機，並且善於適應不斷變化的條件並隨之調整。

到 2050 年，（……）最可能的情況是崛起或停滯的中國。[5]

2020 年 10 月，以創造「軟實力」一詞而聞名的約瑟夫‧伊（Joseph Nye）描述了到 2030 年，在後新冠疫情的世界中，五種可能出現的情況，其中前四種情況出現的機率均為 10%，第五種情況出現的機率為

60%，代表著連續性：

> 隨著其系統之管理者美國的削弱，全球化自由秩序及其體系終結。
> 類似三〇年代的威權挑戰，威權政治在全球更具有利條件。
> 中國主導的世界秩序。中國政府和大公司能夠根據自己的喜好重塑制度並制定標準。
> 綠色國際議程，由各國對綠色議題的關注而決定的綠色國際議程，而美國可能會重新奪回世界領導地位。

與現狀差不多。美國仍然是最大的強國，但影響力正在下降，而中國則設法在流行病和氣候變遷方面進行合作，儘管它們在其他問題上進行競爭。[6]

2021 年春，兩個國際關係學者團隊，對當前世界秩序、西發里亞體系下的自由國際秩序（或更新版本的自由國際秩序二代）的未來進行了推測：

> 我們設想了三種可能的情況。
> 第一種，競爭減少，自由國際秩序二代變得更強健。在這種情況下，自由主義國際制度將滿足改革派的要求，透過改變自由主義權威的行使方式，來解決對排斥和不平等的不滿。（……）
> 第二種，當前的爭執浪潮將國家與國際政治的重構，視為尋求更多國際開放與合作與主張回歸民族國家之間的衝突。（……）
> 第三種，反對者成功地減少了自由國際秩序二代的自由主義對國家的侵擾。（……）隨之而來的政治重構，將導致一種截然不同的國際秩序，可能是回歸十九世紀西發里亞秩序的強權政治，也可能是基於單一世界意識型態的新中國霸權。（……而且）我們需要

掌握非自由主義和非西方的規範原則和信念體系，（因為……）需要採用真正的全球國際關係方法，超越「自由主義」西方和「非自由主義」其他國家之間的鴻溝。[7]

自由國際秩序是否會逐漸消失，從而引發以主權為關鍵原則的舊式「西發里亞」秩序的復興，正如新現實主義所主張的？或者我們會看到自由國際秩序轉變為一種新的國際秩序，保留其一些原則（經濟自由主義、有原則的多邊主義），同時改變其他原則（法治、人權、民主）？[8]

一年後的2022年，美國一流智庫之一布魯金斯學會發布了題為《全球秩序未來展望》的報告，指出中美之間「新冷戰」的到來，並呼籲各國「向世界展示包容、不拘一格、務實、尊重和負責任的策略願景，走向全球秩序的新時代（……）設法為所有人重建一個國際社會。」更具體地說，到2023年底，一些國際經濟學專家認為，備受關注的中國崛起（主要是所謂的「中國經濟奇蹟」）正在結束。[9]

對中國和世界未來的推測其實還有更多，範圍更廣，預測更多樣化、更詳細。汲取這些洞見，並基於我在本書及兩本前傳中試圖呈現的，基於數據的實證陳述和規範性分析，本著應有的慎重（雖然可能不夠謙遜），筆者在此提出以下三種中華博弈、中國和世界可能的未來：

第一，從自由主義和全球主義的角度來看，基於民族國家主權平等的西發里亞分權分立的世界政體秩序，將會延續或「回歸」。這是本書極力支持稱許的中華博弈之結局，因為這是對包括中國人民在內的世界來說，明顯更可取的政治未來。西方民主法治的持續領導地位，特別是美國作為最不具系統顛覆性的霸權國家地位，將在世界上持續存在。國家之間將繼續存在不團結、差異、差距、歧視，當然也有不平等和排斥，透過社會政治改革、經濟效率和技術創新的國家實驗，以及國際聯盟、重組、合作、制度和衝突，促進恆常的國際比較和競爭。中共黨國崛起

和政治全球化各種力量的系統性挑戰，即使無法完全消除，也將受到有效的限制和削弱。

只要美國及其盟國全面、有力地參與中華博弈並取得勝利，這種未來出現的可能性就很大，機率遠高於 50%。實現並保障這一未來的和平程度與整體成本，與以美國為首的西方參與中華博弈的嚴肅性、速度、風格和技巧直接相關。在大規模毀滅性武器時代，堅決反擊一個強大的系統性挑戰者確實會令人心生恐懼，但這種恐懼常被嚴重誇大和過度操縱。強調人人平等的全球主義議程和統一的世界政治治理，以及自詡將更加自由和公平的這類風潮，可能是理想的，甚至值得讚揚，但有本末倒置和被濫用的危險。我們早就應該徹底拒絕關於中共領導的中華人民共和國崛起的各種一廂情願或被洗腦的幻想，以及懶散忽略或刻意無知。

第二，中國和世界一個更加理想、更加可取的未來，正如我在本書第四章中所概述的，是中國成為持續的西發里亞國際社會的一個完全融入的成員，並擁有充分轉型了的社會政治體系和世界觀。這可能與中華人民共和國在中華博弈中受到有效遏制和限制的同時或相繼發生，儘管並不是贏得中華博弈的必要或先決條件。

這樣的未來對所有人，尤其是中國人民（可能不包括中共黨國專制的一小撮統治集團）來說，顯然是可取的。中華人民共和國的社會政治和意識型態及其世界觀的成功轉型，將帶領中國崛起的力量和中國人民的強大能量，安全地從重定世界中心、重整世界秩序，轉向專注於改善中國人民和全人類的生活。中國的國家、經濟、社會生活和民族面貌，將發生深刻的重組與優化。這種未來的可能性也很高，但很大程度上有賴於中華博弈的進展是否對西方有利。中共黨國在中華博弈中的決定性挫折和失敗，對於這個未來的到來至關重要，儘管這既不是必要的也不是充分的。西方為了在中華博弈中獲勝的主要目標，應該充分、明智地接觸中國人民，為中華人民共和國的轉型提供幫助和賦能賦權。但這一

目標本質上應由中國人民所有、所為和所成，中國人民必須把自己的命運掌握在自己手中。

第三種可能的未來，是北京在中華博弈中勝出。正如我在這三部曲中反覆論證的，中共黨國早已公開宣稱要為世界的未來進行全面、全方位、不間斷的鬥爭，按其形象特點即單一集權的專制獨裁甚至極權主義政體，來重定各國之間和各國人民之間的秩序。在最低程度上，中共將在中華博弈中穩步前進，確保這世界對其專制、非自由、以國家／政黨資本主義或裙帶資本主義為特色的治理來說更加安全，並以民主法治、市場經濟、公民社會和人權為代價。在最高程度上，這種未來意味著中共黨國奪取了美國在世界上的領導地位，西方被取代和削弱，世界被重定中心且重整秩序為一個世界帝國，就像過去曾經統治整個已知中華世界千百年並使之停滯不前的中華秩序。[10]

這樣的「中國夢」，或者更準確地說，「中共夢」，對包括中國人民在內的世界來說，顯然是一個不可取的中華博弈結局。它將把人類文明引向難以回頭的一路下滑，甚至無法逆轉，從而落入長期停滯、不斷的悲劇和無盡的次優化。也許出於有些偏見的樂觀信心，我認為這種未來的可能性小於上述兩種，但仍然是一個確實有可能的可怕結果。無論是部分還是漸進地，其實現的可能性其實並不小，因為在與「惡」的生存競爭中，「善」往往處於先天不利。正如卡夫卡（Franz Kafka）在1917年11月（當時世界正因第一次大戰和俄國革命而流血不止）所指出的，「惡識善，但善不識惡。」[11] 與好萊塢電影不同，人類歷史上俯拾皆是的例子告訴我們，理想且可取的，並不總是能戰勝不理想且不可取的，更不用說不戰而勝了。悲劇之所以能和喜劇一樣，在人類心靈、美學和劇場中占據一個重要且永恆的地位，是很有道理的。

至此，我將筆者對中國崛起的看法以及關於應對之策的考慮留給讀者，希望我的碎語和思索中所包含的晦暗預言和樂觀希望，能夠被人們及時聽到、注意到或給予反駁。我希望這三部曲永遠不會有幸獲得事後

反事實分析的驗證與認可，得到「如果當初」的感慨與「只可惜已經太遲了」的嘆息。如果能看到書裡的擔心和憂慮被證明是錯誤和不必要的，那將會是我無上的喜悅。

不謙虛地追隨許多先行者，我來過，我見到，我說了；現在，我將寄望於人類同胞們的集體智慧。

注釋

引言

1 F. Wang 2017; 2023.

2 Kahn 1966, 23-47; Hardin 1968, 1243-48; Capoccia and Kelemen 2007, 341-69.

3 Lebow 2010. 關於歷史學家欲展示這些禁果的一些嘗試，請見 Cowley 1999。關於認識論知識論中的反事實理論，見 Nozick 1981。關於社會科學中反事實因果關係的研究，見 Morgan and Winship 2007。

4 例如，在先秦中華世界，統一天下是多家學派大力提倡的理想，包括儒家、法家、墨家和道家。關於猶太教─基督教的反思，和對「全球人境」（the global ecumene）內「世界帝國」的全面歷史考察，在「人類一體」（a unity of mankind）中擁有警察權力的全球社會，見 Voegelin 1962。關於日本的野心，日滿中「東方」，以三十年的持久戰以及最終的世界末日之戰，擊敗以美國為首的「西方」（以及世界），最終統一全世界，「為所有人帶來終極和平」，見石原 Ishiwara (1940) 1953。

5 F. Wang 2017, 3; Buzan and Little 2000, 176. 關於對比和「彌合」「經典」或西方與古代印度和古代中國的政治秩序觀念的一個努力，見 Acharya et al. 2023。

6 Bernstein 1998.

7 之前我將中華博弈描述為「天下與西發里亞之間的中國鬥爭」（F. Wang 2017, ch.7）。在概念上，它在許多方面類似於以下概念（但通常更加廣泛）:「百年馬拉松」、「超級大國馬拉松」、「漫長競賽」、「無限期的對抗」和美國和中華人民共和國之間的「長期戰爭」（Pillsbury 2015; Doshi 2021; M. Brown 2020; Ratcliffe 2020; Brands 2022）。與此相關且更內在的是，中華博弈也彰顯著中國社會經濟現代化所產生的總體上朝西化方向發展的力量，與中共暨中華人民共和國專制政黨控制中國以延續秦漢式威權政體的能力之間的長期鬥爭。

8 關於以數學方法研究歷史動力學（亦稱 cliodynamics），見 Turchin 2003。

9 Spruyt 1994.

10 Blackwill and Wright 2020; CFR 2019; Stares et al. 2020.

11 Lake, Martin, and Risse 2021, quote on pp. 235-36.

12 Shu Jianzhong, Da Wei, and Ren Ling 2021; Wu Hailong 2022.

13 Atanassow 2022.

14 US NIC 2021, 9, 90-105.

15 習近平 Xi Jinping April 20, 2021。

16 習近平 Xi Jinping September 21, 2021; March 15, 2023。

17 從某種意義上說，中華博弈源於半個世紀前的「亞洲博弈」（Nixon 1967）。關於北京重塑國際體系的願景、野心和行動的一個概述，見 Economy 2022 and 2022a。

18 關於這種聯繫的一般性討論，見 Chayes 2016。

19 Biden September 21, 2021.

20 Collins and Erickson 2021.

21 秦亞青 Qin Yaqing 2022; Zhang Weipeng 2023。

22 Russell 1922.

23 斷言國際政治或中美之間「競爭本身不應該成為目的」，可能會讓人感到安心愉快；但在沒有競爭的情況下追求「人類進步、和平與繁榮」，就可能是純屬天真與異想天開（Weiss 2022）。本書稍後將對此詳加闡述。

24 Neumann and Morgenstern (1944) 2004; Myerson 1991.

25 Heath 2023.

第一章　中華博弈：全球競爭與世界秩序的規範性分析

1 在本書中，「西方」指的是 OECD（經濟合作暨發展組織）成員國，至 2024 年為三十八國，加上其他一些社會政治體系類似的「已開發國家」（依聯合國分類），而不盡然是指地理上或民族文化上的西歐或北美。西方內部當然存在許多差異，例如文化多樣性、不同的國家與社會關係、經濟差異和不同的外交優先。「西方列強」指美國、加拿大、歐盟、英國、日本、韓國、澳洲和紐西蘭。「西方價值」指以民主法治和人民主權為核心的社會政治規範，包括個人自由或自由平等等元規則（meta-rules）；人們的生命權、同意權（quod omnestangit、abomnibus approbetur 或「受影響者批准法律」）、財產權、程序正義權（正當程序）和自衛權；以及任何特定政治領袖皆可被取代。正如中華人民共和國的一些人也理解的，東西方（或中華人民共和國—美國）二分法的陳詞濫調，應被視為描述人類組織和世界秩序的對比和替代模式，即「野蠻落後 vs. 文明進步」，在東方和西方都可能存在（Ren Jiantao, 2016）。有關近代西方的經濟史，見 North 和 Thomas 1973. 關於西方思想的選集，見 Heer 1968、Stromberg 1993 和 Frame 2015. 關於西方的藝術和美學，見 Sennett 1994. 關於十六世紀以來西方文化的長期歷史，見 Barzun 2000 和 Figes 2019。關於一位中國學者對「理性和自由精神」的關注，這種精神將「優越的」西方文化／文明與中國文化／文明批判性地分開，見 Deng Xiaomang 2022。

2 韋伯將國家定義為「一個持續運作的強制性政治組織（……），只要其行政人員成功地維護了對在執行其命令時合法使用武力的壟斷」（Weber〔1922〕1978, 54）。主權是指國家對土地和社會的最高權力，獨立於同儕，沒有上級（Spruyt 1994, 3-7）。關於近幾個世紀「現代」國家（或民族國家）的描述，見 Lachmann

2010。關於解構國家中心地位的主權的「後現代」人類學概念，見 Hansen 和 Stepputat 2006, 295-315。

3　Lake, Martin, and Risse 2021.

4　T. Bai 2019; Niu Tiansheng 2020, 61-68.

5　Morgenthau 1948; Organski 1968; Waltz 1979; Gilpin 1981; P. Kennedy 1987; Wendt 1992, 391-425; Mearsheimer (2001) 2014.

6　Du Shangze 2016,1; He Cheng 2020,1; Yuan Peng 2016, 2020; Dong Zhengrui 2020; Yuan Peng 2022.

7　關於制度主義者對政治史上「關鍵時刻」的看法，見 Capoccia and Kelemen 2007,341-69。

8　中共仍然會定期自我暴露其真實情況和所作所為，例如在 1989 年；有些人現在認為，1989 年是中美競爭的「長期博弈」開始之時（Doshi 2021）。

9　Wang Jisi 2021.

10　幾個關鍵里程碑是：1978 年 12 月美國與中華人民共和國建交；1989 年 6 月的天安門鎮壓；柯林頓總統（Bill Clinton）於 1998 年訪問中國，隨後中華人民共和國於 2001 年加入世界貿易組織；2007 年的經濟大衰退；以及 2012 年習近平的崛起。

11　Wang Zihui 2021; Mo Lin 2021.

12　中國經濟週刊 Zhongguo jingji zhoukan , January 2010。

13　然而，中國官員／學者常常將中華博弈簡化地歸因於「美國對華政策的改變」（Qin Yaqing 2021）。

14　Obama 2020, 475; Rappeport 2019, B6; Group of Seven 2021,2022; North Atlantic Council 2021. 北約（NATO 2022: 10, 5）2022 年首次針對「中國對歐洲─大西洋安全（以及對）我們的利益、安全和價值觀，構成的系統性挑戰」，並於一年後詳細闡述了這一點（NATO 2023: items 6, 23-5）。

15　Mitter 2021.

16　關於威權主義和極權主義的概念、現代歷史、心態和「邏輯」，以及更廣泛的「獨裁」概念，見 Arendt (1951) 1976, Gleason 1995, Drucker (1939) 2017, F. Wang 2017, 40-2, Desmet 2022 and Gerschewski 2023。

17　事實上，中國人民實現了安全和繁榮，生活水平達到了歷史最高水平，這無疑多虧了以美國主導的自由國際秩序（F. Wang 2017, 2023）。

18　Goldman 2021. 關於自九〇年代末以來，中國許多人對「施密特熱」（Schmitt fever）的批評，見 Liu Yu 2010。

19　關於受過西方教育的人士對中共暨中華人民共和國的美化，見 Zhang Weiwei 2016 and Zheng Yongnian 2021。

20　關於啟蒙運動的社會政治影響，見 Acton 1949, Fitzpatrick et al. 2004, Israel 2011, and Jacob 2021。

21　中共暨中華人民共和國的法家政權，也常被視為列寧─史達林主義的共產主義專政（Albert and Xu 2019）。

22　由於「收益遞減法則」（law of diminishing returns）下的「累積組織複雜度」

（cumulative organizational complexity），又沒有「同儕」國家促成政權更迭和創新，以充分地重新注入活力和補給，世界政體不可避免地會解體，導致災難性的崩潰，甚至社會和文明的消失（Tainter 1988）。

23　關於北京以自由主義和全球主義的措詞包裝其野心的敘述，見 Da Wei 2021, 99-109。

24　Kornai 1992. 很早就發表了關於蘇聯式社會主義的缺陷與愚昧的文章。關於 1917 年以來的世界共產主義歷史，見 Pons et al. 2017。

25　Zhao Tingyang 2006, 2018, 2020. 更多關於九〇年代以來，天下思想在中華人民共和國的復興及其批評，見 F. Wang 2017, 210-14。

26　Pan Yue 2020. 關於一名中國人對東西方二分法的反駁，見 Shi Bo 2022。

27　B. Wang 2017; Uhl 2021.

28　D. Goldman 2020, 2020a.

29　中華人民共和國對「人類命運共同體」的官方英文翻譯似乎有些含糊："community with a shared future for humanity"（CCP Central Party School 2018; Yuan Zongze 2020; Xi Jinping April 20, 2021）。

30　Xuan Yan　June 7, 2021; June 8, 2021.

31　Cankao xiaoxi 2021.

32　Xuan Yan 2022,1.

33　Taleb 2010; Kissinger 1994.

34　Cline 2015; Münkler (2005) 2007; Darwin 2009.

35　Dalio 2021.

36　Shepherd 2020; Office of the Secretary of State 2020.

37　Ren Jiantao 2022, 23-38.

38　關於霸權國家和霸權的簡短歷史描繪，見 P.Anderson (2017) 2022。

39　Wucker 2016.

40　Cheong 2021; Maizland and Albert 2021.

41　Wang Wen 2021.

42　關於中華人民共和國用英文宣傳「華人夢」（Chinese Dream），其中略去了中共對「中國夢」的全球野心，見 Lu 2021。關於「中國夢」與「華人夢」的對話，見 M. Wan 2013。

43　Ikenberry and Yan Xuetong 2021.

44　Piketty February 15, 2022.

45　Chu and Zheng 2021; S. Chan et al. 2021.

46　F. Wang 2023, chs.2 and 3.

47　Ferguson 2008; Schularick 2009; Schell 2020.

48　2017 年，蘇世民擔任川普的戰略與政策論壇主席；他是貝萊德公司（BlackRock）的早期合夥人，該公司現在管理整個美國聯邦政府的退休儲蓄投資（G 基金除外）（Wu Su 2020; Schmidt 2022）。

49　L. Wei December 2, 2020; G. Lee 2021.

50　F. Wang 2017, 114-34.

51　Maruyama (1946) 2015.

52　從理論和歷史上看，國際政治結構只有三種基本類型：「無政府國家體系」、「世界帝國體系」和「封建體系」（Nye 2008）。

53　Scheidel 2019;「歐洲鑄成了現代世界」from MacLennan 2018; Strange 1999, 345-54。

54　54 Aristotle (350 BCE) 1912; Aquinas (1485) 1911; Locke (1690) 1980; Rousseau (1762) 1923; Habermas 2019; UNESCO 2015.

55　例如，John Maynard Keynes 在儒家思想中看到了許多現代經濟學的共同定理和道德問題（Keynes 1912, 584-88）。

56　Bhargava 2021.

57　F. Wang 1998a, 1-5, 16-20. 關於除了組織的制度或結構狀態之外，將現代性視為「一種精神狀態」的觀點，見 S. Smith 2016。

58　Wilson (1975) 2000, 1979, 2019; Galor 2011, 2022.

59　Phillips and Reus-Smit 2020,45; Turchin et al. 2022.

60　Acemoglu and Robinson 2006; Atanassow 2022,155-74.

61　F. Wang 2017,30-38; Fried 2009; 2015,305,512-25. 一位中國學者對為所有人創造了現代世界奇蹟的歐洲分散世界政體的影響，進行了有限的闡述 Zhang Xiaoyu 2021。

62　Williamson 1975,1996. 和大多數作家一樣，我所指的創新很廣泛，包括科技、制度、管理、意識型態、政策和行為創新。

63　關於自由國際秩序的梗概，見 Ikenberry 2011。關於西發里亞體系演變的一個社會學解釋，見 S.Tang 2013。關於立法禁止戰爭的努力，見 Hathaway and Shapiro 2017。對於自由國際秩序概念可操作性的批評，見 A. Johnston 2019,9-60。

64　Mearsheimer 2019,7-50.

65　B. Scott et al. 2021.

66　Börzel and Zürn 2021,282-305.

67　Kissinger 1994, 2014. 關於當今國際關係所需的「偉大政治家」，見 Byman and Pollack 2001, 107-46. 關於歐洲的「異常」，見 Scheidel 2019: 30-48。

68　例如，關於對美國政治和政策產生「深遠影響」的「憲政主義」的破壞性發展，見 Loughlin 2022。

69　Bryan 1899; J. Burns 1981-89; Merk and Merk 1995; David and Grondin 2006.

70　Michels (1911) 1962; Lipset, Trow, and Coleman (1956) 1977; Voss and Sherman 2000, 303-49; Leach 2005, 312-37.

71　B. Johnson 2022.

72　Darwin 2009a, 2013.

73　Schake 2017; O'Rourke 2019; Moore 2019.

74　Franklin Roosevelt and Winston Churchill, the Atlantic Charter, August 14, 1941; Joe Biden and Boris Johnson, the New Atlantic Charter, June 10, 2021.

75 K. Lee 2020.

76 Ron Paul（後有 Paul Broun, Mike Rogers 繼之），美國主權恢復法案，在國會多次被提出但以大幅差距未通過，1997-2023 congress.gov/ bill/ 117th-congress/ house-bill/ 7806/ text。

77 Haass Oct 15,2001; Münkler (2005) 2007, 146-54; Groh and Lockhart 2015; Hopkins 2018. 關於中國人對此詞語的使用，見 Ding Ling 2014; Xia Yafeng 2017; Liu Ming 2019; Jiang Shigong 2020。

78 關於此類努力的例證，見 Khong 2013, 1-47。

79 Russell, Rennison, and Karaian 2022.

80 Kissinger 2014, 1.

81 J.F. Kennedy 1963.

82 Burns 1981-89; Kirk 2003.

83 Nixon 1967.

84 Campbell (1992) 1998.

85 中國和印度之間（1962 年及以後）以及中國和蘇聯之間（1969 年）也曾發生過邊境衝突。六○至七○年代，中華人民共和國「志願軍」祕密駐守北越防空陣地對抗美國，有數千人傷亡（Shen Zhihua and Yang Kuisong 2000）。

86 Kissinger 1957.

87 這些戰爭包括 1821-1832 年英國、俄羅斯對奧斯曼、1839-1841 年英國、俄羅斯、奧斯曼對法國、西班牙、1839-1840 年英國對清朝、1853-1856 年英國、法國、奧斯曼對俄羅斯、1856-1860 年英國、法國對清朝、1870-1871 年法國對普魯士、1874 和 1894-1895 年日本對清朝、1877-1878 年俄羅斯對奧斯曼、1883-1886 年法國對清朝、1895-1898 年美國對西班牙、1899-1901 年八國聯盟對清朝、1904-1905 年日本對俄羅斯、1907-1915 年英國對奧斯曼、1914 年奧斯曼對俄羅斯、1914 年美國對墨西哥以及 1914-1918 年的第一次世界大戰。

88 Ikenberry 2020, 2020a.

89 關於歐洲許多有影響力的人推動 USE，比 Jean Monnet 等人於 1950 年啟動歐盟早約三十年，見 M.Bond 2021。

90 這類預言中極具影響力的一例為 P. Kennedy 1987. 近期的警告為 Levitsky and Ziblatt 2018。

91 Huntington 1988, 76- 96; Prowse 1992; Hall 2011; Chomsky 2011; Zakaria 2021; Kagan 2021; Calhoun, Gaonkar, and Taylor 2022; Wolf 2023.

92 Packer 2021. 人們輕易就能列舉出美國體系的許多不足和缺陷，從過時的選舉機制和槍支政策，到醫療保健管理之不善。

93 Cooley and Nexon 2020.

94 Beckley 2018, 2020.

95 Power 2021.

96 Y. Lee 2021; Economist April 13, 2023; April 15, 2023.

97 Hannah and Gray 2021.

98　F. Wang 2017, 2023.

99　Russell 1922. 羅素希望中國古老的智慧能與西方科學結合，建立一個更美好的社會。

100　J.F. Kennedy 1949; MacArthur 1964.

101　Doshi 2021.

102　Allan, Vucetic, and Hopf 2018, 839-69.

103　印度人口可能在 2023 年已經超過中國（Hegarty 2022）。

104　John Adams，「亞當斯致麻省民兵的信」，October 11,1798. founders.archives. gov/documents/Adams/99-02-02-3102。

105　Huntington (1996) 2011, 51.

106　Moscovici (1981) 1985.

107　Chu and Zheng 2021.

108　Schwab & Vanham 2021: 86 & 180-5.

109　Andersen 2020.

110　Goddard 2018,1.

111　關於此類想法在中國的作用的報告，見 E.Wong 2018, SR4。

112　關於美國民主可能的「死亡」，見 Levitsky and Ziblatt 2018. 關於美國自由普世主義失敗的民主倒退，見 Holmes and Krastev 2020。

113　Applebaum 2021.

114　Li and Westad 2021; G. Chang 2021a.

115　Kotkin 2022; Gleason 1995.

116　據中央電視台 2022 年 11 月 15 日的報導，and Li Xuemei 2022。

117　C.Parton 2020. 關於宗教和價值觀為冷戰時期的「靈魂」，見 Inboden 2008.

118　Foa et al. 2022。

119　這三十九個國家分別是德國、阿爾巴尼亞、澳洲、奧地利、比利時、波士尼亞與赫塞哥維納、保加利亞、加拿大、克羅埃西亞、丹麥、愛沙尼亞、芬蘭、法國、海地、宏都拉斯、冰島、愛爾蘭、義大利、日本、拉脫維亞、列支敦士登、立陶宛、盧森堡、馬紹爾群島共和國、摩納哥、諾魯、荷蘭王國、紐西蘭、北馬其頓、挪威、帛琉、波蘭、斯洛伐克、斯洛維尼亞、西班牙、瑞典、瑞士、英國和美國。二十六個國家分別是中國、安哥拉、安地卡及巴布達、白俄羅斯、蒲隆地、柬埔寨、喀麥隆、古巴、北韓、赤道幾內亞、厄利垂亞、伊朗、寮國、緬甸、納米比亞、尼加拉瓜、巴基斯坦、巴勒斯坦、俄羅斯、聖文森及格瑞那丁、南蘇丹、蘇丹、蘇利南、敘利亞、委內瑞拉和辛巴威 German Mission to UN 2020; Xinhua October 6, 2020。

120　日本外交部，https://www.mofa.go.jp/press/release/press1e_000162.html (December 8, 2020)。

121　該小組包括阿爾及利亞、安哥拉、白俄羅斯、玻利維亞、柬埔寨、中國、古巴、厄利垂亞、伊朗、寮國、尼加拉瓜、北韓、巴勒斯坦、俄羅斯、聖文森及格瑞那丁、敘利亞和委內瑞拉（O'Connor 2021）。

122　Muhammad 2021.

123 Fassihi and Myers 2021, A12.

124 Wang Dan April 14, 2021.

125 Polzsar 2022.

126 Shi Yinhong September 2021; She Gangzheng 2022; Small 2022; Yan Xuetong 2023. 關於美國領導的「民主聯盟」vs. 中國領導的「威權軸心」，見 Friedberg 2023。

127 Charon and Vilmer 2021.

128 French 2022.

129 Sibley 2004; Klehr and Radosh 1996; Steil 2013; Unger 2021, 7, 36.

130 Bērziņa-Čerenkova 2022; Medeiros 2022. 2023 年 3 月，習近平國家主席第三任期的首次出訪，就是去莫斯科會見普丁（PRC-Russian Federation joint communiqué, Moscow, March 22, 2023）。

131 Lippmann 1947; Kort 2001, 3; Glass 2020.

132 McFaul 2021,1-39; Brands March 31, 2021.

133 X 1947; Kennan 1948; Gaddis 2011. 關於仿效肯楠談「中國行為的根源」，見 Mandelbaum 2023。

134 Office of the Secretary of State 2020, 45.

135 Kennan 1946, 1969, 696-709.

136 Blinken March 4, 2021.

137 Stephens 2021.

138 美國在堅持圍堵政策時，在冷戰期間也曾在東德等地嘗試過反攻（Ostermann 2021）。

139 Kennan 1992, A21.

140 Kennan 1972, 54-58.

141 John Lewis Gaddis, comment at "100 Years of Foreign Affairs，" CFR, July 26, 2022.

142 關於對蘇聯的圍堵及蘇聯垮台的簡明歷史，見 Gaddis (1982) 2005 and Kotkin 2001。

143 關於肯楠對中國的思考，見 Heer 2018。

144 關於「中華」民族概念的人造性，見 Hayton 2020, 75-100. 關於中共自相矛盾且難以自洽的民族政策，見習近平 Xi Jinping August 28, 2021。

145 145 Kennedy Sept 9, 2020; Maizland 2021; IMPC 2021; Wong and Buckley 2021, A9; Al Jazeera 2022.

146 United States-China Economic and Security Review Commission 2020, 31.

147 Brands and Cooper 2020.

148 Hirsh 2022; Greenberg 2022.

149 Wolf 2021.

150 Christensen 2021.

151 Khalilzad 1999, 6-8.

152 Garside 2021a.

153 Weiss 2022.

154 Y. Tan 2021.

155 Nixon 1967.

156 Millward 2019.

157 Mann 2022.

158 2022 年中期，中國的一些分析人士似乎已經開始小心翼翼地警告，需要「與西方保持足夠的聯繫」，Da Wei June 14, 2022。

159 Crabtree 2020; Pei December 16, 2020; Pao 2022; Jin and Zhou 2022.

160 McFaul 2020, 26, 28.

161 關於一份樂觀的「宣言」，稱更多的「社會進步」和「更好的社會」指日可待，見 Fleurbaey et al.2018。

162 Friedberg 2021, 115.

163 該病毒的命名本身就是國際政治中的一場象徵性較量。雖然媒體在大流行的最初幾個月（2019 年 12 月至 2020 年 2 月）使用「武漢病毒」或「武漢肺炎」一詞，但世界衛生組織（受到中國的強大影響）以政治正確為由，於 2020 年 2 月中旬將其命名為「COVID-19」。對病毒起源的持續搜尋已經產生了大量文獻，這些文獻持續了關於疫情爆發、中共領導層下令掩蓋事實、中國危機的管理以及虛假訊息和歪曲事實等方面的疑問。關於中共在國內外相關行為的兩份同時早期報告，見 Wong, Barnes, and Rosenberg 2020 and Li Yuan April 23, 2020。關於典型的自我美化中共和中藥的言論，見 China Daily 2020 and the PRC government, State Council 2020a。斷言武漢病毒起源和中共對疫情責任的調查，見 Philipp 2020。關於病毒起源的分析，見 Leitenberg 2020 and Metzl 2020, 2021。關於美國政府的行動，見 Biden May 26, 2021。中共也推動病毒起源於美國的說法 Zhao Lijian 2021。在 2023-2024 年，該病毒起源仍是熱議話題。

164 F. Wang 2017, 114-34; Rosenthal and Wong 2011, 228-32.

165 Heer July 27, 2020.

166 Desch 2022.

167 Anonymous 2021, 7.

168 Gao Ertai 2021.

169 關於「殖民」外星世界的努力，見 Davenport 2018 and SpaceX 2022。

170 Wendt and Duvall 2008, 607-33.

171 Kennan (1946) 1969, 696-709.

172 Chen Shenshen 2020.

173 Ci 2019.

174 Dante Alighieri (1313)1904.

175 其中最鮮為人知的也許是斯多葛主義的「世界城市」或「宇宙城市」的烏托邦理想，它設想了超越邊界和分歧的社會政治統一（Sedley 1998; Strange and Zupko 2004,156-61; Sellars 2006, 130-31）。

176 Kant（1795）2003;（1781-90）2008.

177 Nagel and Newman 2008; Popper (1945) 2013; Pinker 2021.

178 Hobbes (1651) 2011.

179 Wendt 2003, 491-542; 2005, 589-98; n.d.

180 Rousseau (1755) 1992; (1762) 1923.

181 Michels (1911) 1962; Rohrschneider 1994, 207-38.

182 從文化和心理上來説，這種衝動也可能因追求簡單而「良性」的美學愉悦和舒適而持續存在，例如在製作物品和養寵物時（Tuan 1984）。關於當人類被賦予不受約束的權力時，往往很快就會變得極為邪惡，見 Zimbardo 2007。

183 Zhang Hongjie 2013, 300; Desmet 2022, 2.

184 Satel 2021; The Economist September 4,2021; Matovski 2021. 關於我們這個時代的「民主資本主義」危機，見 Wolf 2023。

185 Hayek (1944) 2007,15,43,144-46; Feser 2007,100.

186 關於可怕的內捲問題，見 Geertz 1969。關於中國的「政治內捲」，見 Duara 1988。關於中國社會經濟的內捲化，見 P.Huang 1990。關於現今在中華人民共和國的內捲問題，見 Y. Liu 2021 and Huang Jing-Yang 2021。

187 Börzel and Zürn 2021, 282-305.

188 Adler and Drieschova 2021.

189 Visentin 2021.

190 關於戰備在社會政治、經濟和技術創新中的「積極」甚至「關鍵」作用，見 Gat 2006, Ruttan 2006, and Morris 2014。

191 Elleman, Kotkin, and Schofield 2013.

192 L. Wei 2023.

193 Raby, ex-Australian ambassador to China, 2020.

194 關於「中國民族主義」的建構與中共的利用，見 Hayton 2020 and S. Zhao 2021, 141-61。

195 筆者對中國高級官員和分析人士的採訪，2015-2022。

196 Pempel 2021, 關於東亞的發展型國家，見 Slater and Wong 2022。

197 一位長期觀察中國的人士結論道，中共政體的大幅轉變是中華人民共和國避免停滯和更多悲劇的關鍵 Overholt 2018。

198 Robespierre (1790) 1950, 643; Constitution de la République d'Haïti,article 4,1987.

199 Rawls 1971, 2001. 關於從不同角度對 Rawls 的批評，見 R.Smith 2016 and Britton-Purdy 2019。

200 Forrester 2019.

201 Berkowitz 2000, 5, 32, 77.

202 Beitz 1999, 2009.

203 Waldron 2002.

204 Fogel 2000, 37.

205 Hanson 2018.

206 Nozick (1974) 2013. 關於頗為誇張地用儒家的「仁、義、禮」來「補充」平等、民

主和自由——「衰落中西方自由主義」的核心價值——以形成「公平、正義、文明的現代化普世價值」，作為世界新秩序的道德基礎，見 Yan Xuetong 2021a。

207 Kohler and Smith 2018.
208 Harden 2021.
209 Berlin 1969, 47, 68, 171-2, 215.
210 Berkowitz 2000, 110-11.
211 Hume (1740) 2003; Burke (1790) 1993; Lively 1971.
212 Fogel 2000, 238.
213 關於我之前對人類的需求、欲望和制度，以及國家（政治體系）在塑造和改變一國的整體國內組織方面之核心作用的更深入的討論，見 F. Wang 1998a, 5-32。
214 F. Wang 1998a, 13.
215 Thomas 1979, 538-53; Carter 2011, 538-71.
216 Mark 2019; Sandel 2020.
217 Follesdal and Pogge 2005, 88.
218 孔子 (5th-3rd centuries BCE) 2016. 後續的一句論斷為「不患貧而患不安」。
219 Rawls 1971, 152, 302.
220 Von Mises (1922/ 1951) 2010; Hayek (1944) 2007.
221 Schumpeter (1941) 1991.
222 Piketty (2013) 2014; (2019) 2020; (2021) 2022.
223 Blitzer 2021.
224 Rappeport 2021; Alderman, Tankersley, and Nelson 2021.
225 Stiglitz, Tucker, and Zucman 2021.
226 Piketty (2019) 2020,47,1027 (table 17.2),1036-37; (2021) 2022, 226-44.
227 B. Sanders 2021; Bardhan 2022.
228 關於四種可識別的制度排斥與歧視基本類型的規範排名，見 F. Wang 2005,1-22。
229 Einstein 1933.
230 Stuurman 2017.
231 關於效率和創新的決定因素及其重要性的文獻是如此龐大、豐富和知名，所以此處幾乎無需任何列出。不過，經濟學家對「競爭政策」在公共、工業、國家和國際層面，對效率和創新的核心作用的兩種簡潔看法，可見 Neumann 2001 and Gilbert 2020。
232 像自由主義（liberal）這樣的術語常常成為語義沼澤，可能因為包含太多，反而失去意義。此處，自由主義政治價值主要指個人權利、選擇自由、以及與眾不同和創新的自由。關於自由主義的定義，見 Gaus，Courtland，and Schmidtz 2018。更多關於自由（liberty）和選擇自由（freedom of choice），見 Friedman and Friedman 1990 and Hayek 2011。
233 透過小規模、靈活和針對性的努力，而不是大規模和統一的計畫，甚至在全球範圍內也可以消除赤貧或絕對貧窮（Banerjee and Duflo 2011）。
234 關於資本主義的歷史，見 Braudel 1992。關於相對貧窮的政治影響，見 Karadja，

Mollerstrom，and Seim 2017,201-12。

235 社會達爾文主義因多種原因而被輕易摒棄。不過，比起完全否認，對進化和篩選的影響進行跨平台思考，可能對仍然是生物物種的人類還是有益處的 Hofstadter (1944) 1992; Bowler 2009。

236 James 2006.

237 Dawkins (1976) 2016; Wilson (1975) 2000, 547-76; 2019,79-126. 現今的人類似乎仍然在生物演化中，繼續選擇性地去除有害基因（Mostafavi et al. 2017）。

238 Loewe et al. 2008, 59.

239 Deborah Gordon 2010, 2016; Werber 2013. And 「政策可以改變文化」（Bau 2021）。

240 Shafik 2021.

241 即使在國內環境中，John Rawls 2001 和 Friedrich Hayek（1944）2007 年等不同的思想家都承認「公正的不平等」的存在，如同《法國人權宣言》（1789）第一條後半部的智慧闡述：「人人生而自由平等並在權利上始終如此，社會差別只能建立在公共利益的基礎上。」

242 對民族主義和民族國家體系的堅定辯護，見 Hazony 2018。

243 Kuttner 2020.

244 Milanovic 2019.

245 Paine (1776) 2016, 1.

246 關於兩則對全球化的熱烈歡呼，見 T. Friedman 2005, Sheth and Sisodia 2006。

247 Wolf 2004.

248 Myrdal 1968; Migdal 1988.

249 關於中國如何有效吸引和利用西方金融家來增強自身實力的報告，見 Hamilton and Ohlberg 2020; 2020a。關於華爾街「全球主義億萬富翁」充當中共代理人來影響美國政策的更加強烈的指責，見 Navarro 2018。當然，潛在的龐大中國消費人口的巨大誘惑對貪婪而天真的國際資本家的影響並非新鮮事（Crow 1937）。

250 Klein 2020. 關於中國在經濟全球化中如何導致西方福利國家危機的分析，見 Qin Hui July 3, 2015。

251 Strange 1999.

252 Daudin, Morys, and O'Rourkeet al. 2010.

253 Lenin (1916) 2021.

254 Hathaway and Shapiro 2017; Walt 2017.

255 Pogge and Mehta 2016; Parijs and Vanderborght 2017.

256 EU Commission 2019; 2020; K. Chan October 21, 2020.

257 New York Magazine 2018.

258 Fick and Miscik 2022.

259 Allen-Ebrahimian 2021.

260 Zeihan 2022.

261 關於「正義戰爭」以及有限 vs. 無限戰爭的討論，見 Gentry and Eckert 2014,

Lango and Simmons 2014, and Weisiger 2013。

262 Parker 1996; A. oldstein 2006, 445-673; Morris 2014, 3-26.

263 Walt 2017.

264 Waltz 1979; Kant (1795) 2003.

265 F. Wang 2017, 32-38,132.

266 關於民主和平，見 Mansfield and Snyder 2002 and Gat 2005。關於自由貿易和平，亦稱「資本主義和平」，見 McDonald 2004 and Gartzke 2007。開放的思想交流和訪問可促進和平的信念，是無數推動國際互動的團體和個人的指導原則；例如 Bachner 的使命宣言 2022。

267 民主和平理論似乎有兩種：「民主和平」（democratic peace）是歷久不衰的理想，即全球民主政治體系將確保所有人的持久和平；另一種是「民主之間的和平」（democracy peace），這是一種經驗上觀察到的模式：民主國家彼此之間發生戰爭的可能性明顯低得多（Reiter 2012）。

268 Griffiths 2019; Strittmatter 2020; Dimitrov 2022.

269 關於穩定但不斷演進的人類「本性」，見 Wright 1994。關於利用熱核的潛力，見 "Fusion Energy" on www.iter.org（last accessed, July 2023）。創建 ChatGPT 的 OpenAI 執行長 Sam Altman 在 2023 年 6 月 21 日的對外關係委員會會議上表示，備受關注的人工智慧仍然只是一種「新工具」而已，不會改變人性或社會政治結構。

270 K. Chang 2022.

271 賀建奎 He Jiankui。J. Cohen 2019; Wee 2019. 他在三年後獲釋，似乎又繼續從事基因治療的研究（Wang Cong 2023）。

272 Münkler (2005) 2007,154-61.

273 關於新冠疫情期間自由民主和集權獨裁主義表現優劣的一則較早的思考，見 Qin Hui July 24, 2020.

274 關於「相同」原型人類制度的多樣性，以及人類制度之間相互聯繫和互動的不同形式，例如自由民主 vs. 菁英民主，以及美國的國家／社會市場關係 vs. 日本的國家／社會市場關係，見 F. Wang 1998a, 18-40。關於民主的興起和可能的衰落，見 Hobson 2015, Levitsky and Ziblatt 2018，and Bardhan 2022。關於不同國家、不同時期的民主，見 Stasavage 2020。關於反自由主義或威權主義可能從左翼如同從右翼一樣輕易地冒頭，摧毀民主，見 Lilla 2016, SR1; 2020 and T. Friedman 2020, A14.

275 Sullivan 2020.

276 例如，對急需改進的醫療保健管理裡美國式資本主義風格的批評，見 Case and Deaton 2020。

277 Yao Yao 2014.

278 關於近期曝光的兩例，見 Hernández 2020, Hernández and Zhong 2020。

279 F. Wang 2017, 105-10, 172-75; 2023,4-2; Wallace 2023,1-17.

280 F. Wang 2023, 64-69. 毛澤東曾經「經專家診斷」「確認」可活到一百五十歲。最好消息 Great News，Red Guards, Beijing, December 1966, reposted online by many including @zhanglifan on Twitter, December 25, 2019。

281 Hayek (1944) 2007,147-70,193-222. 蘇聯式的共產主義政體長期以來被稱為「無神論神權政體」（atheist theocracy）（Heimann 1953, 311-31）。在不同程度上，也許所有政府（以及公眾人物和當局）都傾向於以這種方式來最大化其權力和利益（Higgs 1987, 2021）。

282 關於這些宏大的世界觀和計畫，見 CCP Central History and Archives Bureau 2020。關於對中國外交政策裡中共口號的解讀，見 J. Zeng 2020。

283 F.Wang 2017, 21-29. 現今的中國學者仍然無法面對，有關生活在古代中國腹地的早期高加索人的考古證據（Tang Jigen 2020）。中國歷史學家為糾正官方歪曲秦帝國的敘述，做了一些新的但仍然不足的努力，Liu Sanjie 2020。

284 F. Schwarz 1960.

285 CCP Constitution, 2017, 1. Party constitution revisions（黨章歷次修訂概覽，1921-2017），共產黨員網（Gongchan dangyuan），Beijing, accessed August 6, 2022。

286 筆者對中國官員和學者的採訪，2000-2022。

287 此稱號於公元 630 年首次出現，Sima Guang (11th century) 2009。閻學通 Yan Xuetong, speech at East-West Scholar forum of Princeton University Press, March 4, 2021。

288 Brands and Beckley 2021; Beckley and Brands 2021; Will 2022.

289 關於黨國專政的經典討論，見 Friedrich and Brzezinski (1956) 1965. 關於對個人崇拜動力學的看法，見 Postoutenko and Stephanov 2021。

290 Zhou Xinmin 2020; He Yiting 2020, 1.

291 人類強烈的恐懼和仇恨情緒既可以被利用，也可以被製造與控制 Dozier 1998, 2002; Furedi 2006; 2018。

292 Xi Jinping July 1, 2021; Oct 16, 2022; March 16, 2023.

293 Wu Jicheng and Yang Yuning 2006.

第二章　中華人民共和國外交政策：從世界共產主義到命運共同體

1 F. Wang 2017, 135-58, 195-214. 關於中華人民共和國成立之前中國與外部世界關係的新近看法，見 Brook 2020. 關於中方說法，見 Zhang Guogang 2019. 關於以十九世紀為背景的中外關係的一個細節描述，見 Hanser 2019。

2 F. Wang 1998, 76-77, 93-115; 2017, 198.

3 關於這一點較早期但深入的討論，見 Schwartz 1968, 228-44。

4 F. Wang 2005,199; 2012; 2017,157-78.

5 然而，受國共兩黨尊崇為「中華民國之父」的革命者孫中山，卻反對中國加入協約國一方參加第一次世界大戰。Yang Tianshi 2019。

6 毫不意外地，中國分析人士總是先從中共的政治利益來定義中國的國家利益和「外部威脅」，見 CICIR 2021a; CISS 2022。

7 S. Zhao 2023.

8 關於（在今天的中華人民共和國中依然顯現的）秦漢政體的次優化外交的一個生動

總結，見 Guo Songtao（1883）1983,469。

9　Hannas and Tatlow 2021.

10　Tse, Ming, and Ong 2019.

11　「亡我之心不死」這句話據說是毛澤東提出的，曾在多種情況下使用，視針對的邪惡敵人以及場合的不同的而有所不同。關於其最近的重申，見 Lao Wantong 2018 and Qian Xiang 2020。

12　Y. He 2018, 741-66.

13　Hu Haiou 2018.

14　Stalin (1931) 1954. 落後／貧窮／弱小就要挨打／受人欺負／任人宰割 與 弱國無外交，見毛澤東 Mao Zedong 1999, 500；Chen Kaizhi 2015；Wang and Li 2022; Jiedu Shishi 2023. 關於中國學者對此的思考，見 Fang Ning 2000 and Huang Chuanchang 2020。

15　習近平 Xi Jinping Dec.11, 2015。

16　NPC, Beijing, February 24, 2018.

17　Christensen 2015, 288-89.

18　Shi Zhan 2018, ch.8.

19　關於中共高級官員兼學者眼中的世界事務，見謝伏瞻 Xie Fuzhan 2021。

20　Li Shaowei 2021.

21　Gohale 2020.

22　Brands and Sullivan 2020.

23　Niu Jun 2012.

24　Fravel 2020, 97.

25　Wenhua Zongheng 2021.

26　Hillman and Sacks 2021.

27　Green, Nelson, and Washington 2020.

28　Fung and Lam 2020.

29　UNBigData, unstats.un.org/bigdata/index.cshtml, last accessed August 2023.

30　Frachon 2021.

31　Large 2021.

32　Ahmed et al 2020.

33　Cao Yuanzheng 2022.

34　Mobley 2019, 52-7; Chatzky and McBride 2020.

35　Zhang Chenjing 2021.

36　習近平 Xi Jinping September 17, 2021; September 16, 2022. 截至 2023 年，上合組織已擴大到九個成員國（中國、印度、伊朗、哈薩克、吉爾吉斯、巴基斯坦、俄羅斯、塔吉克、烏茲別克）、三個觀察員國（阿富汗、白俄羅斯、蒙古）和十四個對話夥伴（亞塞拜然、亞美尼亞、巴林、柬埔寨、埃及、科威特、馬爾地夫、緬甸、尼泊爾、卡達、沙烏地阿拉伯、斯里蘭卡、土耳其、阿拉伯聯合大公國），SCO official website: chn.sectsco.org 2023。

37　Xinhua July 12, 2022. 更多的見 wicwuzhen.cn, last accessed August 2023.

38　這九個國家是：阿爾及利亞、白俄羅斯、柬埔寨、吉布地、印尼、寮國、巴基斯坦、塞爾維亞和蘇丹，PRC Foreign Ministry Press Release, fmprc.gov.cn/web/wjbzhd/202302/t20230216_11025952.shtml, February 16, 2023。

39　Chan et al. 2021.

40　關於中國方案的官方詳細闡述，見 Chen Shuguang 2018, 11, Huang Ping, 2019, and Cheng Zhiqiang 2020. 關於中共新任最高外交官宣布的 2023 年及之後的中國外交政策，見 Wang Yi December 25, 2022。

41　F. Wang 2017,198-203.

42　毛澤東決定參加韓戰，很大程度上是出於他的國內政治需求，Chen Jian 2021,13-15，也是史達林的命令，Xu Zerong 2023。

43　Song Yongyi 2007, 212-20.

44　Wang Yiwei June 30, 2020.

45　Meyskens 2020.

46　F. Wang 2017, 170-218 關於美國阻止了莫斯科對中國進行核攻擊，見 Xu Ni 2008。

47　F. Wang 2023,15-83.

48　Hayton 2020, 9-10, 5.

49　National People's Congress 2015; CICIR 2021.

50　Blanchette 2021; Naughton and Boland 2023.

51　Qin Gang February 21, 2023.

52　Buckley June 20, 2020. 據報導，截至 2022 年底，至少有二百三十名美國公民因「任意的理由」在中國被不透明地監禁或拘留，Areddy and Spegele 2022。

53　PRC Foreign Ministry press conferences/releases, June 7, 2012, Apr 26, 2013, and Dec 13, 2019.Ren Qinqin and Wang Jianhua 2015; Renmin Ribao, May 9, 2019:1.

54　Li Jing July 29, 2009.

55　「中國堅定維護其核心利益，包括：國家主權、國家安全、領土完整和國家統一，憲法確立的政治制度和社會大局穩定，以及經濟社會可持續發展的基本保障」State Council Press Office 2011, III。

56　Wang Jisi 2015, 2021.

57　Sheng Dingli 2020.

58　「總體國家安全觀 [是……] 捍衛中國共產黨的領導和 [……] 維護國家政權安全和制度安全」，Yang Jiechi, 2020, 6。「核心利益就是核心的利益，」劉尚南 Liu Shangnan, correspondence, May 2023。

59　Li Zhiwei 2021.

60　Xinhua July 26, 2021; Wang Yi 2022, 2022c.

61　Fu Xiaoqiang 2021.

62　S. Zhao 2023, 23-114.

63　Richardson 2010.

64　Allison 2016.

65　Garver 2017; Shambaugh 2013, 56.

66　關於習近平外交政策的一個官方闡述，見 Su Ge 2020。

67　Hitler 1943, 49, 373-75; Cecil 1972, 56.

68　天下大同，孔子《論語》（Confucius [5th-3rd centuries BCE] 2016）。

69　李隕石 Li Yun Shi，大同黨的《大同宣言》，Georgetown, Guyana, 2006。有關此聲明的資訊在中華人民共和國被禁止。李的政黨於 2009 年停止活動，並因缺乏資金於 2014 年解散，Zhuang Weizheng 2019。

70　Renmin Ribao September 7, 2007; Xinhua May 21, 2011; State Council 2011.

71　Qian Tong 2012.

72　習近平 Xi Jinping Jan 1, 2017; Jan 1, 2021。

73　Zhu Xili 2017.

74　Wang Yi 2013, 2016, 2022.

75　金燦榮：中美戰略講座，Guangzhou, July 2016. www.jcrfans.com/html/2016-08-29-1024.html（該網頁 2023 年 1 月後被網管部門所屏蔽）。

76　習近平 Xi Jinping, April 20, 2021。

77　習近平 Xi Jinping, speeches at the 70th & 75th UN Assembly meetings, Sept 28, 2015 and Sept 22, 2020.Wang Tingyou 2016; Han Aiyong 2022。

78　Wu Pengfei 2022.

79　Fang Kecheng 2014, 305-9. 關於「外國友人」如何被當作「敵人」下獄，後來又可能再次成為「友人」的一個親口敘述，見 Rittenberg and Bennett 2001 and Savitt 2016。

80　Orwell 1949, 113.

81　Chen Lifeng 2007; Chen Yuanyuan 2013. 知情人士向筆者透露，六〇至七〇年代，周恩來曾下令對幹部因外交宴會上菜品擺設「不當」等小事，而採取嚴厲措施，包括處決。2023 年 7 月 1 日的《中華人民共和國對外關係法》第五條在法律上重申了這項規定。

82　即使在二十一世紀，毛澤東的辯護者仍然將他為求政權生存而對西方的示好提議，「向世界開放中國」，說成是他的智慧和成就的證據，Deng Liqun 2004; Yan Shenlang 2015。

83　Price and Dayan 2008.

84　Nossel 2021; Kaplan 2023.

85　Beech 2021. 一個有趣的反轉故事是中共成功聘請了一名美國女子滑雪運動員為北京贏奧運獎牌 Athey 2022; Shepherd 2022。

86　Caijing toutiao 2016.

87　關於毛澤東推動全球革命的狂躁作為，見 F. Wang 2017, 200-203。

88　Lovell 2019,195.

89　一份報告聲稱，六〇至七〇年代，「至少」數千名「紅衛兵」參加緬甸革命而死亡，Sun Wenyi 2009。

90　毛澤東 1958 年 5 月 17 日對中共高層的講話，見 Li Rui 1999, 390。

91 Nhem 2013; Starn 1995; Rochlin 2003; Galway 2022.

92 Rogin 2018; P. Martin 2021.

93 Unger 2021, 44.

94 K. Fang 2022.

95 Worden 2020.

96 中共直率的同志尼基塔·赫魯雪夫於 1956 年臭名昭著地宣稱蘇聯集團將埋葬西方，Time 1956。關於毛澤東時代「埋葬美帝國主義」的誓言例證，見 Renmin Ribao，April 6, 1966, 2；January 30, 1969, 5。根據官方說法，中共自八〇年代以來已停止使用這類語言，但許多中國分析人士在 2020 年代仍在使用該詞語，例如 Zhang Yanping 2021。

97 Zhang Hongzhi 1994; Zhu Binyuan 2019; Xi Jinping Aug 2019.

98 Clayton et al. 2023.

99 Hughes 1988; Siegel 1996; Wong 2023: 213-46.

100 Zhu Huayan 2018; CCTV 2017; Le Zi 2018; Zhong Shan（中國商業部長）2019; Ren Zeping 2020. 感念並好評在華外資的一個報告是 Enright 2017。

101 McAuliffe and Khadri 2020.

102 Zheng Cunzhu 2019.

103 筆者在北京和上海的訪談，2001-2004 and 2010。

104 關於一名被誣陷為「恐怖分子」的澳洲抗議者，見 Wondracz 2022. 更多西方的「中共批評者」似乎也都經歷過類似的被虛假電子郵件和社群媒體貼文抹黑和陷害，Kevin Carrico, posted on listserv, July 23, 2022。

105 Zheng Rui 2020; Aroor 2020.

106 Wang Tianyi 2021,1.

107 K. McGregor 2009; Britton 2018.

108 Borao 1998.

109 「王毅會見阿富汗塔利班政治委員會負責人」。mfa.gov.cn/wjbzhd/202107/t20210728_9137717.shtml, July 28, 2021。

110 2007 年，當時的中國國家主席胡錦濤，突如其來地訪問了偏遠的納米比亞，並提供鉅額援助，以制止當地針對其兒子的商業賄賂調查，Fairclough, Childress, and Champion 2009；也據筆者 2013 年在納米比亞首都溫得和克的訪談。

111 State Council Press Office 2018; Zhou Hong 2007. 關於「揮霍無度」的對外援助事業，見騰訊評論的文章和數據收集《中國對外援助六十年的得與失》，view.news.qq.com，last accessed August 2022。

112 截至 2022 年，中國在一百六十五個國家擁有一萬三千四百二十七個「開發」項目（主要是援助計畫），總額達八千四百三十億美元，AidData, College of William & Mary, accessed Mar 20, 2022。

113 Wheatley, Cotterill, and Yu 2022. 關於中國國際貸款的影響，見 Dreher et al. 2022。

114 Chatzky and McBride 2020. 關於北京大學的一位分析人士對「一帶一路」倡議的模稜兩可的重新思考，見 Zhu Keren 2020。關於「一帶一路」項目在東南亞的接受情

況，見 Lampton, Ho, and Kuik 2020。關於中共的「一帶一路智庫合作聯盟」為「一帶一路」協調一百四十多個「高層」機構，見一帶一路智庫合作聯盟 Belt Road Portal, yidaiyilu.gov.cn。

115 Fassihi and Myers 2020, A18.
116 BBC August 6, 2021.
117 Wang Mingyuan 2018.
118 胡星斗 Hu Xingdou, quoted in Qiao Long 2015。
119 Ministry of Commerce 2018.
120 Guo Yuhua 2018; UNESCO 2020.
121 孔子學院受到西方批評的打擊而一度沉寂，但在 2020 年代似乎又以新面貌捲土重來，Peterson, Oxnevad, and Yan 2022。
122 Sahlins 2014.
123 這些資金透過國家漢辦（國家漢語國際推廣領導小組辦公室，Hanban）提供，似乎大部分來自中共中央宣傳部，National Association of Scholars 2020; Han Ban 2020; US Congressional Research Service 2019。
124 成本是作者根據來自喬治亞州、密西根州、馬里蘭州和紐約州孔子學院 2012-18 年、Xiong Binqi 2018 以及教育部和財政部 2019 年的數據計算的。
125 Allen-Ebrahimian 2017; AdiData, College of William & Mary, March 16, 2022.
126 Wang Yi Jan 2, 2022; Xinhua Feb 4, 2022. 普丁訪華九小時，雙方簽署十五項協議，Ministry of Foreign Affairs Feb 4, 2022; Chen Aizhu 2022。習近平在 2023 年 3 月對莫斯科進行國是訪問期間，重申了與普丁的無限制夥伴關係。
127 Buckley 2022, A1.
128 Cankao Xiaoxi 2022; E.Cheng 2022.
129 栗戰書、海參崴，Russia, State Duma video, September 13, 2022.
130 M.O'Neill 2022; P. Zhang 2022; Pei 2022; Ni 2022; Holland 2022; Erickson 2022; R. Martin 2022.
131 E.Wong 2022, A11; W.Mauldin 2022; Colby 2022; Schultheis 2022; Boot 2022. 中國分析人士認為「這場戰爭的本質」是「對中國的長期戰略性傷害」，Bai Sen Xin 2022; Magnus 2022; Singleton 2022; Mitchell et al 2022; Blanchette 2022。
132 Dudley and Kao 2020.
133 Tang Shiping 2020.
134 關於一個揭內幕的白手套的故事，見 Shum 2021。
135 Cao Yuan 2019.
136 Duan Xiujian 2010.
137 Zhong et al. June 10, 2020.
138 關於一位「白手套」從中國一家銀行騙取儲戶的四百億人民幣後逃逸，並繼續充當中共在美國「大外宣」的重要特工，見 Henan Xinwen 2022。
139 Collins 2020; Hasson 2020; Feldwisch-Drentrup 2020.
140 Jiang Tianfeng 2021; Yunzhong Shiji 2021; Zhihu Zhuanlun 2023.

141 Ministry of Foreign Affairs 2020a.

142 Jie Shu 2020.

143 Kiplagat 2020; Alden and Otele 2022.

144 Wheatley, Cotterill, and Yu 2022.

145 Wang Yi Hao Jan.17, 2023. 秦剛以一種非常戲劇性的方式，在上任僅七個月、失蹤一個月後就被解除外交部長職務，Xinhua, July 25, 2023 , news.cn/politics/2023-07/25/c_1129767587.htm。

146 Lynch, Andersen, and Zhu 2020.

147 Fernandez 2019; Turkish Radio and Television Corporation 2019; Parkinson, Areddy, and Bariyo 2020; Fabricius 2020.

148 Brautigam 2009, 273-312; Y.Huang 2019; Brautigam and Rithmire 2021.

149 筆者在東非和大洋洲的實地觀察，2013-2014; CBS News, 60 Minutes, February 2, 2020; Wingo 2020; State Council November 26, 2021。

150 Dube and Steinhauser 2023.

151 Driessen 2019.

152 關於國家利益的現實主義定義，見 Morgenthau 1949。關於一個理想主義者的看法，見 Bull 2012。關於早前試圖將兩者連結綜合的一個努力，見 Cook and Moos 1952。

153 關於缺乏信任如何明顯增加一個國家面臨衝突和戰爭的風險，見 Copeland 2014。

154 壓榨和犧牲本國人民以取悅和安撫外國人的做法，似乎起源於晚清宮廷，所謂「甯贈友邦，不與家奴」，Liang Qichao [1899] 2010, ch.4; Chen Tianhua [1903] 2002。

155 為了達成 1953 年停戰協定，中共最終放棄了所有大大小小的要求，包括美國撤離台灣和韓國、北京取代台北在聯合國的席位以及遣返所有戰俘，F. Wang 2017, 164, 199。

156 Elleman 1997; Jersild 2019; Liu Hui 2020; Bie De 2022.

157 Torigian 2022.

158 Repnikova 2022.

159 McClory et al. 2019, 38; Cook 2020.

160 Ronen et al. 2014. 熊焰 Xiong Yan, public speech, Beijing, May 22, 2023.

161 Silver, Devlin, and Huang April 21, July 30, October 6, 2020; Smeltz and Kafura 2020; Silver, Huang and Clancy 2023.

162 Mapping Militant Organizations 2018; Espina and Rinoza 2020.

163 NBC Universal data, New York, February 2022.

164 Sheng Zhihua 2013; Davies 2021; Pompeo 2023.

165 Xin Ziling 2010.

166 J.Yuan 2019.

167 Wei Zhi 2014; Su Qun 2004.

168 Sun Jing 2014, A11; Xinhua January 10, 2013;《中華建築報》2013-7-26: 4.

169 2014 年 5 月 14 日，中國人民解放軍總參謀長房峰輝在對華盛頓進行正式訪問時向

媒體誓言，「老祖宗留下來的領土一寸都不能丟」。中國國防部幾乎每年都會向新聞界重複這句數十年如一日的台詞，如 chinanews.com.cn/gn/2021/03-01/9421513.shtml，儘管房將軍本人在 2018 年被清洗並因貪腐被判處無期徒刑。

170 Heinzig 2004, 363.

171 Fravel 2005. 關於中國「1949 年以來失去的大量領土」的清單，見 Wang Peiyao 2021.

172 Qin Hui 2012.

173 Garver 2001. 今日的中國民族主義者常常憤恨地稱這是為了毛澤東的心理滿足而損失了中國的國家利益，Jin Hui 1995。關於近期的血腥邊境衝突，見 Aroor 2020。

174 Yang Kuisong 2009, 259.

175 Sheng Zhihua June 2014; August 2014.

176 Palmer 2014; The Economist 2014; Ramzy and Ives 2020.

177 The Economist 2019. 關於「香港民族主義」，見 Carrico 2022。

178 S.Lewis 2016; Kaiman 2017; Cheung and Hughes 2020.

179 National People's Congress 2020.

180 Ewing 2020; Desiderio 2020.

181 Kwan 2020; M. Davis 2020; Ye and Cheng 2022.

182 Lee and Blanchard 2020.

183 Xi Lisheng 2020; Gao Yang 2021; Qin and Chien 2022 and 2022a.

184 Lu and Xie 2020; 1992-2023 年台北國立政治大學調查 esc.nccu.edu.tw/PageDoc/Detail?fid=7804&id=6960, last accessed August 2, 2023。

185 筆者 1995-2022 年在台灣的訪談。

186 Wang Yi August 5, 2022; Ministry of Foreign Affairs August 5, 2022.

187 Adragna 2023.

188 關於中華人民共和國在大西藏地區的征服與殖民，見 Li Jianglin 2011 and X. Liu 2020。關於六〇年代駭人聽聞的蒙古大屠殺，所謂內人黨事件，見 Hao Weimin 2019。關於 1975 年對雲南穆斯林的大屠殺，即沙甸事件，見 Gladney1996, 137-38。關於新疆的勞教營，見 Watson and Westcott 2020 and Alecci 2022。

189 關於法國對西藏民族主義的研究，見 Donnet 1993。關於一位藏族華人對中華人民共和國殖民式統治下藏人生活的揭露，見 Wei Se 2003。

190 Jingji ribao 2014. 新疆生產的天然氣經由管線一路輸送到上海（筆者 2001 和 2004 年新疆和上海的採訪）。

191 Zenz 2018.

192 除了 2006 年完工的青海至拉薩鐵路（耗資四百七十億美元）外，四川至拉薩鐵路（耗資三百二十億美元）也計劃於 2025 年完工，Daqiong and Luo Wangshu 2016; Hao Yu and Gu Yu 2022。

193 Pinchuk 2013; Bloomberg Dec 22, 2014; Roblin 2020; Pubby 2020.

194 Zhang Bin 2014.

195 Stevenson June 1 and July 1, 2020; Wise and Talley 2020.

196 大量的富有創意的來自中國的移民中又新添一員，那就是數千名尋求庇護的「走線」者，他們從厄瓜多一路步行走到美國德州，Fan and Lu 2023。

197 筆者 2013 年在坦尚尼亞和辛巴威的訪談。

198 Lawler 2020.

199 Evans-Pritchard 2020.

200 Qian Tong et al 2008; Xinhua February 7, 2022.

201 Wang Huiyao et al ed 2014, 57.

202 The Henley Passport Index 2020 Q2, henleyglobal.com/passport-index/ranking, posted June 2021; Ministry of Foreign Affairs 2020; 中國與外國互免簽證協定一覽表，cs.mfa.gov.cn, last accessed August 2, 2023。

203 Brady 2000; Lien Xiaotong 2016.

204 F. Wang 2017, 105-10.

205 Meng Weizhan 2019, 121-35; WeChat posts, April 2020. 關於「拉攏美國左翼」的類似計畫，見 MZIRI 2020。

206 穆加貝在 2010 年和 2015 年中非論壇峰會上的講話，約翰內斯堡和北京，focac. org, accessed June 8, 2022。

207 Wang and Elliot 2014.

208 Mendes 2015

209 Zhihu 2016. 原文已於 2020 年被審查者刪除。

210 Roosa 2006; Purdey 2006.

211 Ministry of Foreign Affairs 1978; Y. Chan 2011; 筆者在俄羅斯西伯利亞的田野筆記，2011；孫越：俄羅斯的去中國化現象，Sina Blog, Jan 15, 2014（2021 年被審查刪除）；Wang Qiang 2009; Ma Singshen 2010.

212 G. Wang 2000.

213 Chen Chuanren 2006 ; Suryadinata 1978, 1995; J. To 2014; Ruiz et al 2023.

214 Kynge, Hornby, and Anderline 2020. 關於尋求「暗中影響和技術轉讓」的統一戰線，見 Joske 2020。

215 Busch 2019.

216 Wang Yaqiu 2020; H. Zhang August 19, 2019.

217 Bowe 2018; Parker 2020; Fan Jiayang 2020.

218 Tatlow 2020, 2023. 關於中共的「媒體攻勢」，見 Kurlantzick 2022。

219 Federal Bureau of Investigation 2022.

220 Charon and Vilmer 2021.

221 Dorfman 2018; Qin Weiping 2020, 73.

222 Wen Shan 2019.

223 Saul 2017; Allen-Ebrahimian 2018, 2018a; Izambard 2019; K. Smith 2020; Espiner 2021; Human Rights Watch 2021; J. O'Connor 2021; Parliament of Australia 2022.

224 Yang Yijun 2021; Xinhua July 7, 2021.

225 Shen and Li 2000.

226 Pehe 1998; Leira 2019.
227 關於細節，見 F. Wang 2017, 21-32, 154-58; 2023, 47-54.
228 Li Rui 1999, 152-95, quote on 168. 同樣的看法見 Xin Ziling 2009,1-22, 454-82。
229 Potter 2021.
230 關於近年來此類努力的中文總結，見 Kong Dapeng 2021, Zhou Ziheng 2022, and IMI 2012-22。
231 筆者 1999-2013 年和 2016-2020 年在非洲、拉美和東南亞的訪談和田野筆記。
232 Nhem 2013; Killing Fields Museum of Cambodia, killingfieldsmuseum.com.
233 筆者 2013 年在肯尼亞和坦尚利亞的訪談；Klomegah 2022。
234 Dyer 2019; Wang and Harsono 2020; Mirovalev 2020; Serhan 2022.
235 有人稱之為中美之間的「金融冷戰」，Fok 2022。
236 中華人民共和國國家稅務總局數據，1993-2011。中國財政貿易研究所副所長高培勇的評論（中國財經報），Aug 21, 2007。高後來重申了這一觀點，Gao Peiyong 2013, B06。
237 周天勇（中共中央黨校教授大學，Zhou Tianyong 2010）；US Congressional Budget Office 2002; US Office of Management and Budget 2014.
238 Rolnick and Weber 1986.
239 Xinhua April 7, 2020; IMF 2022.
240 Subramanian 2010; Frieden 2016; F. Wang 2023, 98-129.
241 Autor, Dorn, and Hanson 2013, 2121-68; 2016, 205-40.
242 Feygin and Leusder 2020; Schwartz 2020.
243 Evans 1979.
244 Piketty (2013) 2014; (2019) 2020.
245 Klein and Pettis 2020.
246 F. Wang 2023, 110-29.
247 美國聯邦儲備銀行、美國商務部、中國人民銀行數據庫，accessed August 2022。
248 Subacchi 2017, 3-4, 9-28.
249 關於「尼克森衝擊」，見 Gowa 1983。
250 Di Dongshen 2013: 115-26; June 2020; April 4 and May 3, 2020; Ju Jiandong 2023.
251 Turrin 2020.
252 王永利（中國銀行副行長）Wang Yongli 2021。
253 Sun Jiayi 2020; Tran and Matthews 2020; 范一飛 Fan Yifei（中國人民銀行副行長，2020）；Kshetri 2022. 關於數位貨幣概況，見 Hockett 2019。
254 關於一內部人士看法，見周小川 Zhou Xiaochuan（中國人民銀行前行長，2020年）。
255 Subacchi 2017; Economist May 7, 2020.
256 Bloomberg July 13, 2020.
257 Lian Ping 2020.
258 Chey and Li 2020.
259 Zhang Sheng 2018.

260 Ma Xia 2021.

261 Kumar and Rosenbach 2020.

262 Macleod 2020.

263 Qian Xue 2019; Yan Yan 2021. 美國對此發出的警告見 Chorzempa 2022。

264 IMF 的 SDR 匯率籃子每五年調整一次，2021 年調整為人民幣占 12.28%，日圓為 7.59%，英鎊為 7.44%，美元為 43.38%，歐元為 29.31%。imf.org/en/Topics/special-drawing-right, last accessed August 2, 2023。

265 Economy 2019, 94.

266 Guan Tao 2020.

267 IMF 2022.

268 排除歐元區後，人民幣排名下降至僅占 1.47%，還落後於加元（2.29%）和瑞士法郎（1.67%），SWIFT（2023: 3-7）。

269 Wen Kejian 2022.

270 Zhu Jun et al. 2021; Liu Jun 2021.

271 以雷亞爾、盧布、盧比、人民幣和蘭特組成的一籃子儲備貨幣，作為國際貨幣基金組織特別提款權的替代選擇 Turner 2022; BIS 2022; Jin Tou Wang 2022。

272 Dahir 2018; Lewis and Trevisani 2014; Griffith-Jones 2014; Liu Weidong et al.2019; Jin Liqun, president of AIIB, 2021.

273 Liu Jun 2021.

274 Tai Meiti 2022.

275 關於 PRC 的境外投資，見 China Global Investment Tracker by the American Enterprise Institute, aei.org/china-global-investment-tracker, Mapping China's Global Investments and Inequality by AidData (aiddata.org/china-project-locations), and Belt and Road Tracker by CFR, cfr.org/article/belt-and-road-tracker, all last accessed August 2023。

276 Kamel and Wang 2019; Hong Shen 2019; D. Ren 2020.

277 State Council 2020; National People's Congress 2021.

278 Leng and Zheng 2020.

279 People's Bank of China et al. 2019.

280 Tham and Leng 2019.

281 F. Wang 2023, chs.1 and 4.

282 Vedrenne 2019.

283 Francis 2014.

284 International Consortium of Investigative Journalists, The Panama Papers, panamapapers.icij.org, last accessed August 2023.

285 或 2005-12 年期間三點七九兆美元（Gascoigne 2014）；或 2015-20 年期間每年 2000 億美元（Zhang Ming 2020）。

286 Global Financial Integrity 2020, 51, 47-51, 59, 64.

287 「與世界接軌」、「中國特色」和「中國方案引領世界」是後毛澤東時代北京對內

對外宣傳的三大核心口號 State Council Press Office September 27, 2019。

288 K.Tsai 2006; Y. Huang 2008.

289 L. Pang 2012; F. Wang 2023, 175- 213, 219- 25.

290 Chambers 2012. 關於何志平在聯合國行賄的定罪，見 M. Goldstein 2018,B7. 關於一涉及中國公司的案件，見 C. Sanders 2020。

291 Jing Yang 2020.

292 Mu Xi 2020; Yao Yun 2020; Indo- Asian News Service 2022.

293 Beyoud and Chen 2022.

294 P. Adams 2019; Godfrey 2020; Mantesso 2020.

295 McGahan 2020; Allen-Ebrahimian and Dorfman 2020.

296 M. Campbell 2015.

297 Hillman 2019; Doig 2019.

298 筆者 2009-2022 年在智利、歐盟、印度、以色利、日本、約旦、紐西蘭、秘魯、新加坡、斯里蘭卡、南非、韓國、土耳其、阿拉伯聯合大公國、英國和美國的訪談。

299 Yglesias 2021.

300 ShareAmerica 2020.

301 McMahon 2020.

302 筆者 2013 年在非洲的採訪。中華人民共和國贊助的聯合國「非洲與中國經濟特區比較研究」（Comparative Study on Special Economic Zones in Africa and China, UNDP 2015）關於更多的報告，見 Olander, van Staden, and Wan 2015; Pairault 2019; Okere 2019; Mierzejewski 2022。

303 筆者 2013 年在非洲的田野筆記；Jayaram, Kassiri, and Sun 2017; Africa Research Initiative database, Johns Hopkins University, accessed August 2022.

304 領導人的個性和情緒被認為對外交政策的制定具有很大意義（Lebow 2008, 2010a）。

305 Pantsov and Levine 2015, 377-94.

306 鄧小平於 1989 年 9 月發布了這項策略：「韜光養晦，善於守拙，絕不當頭，有所作為，保存自己，徐圖發展」（Leng Rong et al 2004: 1346）; Jiang Zemin（2006, 202）.

307 Ci 2019.

308 Economist April 3, 2021.

309 C. Lee 2022.

310 Mattingly et al. 2023.

311 Mann 2007; Freeland 2011.

312 F. Wang 1998; Robert Zoellick（美國副國務卿）2005; Patrick 2010。

313 劉仲敬：一戰後世界秩序的重塑。演講，Guangzhou, March 14, 2015。

314 Biden August 31, 2021.

315 1949 年後，沙遜失去了他在中國的商業帝國，他後來對侄女兼繼承人説「答應我，你永遠不會去中國」，Kaufman 2020, 211, 250, 328。

316 M.Cooper 2021.

317 Patey 2021.

318 Pearson, Rithmire, and Tsai 2022.

319 Galston 2019; I.Bond 2020; Forgey and Kine 2022.

第三章 中美競爭：為了自身生存以及整個世界

1 Tian Feilong 2022.

2 Sun Liping 2021,2022.

3 中制智庫，北京，2022。

4 An Gang 2023.

5 中共這一宣傳主線始於四〇年代末，當時毛澤東創造了「紙老虎」一詞來形容美國 Mao Zedong (1946) 1991; (1958) 1999. 關於中共頂級媒體發表的中國三大「智庫」 2021 年的「研究」成果，稱美國在八個方面是世界上最糟糕的，見 Yang Xun and Wang Fang 2021。

6 毛澤東 Mao Zedong (1958) 1999,368; Qi Weiping and Wang Jun 2002; F. Wang 2017, 201-2; Xinhua March 5, 2021; Xie Chuntao 2021。

7 F. Wang 2023, chs. 2 and 4.

8 正如我之前討論過的（F. Wang 2023, ch.2），關於中華人民共和國擁有某種特殊 甚至神奇能力，一種「打了激素式」，能實現卓越和持續增長的各種斷言，往往只 是謬誤、虛假或異想天開而已（J.Lin 1999, 2012; L. Zhou [2008] 2017; T. Zhu 2021; Xing Yuqing 2022; K. Jin 2019, 2023）。

9 共生與共同體。Hu Shoujun 2012; Jin Yingzhong 2011; SIIS 2014; Cai Liang 2014; Wang Yi 2016; Wang Gonglong 2019; Ren Xiao 2019; Xie Xinshui 2020; Xia Liping 2021; Pan Zhongqi 2021。

10 Xi Jinping September 21, 2021.

11 Zenz 2018; World Bank Data website, accessed August 3, 2022.

12 中華人民共和國國家統計局數據庫，accessed August 10, 2022。

13 Fingar and Oi 2020 b, 67-84; Beckley and Brands 2021.

14 Applebaum 2021.

15 重中之重。Bao Shenggang 2015; Mission statement of the American Studies Center（美國研究中心），Peking University, website accessed September 14, 2022。

16 Wenhua Zongheng 2021.

17 Di Dongsheng 2021, 2023.

18 習近平多次向美國領導人和高級官員重複這句話，中共旗艦報紙《人民日報》在 2015 年 5 月 18 日、2015 年 9 月 26 日、2017 年 11 月 10 日和 2018 年 12 月 3 日頭 版新聞都有報導。

19 CCTV 2021, 2023.

20 Shao Jianbin 2017; He Yiting 2019.

21 F. Wang 2017, 184-85; 2023, 58-9. 除了工作更穩定和工資更高外，解放軍人員的家屬從 2022 年開始全部都可享有免費醫療（Liu and Sun 2021）。

22 正如 Jin Zuoli 所呈現的，幻想以武力統治世界、效仿十九世紀歐洲殖民主義的漢人沙文主義確實源遠流長（1908）2008.

23 Fei Chai 2020; Wang Wentao 2021.

24 Xinhua 2007. 然而在 2020 年代，美國軍隊又明顯地改了制服；解放軍是否會再次效法還有待觀察。

25 Zhang Xinyi 2017.

26 BBC July 9, 2021.

27 Office of the Secretary of Defense 2020; Wuthnow 2021. 然而，其他人則認為這是評估解放軍能力時的「威脅膨脹」Swaine 2022。

28 Ziezulewicz 2021; Roblin 2021.

29 Wang Li 2021; Fanell 2020.

30 Lang Yage 2016 and Ma Haoliang 2023.

31 中華人民共和國國務院或者國防部（1995- 2019）。

32 Pillsbury 2015; Callahan 2016; Allison 2017; Mosher 2017; Friend and Thayer 2018; Muldin 2019; Rolland 2020; T. Brook 2020; Ratcliffe 2020.

33 Overholt 1993, 416.

34 Manning 2020.

35 Milanovic 2019, 5, 12-128.

36 Brands and Sullivan 2020.

37 Zoellick 2005.

38 Zakaria 2020.

39 Walt 2021.

40 Fukuyama 1992, 2020.

41 Anonymous 2021, 4-7.

42 Garside 2021, 173-87

43 Jiang Shigong 2018, 2019, 2020.

44 Asian Development Bank 2021.

45 Economist August 30, 2021, May 11, 2023. 關於一些獨特的因素曾經幫助中華人民共和國的崛起，但也會令其失敗的見解，見 Y. Huang 2023。

46 與普丁領導下懷舊的莫斯科不同，「傳統」式的領土擴張對中華人民共和國來說似乎不符成本效益，至少目前是如此 Fravel 2010。

47 中國網路空間流傳十年的故事稱，「到 2021 年底，至少有十個海外軍事基地」，包括可可群島（緬甸）、瓜達爾（巴基斯坦）和盧爾德（古巴）（Chen Junji 2021）。關於誇耀解放軍在非洲的影響力，見 Yuanfang Qingmu 2022。關於中國偵察飛艇被美國擊落的離奇故事，見 Cooper, Wong, and Buckley 2023。

48 Wang Yi January 2, 2022; Xinhua Feb 4, 2022.

49 Rolland 2022.

50 關於「自願劊子手」的概念，見 Goldhagen 1997。關於「tankie 憤青」，見 Rickett 2017。關於「有用的白痴」，見 Hollander（1981）1997, Safire 1987, Mirsky 2010, and F. Wang 2017, 206, 242.「白左」是指那些「自相矛盾地擁抱中共，天真無知的西方理想主義者」，Perry Link, conference speech, December 10, 2020。

51 Palmer , 2015. 關於這類西方人的先輩們，見 Spence（1969）2002 and Inboden 2008, 157-89。

52 D. Bell 2015; Bell and Wang Pei 2020.

53 Teng Biao 2021; Quinn 2021.

54 Unruh 2022.

55 Moynihan 2020; G. Chang December 30, 2021.

56 Kant (1795) 2003.

57 Gershaneck 2020.

58 Kroenig 2020.

59 Streit 1939.

60 Michels (1911) 1962; Voss and Sherman 2000, 303-49.

61 Graff 2021.

62 Zimbardo 2007, 8-10, 230-232.

63 Scharfstein 1995. 在 2010 至 2020 年代，在美國，對不擇手段的威權主義的迷戀和支持也很明顯：左翼和右翼都有人在大力倡導更加集中的國家權力、監管和執法。「歷史終結」的亢奮看法（Fukuyama 1992），似乎誤讀了人類對獨裁統治的偏好傾向，尤其是在面臨挑戰、危險、不確定性和更多新「需求」的時代，Desmet 2022。

64 Nietzsche (1872) 2005,11.

65 Orwell (1946) 1990; Larkin 2004, 108.

66 Mertha 2021, 89-119; Ning Nanshan 2021. Furedi 2006, 2018.

67 2021 年 10 月，以 Google 學術搜尋 rise of China（中國崛起），結果顯示 2019 年有 45,800 種英文出版物，2020 年有 37,000 種。

68 Rudolph and Szonyi 2018.

69 D. Kelly 2018.

70 Mazarr, Heath, and Cevallos 2018.

71 Campbell and Ratner 2018, 60-70.

72 Schell and Shirk et al. Feb 2019,46.

73 Erlanger 2020.

74 Shambaugh 2020, xi.

75 Priebe et al. 2021, 52.

76 Thurston 2021.

77 Schell, Shirk, et al. 2021.

78 Barboza 2022.

79 Swaine et al. 2020. 關於「鷹派」思想，見Boustany and Friedberg 2019 and

Friedberg 2020。
80 Wang Dong 2021.
81 此觀點出自 Katherine Thompson, March 2021。
82 Sowell 1995, 2009.
83 Naughton 2021, 174-96.
84 關於對這兩者的批評，見 M.Yu 2022。
85 McCourt 2022, 47-81 and 2022a, 583-633, quotes on 594 and 608; italics original.
86 近期的例子包括 Michael Pompeo, Matthew Pottinger 和 Navarro 2011, 2015。以及 Corr 2018, 2021 和 Bosco 2021, 2021a。反映了美國的多元化，一些前情報和軍事官員繼續主張透過與中華人民共和國加強「相互理解」來建立「合作、建設性、和平的美中關係」（Heer May 13, 2020; Oct 20, 2020; Packard and Jensen 2020）。
87 如《大紀元》資深調查記者兼 Crossroads 線上主持人 Joshua Philipp 2020, 2020a。
88 Bosco 2020.
89 Brands and Beckley 2021; Beckley and Brands 2021.
90 McCourt 2022, 2022a.
91 Greitens and Truex 2020; Morgan 2022; Fish 2022a; Alpermann 2022.
92 Mitter 2020; Kirby 2022; Weiss 2022.
93 Fravel et al. 2019. 一些聯署者很快就發表了他們與這份公開信的重要分歧，Jerome Cohen 2019; Millward 2019。
94 Don Tse, Chu-cheng Ming, and Larry Ong 2019.
95 Fanell et al. July 18, 2019.
96 Miles Maochun Yu, a historian at the US Naval Academy working at the US Department of States Planning Staff in 2018-20, quoted in Gertz 2020.
97 Nichols 2017, x,1.
98 中國研究這門學科有多種名稱：國學和中國研究；在日語中稱為漢學；在英語中則有 Sinology, Chinoiserie, China watch 和 Chinese studies 等說法。該領域內就術語、內容和方法始終存在分歧，最著名的是呼籲以「多學科」的中國研究，取代專注於語言文化和歷史的「死」漢學（Skinner 1964）。我交替使用「漢學」和「中國研究」這兩個名稱，同時也充分理解語言學和人類學著作與嘗試將中國作為社會科學特別是政治學的比較和整體探究來研究之間的差異。關於比較政治研究的權威描述，見 Munck and Snyder 2007。
99 關於理解中國歷史之艱辛的一個私人回憶，見 P. Cohen 2019。
100 T. Hall 2020,184.
101 關於繪聲繪影吹噓在美國有強大的「朋友」和有錢能使鬼推磨，見 Di Dongsheng Nov 28, 2020。
102 Diamond and Schell 2018. 一個著名的例子是 2017 年創立的布希中國基金會 bushchinafoundation.org
103 Millward 2020.

104 Yu Ying-shi (1991) 2006.

105 McCourt 2022a, 621.

106 Mann 2007, 2018; Brands 2019; Carrico 2018; Page 2020; Friedberg 2022.

107 Kaiser and Mufson 2000, A01; Gifford 2010; Epstein 2010; Lowsen 2017.

108 Perry Link 2023.

109 Schafer 1958, 119-20.

110 Kim and Grofman 2019. Bouchrika 2023.

111 Allison 2017. 關於批評，見 Waldron 2017 and Kirshner 2019。關於中國人的批評，見 Chen Cunfu 2020, 356-63。著名的中國自由派學者秦暉公開稱艾利森的觀點是「非常愚蠢」（Qin Hui July 6, 2020）。

112 Thomas 1974. 關於這種心態及其令人陶醉的誘惑，見 F. Wang（2017, 101-20）.

113 Di Dongsheng August 5, 2020.

114 Wong Young-tsu 2010, 139-49; 2020.

115 McCourt 2022a, 624-25.

116 Eberts 2021. 秦剛（時任中國駐美國大使）就曾說道，美國官員或分析家必須先懂中文，才能了解中國（us.china-embassy.gov.cn/dshd/202206/t20220601_10697523.htm, posted June 1, 2022）。

117 Greitens and Truex 2020.

118 關心亞洲問題學者委員會 Committee of Concerned Asian Scholars，成立於 1968 年，友好訪問團鏡頭下七〇年代的中國 China Through the Lens of Friendship Delegations in the 1970s, 自 2017 年 12 月在美國聖地牙哥展出。對該團體的描述來自 E. Friedman 2018。關於該團體，見 Lanza 2017。關於其出版物，見該會的公開布告欄（2001 年後更名為 Critical Asian Studies 季刊），1969-2023。

119 Madsen 1993; Baum 2010: 236-39; E. Friedman 2018.

120 Si Ying 2020.

121 H. Lewis 2020. 關於美化中共政體的一個努力，見 D. Bell 2015。關於中共用金錢收買有成就的美國學者的一個可笑也可悲的例子可能就是 Charles Lieber（US Attorney's Office 2021; Barry 2021, A22; Fischer 2021）。

122 關於一些最有影響力的美國學者如何弄錯蘇聯的意圖許多年，見 Levy and Peart 2011。

123 關於蘇聯學家，無論是本土的還是流亡的，如何在評估蘇聯方面存在重大分歧和辯論，見 Malia 1994 and Trachtenberg 2018。

124 關於「中國現在是北美人文社會科學人才的一大主要來源」，但「有中國血統」的移民漢學家面臨著艱辛的職業前景，並且往往有「較高的自我審查」的一份報告，見 Luce/ACLS China Studies Advisory Group 2021。

125 關於混淆「由法治國」（rule of law）與「依法治國」（rule by law）概念，誤讀中國政治史、誤用西方行話的令人印象深刻的例子，見王裕華 Y. Wang（2015, 2022）。

126 例如，見 Feng & He 書裡的一些發言 2020。關於對中國的思鄉之情和自認應有的

責任，見黃宗智 P.Huang（2020, preface）。關於 31 位在美國接受訓練的中國歷史學家與此有關的反思，見 Yao, Wang et al. 2022。

127 Zhang Song 2022.

128 乡愁或「懷（なつ）かしい」（Farese and Asano-Cavanagh 2019, 213-41）。關於環境和地域對人們心智的影響，見 Tuan 1974。

129 Ministry of Housing and Urban-Rural Development 2020, 138-39. 和許多人一樣，我在闊別二十年後回到在安徽的兒時家鄉時，感受到了一種難以言喻的失落；那裡已經徹底成了陌路，比我記憶中的情況更糟糕，再也沒有任何熟悉、相關的人。關於中國的家鄉、祖村在社會上的消散和流離，以及實體上的破壞和拆毀，見 Meyer 2008, Bai Yun 2012, Smith 2021, and Zhang Feng 2021。

130 關於美國著名漢學家余英時對利用「鄉愁」的堅決反駁，見 Y. Yu 2006 and Yu Jie 2021。

131 Yu Donghui 2022; Xu Wenxin 2023. 這一種族主義願景對中共來說看來是沒有希望的，因為據調查，更多的華裔美國人（62%對 41%）其實喜歡台灣勝過中華人民共和國（Ruiz et al, 2023）。

132 白居易「我生本無鄉，心安是歸處」(9th century) 1999; 蘇軾「此心安處是吾鄉」（11th century）2021。

133 Koopmann 1982; Citations de Georges Clemenceau（citation-celebre.leparisien.fr）; Library of Congress 2010, 65; Ren Jiantao 2013. 一個值得注意的例外是著名的馬來西亞裔澳洲華裔漢學家王賡武，他的回憶錄就名為 Where Is My Home? – My Home Is Where My Heart Is at Peace 2020。

134 Bachrack 1976; Jim Mann 1996; Hrebenar and Thomas 2011.

135 Yu Jie 2017.

136 J. Hsiung 2012 and J. Hsiung et al. 2015.

137 Yu Jie 2021.

138 Y. Yu 1987, 2003, 2015, 2016.

139 Baum 2010. 關於更多漢學家的論述，見 K. Liu 2012。

140 Hu Ping 2013, 2020. 關於中共針對外國人和海外華人的國內外統一戰線「法寶」的罕見研究，見 Brady 2003, 2017 and Glaser 2017。關於外國研究人員在中國面臨的各種倫理問題，見 Alpermann 2022。

141 關於中共思想工作的早期和近期報告，見 Hunter 1951; F. Wang 2023, 47-54; and Song and Xia 2023. 關於中國分析家對由於雙邊緊張局勢和新冠疫情而「在長達兩年期間」缺乏此類對外統戰機會而深表遺憾，見 Wang and Miao 2022,7。

142 Ho Ping-ti 2004,393.

143 始於尼克森 1972 年的訪華（Pei Yiran 2012）。1984 年和 1998 年，雷根和柯林頓在大學校園裡就受到了這種經典的「應付」（author's interviews in China, 1998 and 2000; Lishi Yanjiu 2017）。

144 Obama 2020, 472-73.

145 Roy 2019; Wondracz 2022.

146 Kroncke 2016; Lautz 2022.

147 MacMillan 2008.

148 Bosco 2020b; Maté 2020. Speeches by Kissinger, Freeman and others at the "Commemoration of Kissinger's Secrete Visit to China in 1971", Beijing and online, July 9, 2021. Wu Liming 2022; Kennedy and Wang 2023.

149 像賽珍珠（Pearl Buck）和司徒雷登（John Leighton Stuart）這些中國真正的朋友飽受譴責，而斯諾（Edgar Snow）和斯特朗（Anna Louise Strong）這些莫斯科和中共的代理人則備受讚揚。關於同一個在中國的美國人如何被中共前後視為朋友、敵人，然後又是朋友，見 the obituary of Sidney Rittenberg（李敦白）by Robert McFadden in the New York Times, August 25, 2019。

150 Chinoy 2023.

151 Traub 2020; Rummler 2020; Nye June 11, 2020; S. Kennedy 2019; National Intelligence Council 2021.

152 H. Roth 2018.

153 Y. Tan 2021 and 2021a.

154 Prestowitz 2021, 293; Economy 2022, 208.

155 Millward 2019; Pompeo 2019, July 23, 2020; Santora 2020, A4.

156 關於這類偏見比較早期的案例，見 Heale 2009, 19-47。

157 Waller 2020; CCTV 2020.

158 Xi Jinping July 1, 2021.

159 McCourt 2022, 629.

160 K. Brown 2020.

161 F. Wang 1998, 67-81.

162 F. Wang July 21, 2005; April 10, 2006.

163 T. Friedman July 21, 2022; November 1, 2022.

164 Ikenberry 2020.

165 Breznitz and Murphree 2011.

166 Lasserre 2020.

167 Follow the Money et al. 2022.

168 CBS, 60 Minutes, January 31, 2021; National Public Radio 2022.

169 Morgenthau 1948; Waltz 1979; Gilpin 1981; Wendt 1992; 1999.

170 Kissinger 2014, 365.

171 Y. Cheng 2020.

172 Gilchrist 2020.

173 Edelman Trust Barometer 2022, January 2022.

174 F. Wang 2005. 關於中華人民共和國內的種族主義偏見，見 Distelhorst and Hou 2014 and Y. Cheng 2019。關於中國人對非洲人的種族歧視，見 Francavilla 2022。中國許多人還公開呼籲驅逐在華非洲人，以解決種族主義問題（Pan Qinglin [2017] 2021）。

175 Anonymous 2021, 6, 18.

176 CCP Organization Department 2023.

177 F. Wang 2023, 27-34.

178 Marlow 2020.

179 Walt 2018, 227.

180 Lippman 1999, A9; Sanger 2001, A1; Twining 2006.

181 Roberts 2020.

182 Obama 2020, 475.

183 Gao Jianbo et al.2022.

184 Anderson and Cha 2017.

185 Obama 2020, 338. 關於布希一歐巴馬時代的內部人士看法，見 Hadley et al. 2023, 416-44。

186 K. Kim 2022. 關於早期評估，見 Saha and Feng 2020, J. Lee 2020, and Kynge 2020。關於軼聞故事，見 Wu Wei 2021。關於整體證據，見 IMF 2023。

187 Mazarr 2019, 131-38.

188 Rogin 2021a. 關於川普促成的華盛頓典範模式的轉變，見 McCourt 2022 and 2022a.

189 Aspen Strategy Group 2020.

190 幾個月後，在 2021 年，這項措施被中止並撤銷。

191 Page and Khan 2020; Carrico 2020; Mallapaty et al. 2021; Sprunt 2021; Pompeo and Yu 2021; Bloom et al. 2021, 694; Biden May 26, 2021; Jacobsen June 2, 2021; Quay and Muller 2021; Liptak and Sullivan 2021; Wade 2021; Pekar et al. 2022; Gordon and Strobel 2023.

192 Lucas 2020; Vervaeke en Vlaskamp 2020; Eban 2022; Bond and Godement 2022: Ogden 2023.

193 Blackwill 2020.

194 Winnefeld 2020.

195 Spalding 2019; Thayer and Han 2020.

196 Hamilton and Ohlberg 2020, 2020a; Thorley 2020; L. Wei, Davis, and Lim 2020.

197 引述自 Jeromy A. Cohen, May 22, 2020.

198 Heath, Grossman, and Clark 2021.

199 US Congress March 13, 2020.

200 White House May 20, 2020.

201 Barr 2020.

202 Saldin and Teles 2020. 不過，2016 年 9 月 6 日，也有 88 名退休將軍和海軍上將發表了一封「軍事領導人的公開信」，支持川普，Johnson and Brown 2017.

203 筆者在東亞和美國的訪問，2016-2017。

204 Schweller 2018, 133-43.

205 Gavrilis 2021, 165.

206 B. Huang 2019; Barboza May 24, 2020.

207 Weinstein, CEO of the Hudson Institute, March 22, 2019.

208 Wray 2020.

209 Thorburn 2022.

210 O'Brien October 21, 2020.

211 Office of the Secretary of State, Policy Planning Staff, 2020.

212 Ratcliffe 2020.

213 Bolton 2020.

214 Millward 2019; Scissors 2023. Rogin 2021.

215 Associated Press 2020.

216 Sullivan 2020a; Pompeo December 9, 2020.

217 Rogin November 19, 2020; Bosco 2020a; Pomfret November 10, 2020.

218 Glaser and Price 2021, 29-42.

219 China Daily 2021; 朱鋒 Zhu Feng 2021; 王健偉 Wang Jianwei 2021; 崔立如 Cui Liru 2021; Wu Lingming 2021。

220 關於一份出自左派卻與右派幾乎相同的對中國的評論，見 Senator Markey 2022。

221 Strobel and Siddiqui 2020; Ganesh May 20, 2020; Schlesinger 2020.

222 Basu 2020; Pompeo Jan 19, 2021; Weiss January 23, 2021.

223 United States-China Economic and Security Review Commission 2020, 31.

224 O'Brien 2021.

225 Sanger 2001; Stephanopoulos 2021; Liptak 2021; CBS, 60 Minutes, September 18, 2022; Bateman 2022; US DOD Oct 2022; White House October 2022; Sullivan 2023.

226 Brunnstrom and Pamuk 2021; Shelbourne 2021; Singman 2021.

227 Biden February 4, 2021.

228 McKinnon 2021; Magnus 2021; Biden June 3, 2021. 美國商務部隨後將更多中國公司列入黑名單，DOC website, last accessed August 2023。

229 Biden March 2021, 20-21; October 12, 2022, 3, 23.

230 Campbell and Rosenberger 2021.

231 Doshi 2021。

232 William Burns CIA Director, speech at the Georgia Institute of Technology, Atlanta, Georgia, April 14, 2022. 他還宣布了將中國人民與中華人民共和國區分開來的原則，並在中央情報局內部設立了唯一的一個針對中國的國家任務中心。

233 Mayorkas 2023; Stavridis 2020; Shi Yinhong 2020, March 7, 2021; Yan Xuetong 2020.

234 Yan Xuetong 2018; Christensen 2021; Case and Rodrigues 2023.

235 Overholt July 7, 2021; October 14, 2021.

236 Weiss 2019, 2020, 2022, 2023; Weiss and Wallace 2021, 635-64; Weiss and Pepinsky 2021.

237 Dong Chunling 2022.

238 美國外交政策過於敵視中國嗎？foreignaffairs.com/ask-the-experts/2021-10-19/us-foreign-policy-too-hostile-china, October 19, 2021。

239 Hass, Kim, and Bader 2022,4.

240 White House February 11, 2022; Colby 2022; Eckstein 2022; Losey 2022; A. O'Neal 2022; Biden March 1, 2022; October 12, 2022; Martina 2023.

241 Mordecai and Fagan 2021.

242 Walt 2020; Bosco 2021; B. Sanders 2021.

243 Mina and Chipchase 2018.

244 Chen, Fos, and Wei Jiang 2022.

245 Markay and Allen-Ebrahimian 2021; McIntire 2020, A1; Forsythe et al. 2019, A1; Pathikonda 2020; Barboza April 25, 2021; Wang and Berens 2022.

246 Timperlake and Triplett 1998; Wall Street Journal October 20, 2020.

247 B. Powell 2020.

248 Demick 2015.

249 Eban 2021; C. Ford, former US Assistant Secretary of State, 2021.

250 Fish 2022; Hvistendahl et al 2023.

251 Barr 2020; Wray 2020. 關於這些的一份學術性報告，見 Kurlantzick 2022.

252 New York Times 1970, 14; Koen 1974; Bachrack 1976; Mann 1988, 1996.

253 Hrebenar and Thomas 2011.

254 Rogin October 30, 2020.

255 Koehn and Yin, 2002; Allen-Ebrahimian 2018, 2018a. 關於被中共招募到美國從事間諜活動的新加坡人，見 Yong 2020. 關於中華人民共和國國家安全部在散布資訊、招募和影響西方菁英所做的努力和成功事例的一份令人不安的報告，見 Joske 2022。

256 據中國外交學院，所謂「最了解中國的二十名美國學者」，按「重要性」排序是：藍普頓 David Lampton、沈大偉 David Shambaugh、金駿遠 Avery Goldstein、陸伯彬 Robert Ross、謝淑麗 Susan Shirk、沙特 Robert Sutter、李成 Cheng Li、傅泰林 M.Taylor Fravel、季北慈 Bates Gill、李侃如 Kenneth Lieberthal、范亞倫 Aaron Friedberg、蔡斯 Michael Chase、卜睿哲 Richard Bush、楊大利 Dali Yang、柯慶生 Thomas Christensen、毛學峰 Andrew Mertha、斯勞特 Anne-Marie Slaughter、毛文杰 James Mulvenon、羅斯基 Thomas Rawski以及傅瑞珍 Carla Freeman（China Foreign Affairs University 2015）。

257 關於中共機構這類「二軌」的忙忙碌碌，見 Center for China and Globalization 2022。

258 在 12 億美元的中國捐款中（占 2014-2019 年申報的外國捐款總額的 23%），超過 8% 來自中國政府直接透過孔子學院捐贈（Reale 2020）。照這個比例來看，2010 年代中國對美國大學另外的 14 億美元的捐贈可能沒有申報（US Department of Education 2020）。

259 Perkowski 2012; Gold 2019; W. Tan 2020; Hamilton and Ohlberg 2020; Stevenson

July 1, 2020, A1; Wei and Hutzler 2022.

260 S. Wong 2022; Thiessen 2022.

261 Bloomberg May 28, 2020; J. Zhu Sept 5, 2020; Fish 2021.

262 Rogin July 8, 2021. 滴滴市值 600 億美元，在華爾街 244 家中國上市公司中排名第七，Stockmarketmba.com, accessed July 15, 2021。

263 Gittelsohn, Natarajan, and Leonard 2020.

264 李錄 Li Lu 2019. 李錄是 1989 年民運的政治流亡者中，自 2010 年起得到北京允許訪問中國的唯一一位，BBC in Chinese 2019。

265 Dalio 2020. 關於這位美國億萬富翁為中國喝采以及他的「大週期」世界觀，見 Dalio 2021, chpts 6-7。關於他的辯護和撤回，見 Sorkin et al.2021。關於他呼籲與北京加強合作以避免「戰爭」，見 Dalio 2023。

266 Fruen 2021; Niewenhuis 2021; McGee 2023.

267 Reported by J. Michael Cole, at an online forum, June 2, 2021. Y. Lee 2019; Subin 2021.

268 Zipser, Seong and Woetzel 2021.

269 Lim and Xie 2021; Soros Sept 6, 2021.

270 Cunningham, Saich, and Turiel 2020.

271 Guang Lei et al.2020.

272 Deveaux 2020.

273 C. Li 2016; Petri and Plummer 2020.

274 McGann 2019.

275 Qi and Xie Yu 2020. 關於中共黨國如何抹黑李文亮，見 Zhong et al. 2020。

276 Zhu Linagcai July 6, 2021.

277 Y. Chen et al. 2020, 3393-430; Zou Yilin 2015. 同樣地，American Political Science Association 的旗艦期刊在 2022 年發表了一篇文章（王裕華 Y. Wang 2022），試圖解釋「中華帝國的興衰」，據趙鼎新（Zhao Dingxin, 2023）的說法，該文恰到好處地展示了那些 GIGO（垃圾進、垃圾出）的普遍怪象。

278 關於那場殘酷的國內流放已有許多出版物，例如 Y. Pan 2003; Xu Xiaoni 2012; Rene 2013; Bonnin 2013.

279 Keyu Jin 2019, 2023; Jin Keyu 2020.

280 Diresta et al. 2020, 9.

281 E. Li May 14, 2020.

282 R. Horton 2020.

283 J. O'Neill 2020.

284 筆者對中國學者和官員的採訪，2018-2023年。一個例子是Global Economic Prospects，這是世界銀行在2019-2022年間定期發布的「旗艦報告」，與中國的全球化智庫（Center for China and Globalization, CCG）「共同發布」；CCG為中國官方智庫，旨在「為中國提供全球視野、為全球提供中國智慧」，Kurlantzick 2022。

285 Chang Siying 2022.

286 Craymer 2020.

287 Radio New Zealand 2021; Rhyn 2021; Mahtani and Chandradas 2023.

288 Barboza 2013; Levin 2015; Egan 2016.

289 US Department of the Treasury/ Federal Reserve Board 2014, 2022.

290 Posen and Ha 2017; Chin 2020; Greenberg 2022.

291 Weiss 2020.

292 Christensen 2020.

293 Tharoor 2020.

294 關於一個有代表性的看法，見 Haley 2019。

295 Kempe July 19, 2020; Carafano et al. 2023,1,3.

296 W. Burns 2020.

297 Ferguson 2008, 2020.

298 Schell 2020a; Barboza November 7, 2021. 關於反對論點，見 Johnston 2019a。

299 H. Hung 2022.

300 Silver, Devlin, and Huang 2021; Silver, Huang and Clancy 2023.

301 Pence 2018; Davis and Wei 2020; Krueger 2020.

302 O'Brien June 21, 2020.

303 Phillips 2020; Nsoesie et al. 2020; Bandeira et al 2021.

304 關於這些法案，見 www.congress.gov/bill/117th-congress/senate-bill/1260 and www.congress.gov/bill/117th-congress/house-bill/1155, last accessed August 2023。

305 Medeiros 2019.

306 Clinton 2020.

307 Strobel and Siddiqui 2020; Ganesh May 20, 2020; July 15, 2020.

308 White House March 12, 2021.

309 Wong and Myers 2020; Pomfret August 21, 2020.

310 Blinken March 3, 2021; May 26, 2022.

311 Zhong Sheng 2019.

312 Jie Dalei 2020.

313 P. Martin 2021; Dai and Luqiu 2021.

314 Zhong Sheng 2021; Y.Huang 2021; Sebastian 2023.

315 Xinhua August 3, 2021.

316 Ministry of Foreign Affairs June 19, 2022.

317 Ministry of Foreign Affairs February 20, 2023.

318 Wu Xiaogang 2021; Wang and Miao July 18, 2022, 7.

319 R. Hass 2022.

320 Sun Xingjie 2021; Qin Gang 2021.

321 Bloomberg May 17, 2021; Global Times September 17, 2021.

322 Kristof 2020, SR9; Hass and Denmark 2020; Bolton 2020; Bannon 2020; Swanson 2020, A1. 在 2023 年，前總統川普公開稱讚習近平「聰明、才華橫溢、一切都很完美」，Wall Street Journal 2023。

323 Bown 2020.

324 退休將軍 David Petraeus, webinar at NDU, Washington, DC, October 15, 2020.

325 Zhu Zhihong 2020.

326 Yan Xuetong, quoted in Sudworth 2020. 據報導，中國為川普競選連任提供了金援，N. Anderson 2022。

327 US DOS, January 2022.

328 White House, November 14, 2022.

329 Biden, August 16, 2021; August 31, 2021.

330 BBC August 6, 2021; Economist August 21, 2021.

331 Furedi 2006, 2018; Graff 2021.

332 關於干預權（干預義務）和保護責任的不斷發展的概念和實踐，見 Cutler 1985, Orford 2003, Nardin 2013, and UN OGPRP 2023。

333 Group of Seven 2021; North Atlantic Council 2021.

334 Group of Seven 2022; NATO 2022,10,5;2023, items 6, 23-25.

335 Charon and Vilmer 2021, 640-43.

336 White House, December 23, 2021; March 29, 2023.

337 White House, August 2, 2021.

338 美國吸引了 88% 的中國人工智慧專業的畢業博士生和其他國家 85% 人工智慧專業的畢業博士生，Global AI Talent Tracker, Macro Polo Institute, searched Aug 2022; Deep Tech Research 2022。

339 博明 Pottinger, March 10, 2021。

第四章　遏制與轉型：管理中華博弈之戰略框架

1　Fontaine 2022.

2　一個標準的平等化或正常化說法往往類似於這樣：「華盛頓對北京過度的國內政治控制和激進的外交政策立場有合理的擔憂，就像中國領導人認為美國仍然徒勞地企圖阻止其國家不可避免地崛起為大國一樣」李成 C.Li 2021。

3　Aum and Wang 2022.

4　Well summarized by Antony Blinken 2022.

5　Charon and Vilmer 2021, 638-45.

6　Silius Italicus (1st century CE)1934, 11595; Confucius (5th century BCE) 2016.

7　Dawn 2010.

8　Tse, Ming, and Ong 2019.

9　Campbell and Sullivan 2019.

10　Corr 2019; Li Fan 2020.

11 Garside 2021a.

12 Qiao Liang and Wang Xiangsui (1999) 2010.

13 趙通 Zhao Tong 2020.

14 White House, January 3, 2022.

15 Treaty Between the United States of America and the Union of Soviet Socialist Republics on the Limitation of Strategic Offensive Arms（SALT II）, June 18, 1979.

16 Zhou Baogen; Li and Xiao 2010. 中國分析家和軍官持續建議（經常是公開地），如果觸碰到北京的「核心利益」，在國際衝突時應積極、果斷地「首先使用」、「更多」、「更好」的核武器，「如同其他合法（常規）武器一樣」，甚至可以攻擊美國等核武大國。Fenghuang Wang 2005; 筆者與解放軍少將朱成虎的訪談，2013；中國資深分析人士發言，"U.S.-China Seminar on Chinese Nuclear Perspectives，" Washington, May 12, 2015; 胡錫進 Hu Xijin 2020; 沈丁立 Sheng Dingli 2020; McLeary 2021。

17 State Council Press Office, July 24, 2019.

18 Carey July 11, 2020.

19 Winnefeld July 2020.

20 X. Zhang 2016. 關於解放軍官兵講述在越南境內的慘痛經歷、慘重損失、低劣表現、濫殺戰俘和平民以及燒光、殺光、搶光的三光政策，見 Song Zipei (1990) 2014 and Liu Minglu 2021. 關於一位內部人士講述解放軍在四〇年代到 2010 年代的貪腐、脆弱和失敗，見 Liu Jiaju 2020。

21 Liu Minglu 2021 死亡人數可能是 26, 000 比 30, 000（K. Chen 1987, 114; Tonnesson 2010, 2）。

22 P. Wang 2016.

23 Frum 2021.

24 US Congressional Research Service 2020.

25 美國原本可以在南海等地區「防患未然」的，（Anders Corr, correspondence July 15, 2020）。

26 Acemogulu , Oct 28, 2022.

27 關於一些被中共忌憚和懲罰的中國「自由主義」思想合集，見 Beijing Municipal Committee of CCP 1989 and Hui Da 2020. 在中華人民共和國著名的重讀歷史的嘗試包括秦暉 Qin Hui 2016，張鳴 Zhang Ming 2021，張千帆 Zhang Qianfan 2021。

28 一個新聞報導案例是 Xiao Jiansheng 2007。像中國作家在海外得以進行的那樣，進行嚴肅的討論和辯論至關重要，Xi Shuguang 2021。

29 Bosco 2020c.

30 習近平 Xi Jinping's speech to the new CCP Central Committee members, Beijing, January 5, 2013, in Party Literature Research Center 2014.

31 關於一份中華人民共和國的分析，將中美競爭視為比「抗日戰爭」更長期的重演，有各個階段、暫停和緩衝，見 Huang Renwei 2022。

32 Ikenberry 2020a.

33　尼采 Nietzsche （1885）2018, 31。

34　Tsang 2020.

35　Brunnermeier, Doshi, and James 2018.

36　關於 2020 年代美中可行合作的「領域」，中國分析人士只列出了四個：北韓無核化、阿富汗重建、麻醉品（芬太尼）管制和平衡經濟關係（Qiao Qiao 2020）。

37　Erickson and Collins 2021.

38　Li Guoli et al. 2020. 然而，中國的太空航行成本似乎比美國高得多，仍然等於或高於半個世紀前聯盟號（Soyuz）甚至土星五號（Saturn V）的水平（Venditti 2022）。

39　Dai Er 2021.

40　Tagliacozzo and Chang 2011; Lampton, Ho, and Kuik 2020; Kuik 2021; He and Tritto 2022. 關於中國在該地區的「不對稱」互聯互通，見 Womack 2023。

41　該條約於 1950 年生效，並於 1979 年到期自動失效。

42　Bai Yunyi 2017; National People's Congress June 30, 2020; Joyu Wang 2020.

43　State Council Office of Hong Kong and Macau Affairs 2021.

44　Gallup Worldwide Research Methodology-Country Data Set Details, Gallup Worldwide Research Data 2005/2006-2018（accessed February 10, 2022）.

45　Fogel 2000, 231.

46　魯迅 Lu Xun 1926。

47　與雷根對待蘇聯的座右銘「信任與驗證」不同，Pompeo, July 23, 2020。

48　Kerry 2021.

49　關於對此的一些早期想法，也許是超前時代的，見 Sullivan 1992, 3-23。

50　McFaul 2020, 30-31.

51　關於地球上可能存在先進的外星人，見 CBS,"UAP" 60 Minutes, May 16, 2021. 關於危急存亡之秋需要全球「聯合政府」的虛構小說，see Liu Cixin 2008. 這本中國人成為人類「救星」的小說改編的電影，在中華人民共和國票房大賣，Guo Fan 2019。

52　一篇這種西方學者令人印象深刻的反思收錄於 the special issue of International Organization, eds. by Lake et al 2021.

53　Hippel 1995; Orford 2003; Xypolia 2022。

54　National Security Council 2020; Clinton 2020; Biden Aug.2020. 除了基礎設施和教育之外，當然可以而且也應該做出許多努力，例如，更妥善地管理美國的槍支、政治獻金以及醫療保健費用等問題。

55　Ikenberry 2020a; Sullivan 2023.

56　Jain 2013; Kempe 2020; EAI 2020; Scott and Reynolds 2020.

57　S. Li 2022, 249-77. 關於美國在這一地區的行動，見 Schneider and Zhang 2022。

58　關於中國的印太策略，見 Zhang Wenmu 2016。

59　Huanqiu shibao wang 2017; Yang Chen 2021; Zhang Haipeng 2023.

60　Roche 2020; White House March 12, 2021.

61　Mesmer 2022.

62　Patey 2021; Jones and Yeo 2022. 關於中國鄰近小國的選邊站策略，見 S.Kim 2023; Grano and Huang 2023。

63　十個小國中僅有三國偏向支持北京：柬埔寨、寮國和汶萊（ISAS 2022, 32）。

64　Yeung, Seo, and Hancocksisas 2022; Cha 2023.

65　2022 年，北約邀請芬蘭、瑞典以新成員身分加入，並邀請澳洲、日本、韓國、紐西蘭以合作夥伴身分出席北約峰會 nato.int/cps/en/natohq/news_196144.htm, last accessed August 2023。

66　Pottinger 2021.

67　Jones and Chandler 2021; Dreyer 2022; US DOS July 20, 2022. 關於反映了對此深切關注的中華人民共和國分析，見 Zhao Jian 2022 and Qin Shu 2022。

68　WeChat 被指控為中共服務，包括在中國境外進行監視。Zoom 也是如此，Washington Post, December 20, 2020. For more, see Kenyon 2020, Mozur 2020, and Kaplan 2023。

69　Kelion 2020. 關於中華人民共和國的 5G 產業，見 Ceci and Rubin 2022。

70　ET Bureau 2020; Yasir and Kumar 2020, A21; Zhang Yadong 2022.

71　Reuters December 10, 2020; Chowdhury 2021; United States-China Economic and Security Review Commission 2022; Beyoud and Yilun 2022.

72　關於一名這類在美國的「志願」代理人喬木，身為「政治流亡學者」，並靠網路「移民諮詢」謀生，被曝巧妙利用三個身分吹捧中共，見 Jiu Dian 2021。

73　B. Lin et al 2022.

74　關於中華人民共和國對其技術差距的一份評估，見 IISS 2022. 關於美國透過反覆試驗不斷創新軍事技術的努力，見 Martin, McBride, and Tiron 2023 and M. Gordon 2023。

75　F. Wang 1998, 67-81; Overholt July 7, 2021; October 14, 2021.

76　Mozur and Zhong 2020, A13; Xue Xiaoshan 2021; A. Wang 2021.

77　US Congress March 13, 2020.

78　Friedberg 2020.

79　Liu Hong 2017; Renmin Ribao August 13, 2019; State Council Press Office 2019; Xu Xiangli 2020; Chen Wenling 2020; Shang Qian 2020; Yang Jiechi May 10, 2021.

80　Du Shangze 2016; He Cheng 2020; Dong Zhengrui 2020; Yuan Peng 2016, 2020, 2022.

81　CCP Foreign Liaison Department 2020. 關於中共官媒對「習近平外交思想」的摘要，見 Hao Weiwei 2022。

82　關於這個邏輯的表述，見 Olson 1965。

83　F. Wang 2017, 31-55.

84　Ambrose 2010,109.

85　Sun Tzu 6th century BCE, 2007; author's interviews with Chinese officials and analysts, 1995-2022.

86　Dimon Liu is acknowledged for this, July 2020.

87 Mattis and Brazil 2020; Joske 2020. 中共在台灣公開或隱密的影響力攻勢看來是強大而精細 Tseng and Shen 2020; Hsu and Cole 2020; R. Weber 2020。

88 Ward 2019.

89 F. Wang 2017, 99-134.

90 Pompeo October 30, 2019; Santora 2020, A4; Blinken May 26, 2022; US DOS July 2022.

91 Select Committee on the Strategic Competition Between the United States and the Chinese Communist Party, clerk.house.gov/committees/ZS00, accessed April 6, 2023.

92 Such as Heer, July 27, 2020.

93 Xu Boyuan 2005; Lai Hairong 2014; Zi Xun 2022.

94 Woodhead 1925; Goodnow 1926; Jenne 2015; Kroncke 2016, 132-57.

95 陳兼 Chen Jian 2020; Wells et al.2020。

96 Naisbitt and Naisbitt 2010; Bell 2015.

97 Doromal 2007; Dower 2008; Tchen and Yeats 2014.

98 Link 2012.

99 習近平 Xi Jinping 2009.

100 中國特色或國情。Li Honsen 2017; Qiu Shi 2018。

101 習近平 Xi Jinping November 30, 2020.

102 滕彪 Teng Biao, on an online forum, May 3, 3021.

103 Roberts 2020; Mattis 2021.

104 Drohan 2020.

105 Haynes and Klehr 1999; Marshall 2001; Goldberg 2003.

106 即使在五〇年代的麥卡錫時代，正當程序和對被告的適當保護也大致完善。See, for example, Simpson 2000。

107 Swanson 2019.

108 M. Lewis 2020; Guo et al 2021; Lynch 2022. 該計畫報告稱，「大約 80% 的經濟間諜（案件）將使中國政府受益，大約 60% 的商業祕密盜竊案件至少與中國有某種聯繫。」DOJ 2021。

109 Pillsbury 2020.

110 Alper and Ali 2020.

111 Trump July 14, 2020; US DOS March 31, 2022.

112 Lardy and Huang 2020; Michaels 2020; Magnus 2020; Associated Press 2022.

113 Ortagus 2020; White House May 29, 2020; US DOS June 26, 2020; May 2021; US DOT July 9, 2020.

114 O'Brien, October 21, 2020.

115 Zeng and Jia 2021; Wang Xiaofeng 2021; May Aug 25, 2021.

116 Case and Deaton 2020, 112, 120; Brunnstrom 2020. 關於中華人民共和國在維持美國鴉片類藥物濫用危機中的重要角色，見 McLaughlin 2017, Drug Enforcement

Administration 2020, Felbab-Brown 2020; census.gov/foreign-trade/index.html, last accessed August 2023.

117 Wray July 7, 2020; BBC July 8, 2020; Federal Bureau of Investigation 2020.

118 Pompeo Aug 5, 2020; Trump Aug 6, 2020.

119 Pompeo July 23, 2020; Blinken May 26, 2022.

120 Winnefeld 2020; Esper 2020; Garamone 2021.

121 H. Kim 2021; DOS April 23, 2021.

122 關於與中華人民共和國「明智競爭」的一些審慎想法，見 Nye WQ 2020, Friedberg and Boustany 2020, and Wyne 2020。

123 Schell, Shirk, et al 2021.

124 Colby 2021a, 9-25.

125 Magnus 2021.

126 Biden April 28, 2021.

127 Hass 2021.

128 Carafano et al. 2023.

129 Corr 2020.

130 Anonymous 2021.

131 Nye June 11, 2020; Astorino-Courtois et al. Nov 2020; May 2021.

132 Collins and Erickson 2021.

133 Chen Yan 2009; 大外宣 Grand External Propaganda Archives, China Digital Times, Berkeley, CA (last accessed August 2023)。

134 習近平 Xi Jinping, May 31, 2021. 關於一位宣傳高級幹部的不擇手段和工於心計，見慎海雄 Shen Haixiong June 7, 2021。

135 J. Liu 2020.

136 M. Chan 2021; S. Lu 2020. 顯然，網路駭客和洩密也可以有效地用來對付中共，Hao and Liang 2022.

137 Chang Xi 2022; Hao and Liang 2022.

138 McGregor 2022.

139 Cadell 2021; Kakutani 2022.

140 Han Hui 2019; Jin Yun 2022.

141 Eisenman 2021.

142 也許是為了回應強烈反彈，孔子學院總部在 2020 年將名稱從「漢辦」更名為看起來不那麼官方的中外語言交流合作中心，由「非政府的」中國國際中文教育基金會承辦，press release, July 5, 2020, Hanban.gov。

143 截至 2022 年，在美國的孔子學院已大幅縮減規模並進行了創造性的重新包裝，Peterson, Oxnevad, and Yan 2022。

144 Conger 2020.

145 Huanggong Wangjiang 2021.

146 Leading Places of Origin, OpenDoorsData.org. accessed April 2023.

147 IIE 2019; Wang and Miao 2021; Stacey 2021.

148 NCSES 2020.

149 178,000 名國際博士生的同一比例為 77%，Corrigan, Dunham, and Zwetsloot 2022。

150 Zweig and Kang 2020.

151 Lloyd-Damnjanovic and Bowe 2020.

152 Gambetta and Hertog 2016.

153 E. Feng Oct 22, 2022; F. Wang 2023, 167.

154 筆者對美國官員和外交官的採訪，2022-23。

155 Grimshaw 2020; Hippold 2020; Zumbrun 2021.

156 關於此路線一些深思熟慮的想法，見 CSIS 2021。

157 Lind 2020.

158 Prestowitz 1990.

159 New York Times July 23, 1881, 4.

160 Atkinson 2020.

161 Chen Wenling Dec.7, 2020; Zhang Zhikun 2022; Mei Zhu 2022.

162 Lopez 2021. Bloomberg 2023.

163 Rogin July 8, 2021; Nikakhtar and Duffy 2021; Mok and Kwok 2021.

164 Zhi Hu 2021.

165 Davis and Wei 2020; Saleen 2020; Beene 2022.

166 Senior Director for international economics and competitiveness Peter Harrell, White House briefing, Washington, DC, February 24, 2021.

167 Economist March 3, 2023. 關於外國直接投資抽離中國的深刻轉變，見 IMF 2023。

168 Gordon Chang is acknowledged for this quote, 2019.

169 Gewirtz 2020.

170 唯一的中國品牌是中國工商銀行 ICBC，它在 2015 年成為第一個進入前十名的中國品牌，Brand Finance 2022, 2016-23。

171 J. Palmer 2021; Mole 2021; S. Wee 2021; Connors 2021; María de Ávila 2022; Watanabe and Takeda 2022; Kobierecka 2022.

172 D. Goldman 2020a.

173 AAAS 2020; Van Noorden 2022. 關於中國技術實力（或許有些過度的）危言聳聽的報告，見 Gaida et al 2023。

174 Paul 2018, 119-45.

175 Shepherd 2020, 70.

176 北京也將香港視為至關重要的人民幣國際化捷徑，Lianhe zaobao 2021。

177 C. Leng 2020; Scott and Zachariadis 2014.

178 Kowsmann. Norman, and Talley 2022.

179 White House May 23, 2022; US DOS July 20, 2022.

180 Parton 2020.

181 Reuters September 17, 2021; Gao and Zhou 2021.

182 Makichuk 2020.

183 日本政治人物石破茂 Shigeru Ishiba 於 2014 年公開呼籲成立亞太北約（Ishiba 2014）。關於一份中華人民共和國的分析，見 Zheng Rongjian 2021. 繼日本（於 2010 及 2018 年）之後，首爾於 2022 年加入北約情報網，並設立北約正式聯絡處（Jo He-rim 2022; Shin Ji-hye 2022）。日本及南韓領導人於 2022 年首次出席北約峰會（Mesmer 2022; M. Yu 2022a and 2022b）。

184 Stoltenberg and Kishida 2023.

185 Larin 1995: 280-301; Dugin 2014; Shi Chang 2021; Pieper 2022. 關於複雜且不確定的中俄關係，見 Snow 2023.

186 C. Chen 2016; Kaczmarski 2015, 172; Economist April 9, 2022.

187 Blackall 2022; Wintour 2022; McDonell 2022; L. He 2022.

188 根據一份中華人民共和國的分析，「反華」是莫斯科重新贏得西方信任和友誼的「唯一籌碼」，Wei Ci 2022。

189 Nixon 1967.

190 李顯龍 Lee Hsien Loong 2020。

191 Cheng et al. 2018; T. Zhao 2020, 2020a. 筆者對美國國防工業分析人士對採訪，2022。

192 Bratton 2021; Sharp 2022.

193 Acton 2019; Grego 2012; Hippel 2020.

194 US DOD 2019.

195 F. Wang 2017a, 157-78; 2023a, 149-72.

196 Cliff 2020; Esper, US Secretary of Defense, July 21, 2020; Garamone, March 13, 2021; March 15, 2021; Hynes and Vittachi 2021.

197 筆者在南美洲的實地觀察讓筆者相信，北京在南美洲的實力獲取比在非洲的成本效益更低、更表面（筆者在智利、厄瓜多、巴拿馬和秘魯的訪問，2014-2020 年）。關於北京在巴西等地因所謂的「戰狼外交」，公共關係一敗塗地，見 Stuenkel 2020 and Kennon 2020。

198 US Congress 2018; Bellows 2020; Hillman and Sacks 2021.

199 Group of Seven 2018; Group of 20 2019; A. Fang 2021; Wahba 2022.

200 Benabdallah 2020; Eisenman and Shinn 2023.

201 Nantulya 2020.

202 Areddy 2012; Strupczewski 2021; Szabolcs 2021; Spike 2021; Higgins 2021.

203 Tewari 2022.

204 Mackinder 1904, 421-37; 劉亞洲 Liu Yazhou 2010; Hu Weixing 2022.

205 Rippa 2020.

206 Gordon, Tong, and Anderson 2020; Carrai, Defraigne, and Wouters 2020.

207 Tatlow 2022; Samuels and Megiddo 2023.

208 Ma Lirong 2015; Qina Benli 2019.

209 Khanna 2020; Kyzy 2020.

210 Halegua 2020, 225–57; Emily Feng 2019; Halegua and Ban 2020.

211 Washburne 2018; White House June 26, 2022; US DOS, Blue Dot Network (state. gov ／ blue-dot-network ／, accessed March 2023).

212 Ganguly et al 2023. 根據印度學者的説法（July 2022），2020 年 6 月中印邊境衝突期間，美國向印度提供了「非常有幫助的即時情報」。拜登總統和莫迪總理在 2023 年年中確認印度和美國之間「最密切」的夥伴關係，是重要的一步，White House, June 22, 2023。

213 Mações 2019; M. Ye 2020. 一些中國分析家似乎也隱約看到了這一點（Lu Gang 2019; Kynge and Wheatley 2020）。

214 Zweig and Kang 2020. 關於中華人民共和國在美國的「經濟間諜」案件，見 Mattis and Brazil 2020, 145-94. 關於美國參議院報告建議的 14 項政策措施，見 US Senate 2019, 11-13。

215 Financial Times April 18, 2022.

216 Cave et al. 2019.

217 Reed 2004, 266-70.

218 Cao and Poy 2011; Hamilton and Ohlberg 2020a; S. Tan 2020.

219 Charles Michel, president of the European Council, 2020; Ford and Goldgeier 2021; Binnendijk et al 2021; ETNC 2015-22.

220 Amaro and Josephs 2021; R. Cohen 2023; Anderlini and Caulcutt 2023.

221 Stiftun 2020; Pompeo June 19, 2020; June 25, 2020; Kemp 2022.

222 F. Wang April 10, 2006.

223 F. Wang July 21, 2005.

224 X 1947; Kennan 1948; Mastro 2018.

225 Heath, Grossman, and Clark 2021, 10, 34-5, 97-9.

226 裴敏欣 Pei July 8, 2020。

227 CCP Central Party School 2020, 7; Xi Jinping May 10, 2022.

228 Wei Pu 2016; 裴敏欣 Pei May/June 2020; Fan Haixing 2020; 許章潤 Xu Zhangrun 2020.

229 Saunders et al. 2019. 解放軍在區域和地方層級上可能顯得更具威脅性 Gill, Ni, and Blasko 2020; Cabestan 2020: 731-47。

230 US DOD 2020, i-ii.

231 Lendon 2021.

232 The author acknowledges US defense policy experts for these inspiring ideas, 2020s.

233 Scobell 2021; Magnus 2021; Pomfret and Pottinger 2023.

234 以國內迴圈為主。Duan Siyu and Huang Siyu 2020; Wang Jingwen 2020.

235 王緝思 Wang Jisi, 吳心伯 Wu Xinbo et al., conversations, fall 2020; IISS 2022.

236 閻學通 Yan Xuetong July/August 2021. 然而，Yan 後來因其對俄羅斯入侵烏克蘭的「親美」擔憂而在中國受到批評 De Na 2022。

237 Medeiros and Tellis 2021.

238 Brands and Beckley 2021; G. Chang 2022; Cochrane, Ferguson, and McMaster 2022.

239 Matt Pottinger, Deputy National Security Advisor, 2020; Tsang 2023, 49.

240 Johnson and Gramer 2020; Furedi 2006, 2018. 關於西方長期存在的核武恐懼症（對核武的非理性恐懼），見 Orland 2022。

241 Wang Yi July 9, 2020; Le Yucheng July 8, 2020.

242 Wang Yi August 5, 2020. 關於「我們首先必須防止美中脫鉤」的論點，見 Wei Jianing 2019. 關於「臥薪嘗膽」，見 Sun Lipeng 2020 and Zhong Sheng 2020, 3.

243 Jakes and Myers 2021.

244 李强 Li Qiang, 記者會，Beijing, March 13, 2023. Beida 2023。

245 Friedberg September/ October 2020; Gershaneck 2020.

246 Joske 2020.

247 Matt Pottinger, deputy national security advisor, "Remarks to London-based Policy Exchange，"White House, October 23, 2020.

248 Great Fire Wall Check (gfwcheck.com and zh.greatfire.org), accessed July 2022.

249 一個有趣的轉折是，不少被誤導的這類人類機器人，抱怨北京的防火牆阻止了他們為中共「在國外做更多事情」（筆者的採訪，2015-2022 年）。關於小粉紅的討論，見 Fang and Repnikova 2017。

250 Melville and Lapidus 1990; Gibbs 1999; Medvedev 2002; Beissinger and Kotkin 2013; Dutkiewicz, Kulikov, and Sakwa 2016.

251 Johnson, Stepaniants, and Forest 2005; Bai Yue 2017.

252 Maruyama 1963, 1998. 關於政策重塑思想的證據，見 Bau 2021。

253 Reagan 1987.

254 Simons 2020.

255 關於許多中國公民如何濫用投資移民，見 Crane 2020。

256 關於這方面提出的行動實例，見 Carafano et al 2023, 77-91。

257 Gilsinan 2020; China Power Team 2021.

258 Bandeira et al. 2021. 美國這方面的努力之一是揭謊頻道 "To Refute Lies" by 美國之音 the Washington-based Voice of America in Chinese , voachinese.com/p/7645. html. 國會也採取了新行動 Harris 2022。

259 孔子：論語・子路 Confucius, Analects-Zilu。

260 Chase 1959. 關於納粹德國如何利用語言產生深遠的影響，見 Klemperer (1957) 2013; Grunberger 1971。

261 Wilhelm 2022.

262 筆者的採訪筆記，1996-2022 年。

263 一些中國部落客已經公開聲稱，中國「真正的國恥」，不是外國人造成的所謂「恥辱」，而是中共統治的結果，包括掩蓋大量戰爭死難者、大饑荒、文化大革命和假歷史 Gao Ren 2017。

264 F. Wang (2000) 2003.

265 Breslin and Ren 2020. 關於最近由內部人士轉變為持不同政見者，公開批評習近平的蔡霞，見 Buckley August 10, 2020. 關於北京明顯存在「外交政策分歧」，see 吳國光 G. Wu 2022. 關於中國人對北京親普丁政策的反對意見，見 Buckley 2023。

266 Zha 2007; Teng Biao May 2, 2021; author's interviews and observations, 1989-2023; Cai Xia Feb 6, 2022. 關於一長串中華人民共和國公開及匿名批評習近平的名單，見 Jessie 2021. 關於一份中共最高層所謂的政變式攤牌的「內部人士」説法，見 Xiang 2022. 關於對中華人民共和國深層政治經濟議題的學術分析，見陶然 Tao Ran 2023.

267 Zheng Yefu 2020.

268 Hancock and Li 2022. 關於在中國網路空間中尖銳譴責習近平的例子，見 Fang Zhou 2022, 2022a. 關於中國網路空間批評者和審查者之間誇張戲劇性的貓捉老鼠遊戲，見 J. Pan 2022 and Brouwer 2022。

269 陶然 Tao Ran, "How Did China Dream Turn Out to Be a Nightmare for All of Us?" unpublished essay, Shenzhen, July 2022.

270 Shi Ming 2022.

271 Treisman 2020.

272 關於中國「當前改革與革命的競賽」，見 Zhou and Yang 2014。

273 Blanchette 2020; Winnefeld and Morell 2020; Garside 2021.

274 Winnefeld, Morell, and Allison 2020.

275 S. Cheng 2021.

276 Carrol 2022.

277 PAC 2022.

278 四十年來，對中國的第二至第十四大外國直接投資來源國僅占 37.2%，而「所有其他」僅占 11.7% ，Ministry of Commerce 2019, 6, 35。

279 從香港流向新加坡的大量資金就是最佳證明 Ng 2022; Economist, July 2, 2022。

280 State Council Press Office 2021; 粵港澳大灣區 Guangdong–Hong Kong–Macau Greater Bay Area, cnbayarea.org.cn, last accessed August 8, 2023。

281 David Stilwell (assistant secretary of state for East Asian and Pacific affairs, 2020); Gregson et al. 2021; Qin and Chien 2022.

282 對北京的許多人來説，「收復」台灣是中國崛起為全球強國的關鍵，強世功 Jiang Shigong 2022。

283 例如雷根總統起草的「六項保證」（six assurances）的公布和立法（Chen and Lim 2020）。關於基於不同論證的類似建議，見 Haass and Sacks 2020。Also, Colby（January 26, 2021）；Blackwill and Zelikow（2021）；R. Wang 2021. 關於 14 名著名漢學家和前官方「中國通」呼籲美國採取更堅定、更明智的政策，以「避免台灣戰爭」，見 Task Force on U.S.-China Policy 2022。

284 Sanger 2001; Stephanopoulos 2021; Liptak 2021; CBS, 60 Minutes, September 18, 2022.

285 "Press Briefing by Press Secretary Jen Psaki and National Security Advisor Jake

Sullivan," White House, December 7, 2021; "The Future of U.S. Policy on Taiwan," Hearing by Committee on Foreign Relations, US Senate, December 8, 2021; CFR 2023.

286 Kanapathy 2022.

287 Miles Yu 2022a; Gregory and Ho 2022; Pedrozo 2022; Carrico 2022. 執政的民進黨新任主席賴清德（2024 年當選為台灣總統），宣布台灣擁有法理獨立（Lai 2023）。台北準備接受中華人民共和國為外交同儕（ROC foreign minister's press conference, March 26, 2023）。

288 Liff and Lin et al. 2022.

289 Li Xiaofeng 2015; van der Wees 2022.

290 Dittmer 2017, 283; "Taiwan Update", carlford.substack.com, August 1, 2022.

291 F. Wang Sep 19, 2006. 事實上，在中華人民共和國有許多人似乎覺得「幸好中國有一個台灣（與中華人民共和國形成對比）」，Gu Yuchuan 2012。

292 「據報導，五角大廈已經就因台灣問題與中國開戰進行了 18 場軍事演習，而每一次都是由中國獲勝」，Zakaria 2020; Glaser and Funaiole 2020。

293 Chew 1971. 烏克蘭在 2022-23 年對俄羅斯的抵抗仍在繼續，並獲得了更多的外部援助，更有力地證明了這一點。

294 Tsai Ing-wen 2021.

295 Kuzub 2023; Madhok 2023; 關於隨之而來的中美「晶片大戰」，見 Miller 2022。

296 Zhi Gu 2021; Murphree 2022.

297 Prange 1986.

298 Anders Corr is acknowledged for these ideas, June 18, 2020. Sutton 2020. 關於中華人民共和國的島嶼建設，見 Di Li Ren 2022。

299 G. Chang 2020.

300 Kroenig 2020.

301 如同本書前面所討論的，如果地球與外星文明之間有了相互作用、人類面臨某種真正物種滅絕的共同威脅、人類的本質或能力因為生物／基因工程而改變、或可以消除能源或資源短缺的新技術如熱核發電的出現等等，一些關鍵參數因而發生根本性變化，這一規範性主張自然也應該會進行調整。

302 民主法治政體可以是議會制或總統制、共和制或君主立憲制、比例代表制或簡單多數制、聯邦制或單一制國家；西發里亞世界秩序可以是法律上的或事實上的、多極的或兩極的，甚至是暫時性的單極（霸權）、和平的或交戰的、有等級制度和排斥的（如殖民地、聯盟、集團和聯合國安理會），或所有單位平等安排（如聯合國大會和國際奧運會）。

303 夏明 Xia Ming 2020。

304 Tammen et al. 2000; Mearsheimer 2001; T. Lynch 2021.

305 Corr 2019.

306 Fravel et al. 2019.

307 中共製造了一種強大的「破壞性懷舊情緒」和漢族民族主義仇外情緒，藉反猶太主

義等主張而蓬勃發展，Carrico 2017; Hayton 2020。

308 Ding Xuexiang 丁薛祥 2022。

309 White House May 20, 2020.

310 Associated Press November 29, 2022;「白紙運動」發起倡議書，www.baizhi.org, posted January 31,2023。

311 Burlingame 1868. 關於蒲安臣在清帝國的外交生涯，見 von Gumpach 1872。關於對他的角色的評價，見 Williams 1912 and Babones 2017。

312 T. Wright 2017, 187-222.

313 一些美國政客似乎不同意這種優先順序，並認為冷戰式的對抗本身就是最嚴重的災難，Sanders 2021。

314 Xi Jinping July 1, 2021.

315 Ross and Wang et al. 2020; 王輝耀 Wang Huiyao 2021; 秦剛 Qin Gang February 2023。

316 Pericles, "Funeral Oration," in Thucydides (5th century BCE)1972, ch. 6.

317 Furedi 2006, 2018. 每當西方／美國對中美競爭嚴肅起來時，就會有人不斷散播對毀滅性可怕戰爭的恐懼，而且說法還極富創意。最新的例子是套用虛幻的「AI 戰爭」或「AI 風險」，C. Li 2022, Wong and Chen 2023。

318 F. Wang 2017, 35-8, 119-23.

319 P. Johnston 2012; Cone 2019.

320 Mark Milley, 參謀長聯席會主席在國會的證詞，March 29, 2023。

321 Johnson and Gramer 2020.

322 F. Wang 2017, 199; Lorenzo 2013; Yonhap 2021.

323 Gui Yu 2006.

324 D. Chang 2020.

325 Truman 1952.

326 D. Chang 2020.

327 關於中國戰俘回國後如何遭到殘酷清洗，幾乎百分之百會被列入終身黑名單（1980年後才放寬），見哈金 He Ming 1998, Yang Dongxiao 2013, Zhao Feipeng 2013, and Yu Jin (1988)2020; 以及暢銷的虛構回憶錄，Ha Jin 2015。

328 Li Shu 2017; Jiao Ni 2020. 關於更多類似家庭故事的例子，見 Mu Guangfeng 2022, Z.Li 2022, and Zhou Zhixing 2022。

329 Fu Chun 2021. 也許，美國還記著它的那個「大背叛」，即二戰後強行遣返蘇聯戰俘和俄羅斯僑民，Epstein 1973; Naumenko 2015。

330 Economist January 15, 2022.

331 杜甫 Du Fu (8th century)2021. 關於杜甫的詩作英譯，見 Owen 2016. 關於杜甫，見 BBC April 2020。

結語：中國和世界的未來

1　Biden September 21, 2021; Xi Jinping September 21, 2021. 2023 年 3 月，習近平在會見來訪的白俄羅斯總統時再次強調，在「世界百年未有之大變局」中，「應對全球性挑戰」的需要（CCTV, March 2, 2023）。

2　Fogel 2000, 13, 241-2, 302-3.

3　F. Wang 2017, 216-17.

4　Fingar and Oi 2020a, x,3-4,8.

5　Scobell et al. 2020, x.

6　Nye October 6, 2020. 三年後，他想像透過「軟實力」的「明智競爭」將使中美達成「合作競爭」，避免新冷戰，Nye 2023。

7　Börzel and Zürn 2021,303-4.

8　Lake et al. eds. Special Issue of International Organization 2021, 252.

9　Bradford 2022. Posen 2023.

10　關於一份說明並預警這種情況的報告，見 B. Allen 2023。

11　Kafka (1917) 2004.

引用文獻與資料

本書因其性質需要，引用的文獻資料眾多。考慮到紙本書的厚度與重量，繁體中文版的參考書目將以電子檔形式收錄。歡迎讀者視需要，掃描以下 QR Code，下載參考書目全文電子檔：

如遇任何問題，請來信八旗客服信箱 gusa0601@gmail.com。

中國觀察 50

中華博弈：

抉擇世界秩序的全球競爭

The China Race: Global Competition for Alternative World Orders

作者	[美] 王飛凌（Fei-Ling Wang）
翻譯	蔡丹婷
翻譯校對	[美] 王飛凌、劉驥
責任編輯	李銳俊
校對	魏秋綢
封面設計	薛偉成
排版	宸遠彩藝
副總編輯	邱建智
企劃總監	蔡慧華
出版	八旗文化／左岸文化事業有限公司
發行	遠足文化事業股份有限公司（讀書共和國出版集團）
地址	新北市新店區民權路 108-3 號 8 樓
電話	02-22181417
傳真	02-22188057
客服專線	0800-221029
信箱	gusa0601@gmail.com
Facebook	facebook.com/gusapublishing
Blog	gusapublishing.blogspot.com
法律顧問	華洋法律事務所／蘇文生律師
印刷	成陽彩色印刷股份有限公司
定價	520 元
出版	2024 年 10 月（初版一刷）
ISBN	978-626-7509-08-1（平裝）
	978-626-7509-05-0（EPUB）
	978-626-7509-06-7（PDF）

中華博弈：抉擇世界秩序的全球競爭 / 王飛凌
著；蔡丹婷譯 . -- 初版 . -- 新北市：八旗文化，左
岸文化事業有限公司出版：遠足文化事業股份
有限公司發行 , 2024.10
　　面；　公分
譯自：The China race : global competition for
　　alternative world orders.

ISBN：978-626-7509-08-1（平裝）

1. 中國大陸研究　　2. 外交政策
3. 中美關係　　　　4. 國際政治

574.1　　　　　　　　　　　113011853